中国少数民族经济学

(第三次修订版)

刘永佶 主编

黄健英 马 淮
乌日陶克套胡 副主编
刘晓鹰 刘建利

北 京

图书在版编目（CIP）数据

中国少数民族经济学/刘永佶主编 .—北京：中国经济出版社，2008.9（2023.7重印）

ISBN 978-7-5017-8796-8

Ⅰ.中… Ⅱ.刘… Ⅲ.少数民族经济—民族经济学—中国—研究生—教材 Ⅳ.F127.8

中国版本图书馆 CIP 数据核字（2013）第 104954 号

出版发行：	中国经济出版社（100011·北京市东城区安定门外大街58号）
网　　址：	www.economyph.com
责任编辑：	曹　娅（电话：010-57512600）
责任印制：	马小宾
封面设计：	汉书鸿图
经　　销：	各地新华书店
承　　印：	北京建宏印刷有限公司
开　　本：	A5　　　　　印张：16.5　　字数：466 千字
版　　次：	2013 年 5 月第 3 版
印　　次：	2023 年 7 月第 4 次印刷
印　　数：	3000 册
书　　号：	ISBN 978-7-5017-8796-8/F·7764　定价：36.00元

版权所有　盗版必究　　举报电话：010-57512600
服务热线：010-57512564

中央民族大学
"211 工程"中国少数民族经济发展研究项目
"985 工程"中国民族地区经济社会发展
哲学社会科学创新基地

学术出版物 编委会

主　任　刘永佶

委　员　李俊清　徐中起　张丽君
　　　　李克强　杨思远　匡爱民
　　　　党秀云

主　编　刘永佶

总　　序

鲁有执长竿入城门者，初竖执之不可入，横执之亦不可入，计无所出。俄有老父至，曰："吾非圣人，但见事多矣，何不以锯中截而入？"遂依而截之。①

昔人有痒，令其子索之，三索而三弗中，令其妻索之，五索而五弗中。其人怒曰："妻子内我者，而胡难我？"乃自引手，一搔而痒绝。何则？痒者，人之所自知也。自知而搔，宁弗中乎？②

这是古时两则笑话，抄在这里，似乎与本序文无关。但细思量，经济学的基本道理，又都可从中悟得。

人类的生产经营，不论像执竿入城这种简单的劳动，还是造飞机、汽车、轮船、计算机、航天器的复杂劳动；不论个体的体力劳作，还是跨国公司的系统经营，都会遇到类似"城门"的阻挡，都要想方设法通过阻挡，才能前进。那位执长竿者只知竖执横执，故不可入城门，而那位老父以其丰富阅历或是戏弄出的主意，虽可入城，却使长竿截成短竿，毁了材料。实际上还有一种方法，就是

---

① 《笑林》。
② 《应谐录》。

"顺执"，将竿扛在肩头，顺城门即可入。那位执竿者和老父不知此理，才犯难或毁物。我们不要笑执竿者和老父蠢笨，连这么简单的道理都不知道。今天的我们也常常会像他俩那样思考问题。现实经济生活中，遇到的问题多种多样，小至工人农民的劳作，大至公司经理的经营算计，甚至政府的经济政策，几乎都有因方法错误不能做成事或毁事坏物者。经济学无非是对一或多个"执长竿入城门"问题的方式方法的探讨。而经济学家及其著作中，又有多少像那位老父式的说教！

痒，是人皮肤的一种感觉，搔痒是解除这种感觉的方法。感觉的主体自知痒在何处，搔起来手到痒除，他人则不知何处痒，即令妻与子这样的亲近者，也三索五索而弗中。经济矛盾，也可以说是社会的"痒"，解决矛盾，可看成是搔痒的过程。这种对比看似悬殊，其道理是一样的。不论个人处理经济生活中的矛盾，还是解决国家或民族的经济矛盾，都要明确主体。个人的主体是"我"，国家或民族的主体是"我们"。经济主体最清楚矛盾之所在，只有发挥自己的主动性和积极性，经济矛盾才能得到解决。如果像引文中那个人一样，放弃主体性，不发挥主动性和积极性，经济矛盾就不能解决，并会严重困扰个人或国家民族的发展。我们中国人在工业化进程中落后了，现实经济矛盾错综复杂，不仅有痒，还有病。怎么认识和解决中国经济矛盾？有人认为只能用外国的模式、经验、学说来解决，在经济学界这类高论比比皆是，结果，反而引发更多更大的矛盾。这与那位放弃主体性，不发挥主动性和积极性的痒者何其相似！

经济学是研究人生和社会发展基本活动和关系的科学。主要探讨生产经营和社会关系中的各种矛盾，寻找解决矛盾的方式。而解决矛盾又必须明确主体，发挥主动性和积极性。他人的经验和学说当然要借鉴，但既不能像执长竿入城门者那样照那位老人的话去做，也不能借他人之手来解决。这一点，正是今天已有庞大从业人口的中国经济学界要明确的。

经济学作为一门科学，已有二三百年的历史，这期间资本主义与社会主义两大主义所主导的经济学各派系反复辩争，形成了诸多观点，也生出了众多的学科。正如老聃所说"道生一、一生二、二生三，三生万物。"迄今，以学科自称，并有体系论证者，不下几百种，几乎人类经济活动所涉及的各个层次、环节，都有专门经济学科来研究和论说。这是人类思想发展的表现。但"分"不是无限的，能否成为一门经济学科，也有基本的要求，即明确主体、主义、对象、内容、主题、范畴、体系，并以相应的方法系统研究。分析与综合是对立统一的逻辑环节，在经济学科分化的同时，必须从总体上对之综合，万物归三，三归二，二归一，一归道。进而再以综合为起点，进行分析、分化，就可达孔丘所说"吾道一以贯之"。在这众多的经济学科中，"道"就是主义，明确主义，由主义而生一，生二，生三，进而贯彻于各学科的体系中。

中国经济学各学科的生成与发展是一个相当困难的过程。但不是要等完美无缺才论说，而是在探讨中论说，在论说中探讨，逐步成熟完善。这个过程，难免会遇到各式各样的"城门"，也会出现"竖执"、"横执"或"以锯中截而入"的想法。关键是要明确主体性，再以理性的辨析，探求矛盾的解决。中央民族大学经济学院的各位同志在教学研究中，概括前人成果，将各自心得编成教材，以求在教学中验证和征得批评，再加改进，虽不能涉及全部经济学科，也可为中国的经济科学发展尽一份心力。

刘永佶

二〇〇六年三月五日

序

　　本书是全国少数民族经济理论工作者合作的集中体现。2004年冬，由中央民族大学经济学院发起，联合中南民族大学、西南民族大学、西北民族大学、西北第二民族学院（今北方民族大学）、大连民族学院、内蒙古大学、广西民族大学等学校的经济学院首倡，成立了"全国民族（地区）院校经济学院系联席会"。在第一次代表会议上，就把合作研究中国少数民族经济学，加强学科建设，促进少数民族经济发展作为基本宗旨。本书的研究和写作是实现这一宗旨的关键环节。从2004年至今，每年的联席会年会和专题会议，都把本书的研讨作为主要议题，并于2007年8月在兰州举行的年会上确定了写作组，共同讨论主编拟订的提纲，制订写作计划，并三次在北京集合研讨写作中出现的问题，于2008年5月完成初稿。经主编、副主编的反复修改，至8月底付梓。

　　中国少数民族经济作为一个学科，发端于20世纪70年代末，80年代中期由国家教育委员会确立并纳入学科目录，在中央民族大学首次招收硕士研究生，又于90年代初招收博士研究生。至今全国已有三十余所院校设中国少数民族经济硕士点，三所院校设中国少数民族经济博士点。中央民族大学高度重视中国少数民族经济学科的建设，连续将其列为国家"211工程"和"985工程"重点项目，并于2007年被评为国家重点学科（培育）。也正是在"985工程"和"211工程"的支持下，经济学院（同为中国少数民族经济研究所）展开了基本理论、田野调查、专题研究、对策研究四个层次的统一研究。"985工程"广泛吸收了全国民族院校从事中国少数民族经济研究的同志参加，形成了中国少数民族经济研究的中心和基地。这里要突出说明的一点是，在"985工程"和"211工程"的支持下，已于全国各主要民族地区成立26个调查研究基地，展开了广泛、深入的田野调查，这是我们从事中国少数民族经济研究的基础，也是理论发展的根据。

一个学科在其成立之初不免受到质疑。这是应该的，也是必要的。我们并不想对质疑提出反驳，而是认真思考其意见。我在2007年12月14日接受《中国民族报》记者牛锐采访时，就曾于20世纪末出现的对"民族经济学"的质疑，作了这样的回答："一门新的社会科学学科的形成，标志着特定对象的矛盾存在与作用日益突出，人们对它的认识已经达到一定的系统程度，而且需要进一步深化研究，以全面说明该对象的矛盾运动规律，解决矛盾运动中的问题。几百年来，各门社会科学的形成都是如此。就像今天所有成形的学科体系都曾经在被反对、质疑中形成一样，民族经济学作为新的学科，只要具备形成的必要性和条件，就会在不断地努力探讨中逐步形成其体系，并日臻系统化。民族经济学的必要性是明确的，关键是条件。一是外部条件，包括社会需要和研究环境；二是内部条件，即研究者的理论思维和对研究对象的把握、对材料的占有和分析、对概念的规定和体系的完善等。我们现在已经在理论上作出这样的规定：民族经济学的主体是各民族有意识的劳动者，对象是在明确经济的民族性前提下民族的经济发展与关系的矛盾，主义是在社会主义本质和原则指导下的各民族劳动者经济意识的概括，内容是揭示和论证民族经济发展及民族经济关系中的矛盾,方法是实证与抽象的辩证统一,主题是探讨各民族劳动者自主发展经济的目的、方向、根据、条件和方式,范畴是关于民族经济矛盾的层次与主干概念规定。我们所主张并研究的民族经济学,是社会主义的民族经济学,是社会主义经济学大系统的必要环节和组成部分。对民族经济学的质疑,主要原因不在于质疑者,更不是出于故意,而是对上述问题认识不清。当我们作了这样的规定,并据此写出了《民族经济学》(中国经济出版社,2007年)一书,我想,许多疑点就能回答了,起码是为质疑者提供了思考和进一步质疑的材料。我们欢迎更多的质疑——这是民族经济学发展的必要条件。"中国少数民族经济学科的核心应该是"中国少数民族经济学",从"中国少数民族经济"到"中国少数民族经济学",虽然只加了一个"学"字,却历经了三十年的艰难探索。这个"学"字,既有从经济学、民族学一般原理对民族经济学的探讨,有对中华民族经济的总体规定为学理前提,更有对少数民族经济广泛深入的田野调查、经济政策分析、与从事民族工作同志的接触求教为实际依据,并在教学中与博士、硕士研究生反复探讨中逐步形成。虽然如此,这个"学"字份量之重,本书还唯恐承受不起。我们已制定了两年修订一次的计划,切望读者朋友共助之。

刘永佳

2008 年 8 月 30 日

目　录

总序 ………………………………………… 刘永佶(1)

序 …………………………………………… 刘永佶(1)

导　论 …………………………………………………… (1)
  一、创建中国少数民族经济学的必要性和条件 ………… (1)
  二、中国少数民族经济学的研究对象 …………………… (4)
  三、中国少数民族经济学的目的 ………………………… (6)
  四、中国少数民族经济学的性质 ………………………… (8)
  五、中国少数民族经济学与民族学的关系 ……………… (10)
  六、中国少数民族经济学与经济学其他学科的关系 …… (12)
  七、中国少数民族经济学的方法 ………………………… (15)
  八、中国少数民族经济学的体系 ………………………… (19)

第一章　民族经济与中国少数民族经济 ……………… (22)
  一、民族是历史形成的人类社会存在方式 ……………… (22)
  二、民族经济是民族存在和发展的基础 ………………… (26)
  三、民族经济矛盾与发展 ………………………………… (30)
  四、民族经济与民族政治、民族文化的统一 …………… (37)

第二章 中华民族经济及其各支民族经济的形成和演进 ……（42）
  一、汉民族形成前的经济 ………………………………（42）
  二、汉民族形成演进的经济基础——集权官僚制
    和小农经济 ……………………………………（58）
  三、汉民族的传统文化——官文化与小农意识 ………（71）
  四、历史上汉族与各部落联盟、部落、氏族的经济关系 …（78）
  五、中华民族经济在统一融合中发展 …………………（92）
  六、少数民族是中华民族的重要组成部分 ……………（98）
  七、少数民族经济的历史演进与类型 …………………（100）

第三章 少数民族经济的特征及其在中国经济中的地位 …（109）
  一、少数民族经济的区位条件 …………………………（109）
  二、少数民族的人口 ……………………………………（115）
  三、少数民族经济的自然环境与自然资源条件 ………（118）
  四、少数民族经济的社会人文条件 ……………………（122）
  五、少数民族经济发展水平和发展阶段 ………………（124）
  六、少数民族经济的社会生产力及其特征 ……………（128）
  七、少数民族的生产关系及其特征 ……………………（131）
  八、少数民族经济在中国经济中的地位 ………………（134）

第四章 少数民族人的经济与少数民族地区经济 …………（138）
  一、少数民族人的经济 …………………………………（138）
  二、少数民族地区经济 …………………………………（143）
  三、中国少数民族经济与区域经济的存在形态 ………（150）
  四、各民族经济的交往与融合 …………………………（157）
  五、正确认识和处理经济交往过程中的民族经济利益关系 …（162）

第五章　少数民族经济制度与体制 …………………………（168）
一、少数民族经济制度的历史差异 …………………………（168）
二、民主改革促成少数民族经济进入统一的初级社会主义制度 ………………………………………………………（175）
三、劳动者素质技能的差别引起权利关系的差别 …………（179）
四、改革和完善少数民族以公有制为主体的经济制度 ……（183）
五、少数民族经济在体制上的统一与差别 …………………（190）
六、根据各少数民族特点进行经济体制改革 ………………（195）

第六章　少数民族经济结构 ………………………………（200）
一、少数民族经济结构及其特殊性 …………………………（200）
二、中国少数民族经济结构的核心：劳动力结构 …………（203）
三、中国少数民族经济的投资结构 …………………………（205）
四、中国少数民族经济的就业结构 …………………………（210）
五、中国少数民族经济的产业结构和产品结构 ……………（217）
六、中国少数民族经济的流通、分配、消费结构 …………（222）
七、少数民族经济的区域结构 ………………………………（227）
八、少数民族经济结构的合理化 ……………………………（231）

第七章　少数民族经济的运行机制 ………………………（238）
一、经济运行机制是经济结构功能的动态体现 ……………（238）
二、历史上少数民族经济运行机制的类型 …………………（242）
三、政治主导式运行机制对少数民族经济的作用 …………（246）
四、非均衡趋利式运行机制在少数民族经济中的体现 ……（253）
五、少数民族经济运行机制的优化 …………………………（263）

第八章　少数民族经济的经营管理 …………………（267）
一、历史上少数民族经济的经营管理形态 ……………（267）
二、少数民族地区民主改革与社会主义改造时期
　　的经营管理 ……………………………………………（273）
三、集体制时期的行政式经营管理 ……………………（281）
四、家庭联产承包制时期的个体经营管理 ……………（285）
五、公有制企业经营管理的变化 ………………………（292）
六、私有制企业的经营管理方式 ………………………（296）
七、改进经营管理是少数民族经济发展的必要环节 …（299）

第九章　各民族间的经济关系与交往 ………………（305）
一、密切经济关系是民族经济发展的重要原则 ………（305）
二、少数民族与汉族的经济交往 ………………………（308）
三、各少数民族之间的经济关系与交往 ………………（317）
四、少数民族经济在密切民族关系中发展 ……………（324）
五、民族贸易是民族经济交往的主要渠道 ……………（329）

第十章　民族区域自治与少数民族经济发展 ………（340）
一、民族区域自治的理论根据 …………………………（340）
二、中国实行民族区域自治的条件 ……………………（346）
三、民族区域自治的基本内容和实践历程 ……………（351）
四、民族区域自治是少数民族经济发展的政治保障 …（357）
五、民族区域自治制度下的少数民族经济 ……………（362）
六、民族区域自治制度下少数民族经济发展展望 ……（369）

第十一章　民族经济政策与民族经济发展 …………（373）
一、民族经济政策的发展和变迁 ………………………（373）

二、民族经济政策的内容 …………………………………… (379)
三、民族经济政策评价 ……………………………………… (407)

第十二章　民族文化与民族经济发展 …………………… (414)
一、民族文化及其特征 ……………………………………… (414)
二、民族文化与民族经济的关系 …………………………… (427)
三、民族文化对少数民族经济发展的影响 ………………… (429)
四、发挥民族文化与民族经济的互动功能，促进民族经济
　　发展 …………………………………………………… (432)

第十三章　少数民族经济发展中的人口、资源与环境 ……… (441)
一、中国少数民族地区人口、资源与环境概况 …………… (441)
二、人口、资源与环境同少数民族经济发展的关系 ……… (452)
三、少数民族经济发展中人口、资源与环境的协调统一 … (461)

第十四章　中国少数民族经济现代化 …………………… (473)
一、经济现代化与少数民族经济现代化的特殊性 ………… (474)
二、少数民族经济现代化的困境、成因及其超越 ………… (483)
三、工业化与少数民族经济 ………………………………… (489)
四、少数民族地区的城市化 ………………………………… (498)

后　　记 ……………………………………………………… (507)
再版后记 ……………………………………………………… (508)
第三次修订版说明 …………………………………………… (510)

导　　论

中国少数民族是历史形成的，是中华民族 56 个支民族中人口居少数的 55 个支民族的统称。少数民族经济是这 55 个支民族存在的基础，也是中华民族经济的重要组成部分。对中国少数民族经济的研究，是对中国经济研究的必要环节。

一、创建中国少数民族经济学的必要性和条件

一门新的社会科学学科的形成，标志着特定对象矛盾的存在与作用的日益突出，人们对它的认识已经达到一定的系统程度，而且需要进一步深化研究，以全面说明该对象的矛盾，解决矛盾发展中的问题。几百年来，各门社会科学的形成，都是如此。而那些依恃已经成形学科体系，排斥新学科、阻抑新学科建设的观念，往往是将其所学到的旧学科知识教条化、凝固化，无视社会现实的发展和实践的需要，自己既不能解释和解决矛盾，又不许别人去探讨。然而，科学研究是自由的、无止境的，就像守旧者所依恃的学科也曾经在被反对、质疑中形成一样，新的学科，只要其具备形成的必要性和条件，就会在不断的努力探讨中，逐步形成其体系，并日臻系

统化。

中国少数民族经济学就是这样一门新兴学科。

中国少数民族经济学形成的必要性，其一，就是中国少数民族经济的现实和历史存在，中国少数民族经济学是为认知少数民族经济矛盾、促进少数民族经济发展提供理论支持。少数民族，是中国共产党根据马克思主义理论和中国的实际承认并以法律、政策确定的社会范畴，是新政权建立和巩固的重要环节。少数民族的存在与发展，与其他民族一样，都以经济为基础。历史上如此，现实中更是如此。如何适应少数民族的特点，制定相应政策，促进少数民族经济的发展，不仅对于少数民族，对于整个中华民族的存亡、振兴都是至关重要的。中国少数民族经济学就是为促进少数民族经济的发展而形成的，是为政府制定少数民族经济政策提供必要理论支持的。

其二，揭示中国少数民族经济的特殊矛盾。有一种观点认为，世界上所有国家和民族的经济都是相同的，只要有一门经济学进行研究就足够了，而这门经济学就是由英美发达国家的经济学家根据其本国、本民族的特点而提出的，其他各国、各民族只要学习和应用这门像物理学、数学一样的"经济科学"就足够了，不必，也不应该研究本国、本民族的经济学。我们并不否认英美发达国家在工业生产方式上的先进，也不否认其经济学说中有可供我们借鉴的一般性成分。但必须明确，不论英国、美国的经济学，以及原苏联的经济学，都是以其本国、本民族特殊经济矛盾为对象的，不承担规定其他国家和民族经济矛盾的任务。我们学习、借鉴这些国家的经济学，只能借鉴其中一般性成分，不可能照搬其特殊性内容。中国的经济矛盾必须由中国的经济学家根据中国现实和历史的经济矛盾进行规定，在这个过程中，对外国经济学的借鉴才有意义。中国少数民族经济学是中国经济学的必要环节，对它的研究，要以中国经济学为基础和前提，深入、系统地揭示少数民族经济的特殊矛盾，只有这样，才能促进少数民族经济发展。

其三，中国少数民族经济发展的内在要求。中国在近现代商品经济和工业文明中是落后了，而少数民族又是在中国商品经济和工业化进程中相对落后的。在社会主义指导下发展商品经济和工业化是中国经济的主题，而如何促进少数民族经济工业化的加速，又是中国少数民族经济发展的主题。对此，既不能照搬西方国家的经济学说，也不能与中国东、中部采用相同的发展方式，而应在中国经济学一般性理论的指导下，针对少数民族经济矛盾的特殊性，采取适合其特殊性的发展方式。中国少数民族经济发展的特殊方式及其相应的政策、法律，都要以中国少数民族经济学的研究为基础。

其四，丰富和发展中国经济学的必要环节。中国的经济发展和工业化，需要以中国经济学为理论基础。中国经济学的创建，既要借鉴、吸收外国经济学的一般性成分，更要针对中国经济矛盾的现实和历史进行系统抽象，从经济矛盾的规定中形成概念和理论。这是一个相当艰难和复杂的进程，已有的研究，往往忽略少数民族经济这一环节，这无疑是一大缺陷。对于中国特有的民族院校的经济学工作者来说，我们有义务弥补这一缺陷。现有十几所院校所设"中国少数民族经济"专业博士、硕士研究生点，既是这种必要性的体现，又是我们创建中国少数民族经济学的依托。

创建中国少数民族经济学的条件，是与其必要性内在统一的。少数民族经济矛盾的特殊性，是中国少数民族经济学的现实和历史根据，中国共产党和中国政府对少数民族的政策和法律，使少数民族经济的界定和研究有了可靠保证。在这样的基础上，半个多世纪以来，从事少数民族经济的教学研究者和实际工作者，进行了不懈的持续努力，特别是 20 世纪 80 年代以来，利用在民族院校设立"中国少数民族经济"专业博士、硕士研究生点这个平台，在培养从事中国少数民族经济教学研究和实际工作高层次人才的同时，对少数民族经济进行了系统、深入的研究，写出了若干部有独立见解和理论系统性的专著，以及大量的论文。虽然尚无"中国少数民族经济学"的提法，但"中国少数民族经济"专业研究的成果，已为其成为一门学科，创建一个系统的理论体系创造了必要条件。我们就是在概括、总结已有成果的基础上，提出本书体系并进行写作的。

中国少数民族经济学形成的条件，还包括半个多世纪以来中国的民族学和中国经济学的研究成果，这是创建中国少数民族经济学不可缺少的一般性前提。其中，民族学的研究，不仅进一步明确了中国少数民族的存在和历史演进，还对其文化和民族特殊性进行了深入探讨，这对于规定中国少数民族经济学的范畴和体系，是必要内容。而中国经济学的提出和系统研究，既是中国少数民族经济学外延和内涵界定的前提，又是其一般性理论前导。作为中国经济学重要组成部分的中国少数民族经济学，就是在中国经济学关于中国经济的总体一般性规定的前提下，展开对少数民族经济特殊矛盾研究的，同时也是充实中国经济学总体性规定的必要内容。

二、中国少数民族经济学的研究对象

一门新的社会科学学科能否成立，能否形成其范畴、概念和体系，关键在于是否有明确的研究对象。研究对象就是实际存在的社会矛盾，但不是所有实际矛盾都能成为一门学科的研究对象。能够成为一门学科的研究对象的实际矛盾，必须是与人们的社会生活密切相关，而且引起普遍关注的社会矛盾。而研究对象的明确，又要经研究者不断概括实践中人们的经验和认识，进行分类、归纳、分析、综合，才能从理论上界定其外延和内涵，由此确定研究对象。一门新学科研究对象的明确，还要考虑与既有学科研究对象的关系。

通常说来，新学科是从既有学科衍生的，其研究对象的矛盾，在既有学科中也有所涉及，但并未专门研究。因此，新学科在创始之初，常常表现为几门既有学科的"边缘"，其研究是由几门既有学科的研究者"交叉"进行的，即以各自从事的既有学科的知识体系对处于"边缘"的矛盾进行探讨。这是人类思维进程的必要环节。然而，新学科不能因这种"交叉"而在几门既有学科的"边缘"上建立，它必须有明确的研究对象，并在对此对象的专门、系统研究中形成自己的范畴、概念体系。

中国少数民族经济学，也曾被人称为"边缘"、"交叉"性学科，并被作为民族学的一个分支纳入学科目录。虽然如此，但中国少数民族经济的研究者绝大多数都是从事经济学的研究人员，更为重要的是，所研究的问题主要是中国少数民族及少数民族地区的经济问题。随着研究的拓展与深入，中国少数民族经济学的研究对象也就不断明确，从而为中国少数民族经济学的形成创造了必要条件。

中国少数民族经济学的研究对象，就是现实存在的中国少数民族经济活动与关系，它包括：1. 少数民族族裔人口的经济活动与关系；2. 少数民族地区的经济；3. 少数民族间及其与汉族间的经济关系；4. 少数民族地区之间及其与非少数民族地区间的经济关系；5. 少数民族地区与国外的经济交往与关系。

作为中国少数民族经济学的研究对象，少数民族族裔人口的经济活动与关系是首要内容，正是由于少数民族族裔人口的经济活动与关系，才有了少数民族地区经济。由于中国在两千年前就实行了集权官僚制，因而不仅在中原地区进行了从部族向民族的转化，对于即使仍保留部族和氏族的边远地区，也开始了以先进的农业生产方式为基础的民族融合。汉族作为中华民族的一个支民族，其人口最多（解放前曾占约95%，现在仍占90%左右），分布最广，几乎所有少数民族人口居住的地区（以县为基本单位），都有汉族人口居住。此外，各少数民族人口在历史上也是分居杂处的，这种情况在解放后进一步演进，由某一、二个少数民族族裔人口为主，各民族在同一地区的共同生产和生活，构成了中国所特有的少数民族地区经济。中国少数民族经济学的研究，不可能脱离少数民族地区经济而单独研究少数民族族裔人口经济，但又必须明确并突出少数民族族裔人口经济的主体地位。由少数民族族裔人口经济和少数民族地区经济的统一构成少数民族经济。以此为基本，才有少数民族间及其与汉族间的经济关系、少数民族地区间及其与非少数民族地区间的经济关系，以及少数民族地区与国外的经济交往与关系。

中国少数民族经济学的研究，就是针对少数民族族裔人口经济与少数民族地区经济这个对象，探讨其制度、体制、结构、运行机制、经营管理，以及各民族、各民族地区相互间的关系和与国外的经济关系，探讨其各层次的矛盾和发展规律。

三、中国少数民族经济学的目的

中国少数民族经济学的目的，是揭示和论证中国少数民族经济矛盾及其发展规律，在丰富中国经济学理论体系的过程中，为中国少数民族经济的发展，为各级政府制定政策提供理论支持，为少数民族地区企业、经济单位和个人的经济活动提供理论依据和必要指导。

社会科学研究的目的，是以研究对象的矛盾运动为依据，由研究者在概括其代表的社会群体的利益和意志的主义指导下，为实现该群体的利益和意志而确定的，也就是说，任何一门社会科学的目的，都是客体矛盾与主体利益和意志的统一，是能动的，并在客体矛盾演化与主体利益和意志的提升中不断演进的。研究目的的确定，是一门科学形成的基本环节，这是在明确研究对象的前提下，研究者的观念和方法不断成熟的标志。研究目的是从主体角度对某门学科的规定。但这种规定不是研究者个人的任意,而是研究者以概括其所代表的社会群体的利益和意志为主义——即某一种思想体系的基本观念为前提,为实现主义所要求的特定对象的矛盾发展目标而确定的。

中国少数民族经济学的研究,是社会主义经济学和中国社会主义经济学的分支,其研究者是以社会主义为主义的,是代表中国的劳动者利益和意志的,这是这门学科目的的主体根据。在我们明确研究对象的过程中,研究的目的也就明确了,这就是揭示和论证作为对象客体的中国少数民族经济的矛盾及其发展规律。

中国少数民族经济是现实和历史的存在,它的存在表现为矛盾的运动,而规律就是矛盾运动内在的、本质性的联系和发展趋势。中国少数民族经济的矛盾和规律表现为各种现象,但对这些现象的感性认识并不等于把握了其矛盾和规律。这也是中国少数民族经济长期存在,但尚未形成中国少数民族经济学的原因。中国少数民族经济学的研究,是在概括众多感性认识得到的现象材料的基础上,进行理性思考,通过系统研究,形成相应的范畴、概念和体系。作为一门新的社会科学的学科,其目的,不是对中国少数民族经济的现象描述,而是揭示和论证现象中的本质性联系和发展趋势。

中国少数民族经济学的目的,是作为主体的中国劳动者,特别是少数民族劳动者利益和意志的集中体现。这是由社会主义的指导所决定并规定的。

在社会科学的研究中,往往会因研究主体利益和意志的差异——集中表现就是主义的差异,而导致对同一对象的研究中的不同目的。这在经济学及其各分支学科中相当明显。也正因此,才有资本主义经济学与社会主义经济学的区分。中国少数民族经济学是以社会主义为主义的,其目的,从主体角度说就是为实现劳动者特别是少数民族劳动者的利益和意志提供理论依据。少数民族劳动者的利益和意志,概括起来说,就是在实现社会主体地位的同时,不断提高素质技能,由此自主发展。这个目的,是不以社会主义为主义的经济学研究所没有的。实际上,以资本主义为主义的经济学研究,也不可能将少数民族经济作为专门对象加以研究,而那些从资本主义经济学角度出发对少数民族经济"附带"有所研究的人,也是把追逐资本的利润最大化作为目的,具体说就是如何利用和配置少数民族劳动者和少数民族地区的资源(按其观念,劳动者也是资源),增加资本的效益。

因此,我们对中国少数民族经济学目的的规定,是以中国劳动者,特别是中国少数民族劳动者为主体,以社会主义为主义的。而中国少数民族经济学的目的和对象的统一,就是其性质。

四、中国少数民族经济学的性质

中国少数民族经济学是社会主义经济学系统的中国经济学的一个分支学科,是以社会主义为主义研究中国经济矛盾的必要环节,是对中国少数民族经济的专门、系统研究。

现代的经济学,已分为资本主义经济学和社会主义经济学两大系统,二者由于主体和主义的差别,虽然面对同一个对象——现代经济矛盾,但却形成不同的范畴和概念体系,对现代经济矛盾的发展规律有不同的规定。资本主义经济学系统目前仍处主导地位,这是现代世界经济矛盾中资本统治仍为主要矛盾的主要方面的体现;社会主义经济学系统虽不占主导地位,但作为劳动者利益和意志的集合,随着劳动者素质技能的提高和社会主义运动的发展,社会主义经济学也在不断充实和发展,形成与资本主义经济学相抗衡的理论和学科体系。与陈旧、保守的资本主义经济学系统相比,社会主义经济学系统是新生的、变革的,因而也是充满活力并不断创新的。这种创新,不仅体现在观点、概念和理论上,也体现在学科体系的创建和更新上。中国少数民族经济学也就由此提出并形成。

社会主义经济学是一个系统,它由一般性、总体性的政治经济学、国度经济学、部门和行业经济学、具体专题经济学四个层次构成。在这个系统中,中国少数民族经济学处于第三个层次,即以一般性、总体性的政治经济学为大前提,对中国经济学研究过程中所展开的部门和行业经济学的一个学科。与之相应,我们还要在一般性、总体性层次上进行民族经济学的研究,在国度经济学的层次上进行中华民族经济学的研究。进而,在具体专题经济学的层次上还要对各少数民族地区经济,以及中国少数民族经济的各具体专题问题进行探讨。也就是说,在社会主义经济学系统的各层次上,都要注重民族这个因素,并对人类各民族经济的一般性和中华民族经济特殊性进行研究,以此为前提,探讨中国少数民族经济。

但是传统的经济学研究,不论是资本主义经济学,还是社会主义经济学,都很少、甚至没有涉及民族因素。但民族作为人类的一种社会存在形式,是实在的,而且也是有其必要的经济活动和存在方式,它直接关系并制约人类总体,乃至各个国家、地区的经济发展。不研究民族经济,并不等于民族经济问题不存在,只能导致经济学研究的缺陷,并影响经济发展。

或许资本主义经济学系统不会承认在上述各层次对民族经济的研究,但社会主义经济学系统却必须补足因对民族经济和中国少数民族经济问题的忽略而造成的缺陷。中国少数民族经济学作为社会主义经济学系统中的一个环节,其性质取决于研究对象矛盾的特殊性和研究目的,这二者的统一,既是其性质的根本,也是它与民族学的关系、与经济学其他学科的关系的依据。

五、中国少数民族经济学与民族学的关系

在我国官方所认可的学科目录上,"中国少数民族经济"是属于民族学范畴的。这有一定的道理。对民族学的研究,必然涉及经济问题,经济的民族性和经济在民族形成发展中的地位作用,都是民族学研究的必要内容。"中国少数民族经济"作为对中国少数民族经济问题的专题性研究,于民族学系统中取得一席之地,展开了创建中国少数民族经济学必要的前期研究。

然而,从已有的从事中国少数民族经济研究的学者来看,几乎全部是经济学的理论工作者,中国少数民族经济专业的博士点和硕士点,也都设在各大学的经济学院。更重要的是,对中国少数民族经济的研究,也都是从经济学的一般原理和方法出发,针对少数民族经济的各种问题进行研究的。在这种情况下,将对中国少数民族经济的研究"回归"经济学系统,并创建中国少数民族经济学,不仅是必要的,也是必然的。

中国少数民族经济学在经济学系统中的形成与发展,不是排斥民族学的研究,而是为民族学研究的充实和成熟提供必要条件。与之相应,民族学的研究成果,又是中国少数民族经济学研究的必要条件。

民族学是近代以来出现的一门社会科学,由于资本主义工商业发展和不断向外扩张,民族得以形成并发生民族间的矛盾。在欧洲,资本主义工商业的发展使资产阶级成为统治阶级,形成一个不以血缘而以财产所有权为根据的阶级统治。资产阶级革命及其统治,打破了原来以血缘、人种为根据的部族和部族联盟,建立了国家政权,并形成了以国家为单位的民族,即不以血缘、人种为依据,而是以国家的地域(疆界)为范围的全体国民的共同社会存在方式。国家

民族的形成使民族间关系和矛盾日益突出，国家的矛盾也就成了民族的矛盾。随着资本扩张而进行的战争，特别是建立和争夺殖民地的战争，使民族矛盾更加突出。在这种情况下，研究民族特性和民族关系的民族学也就得以形成。最初的民族学和经济学一样，是以资产阶级利益和统治为主导的，它不仅要论证宗主国内的阶级关系与秩序，还要论证宗主国民族与殖民地、附属国民族的关系。相对于工商业高度发达的宗主国，殖民地自身的历史发展尚未形成民族，大多数处于部族和氏族阶段。是宗主国的殖民统治，使殖民地成为民族，并在争取民族独立的进程中建立了独立的国家。正是由于资产阶级统治，才形成了社会主义的运动和殖民地、附属国的民族独立运动，社会主义民族学也由此而生。

与经济学一样，民族学也有资本主义和社会主义两大系统，前者是以资为本，是服从于资本主义统治本国劳动者及工业发展相对落后的国家民族的需要的；后者是以人为本，以劳动为根据，争取本民族及各民族劳动者的平等、自由发展的。资本主义民族学系统是不承认其本国民族内部支民族的，而是以族群、人种等来称谓主体民族之外的成员，这在西欧和美国是很明显的，对其国家之外的民族，或是称为"劣等民族"，或是不承认其民族的存在。而社会主义民族学则不仅承认本国家民族内部的各支民族，并主张以法律规定原有的支民族地位，给旧有的部族和氏族以支民族地位，由此保证其在现代化进程中的发展。同时，承认全世界各民族的平等。这在苏联，特别是中国的民族学研究中有突出表现。

中国少数民族经济学与民族学的关系，首先是与社会主义民族学的关系。在中国，社会主义民族学被称之为"马克思主义民族学或理论"，这是一个在学科规定上不准确的提法，而且容易造成一种印象，似乎民族学是马克思主义和社会主义之外的另一个学科，或者是社会主义并没有民族学。我们这里所说的社会主义民族学，包括"马克思主义民族学或理论"和依据社会主义原则、方法对民族问题的研究。社会主义民族学对民族的规定,对少数民族历史和现状的分析,对党与政府的民族政策的探讨,都是中国少数民族经济学研究的必要前提和参考。而中国少数民族经济学的研究,又可以为社会主义民族学的研究提供经济依据,使之更为充实和明确少数民族发展方向。民族学对少数民族的研究,往往关注其文化传统、风俗习惯、语言等,这些都是中国少数民族经济学研究所必须参照和借鉴的。而中国少数民族经济学的研究,在规定少数民族发展的经济基础的过程中,又可以为民族学关于少数民族文化、风俗习惯、语言等的研究从经济上予以验证,并探讨其演化的趋势。

对于资本主义民族学,我们一方面要认清其性质,另一方面也要承认其在几百年的发展中,已形成了一套比较切实的调查、分析方法,其一些观点和结论,对中国少数民族经济学的研究有参考价值和借鉴意义。中国少数民族学的研究成果,对于资本主义民族学,同样也有参考价值和借鉴意义,但其如何对待和吸收,则取决于具体的研究者。

六、中国少数民族经济学与经济学其他学科的关系

中国少数民族经济学作为社会主义经济学系统的一个学科,与其他学科是密切相关的,其关系大体分为这样几个层次。

其一,与政治经济学的关系。政治经济学是社会主义经济学系统中的基本理论体系,是从人类总体角度对经济矛盾及其发展规律的规定。它是社会主义经济学系统的基础,各个层次、各个学科都是建立在这个基础上的。中国少数民族经济学也是以政治经济学为基础的。而中国少数民族经济学的研究,又会对政治经济学的充实提供必要条件,即补充民族这个曾被政治经济学忽略的范畴在经济

中的作用。在中国少数民族经济学与政治经济学的关系中，还有一个必要环节，就是在一般性和总体性层次增加民族经济学这个学科，这是政治经济学的延伸，也是政治经济学与中国少数民族经济学的必要中介。

其二，与中国经济学的关系。中国经济学是国度性层次的经济学，它以研究中国经济矛盾为对象，以揭示中国经济矛盾规律为目的。中国少数民族经济学是中国经济学的分支，是对中国经济矛盾中的少数民族经济矛盾的专门研究。中国经济学是中国少数民族经济学的理论前提，也是对中国少数民族经济学的总体界定和要求。中国少数民族经济学是中国经济学的展开和具体化，它的研究，不仅充实中国经济学的内容，还将对中国经济学的成果予以验证，并对中国经济学的发展提出新的要求。由于中国少数民族经济学的研究，在中国经济学这个层次还应衍生出中华民族经济学这个学科。中国经济学是从国家角度的研究，中华民族经济学则是从民族角度的研究，二者相互补充，全面系统地揭示和论证中国与中华民族的经济矛盾。而中华民族经济学又顺理成章地成为中国经济学与中国少数民族经济学的中介。

其三，与部门、行业经济学的关系。这个层次的经济学学科是中国经济学的展开，其数量是相当多的，如财政学、金融学、国际经济学、人口经济学、区域经济学、农业经济学、工业经济学、商业经济学、经济史等都处于这个层次。现有的经济学系统，由于没有明确国度经济学这个层次，没有对中国经济学的系统研究，因此这个层次的各门学科都是从政治经济学派生的，而且都是以一般性学科的面目出现。这在逻辑上是不清晰的。确立了国度经济学这个层次，加强了对中国经济学的研究，那么，这个层次各学科的地位也就清楚了，它们实际上都是对中国的经济部门和行业的专门研究，虽然也可以借鉴相关的国外学说和经验，但目的都在于对中国经济的特定部门、行业矛盾的揭示和发展规律的探讨,从而使其对象、目的、性质更为明确。中国少数民族经济学也是属于这个层次的,它与同一层次的各门学科都有密切关系。中国少数民族经济也包括这些部门和行业,各部门、行业经济学的成果和概念,对于中国少数民族经济学的研究是必要的参考和借鉴。同样,中国少数民族经济学的研究成果,也将促进和充实这些部门、行业经济学的研究。

其四,与具体专题性经济学研究的关系。这个层次的经济学研究,是直接对实际经济矛盾的研究,其中少量可能成为学科,大多数则是专题性的。如对特定时期某种经济问题的研究,对特定行业经济情况的专项研究,对某种政策制定和实施结果的调查研究等。中国少数民族经济问题也可以析分为对某一个民族经济的专题研究,或是对某一民族地区经济的研究,或是对少数民族经济某一部门、行业的专题研究等。中国少数民族学是对少数民族经济的具体专题研究的理论前导,而这些具体专题研究也是中国少数民族经济学应用、验证、充实的必要条件。与此同时,中国少数民族经济学还要注意吸纳这个层次丰富的具体专题研究的成果,以为借鉴和补充。

其五,与资本主义经济学系统各学科的关系。资本主义经济学系统与社会主义经济学系统的主体、主义是有质的区别的,但在研究对象上却有相同之处。已有的资本主义经济学系统并不承认国度经济学的层次,而是将国度特殊性与世界一般性相混淆,在它的一般经济学层次上,所论内容大多是某一国度的特殊经济问题,但却用一般性范畴、公式来表示。在部门、行业经济学的研究上,资本主义经济学家以实证的方法,概括几百年来各国资本主义经济的演化,以及其经营、管理的经验教训,形成了有一定说服力和参考价值的结论;在具体的专题研究中,也有相当多可资借鉴的成果。对此,中国少数民族经济学都应尽可能地参照和借鉴,特别是在实证方法上,资本主义经济学系统中有许多对我们有启发之处,尤应注意。

七、中国少数民族经济学的方法

中国少数民族经济学的方法,是从属于社会主义经济学的系统抽象法的,由于其对象、目的、性质的特殊性,又有其特点。概括起来说,中国少数民族经济学的方法,就是实证基础上的抽象和抽象指导下的实证。

社会科学的研究方法是研究者在其主义指导下,对特定对象进行研究的思维原则、程序和技能。方法不是先验的,而是在研究过程中经验的积累和总结,是一个不断创造、发展、深化的过程。

所谓研究,就是由具有抽象思维能力的研究者将所收集到的现象材料进行理性思考,经过比较、分类、归纳、分析、综合、定义、论证等一系列思维环节,规定、展开、改造和完善概念,形成对现实矛盾的理论性认识,进而由理论性认识通过演绎,说明现象,探求解决矛盾的途径。在社会科学的研究中,研究者都是具有个人利益并因其个人利益与某一社会群体利益的一致而代表这一群体的。对某一社会群体利益的概括形成特定的总体性意识,其核心和基本观念就是主义。任何社会科学的研究,都是有主体性的,都是某一主义的展开与实现,是作为主体的群体利益和意识的概括,并据此对所研究对象矛盾的揭示与论证。

这一点在经济学的研究中相当明确。虽然一些人努力表白自己是"客观"、"公正"的,做出一副超然世外的模样,似乎他所论说的经济问题与他本人丝毫无关,他是代表"真理"或"全人类"来进行研究的。但实际上,这些人的主体性都很强,他们越是否认其主体性,就越证明他们是在代表少数人的阶级利益而对经济矛盾进行论证或掩饰。这种主体性表现为目的,目的要求其在研究和论说中采取可以实现目的的方法。

对于社会主义经济学研究者,一个习以为常的说法是,研究的方法就是辩证法。这是不错的,但也是不够的。辩证法是哲学意义上的方法论,它对所有的科学研究和行为都有指导意义,是方法的一般,一般的方法。具体到经济学,特别是中国少数民族经济学的研究,辩证法必须具体化,要在对特殊经济矛盾的研究中,形成特殊的方法。不是只在教科书的导言中,概要地引用一下哲学教科书中对辩证法的论断,就等于确定了本学科的方法,而是要在对中国少数民族经济的研究中,体现辩证法的指导,并不断发挥创造性思维,形成与本学科相应的方法。

基于中国少数民族经济学的特殊性,我们认为其方法应是实证基础上的抽象与抽象指导下的实证的辩证统一。要点有:

第一,在明确中国少数民族经济学的主体和主义的前提下,以社会主义为指导,概括作为主体的各民族劳动者的经济利益和意识,确定理念和主张。这不是单纯的演绎,更不是把社会主义的本质和原则作一些描述就算完成的,而是实证与抽象辩证统一的首要环节。各民族劳动者的经济利益,是现实的、具体的,必须经过广泛深入的调查研究,收集和占有充分的材料,才能得出实在的认知。不能凭想当然,或按社会主义一般的理论规定加以演绎。实证不仅是要调查,更要研究,把调查得来的材料,即劳动者个人对其经济利益的表述进行比较、分类、归纳,形成具有共性的总体意识。这实际上已是在进行抽象。在此基础上,进行分析、综合,得出概念性规定,并对之进行论证。这样得出的结论,是具有其具体的时代性的,也是可以归结为研究的主题、展开于研究内容中的。

第二,中国少数民族经济学的方法,是辩证法的具体化。辩证法不是在世界某个地方存放的特殊物质,也不是某个神圣的说教,而是根源于人的本质、体现人性升华的精神,是社会变革的方法。

从哲学层次上对辩证法的规定和论证,是已有人类思维对人生和社会变革的总结,是继续思维变革的前提和原则。对于中国少数民族经济学的研究来说,辩证法无疑也是前提和原则,但这个前提和原则要具体化于对各民族劳动者经济利益和意识的概括上,体现于对少数民族经济矛盾的研究中,即在研究的各层次、环节中都要贯彻辩证法,并以所发现的问题及对问题的解决方法,来丰富、充实、改造、完善中国少数民族经济学的方法。

第三、中国少数民族经济学的特殊性决定了它在方法上更要注重实证性。与政治经济学的注重从阶级关系探讨经济矛盾相比,中国少数民族经济学侧重经济的民族性和民族经济关系。阶级性具有世界一般性,只要处在同一历史发展阶段或社会形态下,如封建领主制社会和资本雇佣劳动制社会,其阶级关系就是领主与农奴、资本家与雇佣劳动者的矛盾。任何民族,只要处于其中某一社会形态,其阶级关系都是有一般性的。经济的民族性与民族经济关系,从一般意义上说,就是阶级关系,是阶级关系的特殊存在形式。对这种特殊,既要从阶级规定的一般进行演绎,更要从实际进行归纳。这个归纳过程在方法上更要求实证性。民族是历史形成的,人种、地域、政治、文化、宗教、风俗等各种具体因素,都是经济的民族性和民族经济发展与关系的必要内容。对此,是不可能从一般规定进行演绎的,相关的一般概念只是研究的指导,研究的主要功夫,要放在调查和实证上。在这一点上,社会学、民族学、民俗学等的"田野调查法",有重要的借鉴意义,同时也要注重对这些学科成果的吸收。

第四、实证基础上的抽象。实证是中国少数民族经济学研究方法的基础,也是重要环节,但研究不能满足于实证的结论,更不能止步于田野调查。中国少数民族经济学不止是描述经济的民族性和民族经济发展与关系,更要从中揭示其规律和发展趋势,为此,必须进行抽象。当然,实证过程中也在进行抽象,不过是初级形式的抽象,还要在实证已有的初级抽象基础上,进一步抽象,其思维形式主要是分析和综合,并规定概念,改造和完善概念,进而构筑概念运动的体系。

第五,抽象指导下的进一步实证。中国少数民族经济学的形成与发展,是以范畴、概念体系的建立为标志的。范畴、概念体系是阶段性研究成果的集合,又是进一步研究的起点。中国少数民族经济学初级体系的范畴,往往先是对矛盾的外延界定,进而深化为内涵的规定。而规定范畴的概念,初期也不很准确,甚至要从经济学其他学科或民族学中"借用"。这是抽象思维的初级结果,又是进一步实证的依托。在抽象原则的指导下,不断进行调查研究,收集、占有大量的现象材料,再对之比较、分类、归纳、分析、综合,充实范畴的内涵,规定和改造本学科的概念,完善体系。

第六,理论与政策,理论与实践的密切结合。中国少数民族经济学是以解决少数民族经济矛盾、协调民族间经济关系、促进少数民族经济发展为目的的,要以系统的实证基础上的抽象研究为党和政府制定少数民族经济政策提供理论依据,并由此参与少数民族经济发展的实践。因而,在方法上必须使理论研究密切结合少数民族经济政策与发展实践。理论与政策的结合,一方面要注意对既有政策及其施行结果的分析,注重总结经验;另一方面又要充分考虑理论在政策化过程中的程序和条件。理论是通过政策而进入实践的,实践既是检验政策,又是检验理论的必要环节。理论研究不仅要揭示少数民族经济发展中的矛盾,更要分析既有政策及其所体现的理论的因素,由此验证理论的正确与否,并探讨改进理论和政策的方法,由此促进少数民族经济的发展。

八、中国少数民族经济学的体系

作为一门新的学科，中国少数民族经济学的形成，是以具有系统的范畴和概念体系为标志的。体系既是已有研究成果的集合，又是进一步研究的起点，因此，体系也是在不断发展变化的。中国少数民族经济学体系的提出，是依据系统抽象法的原则对已有中国少数民族经济研究成果的概括，同时又是对进一步研究的范围、方向的界定。

一个成熟的学科体系，是以概念运动为核心和主干的，其中要有一个核心概念，由它规定本学科的基本观念和所研究对象矛盾的本质；核心概念的规定和论证，应有若干前导性概念，以规定其理论和历史的前提；核心概念展开于主干概念的规定和论证中，主干概念是一个系列，由若干概念构成；在核心概念和前导性概念、主干概念之间，以及各前导性概念和主干概念之间，又有若干辅助性概念予以连通，并展开核心、前导、主干概念。体系的建构，以核心概念的规定和展开于主干概念的运动为主线，前导性概念作为规定核心概念的前提，先于核心概念，而各辅助性概念则依其内涵和外延处于前导性概念、核心概念和主干概念之间。体系通过概念的运动凝聚研究成果，论证对象矛盾，说明发展规律，提出解决矛盾的主张，探讨解决矛盾的途径和措施。

以此为标准，成熟的经济学学科体系并不多，其典型是马克思的《资本论》，但此书为一学术论著，是社会主义政治经济学关于资本主义经济矛盾的论证，以《资本论》为依据的社会主义政治经济学教科书的相关部分的体系之所以比较完善，就在于明确了概念的运动与联系；而对社会主义经济的论证，则因没有明确的概念规定和概念运动尚显不成熟。其他各学科也都存在这种问题。

创始阶段的中国少数民族经济学尚不具备完善的概念,其体系的建构,以核心概念和若干前导性概念、主干概念和尚未达到概念程度的范畴为主线构成。所谓尚未达到概念程度的范畴,是指对矛盾的存在进行的非概念性规定,即一种提法或不精确的语句对其外延和内涵的规定,它虽然在形式上达不到概念规定的要求,但已具备概念的主要内容,可以称之为"准概念",它们在体系的主线上是必要的环节。中国少数民族经济学体系中,这种范畴或准概念的作用是相当重要的,它们不仅是概念运动必须经历的环节,又是揭示和论证少数民族经济矛盾及其解决的必要内容。对于这些范畴,应在不断的研究中使之概念化,从而完善中国少数民族经济学的体系。

据此,我们将这本中国少数民族经济学体系作这样的安排:

第一是用导论对中国少数民族经济学的必要性、条件、对象、目的、性质、方法、体系等进行总体论证。

第二用三章(第一至第三章)对少数民族经济概念进行规定。少数民族经济是本书体系中的核心概念,这三章分别对少数民族经济的历史演进及其特征和在中国经济中的地位、少数民族族裔经济和地区经济进行论证。其中第一章中涉及的民族和民族经济、中华民族经济、少数民族等概念,为前导性概念;少数民族族裔人口经济与少数民族地区经济的分析综合,是要点或核心内容。

第三用五章(第四至第八章)展开少数民族经济概念,论证少数民族经济内容。包括:制度与体制、经济结构、经济运行机制、经营管理、各民族间的经济关系与交往。这些概念及其包含的概念和范畴,是对少数民族经济中各层次矛盾的规定,在此基础上探讨其解决的途径,即少数民族经济的发展。

第四用四章(第九至第十二章)探讨少数民族经济的发展。包括:民族区域自治和少数民族经济发展、民族文化与少数民族经济发展、少数民族经济发展中的人口和资源环境、促进少数民族经济现代化的政策支持。这是根据第三部分的规定得出的认识，体现着对少数民族经济发展的主张和相关对策性思考，以少数民族经济现代化为结束。

本书是对中国少数民族经济学的初步探讨，其体系也是初级的。我们愿与读者共同努力，不断充实、完善这个体系。

第 一 章
民族经济与中国少数民族经济

中国少数民族经济是一个现代范畴,是经过漫长的历史演化,在共产党领导的新中国以法律明确规定的"少数民族"族裔人口经济与少数民族地区经济的统称。经济是少数民族形成和存在的基础,少数民族经济因历史上特殊的政治、文化而具有特殊性。从民族的一般性探讨论证中国少数民族经济的特殊性,是对其矛盾分析的前提,也是探讨其发展的基础。

一、民族是历史形成的人类社会存在方式

民族,是近代从西方传来的概念,中国古代虽无"民族"概念,但"民"和"族"却是常用的汉字。"民",《说文解字》释为"众甿也。从古文之象。凡民之属皆从民。"民为帝王、贵族、官吏之外的庶人之统称。"族",《说文解字》释为"矢鏠也。束之族族也。"衍义为同类之聚结、集中,有血缘关系的家族、宗族、氏族。泛指群和众。从汉字本义论,民族就是严格系统的国家控制的人或国民的集合体。

将民族作为一个概念,是近代西方学者提出的,但又都不很确

定,大致有这样几种定义:1. 民族与国家是同一的,一个国家就是一个民族;2. "自然国界"是民族的基础;3. 种族或血统是构成民族的要素;4. 文化是民族的要素;5. 精神、心灵是民族的要素;6. "民族无非是命运的共同体";7. 语言相同;8. 肢体形状相同;9. 信仰同一宗教;10. 具有相同的风俗习惯。对于民族,马克思和恩格斯大都采纳了前述观点中的某几个要点。后来,1913年斯大林在《马克思主义和民族问题》一文中,提出了他对民族概念的规定。

斯大林写这篇文章的目的,是要批判俄国当时因长期部族联盟的松散性而出现的各部族建立独立国家的思潮,以维护社会主义运动的目的和国家统一。为此,他提出了对民族概念的规定。

> 民族是人们在历史上形成的一个有共同语言、共同地域、共同经济生活以及表现在共同文化上的共同心理素质的稳定的共同体。[①]

民族是历史形成的人类社会存在方式。地域、经济、政治、文化(含心理素质)、语言是民族的必要因素。从这个意义上说,斯大林的定义有明显的合理成分。但不包括政治因素,不把政治组织作为民族的存在形式,也是不能全面、准确规定民族概念的。但在他主持的"苏维埃社会主义共和国联盟"中,实行民族区域自治的民族又都以国家形式出现。

民族是由氏族、氏族联合体、部族和部族联盟演化、扩张而形成的。这个过程,是一个充满矛盾斗争的过程,在一个特定区域内的众多部落,由于相互的矛盾而斗争,最后由一个势力强大的部族

---

① 斯大林:《马克思主义和民族问题》,《斯大林选集》上卷,第64页,北京:人民出版社,1979。

或部族联盟吞并其他部族,从而形成了以此部族或部族联盟为主的民族。中国在春秋、战国时期,就已经开始了这个过程。汉民族就是继承统一中国的秦朝在汉朝形成的囊括了众多部族的民族,它是人类最早形成也是人数最多的民族,在两千余年的演进中,又不断吸纳其他部族、氏族加入。汉族的形成,政治起着前导和框架的作用。在欧洲各民族的形成过程中也是如此。马克思在《法兰西内战》中,对欧洲集权国家与民族的形成作过这样的论述:

> 以其无孔不入而且极其复杂的军事、官僚、僧侣和司法机构像蟒蛇一样把活生生的市民社会从四面八方网罗起来(缠绕起来)的中央集权国家机关,最初是在君主专制时代创造出来的,当时它是作为新兴的现代社会在争取摆脱封建制度束缚斗争中的一个武器。中世纪贵族的、城市的和僧侣的领主特权都转变为一个统一的国家政权的从属物;这个统一的国家政权以领薪的国家官吏代替封建显贵,把中世纪地主的门客仆从和市民团体手中的武器转交给一支常备军队,以系统的按等级分工的国家政权的统一计划代替中世纪的互相冲突的势力所造成的错综复杂的(光怪陆离的)无政府状态。以建立民族统一(创立民族国家)为任务的第一次法国革命,必须消除一切地方的、疆域的、城市的、省份的独立性。因此,这次革命不得不继续发展君主专制制度已经开始的工作,即使国家政权更集中更有组织,并扩大这一政权的辖制范围和职能,增加它的机构、它的独立性和它控制现实社会的超自然威势,这种威势实际上取代了中世纪的超自然的天堂及其圣徒的作用。①

---

① 马克思:《法兰西内战》,《马克思恩格斯选集》第二卷,第408-409页,人民出版社,1972。

我们认为,民族是随着人类经济的发展,在严格系统的国家政权的制约和支撑下形成的。作为人类历史形成的社会存在方式,民族并不是在某一历史时间点,在全世界齐刷刷地形成的;而是像国家一样,因具体条件而动态地形成和发展的,有些民族形成早些,有些则晚些,有的地方直到今天,其民族形式也不完备。而且,民族形成以后也不是固定不变的,有分有合,甚至有的民族会消失。

据此,我们对民族概念做这样的规定:民族是特定人群在统一国家政权和相应制度框架中,在共同地域内由同一文化形态主导从事经济活动的具有共同语言的长期稳定的社会存在方式。

我们的规定与斯大林的定义相比,有这样几点区别:1. 民族不仅是人们的"共同体",而且是"社会存在方式";2. 规定民族概念是对从分析得出的要素即本质因素的综合,而非对归纳所得的"特征"的排列;3. 这些要素中包括地域、经济、政治、文化、语言,比斯大林的"特征"多出政治这一要素,但去掉了"共同心理素质"这一本来包含在文化中的内容;4. 将各要素综合为内在统一的规定。

民族的政治因素,即统一的国家及制度,对于民族的形成和发展是至关重要的,它既是对民族的外延界定,又是其内涵的基本框架。历史和现实中也会有一部分人由于各种原因生存于本民族聚居的国家或区域之外,这在短期内只要不改变国籍就不改变其民族归属,但长期下去,其民族归属就会有所改变。

民族是不断发展的,在发展中,民族的形式也会变化。从总体上看,一个国家构成一个民族,但在一些大国,又有不同形式。比如中国,总体的国家民族是中华民族,但由于历史原因和理论认识,还由法律承认并规定了56个民族,相比国家民族的中华民族来说,这56个民族都是支民族,而且随着发展,势必会有民族间的融合,从而使中华民族的总体性更为突出，各支民族的特殊性逐步缩小。国家作为一个政治实体，它对民族的制约是相当重要的。美国的人口来自几乎全世界的各个民族，但在其政治制度的制约下，共同的文化和经济乃至语言，使之逐步在同一块土地上聚合为一个美利坚民族，其人口的原有民族性也就逐渐淡化，如果延续几代、几十代人的话，甚至会消失。中华民族中各支民族的统一融合也是历史的大趋势。

二、民族经济是民族存在和发展的基础

民族作为人类社会的存在方式，是在历史的进程中逐步形成和发展的，在这个过程中，经济是基础，民族经济的发展水平决定着民族的存在和发展程度。

民族并不是一群人随机凑合的结果，而是由家族、氏族、氏族联合体、部族、部族联盟的历史集合。这种集合，正是民族成员素质技能不断提高，并在生产关系和生产方式的变革中发展经济、进行政治斗争和政治变革的过程中进行的。因此，是一种内在的由某种社会势力（阶级及其控制的社会群体）主导的社会进程。迄今，世界各国民族的形成并未结束，部族间的兼并和民族的融合，使民族成为一种密切联系的社会方式。对于民族的成员来说，他一来到这个世界，就已具有民族的身份，就受本民族的政治、经济、文化、语言等各种因素的制约。民族成员的经济活动，是在民族总体的范围内，并由其政治、文化、语言乃至风俗习惯等制约下进行的。

民族和国家一样，是随经济的发展而逐步形成的。斯大林将民族的形成归因于资本主义经济的发展，这对个别民族或许是对的，但对世界而言，不免偏颇。民族形成的主要条件，一是集中而统一的国家政权，二是经济发展。这二者是相辅相成的。原始人类是以

血缘为纽带组成家族、氏族。这个过程，是相当漫长的，之所以漫长，原因在于经济的落后；经济的落后，主要原因又在于原始人素质技能的低下，最初的生产方式以采集、狩猎为主，没有或很少有剩余产品。为了生存，人们只能依血缘而群居，从家族到氏族的演化，表明生产能力逐步提高，畜牧业和初级的农业已经出现。各氏族因其成员素质技能所导致的经济发展水平而显现出高低，在氏族社会组织中，领袖人物的管理能力起着重要作用。从氏族演化为氏族联合体，进而扩展为部族、部族联盟。中国大体到商周时期，就已形成部族联盟。这个过程，表现在不断的部族之间的斗争和联合，其实质，则是经济实力的较量。在较量中，那些政治组织和社会关系有利于劳动者素质技能提高的部族，就会明显占上风，甚至吞并、兼并其他较弱小部族，形成占地广、人口多的部族联盟，当这个部族联盟建立系统的社会制度和统一的政权后，就可能进一步形成民族。在中国秦朝建立了大一统的集权国家，为民族的形成创造了必要条件，再经汉朝四百余年的集权统治，初步形成了汉民族，进而又不断在政治的演变过程中，吸收、採纳、融合周边各部族，不断扩大汉民族。

一个民族的形成，五个要素是统一的。其中经济是基础，政治是外部限定和内在机制，起组织和保证作用，文化是导引和凝聚，地域是条件，语言则是民族形成的结果，同时也是民族延续和发展的必要因素。

斯大林认为，民族是在废除封建领主制过程中形成的，这是有其道理的。封建领主制时期所对应的是部族联盟，消除封建领主制，建立统一的集权国家，是民族形成的必要条件。不过，废除并取代封建领主制的，并不是资本雇佣劳动制，而是集权官僚制，这在中国是最典型的。西欧各国，也曾有过短暂的集权官僚制和小农经济时期，马克思（见本章第一节引马克思的话）也将集权国家作为欧洲民族形成的内在依据。但由于欧洲的集权官僚制仍处初级阶段，时间不过三四百年就被资本雇佣劳动制取代，因而其特征不很明显，常被教条主义地对马克思关于历史分期论述的解读者所忽略。大体说是从十四、五世纪开始，西欧各国逐渐由国王和商人联手，实行重商主义经济政策，发展本国经济，脱离罗马教庭控制，对内打破封建领主割据，对外扩张；荷兰、英吉利、法兰西、德意志等国相继建立了集权专制王朝，并有条件地解放农奴，实行小农经济和个体手工业、商业，为资本主义经济产生创造了前提。这个过程，也是其由部族到部族联盟，进而形成民族的过程。而这些民族的发展，则取决于其资本雇佣劳动制对劳动者素质技能提高和发挥的促进，使其在工业经济中领先于世，并由此确立了其民族在世界民族之林的强势地位。

作为民族形成和发展的基础，经济是聚合其成员，进而吸纳新成员的必要条件。一个部族或部族联盟，如果不能为其成员提供必要的生产和生活的条件，就不可能转变为民族；而形成了的民族，如果不能继续提供这些条件，就有可能解体。一个民族的形成，首要的和基本的原因，还在经济上。在一定历史时期内，阶级统治的社会制度，是民族得以形成的基础，人类从氏族、氏族联合体、部族、部族联盟到民族的演进，也是阶级形成和强化的过程。奴隶主和封建领主的统治，都不承认作为统治对象的奴隶和农奴的人身权，而且不可能在大的区域内施行其统治，其统治虽然残酷，但不系统不严密，因此，其所体现的奴隶制和封建领主制时期，还只是民族形成的预备阶段，即氏族联合体与部族和部族联盟时期。这个时期的经济，不论从生产方式还是规模，都还不足以成为民族存在和发展的基础。只有到了集权官僚制社会，官僚地主阶级的统治一方面承认了农民相对自由的人身权和对小块土地的占有权，另一方面又可以扩大其统治的区域，系统并强化其统治的力度，为稳定的农业生产方式提供了制度保证，从而也为民族的形成和发展奠定了基础。资本雇佣劳动制，比集权官僚制更适宜经济的发展，是工业生产方式取代农业生产方式的必要制度条件。资本雇佣劳动制承认劳动者的人身权和劳动力所有权，为劳动者提供了必要的经济生存权利，而且资本主义的工业生产规模、经济结构和运行机制，都可以大量地、密切地吸收劳动者，从而为民族的存在和发展提供了坚实的经济基础。英吉利、法兰西、德意志、意大利等民族就是由此而形成并发展起来的。美利坚民族的形成和发展更能说明经济的基础作用，由于资本雇佣劳动制更为适宜自由竞争，并能给个体人提供相对自由的生存条件，这个主要由移民构成的民族在二百余年的时间迅速形成，并吸收了全世界各民族和部落的优秀个体人，使之成为新的强大的民族。而倭族（亦称和族）的形成，也是自明治维新以后，在政治集权和资本主义统制经济基础上，融合了倭部族之外的其他部族而形成的，并在不到半个世纪的时间内，使日本成了单一倭民族的国家。

社会主义经济是更有利于民族形成和发展的。从理论上说，社会主义经济保证了个体人的劳动力所有权和对共同占有的生产资料所有权，劳动者真正成为经济和社会主体，这为其提高和发挥素质技能，进而改善生产方式和提高生活水平创造了必要前提。而社会主义制度中的民主原则，也使不同民族乃至部族的个人，有了平等的发展机会。从 20 世纪建立初级社会主义制度的国家来看，在其前期，不论是苏联、东欧各国，还是中国，都为其民族的发展奠定了经济基础，同时还以区域自治制度等法律，承认旧有的部族或部族联盟为民族，而中国共产党则从法律上承认旧有的部族或部族联盟，甚至一些氏族、氏族联合体为中华民族的支民族，由此形成中国特有少数民族，并有了发展的经济基础。只是当社会主义制度被旧势力弱化后，才在苏联及个别东欧国家（如捷克斯洛伐克）造成民族分裂，其主要原因之一，还是民族统一的经济基础不牢固。

民族经济作为民族存在和发展的基础，在现代世界表现得相当明显。任何民族，要想保持其民族性，就得发展经济；否则，其民族就有衰落、解体的危险。而在经济发展中的民族统一融合，也是必然的趋势。

三、民族经济矛盾与发展

民族经济是个矛盾系统，它的发展，是矛盾的演化过程，在这个过程中，既有民族内部的各种经济矛盾，又有民族间的经济矛盾。

民族经济的矛盾，是历史形成的，它分为若干层次，其中基本的矛盾，就是劳动者素质技能与社会地位的矛盾，这个矛盾扩展为生产力与生产关系的矛盾。在基本矛盾的基础上，形成制度性矛盾、体制性矛盾、经济结构与运行机制的矛盾、经营管理的矛盾、民族间经济关系的矛盾。这些层次构成一个系统，中国少数民族经济学的内容，就是对这个矛盾系统的揭示和论证。

在民族经济发展的历史上，劳动者从一开始就是生产的主体。劳动改造自然，创造物质财富，提供服务，是民族生存和发展的经济基础。然而，自从进入阶级社会，作为生产主体的劳动者就不再是社会、经济的主体，他们的劳动生产，由掌控生产资料所有权以及劳动者人身权的统治阶级所支配。资本雇佣劳动制下，虽然劳动者拥有了人身权和劳动力所有权，但生产资料仍由资本所有者掌控，因而劳动者并不是社会和经济的主体。生产的发展决定经济发展，而生产发展的水平，取决于作为生产主体的劳动者素质技能的提高与发挥。劳动者的素质技能，包括身体素质、技术素质、文化素质三个层次或环节，是人本质的体现，是在实践中逐步提高的，这有一个不断探索、积累的过程。在这个过程中，劳动者提高自身素质技能的主动精神是相当重要的，而主动精神的形成和发挥，取决于劳动者的社会地位及其面对的社会环境。古代中国汉族农业经济的发达，主要是集权官僚制下的小农经济给农民提供了在归其占有或使用的小块土地上勤劳耕作的条件，农民对土地的占有权和使用权，及交税租之后的收益权，是其提高农业生产技术素质的主动性的社会条件。英吉利民族之所以能率先进入工业生产方式，根本原因在其民族劳动者素质技能的提高，特别是从农业技术素质向工业技术素质的转变。为什么会有这种转变？英吉利民族本来是法国北部的落后部族，因战败求生才跨海逃到不列颠群岛。如果从技术素质的逐步积累而言，是不可能首先在英国劳动者身上发生这种转变的，但这种转变就是发生了，而且英格兰民族成为因工业化而最强大的民族。之所以如此，取决于在英国发生的针对封建和专制的资产阶级革命，劳动者争得了基本的人身权和劳动力所有权，从而使资本雇佣劳动制得以建立，正是这个制度，支撑了工业革命和工业生产方式的发展，也是英吉利民族形成和发展的根据。

劳动者素质技能与其社会地位，是内在统一的，素质技能提高的劳动者必然要求提高其社会地位，也只有提高劳动者的社会地位，才能保证其素质技能的提高和发挥。通观历史和现实，人类各民族经济的兴衰，都取决于劳动者素质技能与社会地位这个基本矛盾。这个基本矛盾具体的表现，就是生产力和生产关系的矛盾，进而是经济制度、体制、结构与机制、经营管理、民族间关系等矛盾。

生产力与生产关系的矛盾，在传统社会主义政治经济学中是作为决定性的基本经济矛盾的。这种观点的主要问题是忽略了生产和经济的主体性，不能明确劳动者是生产的主体及其争取成为社会和经济主体的趋向。因此，我们将基本经济矛盾规定为劳动者素质技能与社会地位的矛盾，在此规定的基础上，再来看生产力和生产关系的矛盾，就是以劳动者为生产和生产力的主体，生产关系不过是劳动者社会地位的社会形式，它集中表现为经济制度。生产关系对生产力的制约，首要在于劳动者的经济权利，资本雇佣劳动制以前的统治阶级控制劳动者的人身权及其劳动力所有权，进而掌握生产资料所有权，在生产关系中居主导地位，并由此掌控生产力。资本雇佣劳动制中，劳动者争得了人身权和劳动力所有权，资本所有者只能掌控对资本化了的资源和生产资料的所有权，以此保持在生产关系中的主导地位，并控制生产力。社会主义的民主劳动制中，劳动者不仅拥有自己的人身权和劳动力所有权，而且拥有由劳动创造的生产资料及自然资源的所有权，并由这两个所有权派生集合为公共占有权；劳动者以民主法制控制占用权，这样，劳动者才真正成为社会主体和经济主体，从而使其素质技能与社会地位统一，生产力和生产关系的矛盾也就上升到一个新阶段。

任何民族的经济发展，都有其阶段性，阶段性的标志，一是制度，二是体制。经济制度是由劳动者素质技能决定的生产力制约的生产关系的集中体现，它表现在劳动者的社会地位、经济权利及与之相对立的统治阶级的地位、经济权利上，主要体现于劳动者的人身权、劳动力所有权和对生产资料及自然资源的所有权层次。这些基本权利及其派生的占有权、使用权能否属于劳动者，有多少属于劳动者，是衡量经济制度性质的标志。这些基本权利是任何经济制度中都存在的，不属于劳动者，就属于非劳动的统治者。这样，就构成阶级的对立。一个民族的经济自从形成，就有其制度，并由权利关系构成其制度矛盾。由于制度层次在经济矛盾体系中的重要性，因此制度矛盾是民族经济在特定社会形态的主要矛盾，它决定了民族经济的性质。从全人类论，总体上经历了原始社会、奴隶制、封建领主制、集权官僚制、资本雇佣劳动制、社会主义民主劳动制等经济制度，但不同民族，由于发展程度的差异，并不见得都经历这些制度。到现代，大多数民族都进入资本雇佣劳动制，但仍有少部分部族和部族联盟停留在封建领主制,也有一部分民族因社会主义革命而率先进入社会主义民主劳动制。各民族内部制度中的矛盾,以及民族间因制度的差异而造成的矛盾,是制约民族经济发展的主要矛盾。民族经济的发展,首要和核心的问题,就是解决制度层面的矛盾。

经济体制是经济制度的阶段性形式,一种经济制度贯穿于一个社会形态的始终,其间会分成若干阶段,在这些阶段,经济制度要具体化为经济体制。经济体制是经济制度基本权利体系的展开,制度的基本所有权关系不会改变,不同体制的差异,主要在占有权、使用权、经营权等层面。这里比较突出的,是实行资本雇佣劳动制的民族,有的表现为自由竞争体制,即主要由资本所有者个人行使其对生产资料的占有权、使用权、经营权,并购买劳动力使用权,组织和主导经营,排斥或削弱国家干预;有的则进入市场体制,不仅要强化国家干预,还由资本所有者将其生产资料所有权派生的占有权集合成股份公司,由行使占有权的机构掌控对经营权行使者的聘任,并指导公司的经营。与此同时,雇佣劳动者也将劳动力所有权派生的占有权集合于工会,由工会与公司交涉劳动力使用权的出卖及其价格、条件。这种体制上的差异,不仅会在各民族间同时存在,也会随本民族经济的发展而演化。再如实行社会主义民主劳动制的民族,其经济体制有统制体制与计划市场体制、计划体制等的差异,以及体制的转化。经济体制上的矛盾,是民族经济发展在特定社会形态各阶段的主要矛盾,是制度矛盾的具体化,改革与解决体制层面的矛盾,是民族经济在制度未发生质变时期的主要任务。

经济结构及其运行机制,是经济体制矛盾的具体形态,劳动者素质技能和社会地位的矛盾在这个层次上得到充分展现。对于民族经济的发展来说,经济结构及其运行机制,其特殊性是最为明显的,各民族经济的差异,在这个层面的矛盾中表现得相当突出。因此,对这个层次的研究，也是最能体现民族经济特殊性的内容。经济结构，是劳动者素质技能与自然资源和人为生产资料由经济制度、体制的制约而形成的组合方式；运行机制则是经济结构的运作所体现的功能。以现代两种主要经济制度，即资本雇佣劳动制和社会主义民主劳动制为例，前者经济结构中的主要结构，是资本结构，劳动者素质技能结构是从属于掌控生产资料和资源的资本结构的；后者则反过来，以劳动者素质技能结构为主，集合了生产资料和资源的资金结构为辅。这两种结构组合形成的矛盾，具体化于产业结构、产品结构、区域结构、流通结构、分配结构、消费结构等具体结构中。各民族经济发展的差异，就体现于这个结构系统及其各环节上。不同的结构形成不同的功能，其机制的运作，具体地制约各民族经济的发展。

经营管理，是更为具体的民族经济矛盾层次，它包括企业和个人的经营活动，也包括由政府从总体上对经济的调控管理。因体制的差异和结构的区别，各民族在不同历史时期，经营管理的差距相当大，而这又是民族经济发展的直接体现，经营管理层次的矛盾是民族经济研究的具体层次。从方法和研究进程来说，这个具体矛盾层次是实证的着眼点，也是抽象的起始，进而是从抽象到具体概念运动的归结点。对这个层次的研究，切忌就事论事，而应通过从具体到抽象探讨其中的结构和机制、体制、制度层次的矛盾，再从对制度、体制、结构和机制矛盾的规定，以从抽象到具体的概念运动，说明经营管理层次的矛盾。

经营，从广义上说，就是有目的地从事以生产产品和服务创造价值的活动，由于劳动者素质技能的差异和生产方式的不同，各民族在不同历史时期的经营活动及其方式差别明显，如农耕、手工作坊与机器化工厂、个体摊贩与超级市场等；从权利关系来说，则有个体经营与资本经营、合作经营、政府经营等；从经营机制看，又有自给自足、政府管制、自由竞争、市场法制等。民族经济的发展程度及其相互间的关系，直接取决于经营，对经营的研究并探讨解决其矛盾的途径，是民族经济发展的具体内容。

管理，包括经营中的管理，也包括以政府名义进行的总体管理。在民族经济的发展中，管理的意义是不言自明的，但如何管理，却有相当大的差别，从而影响民族经济的发展。经营中的管理，随经营范围和方式的变化而变化，但即令在同一种经营方式中的管理，也有优劣之分。这里的要点，在于如何发挥并提高劳动者的素质技能，由此有效地利用生产资料和资源。以政府名义的总体管理，目的在于维护阶级统治的秩序和社会协调，它随制度和体制的变化而改变，同一种体制下的总体管理，也有方式方法的差别，从而形成不同结果。对于一个民族来说，如何通过其行政机构从总体上管理经济，为个人与企业的经营创造适宜的环境，是其经济发展的重要环节。

民族间经济关系的矛盾，是民族经济矛盾在民族间的扩展，它与国际经济关系矛盾类似，但也有很大区别。这主要是因为当今世界上并不都是单一民族的国家，有的国家是多个支民族共存的，也有一部分民族或部族是跨国度存在的，从而使民族间的经济关系和矛盾呈现多样性和复杂性。这里，既有民族的语言、文化、风俗习惯因素，又有制度、体制及其包含的阶级、阶层等因素。这诸多因素的交互作用，构成错综复杂的民族间经济关系矛盾。

民族间的经济关系矛盾不仅是复杂的，有时也是相当尖锐的，甚至表现为激烈的冲突。民族间经济关系矛盾会以各种方式展示，大致可分为一国之内的民族经济关系与国际民族经济关系两种。国内民族经济关系是在一个总体性政权制约下的各民族经济关系，从一般意义上说，同一民族实行的是同一经济和政治制度，但也有"一国两制"甚至"一国三制"的情况。比如清朝时中国的汉族地区实行集权官僚制,而内蒙古(西北部)、西藏及西南地区仍实行封建领主制,个别地方还保有奴隶制,或停留在原始氏族社会。中央政府认可并授权这些地区部族首领的统治权,但对其具体经济活动不加干涉。这种情况在西藏一直维持到1959年才结束。由于实行不同制度,加之语言、文化等的差别,民族间的交往程度和形式会有诸多差异。个体生产经营的汉族民众有相对自由的与他人经济交往的权利,但蒙藏部族或部族联盟由于实行封建领主制,农、牧奴基本上没有经济交往的资格,因此,汉族民众(商人或手工业者、农民)只能与其领主交往,民族间的经济关系受到限制。新中国成立后,以法律承认并规定了56个支民族,特别是1959年西藏"平叛"以后,全国实行同一个制度,即初级的社会主义制度,民族间经济交往的制度障碍已经消除,为密切和扩大各民族间民众的交往创造了条件。

  国际间的民族经济关系,有两种情况,一是不同国家不同民族间的关系,二是不同国家同一民族间的关系。国家与民族都是历史形成的,由于战争等原因造成的地缘政治,使民族与国家有所区别,这在现代尤为明显。不同国家的不同民族,在经济交往中的差异是明显的,但也相对简单,民族关系与国家关系是统一的。而由特殊历史条件造成的不同国家同一民族的经济关系——就显出其复杂性,血统、文化、语言、风俗习惯等相同的民族,其交往却要受国家制度、法律、政策等的分隔,又有密切联系的内在要求。如中国东北的朝鲜族与朝鲜人民共和国和韩国的朝鲜族是同一个民族,其交往,要受国度的限制,这种关系可以归结为民族内部的关系,但又是国际间同一民族的关系。

四、民族经济与民族政治、民族文化的统一

民族经济与民族政治、民族文化是内在统一的,这三者构成民族存在和发展的基本要素。与之相应,民族区域是民族存在的地域条件,它既是民族经济、政治、文化的条件,又是民族经济、政治、文化统一作用的结果;民族语言更为明显地是民族经济、政治、文化的体现和工具。

民族经济是民族存在和发展的基础,民族政治是民族中人的社会关系的界定与制约机制,民族文化是民族中的人生和社会关系的意识,是对民族发展的制约与导引。民族政治和民族文化都不是独立于民族经济之外的特别"领域",而是内在于经济、作用于经济、表现于经济的因素。

民族经济是各民族的人的经济,人的经济活动不可能是"纯经济"的,而是人生和社会矛盾在经济这个基础层面的集合。由人生及其社会关系构成的矛盾,是个体与总体的统一,是一个大系统。对这个大系统的研究,要求对总体进行分析,并逐步将之分为经济、政治、文化三个层次。但这只是思维中的层次,是逻辑的学理,而且是一部分学者的认识,另一部分学者还有对社会及其总体系统的不同分析与界定。当我们作出了这三个层次的分析,并以这三个层次作为规定社会大系统的要素时,必须明确这一点。分析作为思维的一个关键环节,并不是认识的终结,而是进一步思维的前提,这进一步的思维环节就是综合。综合将分析得出的结论集合起来,形成对事物总体的抽象规定。对人生和社会总体的分析,得出经济、政治、文化这三个逻辑中的层次要与实际社会生活中的要素相统一,由此从总体上论证社会的实际矛盾。逻辑与实证统一的结合点,是作为主体的人。不论社会生活,还是认识的主体都是人。人的认识

和研究必须将分析的逻辑层次归结于实际社会生活主体的人,不能认为分析的抽象结论就是实际的存在,以为社会就是分为经济、政治、文化三个"领域",这三个领域又是孤立存在的,并在一定程度发生一些外在关系和作用。

人的社会存在,在现阶段是以国家、民族等形式界定的,民族与国家在一定程度上是重合的,一个稳固的国家政权是将其国民组成一个民族的必要条件,从这个意义上说,一个国家就是一个民族。但国家也会根据各自不同的历史条件,在国内承认两个以上的民族。这种国内的民族与国家的民族有区别也有联系。国内的民族划分在于处理国内的社会矛盾,而国家的民族划分则在于处理国际的矛盾。国家的民族包括国内的民族,国内民族是国家民族的组成部分。世界上有些国家不承认国内民族,一国就是一个民族,有些国家则承认国内民族。中国属于后者,因此才有中华民族和其内部的56个支民族的关系,才有少数民族经济。

民族经济的主体是各民族的人。在民族经济活动中,人本质的四要素劳动、需要、交往、意识都存在并发生作用。经济的出发点、过程和归结点,都是人,是以劳动者为主体的社会活动。政治,是交往的集中体现,主要在人与人的社会关系中发挥作用。政治不是外在于经济,而是内在于经济生活对人的关系及其活动的制约机制。政治是人的经济利益、经济关系的集合,也是调节经济利益和经济关系的社会机制。政治作为经济的内在机制,主要表现为:政治的总体形态是阶级关系和阶级斗争,它既是经济利益和经济关系的集中体现,又制约着人的经济活动和经济发展,并参与和控制全部经济生活,调节经济关系。政治在经济中的作用,以政党、政府和立法、执法、司法等机构为组织形式,以法律、政策等表现这一点,在国家民族经济中是明显的,在国内民族经济,特别是少数民族经济中,也有其作用。

文化是人生和社会关系的意识。人生和社会关系矛盾中的基本矛盾，就是经济矛盾，它必然地反映于文化，并由文化引导而处理这些矛盾。民族经济的主体是各民族的人，他们的人生与社会关系是民族经济的重要内容，这些内容反映于文化层次，形成初级意识，集合起来，就形成总体性的文化。民族文化是历史形成的，但历史的文化并不可能全部存留于现实，更不能用历史上某一时段的民族文化来界定现实的民族文化。现实的民族文化，主要是现实的人对人生及社会关系的意识，这里当然包含民族历史文化的传统，但这个传统并不是孤立存在的，而是经历史的演变、筛选而融合于现实意识之中，是现实民族文化的重要组成部分。

文化既是个人对其社会存在和总体关系的认识，也是社会总体矛盾的集中反映及其对个人意识和行为的制约。文化由价值观、思想、道德三个环节构成，在历史进程中，文化随社会矛盾的演化而演化，显现出阶段性和阶级性。对经济的意识，是文化的重要内容。文化是经济矛盾的反映，也是对经济矛盾中人的意识和行为的支配和经济发展的导引。文化的变革是经济和政治变革的反映与要求，也是经济和政治变革的前导。固守旧的文化，势必阻碍经济变革与发展。民族经济发展与文化的变革息息相关，正是不断持续的民族文化变革，导引着民族经济的发展，而各民族经济发展中的问题，也都与文化变革的不彻底有直接关系。如何在经济变革中变革民族文化，是民族经济发展的重要课题。

经济不仅是人延续生命的社会方式，也是人的生命发挥作用，创造并实现其价值的主要场所。文化是以经济活动中的人生及其社会关系为基本内容的，从价值观到思想到道德，其中相当多内容都是针对人生的经济活动和利益的，是对经济中的人格和权利的意识、维护与要求。也正是在经济活动中，人逐步形成有关人生和社会关系的意识，并在个体意识的交织、碰撞、融合中达成共识，概括成文化或意识形态。文化由经济所承载，经济由文化界定和导引。文化集中体现着人生的内生需要，并把这种需要上升为价值观，成为支配人劳动和交往的意识，也使经济有了内在动因。经济活动则使人的需要通过交往在劳动的成果中得到满足，从而为人的生理和心理发展变化提供必要条件，又产生新的发展变化要求。正是在经济过程中，形成并实现着文化，与经济活动中那些可见、可触、可用的物质材料相比，文化观念是无形的。但当我们从人出发，将经济视为人的生存活动和社会关系时，文化在经济中的存在和作用，恰恰是实在的。它不仅存在于人的观念，作用于人的经济行为，而且体现于人以劳动将自己对象化了的物质产品中。物质产品之所以不同于自然物，就在于它由人的劳动而注入了人的意识，体现着文化。人的劳动在物中的对象化，就是人对物质的文化。经济不是物质的运行，而是文化了的人以自己的文化来促进人对物质的改造和应用过程。经济承载着文化，文化作为经济的内在要素，伴随并导引经济的发展。

文化是无形的，也是实在的，它由价值观、思想和道德三个要素或环节构成。在对经济的意识上，文化体现为经济意识，有关经济的价值观是对动机、利益的规定与反思。经济思想是经济意识的具体内容，它是在价值观的基础上，对人的经济动机、利益等的概括，并由此而对人的经济关系和矛盾、经济发展等的认识。道德是社会意识从总体对个体人的制约，它与法律是相辅相成的，道德的作用体现于经济上，主要是以良心、信誉、幸福、舆论等道德观对人经济意识和行为的制约。文化也和经济、政治一样，在人类的发展中体现为阶段性和阶级性，文化的变革是以经济、政治变革为根据的，同时又导引政治、经济变革与发展。

民族经济发展的特点和矛盾，都要体现于文化上。民族经济的历史，已经成为过去，除了部分物质材料和资产的遗存，主要就是遗留在人们的文化传统中。但是，不能认为民族文化就是"传统文化"，是历史上的文化，更不能认为这种"传统文化"是"民族文化"，永远不会改变。各民族的文化都是随人的社会存在而形成发展变化的，其主要内容，是对现实经济和政治矛盾的意识。历史上的民族文化，是历史上的经济和政治的集中反映，它随经济和政治的演变而演变，并在历史进程中加以改造，作为现代民族文化的传统成分而存在。文化是可以传统的，但不存在"传统文化"，任何国家、民族历史上生成的文化，都不可能按其历史上本来的状态传统于现在。文化不是文物。历史上形成的文化是随人生和社会发展而变化的，之所以现代人还会有对历史文化的传承，就在于现实的人生和社会有从历史上承继下来的成分。但这种承继不是原样照搬，现实文化不是对历史文化的复印，而是经过批判改造地吸取与继承。现代各民族都有其部族、部族联盟的历史前提，相应地，其历史的文化也都有当时部族、部族联盟时期的特点，并有与之相应的奴隶制、封建领主制，以及游牧生产方式、农业生产方式的反映。在中国的一些少数民族和非洲的新独立的民族中，甚至还有原始氏族社会的一些特征。这些历史上的文化会传承下来，但必须经过筛选，使之适应现代工业生产方式和文明，否则就会成为民族经济发展的障碍。现代民族文化必须能够适应现代工业生产方式和文明，而且要具备导引制度和体制变革的精神，由此导引民族经济的发展。

第 二 章
中华民族经济及其各支民族经济的形成和演进

作为人类中人口最多的民族,中华民族的主干汉族已有两千余年的民族史,它形成之前有文字记载和考古证明的部族联盟、部族、氏族联合体阶段还有三千多年,而原始的氏族阶段则更为久远。围绕汉民族这个主干,各部族联盟、部族、氏族联合体、氏族不断聚合,在大一统的政治制度下密切经济联系,共同的经济发展为中华民族形成和演进提供了基础,而中华民族的形成和演进也促进了各支民族经济的发展。

一、汉民族形成前的经济

中华民族形成之前,也曾历经氏族、氏族联合体和部族、部族联盟,以及汉民族与其他部族联盟、部族、氏族共存的几个阶段。大体说来,氏族和氏族联合体处于原始公社时期,部族处于奴隶制时期,部族联盟处于封建领主制时期,作为中华民族主干的汉民族与其他部族联盟、部族、氏族共存期为集权官僚制时期。这里先对汉民族形成前两个时期的经济进行探讨。

据考古发现，中国是人类的发源地之一。原始人的演化是缓慢而漫长的，起码经历了三百万年的石器时代，在这个过程中，中华民族的始祖猿人以血缘家族为单位生存繁衍着。石器时代分为新旧两大阶段，新石器时代距今一万年，此前均为旧石器时代（也可将其划分若干阶段）。

旧石器时代是母系社会，到新石器时代，母系社会进入发达期。中国发现的此时期化石和遗址相当丰富，已达千余处，其中河北省武安市的磁山、河南省新郑市的裴李岗、甘肃省秦安县的大地湾、陕西省宝鸡市的北省岭、河南省渑池县仰韶村、四川省大溪县、浙江省余姚市河姆渡、陕西省西安市的半坡村和临潼市姜寨、河南省郑州市大河村等地较为突出，而最有代表性、资料丰富的是磁山、裴李岗、大地湾、河姆渡、半坡、仰韶。此外，古代文献中也记载了关于新时器时期的一些传说，因相距年代较近，也可作为研究的必要参考。

大约在距今五千年前，母系氏族被父系氏族所取代。这是人类发展史上一次转折性的变革。母系氏族转变为父系氏族是原始人素质技能提高和经济发展的结果。1928年在山东省章丘县龙山镇发现的遗址和遗迹，表明了这种转变，后来在河南、陕西等地也都发现了这种变化的遗迹。进入父系氏族以后，经济迅速发展，社会关系也加速了变化，开始从原始社会进入奴隶制社会。

原始社会人的基本社会存在形式是家族和氏族，而氏族又分为母系和父系两个阶段，其中母系氏族阶段有五万年左右时间，父系氏族不过千余年，家族阶段的时间则更长，大体上五万年前都以家族为单位生存。家族阶段的生产方式主要是采集和狩猎，此时的原始人还正处于从类人猿向人类转化的时期，他们的素质技能尚未达到对培植植物和养殖动物的水平，只能运用简单粗陋的石器和木棍等采集植物和猎渔动物，还不知道使用火。在这种情况下，生存条件很差，寿命很短，家族规模不可能扩大，只维持简单的再生产。也正因此，人类在这个时期的进化相当缓慢。

大约在距今五十万年以后，即云南元谋人和北京人的遗址中，都已发现用火的遗迹，而且其使用的石器也较以前各遗址的发现更为精致，类型增多。北京人已能直立行走，使手成为从事劳动的器官。据人类学家推断，北京人已经摆脱了杂交的婚姻，进入血缘家族时期。进一步的演化，在山西丁村人遗址中得到证明，即其石器更加精致、类型多样，已经认识到近亲婚配的危害，开始禁止同辈兄弟姊妹婚配，实行外婚制，从而在有利于人种繁衍的同时，结束了家族制，进入了氏族制。

氏族制的母系氏族阶段延续的时间大约五万年，其中形成期占大多数时间，繁荣期距今五千到一万年。母系氏族已突破了原有家族制的局限，按血缘关系依母系而组成，此时人的素质技能已大为提高，从采集和狩猎转为种植农作物和饲养畜禽，并烧制陶器，从而改善了生活条件，变原来的游动为相对固定的居住。妇女为家族和氏族的中心和主干，普遍实行家族外婚制，因而扩大了家族的社会存在，男人到其他家族婚配形成相对稳定的对偶婚，并在其中生活，家族逐步演化为氏族，以血缘纽带为基础，以母系确认氏系和社会关系。

母系氏族时期已有农业，但依然保持采集和渔猎，随着素质技能的提高，农业的比重逐步加大，并饲养家畜家禽。这个时期，妇女在生产、生活中的作用比男人更为重要，在氏族的生活中起着支配作用，在生产采集生活资料、安排饮食、居住及选择婚姻配偶等方面，都是妇女主导。本氏族的血缘以母系为基干，成年妇女不离家门，外族男子来本家求偶并加入本家生活，但男人对本家来说是"外人"，配偶关系结束或病老仍要回其原来家族。中国古代的姓氏制度，在某种程度上反映了母系氏族的痕迹。"姓"是按血缘世代继承的，而"氏"则是"姓"的派生。《说文解字》释"姓"说："人所生也，……因生以为姓，从女、生。"许多较早的姓，如姬、姜、嬴、宴（偃）等都从女。

大约在距今五千年前，中国大地上的社会关系发生了一次大的变革，由母系转入父系。其中，重要的原因，是农业的发展。古文献中对此有所反映。

> 古者民茹草饮水，采树木之实，食蠃蛇之肉，时多疾病毒伤之害。于是神农乃始教民播种五谷，相土地，宜燥湿肥硗高下，尝百草之滋味，水泉之甘苦，令民知所辟就。①
> 神农氏作，斫木为耜，揉木为耒，耒耜之利，以教天下。②
> 古之人皆食禽兽肉。至于神农，人民众多，禽兽不足，于是神农因天之时，分地之利，制耒耜，教民农耕。③

神农是传说中的人物，即炎帝，与黄帝同被称为中华民族的始祖。炎帝的主要贡献是使农业成为主要生产方式，而黄帝的贡献在于发明了铜器，并发明了历法和舟车，以及杵臼斧甑的制作，表明谷物加工与熟食器皿的进步，衣冠扉屦的制作与"以衣裳别尊卑"。总之炎黄二帝使生产方式和生活方式都有了重大改变。传说中炎、黄二帝的贡献，已被裴李岗、仰韶、龙山等遗址的发掘所印证。但这些发明和进步，绝非一两个人所进行的，而是集体劳作经验的总结，至于是否炎、黄二帝，已经不重要。

父系氏族取代母系氏族是经济发展的体现。随着耜耒等工具的

---

① 《淮南子·修务篇》。
② 《易·系辞》。
③ 《白虎通》。

发明和耕作技术的提高，农业逐渐成为人们的主要生活来源，采集、渔猎和饲养家禽畜只作为辅助手段，并发明了青铜器，进入石铜并用时期，手工业也开始形成专业，从农业中分化出来。农业和手工业劳动的强度大，许多劳作只有男人才胜任，妇女在生产中逐渐退出主要劳作，从而加强了男人的社会地位，婚姻关系转变为以男性为主。氏族首领由有能力率领族人生产、生活、协调内部关系、抗衡并攻击外氏族的男人担当，炎帝、黄帝等人是其中突出的代表。

　　父系氏族较母系氏族发达，也更多矛盾冲突，氏族内部争夺首领之位的斗争不时发生，这导致氏族逐步在斗争中进化；氏族之间的冲突也日益增多，由于当时农业及畜牧业技术还很落后，对土壤、气候等自然条件的依赖程度很高，氏族之间经常为争夺良好的耕地和牧场发生冲突，甚至直接抢夺农产品和牲畜。氏族的发展和争斗导致氏族联合体的形成，其产生的形式大体有三种：一是某一氏族兴旺发达，逐步分化为若干氏族，由于血缘关系，这些氏族保有密切联系，通常由某一氏族首领为联合体的召集人或领袖；二是由于征战而降服的其他氏族，被迫受制于胜利氏族；三是为生存和自卫而自愿联合的若干氏族，其关系相对松散，有合有分。第一种情况如传说炎帝族一分为四：一支是烈山氏；二支是共工氏；三支是四岳氏，发展为姜姓四部齐、吕、申、许；四支氏名无传，衍生出沈、姒、蓐、黄四部。第二种情况表现在传说中黄帝曾俘获并训练指挥以熊、罴、貔、貅、貙、虎六种野兽为图腾的氏族参战，黄帝氏族联合体中还有自己衍生的姬、酉、祁、己、滕、蔚、任、荀、僖、姞、儇、依十二姓，其中姬姓为嫡系。第三种情况应该比较普遍，在氏族纷争中结成联合体以求自卫，但由于没有突出功业，因而未能被传说。

　　氏族联合体是原始社会的最高社会形式，氏族为生存、发展而联合，并经常发生矛盾和战争，看起来要比母系氏族阶段更为混乱，但正是在这种混乱中体现着人类发展的动因和动力。氏族联合体扩展了人们的生存范围,密切了各氏族间的经济、文化、语言、婚姻关系,由此促进了素质技能的提高和社会关系的进化。传说中的昊皇、太昊帝、少昊帝、炎帝、黄帝,都是各氏族联合体的首领,而且都以太阳为图腾。这些氏族联合体居于中原地区,经济发达,势力强大,成为后来夏、商、周、秦、汉的先祖,故被传说和文献作为汉族之前驱,而对中原周边地区的氏族及其联合体,则称之为"夷"。不仅中原地区各氏族联合体间经常冲突,其与四夷的冲突更多。传说中的与炎帝大战于涿鹿的蚩尤,是东方夷人的首领,东方夷人九支中居首位的是龙夷之后,这支夷人是以鸟为图腾的,有凤鸟氏、玄鸟氏、伯赵氏、青鸟氏、丹鸟氏、祝鸠式、鴡鸠氏、鸤鸠式、爽鸠氏、鹘鸠氏,以及"五雉"、"九扈",共24个氏族合成一个联合体,此外还有八支夷人,均为蚩尤统领。先与炎帝战,大胜炎帝,后与黄帝战,被黄帝打败并擒杀于冀州之野。东方夷人与炎黄两大氏族联合体的战争,加速了其进化和与中原人的联系。再就是羌人和北部地区的诸氏族,以及南方、西南方的夷人氏族,也都在与中原氏族联合体的冲突中逐步形成联合体,并促进其演化过程。

到传说中唐尧、虞舜的时代,不仅各氏族联合体在逐步扩展,而且出现了由若干氏族联合体组成部族的趋势。部族与氏族联合体的区别,在于它是以地域为存在范围的,而初期的氏族联合体则是由几个血缘相近的氏族联合而成,后来逐步增加了邻近地域的氏族和降服的氏族,这些氏族在长期的交往中,密切关系,当遇到战争和灾荒时就会密切联合,并形成相对稳定的政治、经济统一体,就是部族。唐尧即陶唐氏族的首领,是黄帝后裔十二姓中祁姓的一支,由唐尧率领的氏族与其他氏族结成联合体后,又进一步扩张,由于尧的英明和善于组织,任命和领导各种官吏较好地处理了新出现的各种公共事宜,为各氏族人民拥戴——"亲九族"、"协和万邦"。

这样，就在尧的领导下建立了准部族制。尧在年老时，在氏族联合体会议上提议由虞舜接替他的位置，得到与会者一致赞同，于是尧"禅让"其位给舜。还有另一传说是氏族联合体会议公推舜，尧不得不禅让给舜。① 舜进一步继承尧的传统，强化管理，并任命东方夷人各氏族首领担任各种官吏，如以"八元"管土地，以"八恺"掌教化，令契管人民，让伯益管山川林泽，使伯夷主祭祀，令皋陶作刑，共设九官，并将氏族联合体的权力加大，由此增加了本联合体的内部组织和统一，基本上形成了部族的雏形。

尧舜时洪水是一大患，尧曾任命鲧治水，功效不明显，舜任用鲧之子禹继续治水，并派四岳协助。禹吸取其父经验教训，全力敬业，并用舜给他的权力，强化组织调动各氏族之力，历十年时间，终于治水成功。这个过程，禹不仅增强了组织管理能力，还使各氏族在治水这一共同事业中密切联系，为部落取代氏族联合体奠定了基础。而治水又为发展农业生产提供了基本条件，治水和用水统一、变水患为水利保证了中原地区的种植业步入一个新阶段，部落形成的经济条件也已具备。禹逼迫舜放弃传位其子商均的想法，"禅让"于禹，禹取得政权后，进一步强化社会组织，建立了强大的夏部族，并终止了禅让制。部落由此成为中原地区的社会形式，并从原始社会进入奴隶制社会。

大体上说，家族、氏族、氏族联合体的社会制度为原始公社，部族的社会制度为奴隶制。当我们规定了中国原始社会的家族、氏族、氏族联合体之后，规定部族阶段时，遇到了这样的问题：自西周以后的所有典籍，特别是孔丘开创、司马迁发扬光大的儒家历史

---

① 对此，《韩非子·说疑》认为是舜以强力夺取了尧的权位，"舜囚尧，复偃塞丹朱，使不与父相见，"加上氏族联合体会议压力，才不得不让位于舜。而"偃塞丹朱"，阻挡尧与其子相见，表明尧已有传位其子的世袭观念。

学说中,都把夏、商界定为类似周秦及以后各朝那样的松散联盟,甚至统一的国家,现代史学界也将之称为"夏朝"、"商朝"——如果是这样,那么夏、商时代起码已进入部族联盟阶段,但根据已有的考古和历史研究资料,并不能证明夏、商两代已建立了类似周、秦那样的"朝",它们实际上还只是两个较大的部族,虽有政权形式,但仍比较松散,不仅达不到秦朝的集权专制,甚至相比西周初年部族联盟的组织还差很多。

夏、商的存在面积和人口量都不大。其中,夏部族存在的面积并没有文字记载,古人只是就传说中的某些事件(包括对外征战)提到某地,并无实际考据,而现代人从考古发掘中找出的证明是夏朝的遗址、遗迹,即使时间相近,也很难确定它们就是夏人的遗址、遗迹。但就是现在史学所推测出的最大范围:"夏人活动的地区,西起今河南西部和山西南部,沿黄河东至今河南、河北、山东三省交界的地方,南接湖北,北入河北。"① 这也不及今河南一省之地,夏人的农业基本是"游农",各氏族的流动性很大,而且历时四百余年,其真正的居住地区要小得多。商的活动地比夏要大一些,但基本限于夏人故地,主要在今河南中北部。夏的人口,几乎无任何记载,但从传说中的有关事件推测,其量并不大;商的人口也无记载,据其几次大的军事行动所动用兵力数(如武丁妻子妇好参加的一次伐羌战争用兵一万三千,其余由武丁发动的征战大多三至五千人),以及墓葬中人殉数(殷墟1001号王墓为400人左右,其他墓中也有数十人)等推测,商的兴盛期总人口最多能达百万左右。

夏、商两代的政权形式尚未达到统一国家的程度,而是在相对松散的氏族联合体的基础上组成的部族,相比尧舜时代范围要大,并以地缘为主取代了血缘为主,但血缘关系并未消除,纳入部族的

---

① 樊树志:《国史概要》,第22页,上海:复旦大学出版社,2005年。

各氏族也有亲疏,其中血缘最近的关系密切,而被征服的氏族与部族首领及与其有血缘关系的氏族关系疏远,甚至常常冲突。夏代对各氏族的约束并不紧密,其政治组织形式也不健全,政权以氏族的血缘关系为依托,军队由与首领血缘密切的氏族为骨干,行政体系以各氏族的血缘关系来缔造。部族首领称王,王之下有既管政务又管军事的"六卿",夏启称之为"六事之人",六卿以下设御、正、官师、工、遒人、瞀、啬夫等官吏。与王血缘相近的氏族为贵族,并封在都城附近。这正是部族的基本形式。商的统治较夏严密,而且随着农业生产的发展,商王的实力大增,其对各氏族的控制力也在加强,但总的来说,仍未超越部族组织形式。商政权分"内服"、"外服",前者为"王畿",即王直接统治的地区,① 后者是王畿之外的各氏族,再外还有称为"方国"的边远氏族。商王之下有百僚、庶尹、惟亚、惟服、宗工越百姓、里居(君)等官吏,以及贞人和各种小臣、小众人臣、小丘臣、小多马羌臣等。商王拥有相当规模的军队,以压服各氏族并与本部族之外的氏族征战。军事以武丁为王时最频繁,先后征服大小60多氏族方国,从而扩大了本部族的势力范围。商部族是部族阶段的兴盛期,但由于这时并未形成其他部族,本部族的各氏族也在王的强大统治下不能结合成部族,因此不能形成部族联盟,而商部族的扩充,使氏族增多且矛盾突出,导致其部族关系逐步松散,最后为新兴的周部族所推翻。

夏的社会制度,其早期大体是从原始社会向奴隶制社会的转化,中后期已进入奴隶制社会,商则达奴隶制社会的兴盛期。据《尚书》及其他先秦诸子的论说(此时距夏已近千年,相当于今人说宋朝)和考古资料,可以推测出夏的奴隶制是以氏族为单位的,既有夏部族向外征战时所获俘虏(一般归参战氏族),又有各氏族冲突时的俘

---

① 《尚书·甘誓》。

房，但人数并不很多。氏族集体对这些奴隶有所有权，并逐渐由首领支配。关于商的资料，特别是考古发现，足以证明其奴隶制水平已达相当高度。商部族信奉祖先和神灵，并相信人死后依然有其生活，因而盛行"献俘"和人殉。"献俘"即人祭，祭祀祖先和各路神灵都要杀奴隶表示敬意，通常一次要杀数十到数百人。"献俘"分两种，一是由各氏族向商王进献，再由商王"献"给祖先和神灵，二是由各氏族首领"献"给其祖先和神灵，但杀人量要少。人祭的方式，或以戈钩颈，或剖腹陈尸，或割取头颅。建造宗庙时，要活埋幼儿来奠基，每座宗庙的大门口，都活埋人殉，宗庙前面，有成排的活人连同车马一起殉葬。这种情况表明：第一，奴隶的主要来源是俘虏，本部族对外部各氏族的征伐，以及本部族内各氏族的征战；第二，奴隶往往被称为"俘"，他们并没有人的权利和地位，与牲畜一样被役使和杀戮；第三，奴隶数肯定多于考古者从墓中发掘的殉葬尸骨，据此分析，当时奴隶的人数已具相当规模；第四，奴隶的所有权已逐步从归氏族而转向归氏族首领，即"私有化"，而且一些平民的墓中也发现过人殉，但数量远比氏族、部族首领少。

奴隶制的出现，使社会存在形式和关系都发生了大的变化，在原始社会的氏族中，成员都是有血缘关系的，各氏族间也不断发生征战，但由于人数少、规模小，很少有俘虏，即使有，也因当时生产力水平低既不能有富余的食物，又不能役使他们使之创造剩余产品，所以往往杀掉或吃掉。到氏族联合体时，这种情况并无大的改变，末期曾出现将少量俘虏留作役使工具（主要针对有特殊技能者）的情况，但其时生产规模尚不足以形成奴隶制。夏部族的形成与禹（及其后人）治水有密切关系，而禹治水的过程及其工程所形成的水利系统，极大地促进了农业生产，产品增多、产量增加，这是奴隶制形成的一个必要条件，即一方面有所捉获俘虏的食物，另一方面役使其劳作可以生产出多过其生活资料的剩余产品。由此，奴隶就逐步成为社会中的成员,虽然他们没有人的权利,但毕竟是存在的。这样,在构成部族的氏族中,就有首领、平民和奴隶三个阶层。开始时,奴隶是作为整个氏族的俘虏而归氏族所有——这也是夏遗址中人殉较少的原因之一,进而逐步归首领和拥有权力者所有,特别是那些奴隶的后代,已不是全氏族征战的俘获物,更容易被视为其管制者的私人物品。也正是在这个过程中,私有财产出现并逐步积聚,导致氏族首领与其成员(平民或自由民)间的分化与对立。

奴隶制的演进,极大地促进了农业和手工业的发展。从对夏遗址的发掘中出土了石斧、石镰、石刀、石铲等农用石器,以及蚌刀、蚌镰、蚌铲、骨铲等,文献中记载禹曾"身执耒插",这些都是木制工具,但其易朽,故考古未能发现。这表明农业技术已达比较高的水平,同时还出现了铸铜、造车、制酒、制石、制骨、制陶等手工业。农业和手工业的分工,特别是手工业内部的分工,表明已有专业劳动出现,这里已有使用奴隶的必要和可能。

到了商代,青铜铸造和应用又有大的进步,不仅考古发掘出商代大量青铜器,而且甲骨文也记载了当时的生产情况。商代农业已成为主要产业,卜辞中屡有关于卜问各地"受年"、"受禾"、"受黍年"的记载,以及商王为求好年成而进行祭祀祈祷、巡视耕作。耕作技术方面,除传统的石器、木械之外,开始使用青铜制成的铲、耒、耜、犁、镰等,垦田和休耕都使用火焚,此外还有整治土地、挖掘沟洫、灌溉农田、培土施肥等。甲骨文中的"田"、"囿"、"疆"、"畎"等字,表现了农田的整治和分割、沟洫等。农作物的品种也增多,甲骨文中用"黍"、"稷"、"稻"、"麦"、"秣"等字表示,以及"采黍"和"廪"的记载,表明收获与储藏。在发展农业的同时,畜牧业也有所发展,据甲骨文资料,当时蓄养的畜禽有马、牛、羊、鸡、犬、豕等多种,商王及各氏族首领几乎每天都要宰杀牲畜作为祭品,少则几只(头)、十几只(头),多则数十只

(头)、数百只(头),甚至上千只(头)。此外蚕桑业也已相当发达,甲骨文中有不少关于蚕桑的卜辞。

更为重要的是,商代手工业和商业都已从农业分出而单独成业,并有专人从事。手工业生产主要是为了满足部族王及氏族首领等奴隶主的生活需要,同时也提供平民和奴隶的生产工具及一些生活用品。手工业大体分为青铜铸造、制陶、制骨、木漆器制造、玉石器雕刻、纺织、酿酒等几大类,其中以青铜铸铜为主干和基础。青铜铸造的主要用途,一是奴隶主们的生活用品和各种礼器,二是兵器,三是生产工具。从出土和传世青铜器看,其数量和工艺也依这个顺序而递减,第一类不仅数量大,而且形制繁多、造型美观大方、纹饰瑰丽,足见其工艺之精湛。在青铜铸造业发达的带动下,其他各行业手工技艺均已达相当水平。而部族王和氏族首领也派负责手工业的官吏"多工"或"百工"专管生产经营。手工业中使用奴隶的现象已相当普遍,而奴隶在艰苦的劳作中也不断提升了自己的技能,他们据此而提出改变社会地位的要求,就成为社会矛盾及其演进的动因之一。

商部族包含的氏族众多,活动地广大,由于农业和手工业的分工与发展,物产和需求不断增加,因而形成了商业。有人以"商"字推断商代的商业相当发达,是不准确的。总体来说,商部族作为部族的高级阶段,为经济的发展提供了较好条件,但此时是农业为主,手工业为辅,商业只是在农业和手工业基础上形成的流通形式。从历史的演进看,商代确实是商业成为农业和手工业之外又一行业的开端。商代的商业,基本上以物物交换为主,在生产不同物品的氏族之间进行,氏族内部也有部分交换。已经出现了货币,在偃师二里头、郑州及安阳殷墟的发掘中发现了相当数量的海贝、骨贝、石贝和青铜贝,不过货币的流通范围尚不普遍。商末商业逐步成为部分氏族中某些家族的专业活动,据《尚书·酒诰》记载,商灭亡后,其遗民"肇牵车牛远服贾,用教养厥父母",以从事商业为生。

商部族经济以氏族奴隶制为主干,这与比之晚起的古希腊雅典部族的奴隶制是有所区别的,雅典部族中的奴隶是属于奴隶主个人的,氏族首领是大奴隶主,更重要的是其没有像商王那样世袭的部族首领,因而采取元老制"民主"议事;商部族的奴隶名义上归各氏族"集体"所有,但由首领实际支配其人身和产品。不能因与雅典部族的差异而否认商部族奴隶制经济的性质,就像不能因雅典在部族形式上与商的差异而否认其为部族一样。奴隶制经济作为一种经济制度,其要点是奴隶主(不论是"集体",还是个人)拥有奴隶的人身权,而其具体形式则因条件而有多种,各种经济制度也都如此。

实行奴隶制的商部族,一方面因大量使用奴隶而发展了生产,另一方面也因大量使用奴隶而导致部族和氏族首领的腐化、骄奢淫逸、酗酒成风,为了满足花天酒地的生活,横征暴敛,并不断征伐以俘获奴隶和财物。到帝辛(纣王)时,社会矛盾加剧,奴隶反抗、平民离心、氏族异志,终被新兴的周部族所击垮,中国历史进入了部族联盟的封建领主制时代。

商部族因其农业和手工业发达引致的劳动者素质技能提高与奴隶制的矛盾而被周部族所推翻。周部族之所以能推翻商部族并建立新的社会形式——部族联盟,根本原因首先在于它实行了比商部族更为宽松而适宜各氏族发展的政治关系,进而又以封建领主制取代奴隶制。

周最初是处于夏、商两大部族之外游农于今陕西武功和旬邑等地的一个姬姓氏族,后被商部族收服,但又时服时叛。到古公亶父为首领时又在陕西扶风西南的歧山之阳定居下来,这里适宜农业,周氏族疆理田地,发展生产,改革旧俗,建造宗庙、房堂和城墙,由定居而兴业,逐步扩充势力。古公亶父死后,其子季历继位,号称"王季",他经常征战今山西境内的戎狄诸氏族,并取得胜利,将之纳入自己的势力范围,逐步形成一个新的部族。季历死后,其子昌继位,号称文王,他一方面向商王称臣,另一方面努力扩大其部族,将西北各氏族收归其中,形成一个西起甘肃,中据陕西,东及山西、河南的大部族,足以与商部族分庭抗礼。昌死后其子发继位为武王,进一步向巴蜀、江汉地区扩展。而其时商部族内部矛盾尖锐,势力方挫,武王聚本部族各氏族之兵数万人,浩浩荡荡向商进攻,商军多为东夷俘虏(奴隶),本来对商统治充满仇恨,上阵即倒戈,致使全军溃败,迫得商王纣自焚身亡。灭商二年后,武王病死,其幼子诵继位为成王,由其叔父周公旦摄政,引发武王另外三个弟弟管叔、蔡叔、霍叔(史称"三监",分管重兵镇守商部族旧地)的叛乱。周公经三年征战,征服东方五十余氏族,平定乱局,并由此扩展了周的势力,建立了以黄河中下游为中心,南至长江流域,北至燕山山脉的庞大王朝。

长年战争使周部族内各氏族的关系更为密切,并对征服后的商部族加以分化并加强统治,加之地域扩大,并入的氏族众多,显然仍保持周一个部族是不能控制的,加上商部族的矛盾及其失败的教训,都要求周公进行制度的变革。史传周公作《周礼》,并封建诸侯,应是可信的。周王朝的建立,开创了中国历史的一个新阶段,也使部族扩展为部族联盟。

周公改制的要点:第一,扩大和强化周王朝的统治中心地位,称周王为"天子",并按《周礼》设以六官为主干的管理机构;第二,明确周天子与诸侯、诸级官吏及臣民的关系,规定衣、食、住、行的等级和相互的礼数;第三,分封周王亲属及功臣为诸侯,将原商部族、周部族中的各氏族和征服的各氏族总计652个合并,再分71国,由此形成了大部族联盟中的中小部族,周王朝由此变成众多部族的联盟,旧时的氏族逐步被分化、淡化;第四,各部族首领对内有相对独立的统治权,为了增加势力,必然限制乃至取消旧有的氏族间的征战,社会关系由以血缘为主变为以地缘为主,各部族首领再对其领地进行分封,使所有奴隶都被分归该领地的小领主;第五,各小领主将其领地的耕地使用权分成若干块,其中一块为"公田",由小领主自家占有,并命农奴耕作,收获物完全归领主,其余各小块分给农奴耕作,收获物一部分交小领主(小领主再拿出一部分交大领主),余者归其家消费,这样,就将原来的奴隶变为农奴;第六,与小领主同一氏族的平民,或从小领主那里分得小块土地使用权耕作,不必像农奴那样去"公田"劳作,但需交少量贡赋给小领主,或不事生产,帮助小领主管理农奴和其他事务。

这样从上而下的分封,使社会形式和社会关系发生了重大变化,进一步密切了人与人的关系,将所有人都纳入因土地分封而形成的封建领主制度中。社会关系的变化,促进了劳动者素质技能的提高,使农业生产方式又上升一个新阶段,由此带动了手工业和商业的发展。商部族之下的以氏族为单位的农业,虽然已比较发达,但基本上还保留着"游农"状态,而且奴隶劳作并没有主动性,是由奴隶主监管的集体性劳动,生产技术比较落后,产量也低。周的封建使奴隶转变为农奴,在将小块土地使用权分给农奴的时候,已经变集体劳动为个体劳动,并且将"游农"变革为"定农"。领主的封地是固定的,农奴的生产生活也只能在其领主领地上进行。这种变化,一方面促进了农奴生产的积极性,更促使他们注意提高生产技术,特别是要适应不同土壤、水利、气候条件来选择农作物品种,改进耕作。随着农业的发展,手工业在商的青铜器基础上,步入了铁器时代。周初青铜冶铸技术较商大为提高,并扩大了生产规模,周王和诸侯乃至小领主都拥有数量不等的大小铜器工场,青铜器上的铭文已成记载大事的重要方式,如著名的毛公鼎铭文长达 497 字。在青铜冶炼技术发展的过程中,逐步发明了冶铁技术,由于铁矿远多于铜矿,铁产量也大于铜,铁被广泛应用于农具、兵器,甚至礼器。铁的使用,进一步促进了农业生产和其他手工业。而农业和手工业的发达,又促进了商业的发展。周初,仍沿袭商代"工商食官"的体制,后逐步被冲破,出现了私营的手工业者和商业,比较著名的手工业者有公输般(鲁班)、商人如越大夫范蠡、孔丘弟子子贡等。郑国的商人曾与其领主约定,商人忠于他,他也不干涉商人营业,郑国商人足迹遍及黄河、长江流域。

以周天子为盟主的部族联盟,在名义上一直维持到秦始皇统一天下,但实际上,周天子对诸部族的控制权只保留不到三百年(公元前1046—公元前770年),即史称"西周时期"。这是周部族由盛而乱,由乱而衰的过程,到公元前770年,因各部族及西北未纳入周势力范围的各氏族动乱而衰败的周王室,在周平王的率领下从镐京(今西安)东迁至洛邑(洛阳)。至此周天子在诸侯中的权威衰落,号令不行,成了徒有其名的盟主。历史家将此后的周朝称为"东周",其间又分"春秋"、"战国"两个阶段。

周天子的盟主地位名存实亡,并不等于部族联盟的社会形式消失,而是由各部族中的强者(霸主)重新组合若干小的部族联盟,这在春秋时为"五霸",在战国时为"七雄"。以五霸为盟主的部族联盟虽经"弭兵"划分势力范围,形成短暂的和平发展,但部族联盟的社会形式因各部族的矛盾,以及封建制度所导致的经济、政治矛盾,逐步被打破,中国历史开始进入一个新阶段——战国时期。战国时期历时二百五十年左右(公元前476—公元前221年),其间强国不断吞并弱国,大部族融合小部族。春秋时尚有大小部族一百多个,至战国初期,只剩二十多个部族,其中又以秦、楚、齐、魏、赵、韩、燕为强,史称"战国七雄"。"七雄"之强,强在对封建领主制的改革和部落融合上,而改革最为彻底的秦势力日益强大,最后吞并六国,建立了统一的国家,部族联盟也随之转化为民族。

二、汉民族形成演进的经济基础——集权官僚制和小农经济

战国的变革，首先由魏国发端，魏文侯先后起用李悝、吴起、西门豹等人实行变法，削弱了世卿世禄制度，强调"食有劳而禄有功，使有能而赏必行、罚必当。"① 选拔贤能，推行新的职官制度。李悝制定了"尽地力之教"政策；主张"武卒制"，即建立常备军；制定《法经》六篇，为《盗》《贼》《网》《捕》《杂》《具》六律，实行以法治民。变革使魏成为战国初最强大国家。受魏变革的影响，各国为强盛自保，也逐步实行改革。楚悼王任用吴起变法，从废除贵族特权入手，整顿政府机构，"明法审令"，厉行法治，裁汰冗员，奖励军功，楚国因此强盛，并大败魏军。但变法受到贵族仇恨，楚悼王刚病故，他们就乘机作乱，围攻吴起。吴起伏在楚悼王尸身之上，仍被射杀。楚变法告终。随后，齐、赵、韩、燕诸国都实行过一定程度的变革，但均不如秦国变革深刻、彻底。

秦在春秋末年仅据今陕西沿渭河两岸中心腹地和甘肃东南及河洛之间的西河之地，并与戎狄杂处，关东诸侯都视其为戎翟，在五霸之中是比较落后的。魏国强盛后，攻占秦西河之地，并给秦造成巨大威胁，迫使秦君不得不做出一些改革，但因部族和氏族首领势力大，垄断政权，改革受阻，秦的处境更加危险。公元前 362 年，秦孝公渠梁即位，痛感"诸侯卑秦，丑莫大焉。"② 下令招贤，征求强国人才。商鞅由魏入秦，"以强国之术"说服孝公，被任命为左庶长，"率定变法之令。"③ 商鞅在公元前 359 年和公元前 350 年两度制

---

① 《说苑·政理》。
② 《史记·秦本纪》。
③ 《史记·商君列传》。

定变法令，主要内容有：第一，公布并实施李悝的《法经》，增加了连坐法——亲属邻里应相互告发，否则同罪连坐，强调施用重刑；第二，废除世卿世禄制，实行按军功授田宅之法；第三，奖励垦荒和耕纺，重农抑商，对耕织成绩显著者，免除徭役；第四，废井田，开阡陌，将土地占有权私有化，准许买卖；第五，推行县制，全国并为41县，县令县丞由国君直接任免；第六，统一度量衡，颁布标准度量衡器斗、桶、权、衡、丈、尺等；第七，主张以吏为师，为官者要以学习律令为主，废除礼、乐、仁、义说教，"燔诗书而明法令。"[①] 商鞅变法的核心，就是变封建领主制为集权官僚制，同时解放农奴为农民，实行土地占有权的私有化和小农经济，由此促进了农业生产的发展，增强了秦的国力。这样的改革，表现于社会形式上，就是在废除部族和氏族首领特权的同时，强化了国家的权利，促进了国人的统一与融合，形成了初级的秦民族，虽然商鞅在秦孝公死后被旧贵族迫害车裂而亡，但所变之法却得以继续，从而使秦一跃成为七雄中最富强的国家，并以此为基础展开了并六国统一天下的大业。

因商鞅变法而强盛的秦国，逐步向中原扩展，于公元前221年消灭了韩、赵、燕、魏、楚、齐六国，实现了"海内为郡县，法令由一统。"秦王嬴政自称"始皇帝"，开创了中国历史新阶段。

秦始皇统一天下后，在原商鞅变法的基础上，进一步建立了与封建领主制有质的差别的集权官僚制。其要点为：第一，废除封建领主制，实行郡县制；第二，土地归以皇帝名义的国家所有，将占有权分给农民；第三，在废除领主的同时，解除了农奴对领主的人身依附，使之成为农民，其人身权只属于皇帝；第四，全面统一法律、度量衡、货币、车轨、文字、历法；第五，按军功和能力选用

[①] 《韩非子·和氏》。

官吏；第六，在全国范围内根据农业生产、边防的需要迁移人口。秦王朝的建立，实际上已将部族联盟时期还存在的各部族解体，这些已没有法定首领、没有固定领地的旧部落人口，很快就消失了其部族特性，中央政府也不在任何形式上承认其部族属性。这是一种强制性的在同一国家范围内的部族融合为民族的过程。抚今思昔，真令人感叹秦始皇的远见和伟大！

秦以咸阳为首都，东至大海，西至青藏高原边缘，南至岭南，北至河套、阴山、辽东，在这样广阔的土地上由中央集权控制的全体国民，都在同一制度、同一政权的管制下纳入一个民族，即秦民族。但由于秦政权只存在十五年，尚不足使旧有部族真正消失并融合，因此秦民族只具初级形式，并未在历史上成为民族。完成从部族联盟转化为民族过程的，是秦之后历时四百余年的汉王朝，所形成的民族，也就称为"汉族"。

汉朝的创立者是在秦末农民大起义中兴起的刘邦，他出身低贱，只是一名亭长，而其队伍的主要将领和谋士，也大都出身平民或小官吏。这个由庶民皇帝、布衣将相构成的领导集团与项羽及其他六国旧贵族为恢复封建领主制的反抗集团不同，他们的出身和利益都要求继承秦制，继续社会的变革，这也是刘邦能够战胜项羽等旧诸侯势力的根本原因。刘邦像秦始皇一样，自称皇帝，其官制和土地制度全承秦制，虽然曾短期内实行郡县与分封兼而有之的"郡国制"，但不久就消灭了异姓诸侯王，只剩九个同姓诸侯王，企图以刘氏宗室的血缘关系构筑皇权屏障。为了限制诸侯王的权力，又规定各国的相、太傅、内史、中尉等官吏由皇帝委派。即使如此，各诸侯王与中央的矛盾依然很大，刘邦在位时尚不明显，但到文、景两朝就开始与朝廷发生冲突。御史大夫晁错向景帝建议"削藩"，由此引发吴王刘濞牵头的七国武装叛乱。景帝平乱后把各王国的行政权、任免官吏权都收归中央，取消王国的独立地位，诸侯王成为只有爵位没有实权的贵族,王国已近似郡县了。汉武帝刘彻继续深化"削藩",使诸侯王只能衣食租税,不得过问政事,汉初郡国制的负面作用,终得消除。

汉武帝刘彻是秦始皇嬴政之后又一位雄才大略的皇帝,在汉民族的形成过程中再次起到关键作用。一个民族在部族、部族联盟基础上的形成,基本条件是政治的统一与国民集合。近代西方英吉利族、法兰西族、德意志族、美利坚族,以及和(倭)族的形成,都曾经历统一与集权,即令其实行了民主制度,在政治上的统一不仅没有放松,反而以更为紧密的方式凝聚国民。刘彻即位时汉开国已六十余年,旧的部族贵族势力基本上不能再制造分裂,刘氏诸侯王的势力也大为削减,但由于刘邦以来一直循"黄老之术"治国,因而政权结构松散,不能形成强大的集合力,加之北方匈奴屡屡犯境,给汉民族造成巨大的威胁。刘彻采纳董仲舒建议,"罢黜百家,独尊儒术"。同时吸纳法家等的集权之道,"儒表法里"、"王霸并用",加强中央集权,改革官制,创设刺史制,将全国分为十三郡,每郡派一名刺史,代表皇帝监察,设立常备军,由皇帝直接掌控,实行盐铁官营和均输法,并北伐匈奴,西通西域诸国,南征云南、四川,东征朝鲜,不仅扩展了汉朝疆土,更加密切了民族内在联系。刘彻使集权官僚制步入成熟,也正是在这个制度的维系下,形成了小农经济,促进了农业生产和农业文明的发达,由此奠定了汉民族形成和演进的基础。两千余年来,中国历经汉、三国两晋、南北朝、隋、唐、五代十国、宋、元、明、清,政权更迭有统一也有分裂,但基本的集权官僚制没有变,小农经济也在简单再生产中延续,并不断向周边地区扩展,汉民族虽然历经内忧外患,但生生不息,吸纳了众多部族和氏族,至中华民国建立,中华民族始告初成。倭寇侵占东北,另立满洲国,中华民族再遭分裂,中华儿女英勇抗战终得胜利,又在中国共产党领导下,推翻蒋介石集团,成立中华人民共和国,中华民族最终形成。

集权官僚制是以政治的集权专制控制土地所有权和民众人身权的专制。这是政治与经济统一的制度。对此,历代的统治者都是相当清楚的。以暴力夺取政权,以政权控制土地所有权。"打天下,坐江山",此之谓也。

集权官僚制下,政治权利集中于以皇帝名义的中央政府,由它自上而下派出各级官员组成行政机构,形成金字塔形的官僚体系,操纵并行使对全国土地的所有权和民众的人身权。官职不得世袭,采取荐举、科举、军功等方式遴选。各级官员可自行聘任助手——僚,协助其处理政务。法律、政策由中央政府以皇帝名义发布,各级官员均得遵循,而对具体行政,则按官员的价值观、道德观及学识等来处理。全体民众均被罩在这面大而严密的官僚体系统治下,没有任何政治权利,只有无条件地服从政治的义务。民众的人身权属于皇帝,但"天高皇帝远",除了要纳税、服兵役等义务外,其人身相对于封建领主制下的农奴还是自由的。除城镇中的商人和手工业者外,绝大多数人口为农民,他们作为皇帝的臣民,可按人口从以皇帝名义的国家那里"均配"到小块土田,为其世代占有。这是与封建领主制又一主要区别,农奴从领主那里得到的,只是小块土地的使用权,而农民则得到了土地占有权。官在名义上也和民一样,是皇帝的臣子,是奴才,皇帝对他们的工作与贡献,除了给予部分俸禄外,就是以禄田、勋田等形式赏给其部分土地的占有权,但往往要定期收回(勋田中有一部分则长期保留)。

土地占有权是土地所有权中占有的权能分化而派生的权利,以皇帝为名义的国家在将归其所有土地的占有权赏给官,或"均配"给民时,依然牢牢掌握着其所有权。这种权利的表现,主要有:一是国家要据所有权而向分得土地占有权者收税;二是国家可定期或随时收回归官的土地所有权;三是国家可根据经济发展的需要,特别是大灾难之后，重新对农民"均配土田"占有权；四是王朝更替，江山易主，往往需要重新分配土地占有权。

集权官僚制的基础经济权利，就是土地所有权，它的主要法律，各级政府的建构，乃至军队的设置，都是从此出发的，是为行使、管理、保护土地所有权的。其政治，就是土地所有权的实现过程，包括均配土田、收税、安民、治民、保卫疆土等，都在于此。其文化，则在于使官僚们按等级有秩序地联合起来，共同守护土地所有权和行使对民众的人身控制权，为此而制定了一系列学说，并形成价值观和道德，以约束官形成统一的对付民的优势。与此同时，则要教化民安分守己，并以各种方式阻抑民众的联合，不使之形成社会势力，顺从地接受统治，按时按量纳税，老老实实服役。

集权官僚制首先在中国实行，但它不是中国所特有的制度，而是人类社会矛盾演化的必然，具有普遍性，就像封建领主制在中国周朝实行并在秦朝废除后，又在几百年后的欧洲实行一样，集权官僚制在中国实行了一千多年后，欧洲的封建领主制矛盾的演化也使之向集权官僚制转化。这种转化大约出现在十四五世纪，但其转化与中国秦汉之际的转化相比，又有其特点。虽然法国等欧洲国家曾一度以"全盘华化"为其社会变革的口号，但欧洲针对封建领主制的社会变革，并不像中国秦汉时那样以重农抑商为基本经济政策，而是以发达的工商业为基础。由国王和商人联合，破除国内的封建割据，对外扩张、兼并他国领土和人口，形成较大规模的几个专制国家，如英国、法国、德国、意大利等。进而在国内废除封建领主特权，解放农奴，使之成为农民，建立集权专制的中央政权，发展工商业，由此形成初级的民族。欧洲的集权官僚制实行的时间并不长，大约二三百年，在其尚未完善、巩固的情况下，就被资产阶级革命所推翻。

统一国家作为民族的基本条件，在欧洲是到十七八世纪才建成的，因而其民族是在这时才真正形成。正如马克思所说，法兰西民族的形成是以法国大革命为标志的。① 而在中国这个条件早在秦汉时期就已具备，汉民族就是在系统的集权官僚制的国家政权的作用下形成和演进的。集权官僚制下的小农经济，也就构成汉民族存在和演进的经济基础。

从集权官僚制创立者的本意说，是在以军事、政治权利将"天下"土地所有权大一统于皇帝名义的国家，进而由国家的政治统治为依据，将土地的占有权除一部分赏给王族子孙和臣属外，都均配给全体农民，使之因对土地的相对独立和稳定的占有而主动、积极耕作，由此保证民生、稳定社会，并可增加财政收入，以维系大一统的专制统治。在商鞅、韩非、李斯等人的理念里，小农手工劳动生产方式下，最为理想的土地制度就是如此。正是以这样的理念，他们成功地影响了秦国国君，特别是秦始皇，率先在秦国推行此制度，秦国由此而强大，吞并了六国，统一了天下，真正做到了"溥天之下，莫非王土；率土之滨，莫非王臣"。在皇帝的观念中，天下全部"江山"——土地都是他作为"天子"的财产，或者说，皇帝就是"天"的代表，是来管理这些财产的；天下全部的生物，都归他统治，其中人是万物灵长，"天子"的权威首先要体现于人，他是人类的首领，也是所有人的主宰，所有人都是他的子民。皇帝要为人类的社会生活与关系制定规则，规定他们的身份、地位，使之安身立命，同时要为相应身份的人配置生产、生活的资源。

> 维二十八年，皇帝作始。端平法度，万物之纪。……应时动事，是维皇帝。……忧恤黔首，朝夕不懈。除疑定法，咸知所辟。……皇帝之明，临察四方。尊卑贵贱，不逾次行。奸邪

---

① 参见马克思：《法兰西内战》，《马克思选集》第二卷，第408－409页，人民出版社，1972。

不容，皆务贞良。……六亲相保，终无寇贼。欢欣奉教，尽知法式。六和之内，皇帝之土。西涉流沙，南尽北户，东有东海，北过大夏。人迹所至，无不臣者。功盖五帝，泽及牛马。莫不受德，各安其宇。①

这是秦王朝成立不久，始皇帝嬴政的制度性宣言。这段文字清楚地表明皇帝的至尊地位，以及他的权势所在。而近年来出土的睡虎地秦简、青川秦牍等文献中，都反映出以皇帝为名义的对土地的所有权派生占有权的事实。这种派生是以"授田"的形式进行的。汉、晋及隋唐各朝，都延续了秦的"授田"，并以"名田"、"占田"、"均田"等名义表现。张家山出土的汉简《二年律令》的《户律》中，记载了各种方式的"授田"、"授宅"的规定，所"授"的对象包括有爵位者、无爵位者、庶民，还规定了"授田"、"授宅"后如何立户、登记田宅，并将所造"民宅园户籍"、"年细籍"、"田比地籍"、"田命籍"、"田租籍"封存于官府。②

之所以有"授田"，就在于土地所有权拥有者将其占有权能分化、派生为相对独立的权利。既然"六合之内，皇帝之土"，那么以皇帝名义的"授田"，不仅是合乎礼制的，也是合乎从属于礼的权利体系的。"授田"并不是将所有权出让，而且"受田"者也不仅得到了占有权，还承担了因此而应付的义务。这包括各层官吏对朝廷的忠诚和作为皇帝的代理人管治民众，以及农民要纳税和服役。而授给有爵位者的土地，不过是对其曾经做出的贡献的奖赏，或者是给皇亲国戚的生活资源。授给官吏和有爵位者的土地占有权，是有等级的，而授给农民的土地占有权，则往往是"均"的，因此称为

---

① 司马迁：《史记·秦始皇本纪》。
② 详见：《张家山汉墓竹简》，文物出版社，2001。

"均配土田"。《魏书》中比较详细地记载了对农民授田的办法。

> 太和九年,下昭均给天下民田。诸男夫十五以上,受露田四十亩。妇人二十亩。奴婢依良丁。牛一头,受田三十亩,限四牛,所授之田,率倍之。三易之田,再倍之。以供耕作,及还授之盈缩。诸民年及课,则受田。老免及身,则还田。奴婢中随有无以还授,诸桑田不在还授之限,但通入倍田分。于分虽盈,没则还田,不得以充露田之数。不足者,以露田充倍。有盈者无授无逐,不足者,受种如法,盈者得卖其盈,不足得买所不足。不得卖其分,亦不得买过所足。……诸地狭之处,有进丁受田,而不乐迁者,则以其家桑田为正田分;又不足,不给倍田。又不足,家内人别减分。无桑之乡,准此为法。①

"授"与"受"的关系,恰是所有权与占有权关系的集中体现。体现这种关系的还有"还田",以及"均给天下民田"等。"民田"从形式上说相当于封建领主制的"私田",但由于"均给"者已不是只有土地占有权的卿、大夫,而是拥有土地所有权的以皇帝名义的国家,这样"均给"出来的"民田",是包含使用权在内的土地占有权。如此说,土地所有权派生其占有权能为相对独立权利的"授"者和"受"者都较封建领主制有了实质变化:"授"者由封建国君变为大一统皇帝的国家,"受"者不仅包括皇室宗亲和官吏,还包括农民。而且,"民田"虽可以买卖,但必须在"分"的限度补足或卖盈,国家对此加以严格限制。这些都是土地所有权归国家的表现。

这种权利关系的变化,是身份关系变化的表现,相比之下,集

---

① 《魏书·食货志》。

权官僚制虽然以儒家道统为基本意识形态,而且注意身份,权利是由身份派生的,但由于集权官僚制取消了领主贵族,不论官与民,都是皇帝的子民,官又不能世袭,只能从民中选择,除极少数皇室宗亲和开国元勋的后代,所有人生下来在身份上都是平等的,只是由于家庭及父祖辈地位的差异导致生活、生长条件不同,进而造成身份的差异。对生活于社会底层的农民来说,虽然依旧是底层,但由于从最高层到底层之间的层次减少了,其地位和身份也相应提升。农民从理论上说,与皇帝以下各阶层一样,人身权都属于皇帝,而不是依附于领主。这种层次的减少,也就等于身份的提高,从而使从属于身份的权利也相应增加。这不仅包括人身自由度的扩大,还包括按身份由国家"均给"民田。

唐朝以后,历代王朝很少再大规模均配土田,但这不等于说国家放弃了其对土地的所有权,也不等于地主及自耕农因此拥有了土地所有权。从礼制和法理上说,国家依然以皇帝的名义保持着对土地的所有权,但认可了前代授田的结果,更为重要的是坚持了因土地所有权派生占有权而形成的义务——税。唐以后的税制变化是相当明显和频繁的,宋甚至有"民田不上税籍者没官"[①]的规定。再者,朝廷保有将民田收归国有的权力。绍兴十三年(1144年)闰四月十五月,南宋朝廷下诏:"人户应管田产,虽有契书,而今来不上砧基籍者,并拘没入官。"宋、元、明各朝,均曾将"民田"没收官有,而清初的"圈地"更说明了土地的所有权在国而不在民。土地买卖的契书,由官府统一印制并加盖官印。南宋于绍兴五年(1135年)"初令诸州通判印卖田宅契纸,自今民间争田,执白契者勿用。"[②]《宋会要辑稿》中记录:"田宅契书,县以厚纸印造,遇人

---

① 《宋史·食货志·农田》。
② 《宋史·食货志·赋税》。

户有典卖，纳纸墨本钱，买契书填。"① 由此可见，那种以土地买卖作为"土地私有制"，并认为土地所有权归私人的观点是站不住脚的。土地买卖在集权官僚制下是针对土地占有权的，并非针对所有权的。土地占有权私有并不等于土地所有权的私有。土地占有权的买卖与今天地产商人买卖土地使用权的情况有些类似，土地使用权的买卖也不等于所有权的买卖。

以皇帝为名义的国家对土地的所有权派生出占有权以后，并不是消失，而是以政治专制加以维护，这在对占有权的恩赏和均配，以及强制性的税收、对占有权买卖的限制和控制、根据不同情况将占有权收归国有等各个环节都体现着。但由于名义上全部土地的所有权都归皇帝一人，而且国家在保证土地所有权的同时，也保护其派生的占有权，其时限又很长，特别是唐以后各朝几乎没有在土地权利关系上总体性的大动作，导致现代以西方土地私有制演绎中国古代土地制度的人，得出中国古代是土地私有制，土地所有权归地主和自耕农的误解。

之所以会出现唐以后，特别是宋、元、明、清千年间不再大规模在全国范围内均配土田给农民（至于勋田、禄田、职分田等依然存在）的原因，主要是大一统专制的进一步巩固，即使蒙古、满洲两大封建领主制部族联盟入主中原，也不能改变集权官僚制，只能适应和依从这种制度。集权官僚制的巩固，表现于官僚统治结构的成熟，尤其科举制度的确立形成了竞争机制，削弱了封建领主制世卿世禄残余——门阀势力。虽然元、清两代都因蒙古人、满洲人刚从封建领主制转化而来，封建传统明显，而且其贵族依旧保持封建特权，但毕竟只能在小的范围内发生作用，不能对中央集权形成根本威胁。土地的国家所有和以各种形式的私人占有制度，经一千多

---

① 《宋会要辑稿·食货》。

年的巩固,在生产方式没有改变的情况下,基本上稳定下来了。这样,对于统治者来说,其在土地上的主要问题,是如何均税役以增加财政收入,不再是均土田以安定民生。因此,虽也曾有局部的均配土田(明初在中原地区为开垦荒田而实行的"计民授田"等),但没有全国性的以均配土田来改变土地权利格局的举动。此外,宋以后各朝,多实行官田制,即由地方政府占有一定量土地,直接租给佃农,收取地租。这种方式,是将土地所有权和占有权合并,佃农只有土地使用权,但比农奴在身份上有很大差别。

佃农是因土地占有权分化其使用权而形成的农民阶层,其与农奴有相似处,即只有对土地的使用权,但又与农奴有明显的差异,其一是佃农不像农奴人身依附于领主那样依附于拥有土地占有权的地主,他们与地主的关系是一种经济关系,而且有租与不租该土地使用权的自由(虽然这种自由会受到各种限制);二是以产品或货币形式的地租作为取得土地使用权的回报,而非以劳役直接给地主耕作。从这种意义上说,佃农也是农民,他们与自耕农的差别,是没有对土地的占有权,他们的劳动产品,要拿出相当一部分(三分之一至三分之二)交租,而地主(勋田、禄田等除外)又要从地租中拿出一部分去交付土地所有权主体国家的税。至于租用官田的佃农,其所交地租中虽不必交税,但也是按包含税的比率由地方政府收缴的。

地主留一块土地自己经营,是为庄园,其中大地主(包括勋田、禄田的占有者)的庄园要大些,中、小地主也有庄园,起码有自家的菜园和果园。庄园的耕作采用雇工方式,根据庄园的大小,雇工数也不等。其雇工也称为雇农,是出卖劳动力为生的农民,包括长工和短工两部分。长工是以年为雇佣期的,甚至是终身雇佣;短工是农忙时到庄园出卖劳动力的,其中大多数是佃农,在忙过自家农活,或将自家农活时间挪后,到地主庄园挣取一些粮食或货币,以充家用。雇农在形式上有些类似奴隶，但其身份与自耕农、佃农是一样的，也有相对的人身自由，因此又与后来资本雇佣劳动制下的工人相似，其区别在于生产方式的差异。

中国的集权官僚制下，历代王朝都曾或多或少地在边境和军队驻地实行"屯田"，这是由官方主持的"军事性庄园"，其土地权利，大体上并无所有权和占有权之分，甚至没有所有权与使用权之分。由军队按其编制，在非战时垦荒或耕种无占有者的土地，其收获主要解决军队给养，也有部分交国库。但在长期屯田的地方，也衍生出由退伍军人或流民等租用部分土地使用权的情况，其权利关系与租用官田相似。

总而言之，在汉族形成后两千余年的集权官僚制下，中国的土地权利关系不断演化，具有丰富而复杂的内容，但其基本是土地以皇帝名义的国家的所有权，由所有权派生的各种形式的占有权，由非自耕农的地主（皇帝、勋臣及其后代、官吏或以买卖方式形成）从其占有权中分出的使用权。这三个权利，构成土地制度的基干，制约着庞大帝国的农业生产方式。这是依据身份而形成的权利关系，其中主要区别就是官与民的差异，官以身份，或买或掠而成为拥有大量土地占有权的地主，民若从事农业，即为自耕农和佃农，还有少量雇农。虽也有个别的民（商人和其他积蓄起足够货币者）通过购买土地占有权而成为地主，但其在地主中占很小部分，地主主要是以官为根据而存在的。个别农民也可能通过军功或科举而成为官，或为地主，但其量微乎其微。因此，中国两千余年的土地权利关系，是集权官僚制及其身份制度的体现，它的保持，既是身份制和集权官僚制得以延续的根据，又是汉民族延续发展的经济基础。

三、汉民族的传统文化——官文化与小农意识

文化是构成民族的内在要素，一些人在论民族文化的时候往往将文化说成是因人种而形成并且永远不变的。时下一些"捍卫、弘扬中华民族文化"论者，将孔丘及其儒家道统说成是中华民族或中国的既定文化，他们所要捍卫和弘扬的，就是儒家道统，因此而主张尊孔读经，让一群群的小孩子身穿儒服、头戴儒冠（谁知道这是否孔丘弟子们的穿戴？）摇头晃脑地读经诵道。面对汹涌而至的西方现代文明，这些人是很有胆量的，权且不管其中那些以此蒙钱者，就是真心要捍卫和弘扬儒家道统的人，又有几个知道什么是民族，什么是文化，什么是儒家道统？

民族是历史形成的，是以政治为框架和机制，以经济为基础的。文化是对人生和社会关系的意识，其主要内容，是对政治和经济的意识。民族文化是特定民族经济、政治的集中体现与导引。中华民族文化是中华民族形成和发展的意识形态，它真正的起始应在中华民国建立以后，形成和发展于中华人民共和国半个多世纪的历史中。人们常说"五千年中华文化"，是将作为中华民族渊源的五千年历史包括在内了，这段历史所传统的文化，虽然也可以归入中华民族文化的大范畴，但应界定为"渊源"。更为重要的是，时下人们所说的"中华民族文化"或"中国文化"，实际上都是汉族的传统文化。从中华民族文化的历史渊源而论，还应包括55个少数民族的传统文化。而且，大多数人都将先秦时期诸子百家，特别是儒家学说作为中华民族文化的主要内容，孰不知此时汉族还未形成，儒家学说与诸子百家的学说对于汉族文化而言也是历史渊源。

汉族文化形成于汉朝，确立于汉武帝刘彻的"罢黜百家，独尊儒术"，演化于其后的两千余年。从中华民族的形成及其构成论，汉

族文化都是中华民族文化的主要历史渊源。它集中反映着两千多年汉民族的经济发展和政治演变，同时也影响着被纳入中华民族的各部族联盟、部族和氏族。为此，在探讨中华民族经济的历史演化进程时，有必要对汉族文化作一系统探讨。

汉族文化的基干是儒家道统，但并不等于说儒家道统就是汉族文化。儒家道统是一个思想系统，它在社会上表现为官文化。也可以说儒家道统是官文化的理论基础，官文化是儒家道统的社会表现和作用形式。官文化是秦汉以来汉族集权官僚制的指导思想，它主导着专制政治，制约着小农经济。而作为官文化和集权官僚制统治对象的农民，为了适应政治专制和土地制度，形成了普遍性的个体意识——小农意识。小农意识支配着农民的个体生产和生活，它与官文化是对应的，但不对立，更不是对官文化的反对和否定。通过官文化的统治，儒家道统也渗透于小农意识之中。一些人不明就里，简单地将文化视为"纯道德"层面的观念，不从其经济基础和政治根据去进行规定，因而直接将儒家道统说成中国文化了。

官文化的理论基础是儒家道统，它以孔丘所创，孟柯、荀况发展的儒家学说为主干，在创立时不过是儒、士阶层要提高自己社会地位，变革封建领主制的一种思想体系。后到刘彻"罢黜百家，独尊儒术"，而成为集权官僚制的法定指导思想，并吸收法、道、兵、术诸家有关思想成分，不断总结集权官僚制的统治经验，概括官僚地主阶级的意识，逐步扩充完善，在两千余年的时间内，成为人类在农业文明时期最为丰富而系统的关于社会关系及统治方法的思想体系。

官文化是集权官僚制的建构和运行原则，是官僚地主利益和意识的集中概括，是其阶级联合的意识根据，也是控制社会，统治民众的指导思想和方法论。

作为官文化基本理论的儒家道统，以天命论为哲学前提，并由此而论证以皇帝天子为代表的集权官僚制的绝对合理性：包括官制，都是以天地及其运行的季节春、夏、秋、冬六部来设置的；以"中庸之道"为方法论原则，"执其两端用中于民"① 即用"中"、"正"之道来统治民众，管理社会，处理关系，以保证社会秩序的"稳定"；以"仁"和"理"分别为创始与全盛阶段的范畴，围绕这两个核心，有一系列的主体范畴和辅助范畴全面系统地论证了集权官僚制的理论根据及其内容。

儒家学说之所以能在百家争鸣中胜出，并被集权官僚制选为指导思想，进而纳百家之精华而成道统，关键在于：一是它充分代表了部落联盟的封建领主制中士、儒阶层的利益，与欧洲的封建制中贵族的次子及以后诸子去做僧侣不同，中国周朝时的贵族非长子既无遗产可继承，又无正当职业，这类人世积代累，必然要求自己的权利，因此在创始时带有变革性；二是其学说具有强烈的入世性和实用性，强调入世并积极参与政治，注重对礼、智、勇、信的探求，并在适当时候随机应变，能够适应集权官僚制的统治；三是在取得统治地位以后，官僚地主阶级内部以其为联合、协调关系的思想依据，而且，官僚又都应掌握或明白儒家道统，这是他们取得社会地位的基本条件；四是强调"仁政"、"德政"，坚持"德刑相配"，将民众既看成统治的对象，又看到其对政权的基础和威胁作用，甚至主张"民本"论，这与封建制下农奴转变为官僚制下的农民是相适应的。

在儒家道统基础上形成的官文化，是官与儒统一的。官为儒体，儒为官魂，或者说集权官僚制是儒家道统的本体，儒家道统是集权官僚制的精神；官文化以"内圣外王"为主要特征，要求学儒为官者必先修养"内圣"，以事"外王"，"内圣"由格物、致知、诚意、

---

① 《礼记·中庸第三十一》。

正心、修身五个层次构成，即掌握儒家道统的精神，外王由齐家、治国、平天下三个层次构成，是儒家的功用所在，事君而行"德政"；强调人治与"德刑相配"，文化武威，两手统治，相辅相成；人治以儒家道统为依据，以集合起来的国家暴力为基础；人治的对象是人，治人者也是人，人如何治人，除治人者要恃暴力外，就是要使被统治者在知识上处于弱势，"民可使由之，不可使知之"，愚民而治之，其要在惑、禁、隔、阻、压；官僚阶级要成一个统治势力，必须内部密切联合，"和为贵"，但不是平等的和，而是要上下有序，等级森严，同时又注重感情沟通，礼尚往来，利、禄、德并举，公私一统。

官文化的基本是突出"官本位"，官是社会主体，官位是主体之关节，官的金字塔形体制是治民的，也是约束官的。各层官员要认清其本位，并明白上下左右的关系，各尽其力、司其职，是集权官僚制得以统治社会的根本。而各级官员及其幕僚，又以官位为生命，集权官僚制是他们的安身立命之本，除了做官，他事不会的官，其利益就在于维护和巩固此制度。制度生官，官护制度，官文化就是官僚地主阶级总体意识及其个体意识的统一。

由官本位而生"官至尚"，这是官的价值观，也是官的思想、道德之根据。官是优于、高于民的，是特殊的种群。但官又不像领主那样是世袭的，不是靠血统，而是靠"本事"，靠"功名"，靠"关系"而得"利禄"的，这样，官的至尚就在于官职和官位。"升官发财"，是合二而一的事。官大一级压死人，官位就是价值，官位就是权利，求官跑官之风，延续至今。

官文化优于封建文化之处，在于将官位视为动态的，并非像领主那样按血统而天生贵贱，而是要通过后天努力，知书达礼，文德武功，起码也要会拉关系、结团伙，才能做官升官。官不能世袭，这是士、儒阶层要求变革封建领主制的理由，也是集权官僚制的建构原则。为此，就要制定一套选官机制，从荐举到科举，其目的都是要选择一批"德才兼备"的官，以组建官僚队伍。"德"者，对集权官僚制的忠诚之谓也；"才"者，维护制度，统驭民众之能力也。"学而优则仕"，做官，只"学"还是不够的，必须去求，去钻营，去逢迎；而当了官，又要会"做"，要处理好上下左右的关系；有了这样的根基，就可以由"做"而"升"，取得更大的利益，甚至光宗耀祖，封妻荫子，方显"官至尚"之价值。

官是集权的国家机器的零件，而这部机器的主要功用，就在于维护国家的土地所有权，在于统治全国的民，在于榨取民的剩余劳动产品。因此，官在对民时，有无限权威，但在其阶级内部，又是互相制约，而且矛盾重重，争斗不已。从而才有了不断的宫廷政变，朋党帮派争权夺利，乃至民变、外族入侵、朝廷更替。虽如此，官文化依然，官僚制度依然，国家对土地的所有权依然。

集权官僚制下的小农经济，将封建领主制中的农奴变为农民，官文化则以其意识形态的统治，要求农民认可、服从集权官僚制，其核心，就是要承认并遵循国家的土地所有权。农民，以及小手工业者和小商贩，在严密的集权官僚制统治下逐步形成了适应官僚地主阶级统治，与官文化相对立但不对抗的小农意识，这是官文化统治的结果，是官文化在民众意识中的体现，又是官文化存在和延续的条件。

小农意识不反对集权官僚制，更没有形成社会变革的观念，并不主张，也不要求农民成为统治者，或者建立一个由农民和其他劳动者为主体的社会制度。小农意识只是被动地认可集权官僚制，适应其统治，在其中寻找自己生存的条件。除先秦墨翟一脉曾作为农奴和平民的思想代表，在理论上有所论说，以及《太平经》等道教教义、农民起义军的一些口号外，小农意识并没有系统的思想表述，但却普遍而深入地存在于农民及手工业者和小商人的意识中。

概括说来,小农意识有如下要点:

第一,勤俭持家。农民的"家经济",是以所占有或租来使用的小块土地为主要生产资料,以个体劳动耕作这小块土地,以维持家庭成员的基本消费和简单再生产。除天灾人祸外,其生产物大体上是稳定的,而所交税、租也相对固定。因此,要生活得好一些,唯有加大劳动量的投入,提高生产技术,以求多些收成,这就是"勤";同时要节制消费,精打细算,才能维持家人的生活,这就是"俭"。勤俭持家,就成为两千多年来小农意识中的基本观念,农民之间的价值评判,即其价值观,乃至道德,都贯穿"勤俭"二字。这种观念同样在小手工业者和小商人那里固守着。也正是这"勤俭持家"观念,维持着小农经济,进而为集权官僚制提供必要的剩余产品。

第二,安分守己。在集权官僚制强大而系统的政治、军事、经济、文化统治下,被隔阻的小而分散的农民和其他劳动者,没有任何政治权利,为了生存,维持小的"家经济",必须认知本分,即在社会中的地位,遵从集权官僚制对自己的界定,忍受来自官府和地主的压迫,服从其支配。"安分",不仅是要被动地认可,而且是从内心满足、愿意。"守己",即在安分的基础上,自觉地控制言行,不议论政治,不说与自己本分无关的话,不做与自己本分无关的事。

第三,自私自利。小农意识是以"家"为中心的,家庭成员的价值观、思想、道德,都是由这个中心而生,并围绕这个中心的。孝、悌、慈、贞、睦等观念,集中表现了这一点。由于"家经济"的封闭性,也就产生了以"家"为单位的自私自利观念。"自扫门前雪,不管他人瓦上霜"是自私自利观念的突出表现,也是小农经济中的农民和其他劳动者自我保护的需要。自私自利,是勤俭持家和安分守己的集合。而这也正是集权官僚制和官文化统治的需要与结果——不要求民的社会责任感,以防止其联合为社会势力。小农把"活着"作为私利的基本，在此边际之上，他们委屈、忍耐、屈服。

第四，"只反贪官，不反皇帝"。这是毛泽东晚年在评《水浒》时所说的一句话。它不仅准确地说明了梁山好汉们的"造反"之实质，也概括了两千余年农民起义的主导观念，即小农在极端情况下，不能再"安分守己"地活下去，不得不铤而走险、起而反抗时的基本思想。这种反抗在局部是相当多的，有时还会演成全国大势，以致改朝换代。但对绝大多数参加反抗者来说，他们只是要求自己作为农民的基本权利，这主要就是小块土地的占有权。而直接侵害农民土地占有权的，是贪官和地主，因此，"反贪官"就是小农意识中的重要内容，这种对贪官污吏的仇恨，积累起来，在农民实在生活不下去时，就会爆发。而"反贪官"也是官文化的一个内容，是集权官僚制的自律。所以说，农民"反贪官"还是在集权官僚制容许的范围，但造反暴乱，却是绝对不许可，并要坚决镇压的。至于皇帝，是集权官僚制的象征，对于没有制度变革要求的农民来说，"不反皇帝"，不仅是其观念局限性的表现，同时也是一种策略上的考虑，这对造反的领导者和组织者来说，相当重要。真正成为大势力的农民起义，其领导者已非道地农民，而是中小官吏或儒士，他们是有政治抱负的，"不反皇帝"可为自己留条后路——像宋江那样被"招安"当官者。而对参加造反的农民来说，即使不被镇压，也至多是争得一份土地占有权，小农经济依旧。

第五，平均主义等级观。农村社会生活也有一些家族性、村社性公共事务，在这方面，农民信守因小农经济而生的平均主义，又认可官文化的等级观。几乎平等的个体体力劳动及素质技能，以及均配土地制度，特别是废除"长子继承制"后的"诸子析分家产制"，加之儒家宣扬的"不患寡，患不均"，在农民中形成了平均主义观念。而严密、系统的集权官僚制及官文化，又要求农民认可、遵从等级观——这是官本位的折射。平均主义在农民的公共活动，特别是起义队伍的口号中表现得相当明显，如太平天国的《天朝田亩制度》，但其中恰又表现出明确的等级观。

小农意识虽不对抗官文化，也不存在小农意识取代官文化成为统治文化的可能，但小农意识也会对官文化有所制约。它们之间的矛盾，实质就是土地所有权与占有权、使用权之间矛盾的表现，是集权官僚制的大一统与小农经济分散性对立统一的体现。正是在官文化和小农意识的共同作用下，维系并主导了小农经济，使汉民族在手工劳动的农业生产方式上处于领先地位，不仅是本民族延续的经济基础，也是汉族不断吸纳、融合周边部落、氏族以扩充的必要条件。而那些虽然尚未融入汉族的部落或氏族，也受官文化和小农意识的深刻影响，不仅在可能的情况下形成小农经济并开始"汉化"，更为20世纪以来中华民族的形成及其对汉族和由部落联盟、部落、氏族转化的各支民族的包容、统一、融合创造了前提。

四、历史上汉族与各部族联盟、部族、氏族的经济关系

自汉朝汉族形成以后，其集权官僚制和小农经济在世界上长期处于领先地位，汉族也因此而不断向周边扩展，并与各部族联盟、部族、氏族发生经济交往。这种经济交往密切了中华民族先人们的联系，为中华民族的形成和统一创造了历史的前提。

汉族本身就是由几个部族联盟演化而成的，具有很强的内聚力和融合性。汉族所实行的集权官僚制既是一个系统紧密的政治机制，又是相当坚实的外在制约，凡是纳入其范围的地区，都在这个机制的作用下逐步融合统一。而集权官僚制下的小农经济，又将原有部族联盟、部族、氏族中的传统以血缘结成的集体性分散为个体性，由此削弱、淡化其血缘关系，改变社会结构。更为重要的是，集权

官僚制度废除了原部族联盟、部族、氏族的封建领主制、奴隶制和原始公社，解放了农奴和奴隶，因而得到农奴和奴隶的拥护，并将原始氏族直接纳入小农经济。小农经济的先进性为广大农民提供了远比所有旧制度更为优越的生产和生活条件，也就具有很强的凝聚力和融合性。因此，在集权官僚制统治所及的范围内，凡是适宜农业生产的地区，都会比较快地进行民族融合。至于边远地区，特别是不适宜农业的荒漠、严寒地带或山区，则往往还保留旧的生产方式，并有部族联盟、部族、氏族的残存。

通观两千余年的中国历史，汉族与各部族联盟、部族、氏族的经济关系，主要包括以下内容：

第一，汉族是经济发展和经济关系的中心。汉族形成和兴盛于农业生产方式，早在五千年前尧舜时代就已开始了农业生产，也正是在农业生产方式的演进中，氏族转变为部族，部落结为部族联盟，部族联盟又转化为民族。汉民族在集权官僚制的集聚和制约下形成以后，农业生产又有了进一步发展。其原因，一是集权官僚制解放农奴为农民，农民有了相对自由的社会地位；二是皇帝将全部土地所有权集中于以他为名义的国家，将土地占有权均配给农民或分赏给官，并允许买卖，这样就使农民或有了小块土地占有权，或租用小块土地的使用权，进行个体的小农经济，其收获物除去交纳税、租之后留作自家支配，增加了农民生产的积极性；三是小农经济促进了农民素质技能的提高，农业耕作技术已达世界最先进程度；四是农业的发达带动了手工业和商业的发展，农产品和手工业品是汉族与周边各部族联盟、部族、氏族经济交往的主要内容；五是集权官僚制为经济发展提供了相对稳定的社会环境，两千多年来，虽然也有诸多动乱、外敌侵略等，但总的说来还是比较平稳的，特别是汉、唐、宋、明、清几个大的朝代，这是汉族经济发展的必要条件。

汉族在古代中国经济发展和经济关系的中心地位，既有聚合性，又有扩张性。由于古代汉族之外大部分都处于部族联盟、部族和氏族阶段，因而只要汉族的统治者（不论是否汉族人）对外采取开放政策，就能吸引这些部族联盟、部族、氏族与汉族发生经济往来。中国东临大海，早在周代就已将东部各部族、氏族纳入本部族联盟之中，到汉唐时期，包括东南和南方沿海也都纳入汉族，与外部的经济关系，主要是与东北、北方、西北、西南的部族联盟、部族和氏族的交往。因为地理和气候的原因，集权官僚制直到元以后才伸展到这些地区，加上元、清两代虽对汉族实行集权官僚制，但对作为统治者的蒙古人和满洲人仍实行部族联盟的封建领主制，所以未能将这些地区实行"汉化"，但却加强了与汉族的经济关系，汉族经济的中心地位由此更加突出。

第二，汉族对各部族联盟、部族、氏族经济发展的影响。从生产方式和生产技术上看，汉族在历史上都较周边各部族联盟、部族、氏族先进，而文明演化的一个普遍规律就是对先进生产方式和技术的趋向和学习。周边各部族联盟和部族、氏族的生产方式，大体分为三类，一是已步入农业，但生产技术落后，生产关系仍处于封建领主制或奴隶制阶段；二是因地理、气候等条件仍采取畜牧业生产方式的，其生产关系也处于封建领主制或奴隶制阶段；三是仍处在原始社会的氏族，其生产方式还以采集渔猎为主。汉族经济对第一类，即已步入农业的部族联盟、部族的影响是最为直接的，也最为深刻的，这包括蛮、越等东南地区，昆明、哀牢等西南地区，以及北方及东北地区的鲜卑、渤海、契丹等部族联盟、部族，在与汉族的经济交往和政治、军事的冲突中，逐步接受了汉族先进的农业技术，并改变了生产方式，在中央政府统辖之下，先后实行了小农经济，并融入汉族。对于第二类部族联盟、部族，主要是为之提供农产品和手工业品，改变其生活方式和习惯，同时交易其畜产品，由此促进其经济发展。对于第三类，即仍处于原始社会的氏族，在距中原较近的东南地区,历史上大都将之纳入集权官僚制,并转化为小农经济,其氏族也融入汉族之中,只有边疆的深僻山区,如景颇、鄂伦春等氏族保持到新中国成立之前,即使这样的氏族经济,也都要与汉族发生一定的经济交往,从而逐步改变生活和生产方式。

第三,汉族经济制度对部族联盟、部族、氏族的制约与影响。在古代历史上,汉族的集权官僚制和小农经济,对于仍实行封建领主制的部族联盟、仍实行奴隶制的部族、仍处于原始社会的氏族而言,无疑都是先进的社会和经济制度。由于中国历代统治者都会出于政治的考虑,对这些还没有条件直接纳入集权官僚制的部族联盟、部族、氏族采取"一国两制"或"一国三制"的政策,在其承认皇帝和中央政府的"大一统"前提下,容许保留既有的社会经济制度。但正是这个前提成为一个重要的制约因素,首先,各部族联盟、部族的首领要由中央政府委任,他们必须表示臣服皇帝,并以特产定期纳贡;其次,中央政府要对部族联盟、部族首领以赐赠,所予之物都是精选出来的手工业品和农产品;最后,在大一统的前提下汉族与各部族联盟、部族、氏族的民间经济交往中,使其民众逐步认识汉族经济制度的先进,引发其变革要求和行动。两千余年的历史长河中,受汉族社会经济制度制约和影响,一些部族联盟和部族内部的进步势力发动了制度的变革,从而纳入集权官僚制的直接统治,解放农奴和奴隶成为农民,其中有一部分已融入汉族。另一部分虽然还保留着其旧有部族联盟和部族的传统,但在经济制度上已与汉族相同。而从明中叶以来实行的"改土归流"政策,即将对原部族联盟和部族首领以"土司"名义的加封改为由中央政府委派流官,在清雍正年间加快了这一进程,对"云贵川广及楚省"进行大范围的"改土归流,各遵王化"的变革。这一政策受到各族民众的拥护,虽然并未全面彻底改变旧的制度,但由于中央直接派官、兵取代世袭的土司,改变了原来农奴和奴隶的身份,并采取与中原一样的土地赋税制度，打破了部族之间的割据，促进了经济和文化的发展。

第四，各部族联盟、部族、氏族经济对汉族的影响。虽然生产方式和生产关系相对落后，但周边各部族联盟、部族、氏族经济也有其所长，并可以补充乃至促进汉族经济的发展。汉族经济从一开始就是开放经济，在不断影响各部族联盟、部族、氏族的同时，也受其影响。这主要表现在，一是通过贸易、朝纳等渠道，将各地的土特产品输入中原，从而扩充了汉族的消费资料，比如南方的水果和北方的皮毛、牛羊肉品等；二是对生活方式的影响，如唐以前的汉族人不知道坐椅子，只有"席地而坐"、"正襟危坐"，后来从北方部落传来了椅子，由此大大改变了汉族人的生活方式，由椅子的使用而引发的"家具革命"，在明清时达到高潮，其他如服饰、饮食方面，汉族都受到了周边部族联盟、部族、氏族的影响；三是对生产方式、品种、技术的影响，如马、驴、骡都是从北方及西北地区的部族联盟、部族中引入中原的，这对改变汉族的生产方式、技术及交通，乃至军事，都有重要作用，再如许多农作物品种、手工业技术传入中原，丰富了汉族的生产和生活；四是贸易对汉族经济的促进，汉族与周边各部族联盟、部族、氏族的贸易，汉朝时由张骞所开通的"丝绸之路"，不仅贯通了与乌孙、大宛、康居、大夏诸部落的联系，还直达奄蔡（今里海东岸）、安息（今伊朗）、条支（今地中海东岸）。"丝绸之路"和西南的"茶马古道"，以及海上"丝绸之路"，均成为汉族与周边各部族联盟、部族、氏族的主要贸易通道，加之各地边贸，促进了汉族商业的发达。而唐宋时西域和周边地区的商人直接进入并长驻中原，对于汉族经济的繁荣起到了重要作用。

第五，各部族联盟入主中原对其自身经济的改变及对汉族经济的影响。自汉以后北方、西北部族联盟入主中原一千多年时间，计有南北朝的五胡十六国、五代十国、宋朝时辽、金，以及元、清两朝。其中元和清为中央政权，其余为地方性的王朝或国家。这些部族联盟入主中原后，几乎都不能不认可或不融入汉族的制度、文化、经济之中，元以前入主中原的诸部族联盟都"汉化"为汉族的一部分，元的蒙古和清的满洲两大部族联盟，虽然努力保持其传统，但也受汉族经济文化的深刻影响而发生了重大变化。与此同时，各部族联盟的入主中原，都在一定程度上促进了汉族的集权官僚制和小农经济的演进，引起生产生活方式和技术等方面的改进。

中华民族的历史是汉族与各部族联盟、部族、氏族共同创造的，是相互矛盾、冲突、融合、统一的过程。在这个过程中，经济既是基础，又是矛盾、冲突的目的，还是融合、统一的内容与体现。按原来的"华夷之辨"的儒家道统，非汉族的各部族联盟入主中原都是对正统的冲击和破坏，而我们从中华民族大一统的角度看，这恰是民族统一、融合的历史前奏，正是在各部族联盟的数次达千余年的入主中原，造就了今天的汉族与中华民族其他各支民族的紧密联系，奠定了中华民族经济的历史基础。

入主中原而使原部族联盟经济发生质的变化最为突出者，是南北朝时期的五胡，即匈奴、鲜卑、羯、氐、羌五个部族联盟，十六国中，有十三个是由五胡建立的，只有三个是汉人政权。从现象上看，五胡十六国（304—439年）是大动乱时期，其实是一次新的民族整合过程，五胡入主中原后几乎全部自愿"汉化"，融入汉族，从而使汉族也发生大的变化。其中首先汉化的是匈奴，从汉朝中期南匈奴开始入居山西，到汉末匈奴贵族就以祖上曾是汉朝皇帝外孙为由改姓刘，到304年匈奴首领刘渊起兵反晋，立国号为汉，追尊蜀汉皇帝刘禅为孝怀皇帝，全面推行汉化，南匈奴基本都融入汉族。羯人石勒建立后赵政权，不仅与汉人全面合作，还积极推进羯部族联盟的汉化进程。进入中原的氐人也加快了汉化，前秦苻坚即位后，重用汉族士人王猛，改革政治，发展经济。建立后秦的羌人，在关中就与汉族人长期杂处，后秦政权一建立就采用汉族的集权官僚制，使之势力大振，秦王姚兴在促进羌人汉化中起到了重要作用。建立北魏政权的鲜卑部族联盟，在拓跋部族的主导下，不仅统一了中国北方，而且实现了包括本部族联盟在内的各部族联盟、部族的全部汉化，由此扩充丰富发展了汉族。拓跋部族发源地在现内蒙古呼伦贝尔，魏晋之际游牧到阴山以南草原，联合三十六个鲜卑部族建立了魏国，拓跋珪于386年称道武帝，后定都平城（今山西大同），由大武帝拓跋焘结束了十六国的混乱局面，统一北方，史称北朝，与接替晋的南朝宋政权相对峙。统一了北方后，魏政权集中改革鲜卑及其他部族的旧制旧俗，加速汉化，文明太后冯氏和孝文帝拓跋宏起了关键性领导作用。文明太后决策的改革主要有：1. 颁布官吏俸禄制度；2. 颁布均田令；3. 实行三长制，即五里立一邻长，五邻立一里长，五里立一党长，取代原部族以氏族为单位的宗主督护制；4. 实行租调制。孝文帝进一步改革鲜卑旧俗，全面汉化。首先是迁都洛阳，移民约一百零八万，以南迁促汉化；其次是以儒学治国，拓跋宏以大儒自居，"雅好读书，手不释卷。五经之义，览之便讲，学不师受，探其精奥。"[①] 并推崇孔丘"素王"地位，尊孔祭孔，实行礼治，提倡以孝治国。北魏的改革，不仅使鲜卑部族联盟迅速汉化，也使进入中原的其他部族加快了统一汉化的进程，到隋建立大一统王朝后，北方的汉化基本完成。

"五胡乱华"是汉族正统史学家对五胡十六国时期的称谓。不可否认这些部族联盟入主中原的过程，给汉族经济造成了巨大破坏，同时也应看到其对汉族经济的促进。其一是打通了汉族与各部族联盟的经济交往，使北方和西北的一些物种传入中原；其二是在生活方式上将各部族的习俗融入汉族，特别是牛羊食品和织物已成汉人生活中的一部分；其三是强化了土地制度改革和小农经济发展，最

---

① 《魏书》。

突出的是北魏于485年由文明太后决策颁布的均田令，是秦汉以来均配土田最为彻底的，从而使小农经济步入一个新阶段；其四是大量的"胡人"汉化，增加了汉族人口数量，增加了汉族的总体经济实力。

隋唐之后经五代十国到宋朝统一，北方的契丹、女真、蒙古及西北的党项诸部族又相继结成联盟，与宋王朝相对立并占据中原的一部分或全部，从而加速了这些部族的汉化并对汉族经济发生了重要影响。契丹部族联盟于946年进占开封，建国大辽，随后北撤，占据今河北、山西北部、东北、内蒙古一带。契丹人抵制汉化，俘掠人口，占据领地，实行封建领主制，尽力保持自己的礼仪和生活方式。但他们虽未败在汉人之手，却为后起的女真部族所建立的金国所灭。女真部族联盟灭辽之后又进一步攻占宋朝中原大片土地，统治着汉人、契丹人、渤海人，虽然也采取一些汉族官制和经济制度，但仍反对学习汉人文化和制度，特别是在土地制度上肆意掠夺汉人耕地，激化了与汉人的矛盾，经济衰败而战事不断，财政空虚，战斗力降低，被后起的蒙古部族联盟所灭。与辽、金同时出现的夏政权，是党项部族联盟。党项羌是鲜卑与羌融合而成的部族群，于公元八、九世纪从青海东南部迁至甘肃东部和宁夏及陕西北部，受唐朝赐姓李，之后在宋、辽两大政权间左右逢迎，辽封其部族联盟首领李德明为大夏国王，宋封之为平西王。李德明之子李元昊于1038年称帝，国号大夏，在西北建立了与宋、辽、金鼎足相对的权力中心，其领地东临黄河，西尽玉门，南迄萧关，北抵大漠。夏采用辽的官制，实行蕃汉并行，蕃汉分治。既保留封建领主制，又吸收一部分集权官僚制因素。在经济上则变原来的畜牧业为农牧并举，采用汉人的耕作技术，并容纳汉人进行耕作。畜牧业和农业的发展，为夏政权提供了必要的经济基础。其手工业也很有特点，尤其是冶铁业和兵器制造业十分发达，其产品成为与宋、辽、金贸易的主要商品。夏王朝对汉族文化比较认可，奉行宋朝历法，还主张学习儒家经典，但也强调区别，如模仿汉字六书会意法，创造了与汉字不同的"国书"，其笔划繁多，不仅书写困难，使用也不便，随夏的灭亡而消失。夏政权霸据西北347年，称帝立国为190年，对于开发西北经济，紧密汉族与党项部族联盟及其他部族的关系起到了重要作用。但由于政治、经济上仍有其保守性，夏政权逐步腐化，国力衰落，于1227年被后起的蒙古部族联盟所消灭。

辽、金、夏三大政权所体现的契丹、女真、党项部族联盟入主中原，都是局部的，也都是以对汉族的侵略为开端，进而占据中原的部分地区。这个过程对于其自身的经济发展来说无疑是一个进步，而进步的程度，又取决于对汉族制度、文化、经济的认可程度。与"五胡乱华"不同，契丹、女真、党项三大部族首领都以保持自身传统，抵制汉化为政策的基本，他们有的承认汉族制度和经济对汉人的作用，有的甚至要强行将汉人纳入其封建领主制中，从而引发蕃汉分治或蕃汉对立。这些对于其自身的发展都是不利的，特别是辽、金强制将汉人变为家奴，没收其对土地的占有权，不仅引发汉人的反抗，也导致本部族联盟贵族的腐化和部卒的骄横懒惰，长期不战不耕，靠剥削汉人农奴过着花天酒地的生活，农耕技术未学得，战斗力却丧失了。辽、金两国之所以迅速兴起，在于其部族和部族联盟的组织，即全民皆兵、兵民合一，骁勇善战，一旦进入中原役使汉人、养尊处优、狂妄保守，其政权的灭亡是必然的。当辽被金、金被元打败之后，其部族联盟解散，但部人却不可能再返回原发祥地重组部族过旧式生活，只得留在中原地区被迫从事农业生产，由此而逐步汉化。夏对学习汉族文化、制度的态度较辽、金积极些，但基本政策还是保持自家制度，因而短期兴盛之后衰亡，与辽、金一样，其部族成员也大部分留在汉地，从事农业生产并汉化。

辽、金、夏三个政权在中原部分地区的统治，对汉族经济的破坏是相当明显的，但也有积极的作用。首要一点就是以战乱打破了汉族官僚地主对土地的兼并，尤其是大门阀对土地的垄断。这个问题在汉族土地制度中长期存在，大门阀以其权势不仅占有大量勋田，还肆意兼并小农土地，将农民纳为其佃户或"庄客"（雇农），不仅危害农民，还拒交税赋，独霸一方，威胁中央集权。各部族的入侵打破了这种土地格局，虽然其政权实行更为落后的封建领主制，但当其衰败以后，又可由中央政府均配土田。第二点积极作用，就是促使汉族南迁，汉族经济重心南移，江南农业经济迅速发展，到南宋时，已成"苏湖熟，天下足"之势。原来江南为蛮夷之地，虽有农业但不发达，北方大量移民流入，不仅带来了先进的生产技术，还适应南方气候条件，大大改进技术，特别是因人口增加而实行集约化经营，精耕细作，实现了以水稻为主要农作物，并一年两熟或三熟的新农业生产方式。农业生产的发展又促进了手工业和商业的发展，偏安于江南的南宋政权，由此而苟且延续，自足于经济富足，却不思收复失地，虽其政权被蒙古部族联盟消灭，但汉族经济却也因此而向前迈进一大步。

与以前只是局部入主中原的各部族联盟不同，灭金、夏、宋之后建元朝的蒙古部族联盟和代明而建清朝的满洲部族联盟都曾全面统治中国，成为中国历史上疆域最大的王朝。这两大部族联盟对中国的统治，是中华民族历史上经济发展的重要因素，既对其自身有所影响，更加速了汉族经济的演化。

蒙古原为分布在大兴安岭北部的室韦诸部中的一部，唐末迁至斡难河（今蒙古鄂嫩河）上游，进入草原后由狩猎变为畜牧，并加强与中原地区联系，由此经济发达。在铁木真为首领时以武力降服其他部族，建立以蒙古部族为首的部族联盟，先是统一漠北草原，进而挑战夏、金，镇稳南方之后，发兵西进，横扫中亚细亚至波斯、印度的广大领域，于1224年启程东归。东归之后即攻夏，1227年6

月灭夏，就在夏投降前夕，铁木真病死军中。他临死前提出了联宋灭金战略，其继承人窝阔台先与南宋朝廷达成协议，联合伐金，灭金后，黄河南归宋，黄河北归蒙古。与宋联合灭金后，窝阔台暂缓灭宋，又开始西征，历经几十年，建立了横跨欧亚的大蒙古部族联盟。西征胜利之后，第四任大汗铁木真之孙蒙哥派其弟忽必烈南下征宋，并于1271年建国为元，以大都（大兴）为都城，继续南征，于1279年灭宋，成为第一个以部族联盟统一中国的王朝。

蒙古部族联盟对中原的征战与统治，是其发展的重要环节，作为草原上的游牧部族联合起来所形成的社会，其基本制度是封建领主制。在草原时，铁木真将他所属的亲兵和归附的各部族首领都分封为万户那颜、千户那颜、百户那颜。那颜即领主，他们分别占有等级不同的牧地和牧奴。随着南征西战，所占领地迅速扩展，分封的领主也愈多，占地和俘获人口愈广，不仅有牧区，还有农区，特别是入主中原后，将汉族土地和民众都分封给诸子孙和功臣。元统治者清楚，蒙古人不过二三百万，而被统治的汉人则有七千万左右，这是一个危险的比例。按封建制度，将全国人民分为四个等级：一是蒙古人，二是色目人（蒙古以外西北至中亚、西亚、欧洲各部族、氏族），三是汉人（淮河以北原金国汉人、契丹人、女真人、朝鲜人、渤海人），四是南人（原南宋统治下淮河以南汉族和各部族、氏族）。据1280年户口调查，蒙古人、色目人仅占总户数的3%，汉人占15%，南人占82%。这样的种族等级制使蒙古人高居上层，却也远离生产，过着寄生虫的生活，从而迅速贵族化、腐化、弱化。不能因条件的变化而变革自身制度，反而因统治地位而使整个部族联盟都贵族化，虽然其内部还有等级、身份的差别，但与汉族的矛盾始终是蒙古部族联盟不可回避的，也正因此，不仅未能使部族联盟上升为民族，反而在自身贵族化的同时丧失了原有的战斗力，最终被汉族人民的起义逐出中原。

蒙古部族联盟对汉族的征服与统治，从总体上说是对汉族经济的破坏，特别是在其入主中原之初，这种破坏作用相当明显，但为了维持统治和获取财物，元朝统治者也实行了一些有助于经济发展的政策，对于汉族经济起到了促进作用。元朝占地广阔，而蒙古人和色目人又是极少数，其中适宜作行政管理者少之又少，为了加强统治，创立了"行中书省"制，即由中书省派出机构管辖全国的一级行政机构，行中书省简称行省或省，此制是在原来的州、郡之上又设一级中央派出机构，对于加强中央集权有重要意义，故一直延续至今。元时中书省直辖"腹里"（今河北、山西及河南、山东、内蒙古一部），另设十一个行中书省分管全国各地行政。元朝统治对汉族经济发展最为突出的意义就是扩大了疆域，为汉族的经济活动提供了更为广阔的空间，同时密切了汉族与其他部族的经济关系，这对于中华民族的形成是一个相当重要的历史前提。元朝建立之初，对中原农业破坏很大，蒙古贵族依其传统，大肆掠夺农田作牧场，"王公大人之家，或占民田近于千顷，不耕不稼，谓之草场，专放孳畜。"到忽必烈即位后，才意识到"欲保守新附城堡，使百姓安业力农。"禁止贵族、军队侵占农田，设立农官，劝课农桑，总结并推广农业生产技术。尤为重要的是从印度引进棉花，并在浙东、江东、江西、湖广、福建设木棉提举司，使棉花生产普及并成为主要的纺织原料，棉纺织业也由此成为重要的手工业。元朝还重视发展商业和手工业，扩大贸易范围，并沿宋制发行纸币，方便流通，但后期滥发纸币导致法钞崩溃。元朝灭亡后，明朝商业发达，与元打破汉族统治者的重农抑商传统有直接关系。

蒙古部族联盟入主中原后虽有所变革，但与契丹、女真一样，并未进行根本性的制度变革，而是以落后的封建领主制统治汉族，一方面导致部族联盟贵族的腐化，另一方面激起汉族人的反抗，从消灭南宋政权（1279年）到被朱元璋所推翻（1368年）只89年，即退回大漠而衰落。明王朝虽是汉族政权，但依然传续集权官僚制，虽开国时有所振兴，但后期又蹈专制腐败之覆辙，为新兴的满洲部族联盟入主中原提供了机会。

满洲部族联盟是以爱新觉罗氏族为首的女真诸部族的联合体。女真诸部族在金政权灭亡后，大部分留在中原逐步融入汉族，而原留居东北的小部分于明朝中后期逐步发展，在其首领努尔哈赤的带领下，建立起联盟，为"八旗"，国号大金。1636年努尔哈赤死后，其子皇太极即位，改国号为清，并趁明末朝廷腐败，李自成农民军攻占北京之机，于1644年入侵山海关，守将吴三桂降清，与清军合力西进，击败农民军，进而攻占北京，利用吴三桂和其他汉军将领，加之明南京政权的昏庸无能，长驱直入，只用17年时间就彻底消灭了南明，建立了元以后又一个统一全中国的政权。清朝统治者记取元朝教训，加之征服中原又主要得力于吴三桂等汉将汉官，在汉族中基本维持集权官僚制。初期也曾像元朝一样在北方实行"圈地"，但在汉民和汉官的反对下废止。满洲部族联盟首领对于汉制、汉文化是认可并努力学习的，但远不及五胡十六国时的鲜卑、拓跋等部族联盟首领那样明确以"汉化"为目标。他们学习儒家道统，实行集权官僚制的目的是维持自知虚弱的统治地位，而非将"汉化"作为发展本部族联盟的途径。因此，对汉人实行集权官僚制和小农经济，满洲部族联盟首领为清朝皇帝；对满洲人和蒙古人，实行封建领主制，清朝皇帝又是部族联盟的首领。

清王朝的这种满与（蒙）汉分治的制度，保持了其部族联盟（八旗）的传统，并给所有满洲人以特权，使其养尊处优，依靠血统就可以吃皇粮，享尊荣。这种制度限制了满洲人的发展，他们很少从事农耕和商业、手工业，而祖先所擅长的弓马之技也因天下太平而丢失，到晚清，"八旗子弟"日益没落，又无技能，不事生产，成为只会游手好闲者的群落。既没有与汉族融合为一族，又不能通过制度变革使本部族联盟转化为民族。一旦王朝覆灭，生存都成了大问题。当然，满洲人中也有一部分接受汉族文化制度后自强有为者。辛亥革命后清帝逊位，满洲部族联盟也随之解体，此前在太平天国起义的攻击下这个联盟（包括蒙古八旗）已经败落，只能靠汉人的湘军、淮军支持其政权。到满洲部族联盟解体后，满洲人不能退回关外再过游牧生活，只得效法汉人从事农耕，并由此而延续。

满洲部族联盟对汉族的统治，基本沿袭了集权官僚制，实行小农经济，并推行了一系列鼓励生产的政策，如顺治、康熙时期的轻徭薄赋、与民休息、垦荒免税、废明朝藩田产，将其土地占有权交原佃农，使之变成自耕农。这些政策都有利于屡遭战乱的中原农业的恢复发展。雍正、乾隆时实行的"摊丁入亩"，推广玉米、番薯等品种，开豁贱籍等，又进一步促进农业发展，增加了农业人口。在发展农业的同时，清王朝还有限度地鼓励商业和手工业，特别是纺织业得到长足发展，其中丝绸织物经海路出口，成为对外贸易的大宗。相比之下，满清部族联盟对汉族的统治，虽然也有歧视，但比起蒙古部族联盟公开实行种族等级制还是宽松得多，尤其是雍正打破议政王大臣恃权跋扈，建立军机处，选择亲信的满汉大学士、尚书、侍郎充职，由此改变了原来的部族首领（旗主）联合执政的局面，使汉臣得以进入权力中心。同时广开科举，大批汉族士人担任各级官员，使官制朝有利于汉族经济发展的方向转化。清朝总的经济制度和政策，都是比较适宜小农经济发展的。

由于满洲部族联盟首领传统上的落后性，虽然他们努力发展经济，但也只是强固了集权官僚制和保守了小农经济，并未能在明朝已有商品经济发展的基础上培育出资本主义经济和工业文明，因此在清代使本来领先于世界的中国经济远远落在西方之后，并被西方资本依恃其发达的工业生产方式入侵，激化了国内矛盾，不仅使清王朝陷入覆灭的境地，也使汉族和中国经济濒临巨大灾难。也正是这种灾难,迫使汉族先进分子觉悟,并形成"中华民族"意识,随着以革命推翻清王朝统治,中华民族在革命中逐步形成,并在革命政权的领导下,加强了民族团结,形成了中华民族统一的经济。

五、中华民族经济在统一融合中发展

以集权官僚制为制度前提的小农经济,体现了手工劳动时代最为先进的农业生产方式,它以汉族为中心,逐步扩散,融合了周边的各部族联盟、部族、氏族,是中华民族统一和发展的基础。但集权官僚制及其小农经济的局限严重抑制了农业生产方式向工业生产方式的转化,蒙古部族联盟和满洲部族联盟入主中原后对其制度传统的保守,加重了对生产方式转化的障碍。1840年已经工业化的英国资产阶级对清王朝的侵略,既是工业文明对农业文明的挑战,更是以工业为基础的民族对以农业为基础的民族的冲击。正是这个挑战与冲击,使全中国人第一次意识到自己是一个民族,在先进分子的启发和带动下,展开了以救亡、发展为主旨的民族自强统一的革命。

1840年以前,中华大地上有过多次非汉族的部族联盟入主中原,但这些部族联盟在生产方式和制度上都是落后于汉族的,而且都未达到民族的程度,其政治制度也不完备,入主中原后,虽然在政治上占主导地位,经济上都不得不依靠汉族的农业生产方式。以英国为首的外来侵略者,既以工业生产方式为基础,又有严密系统的国家,更是若干个现代意义上的民族。它们历经一个多世纪(1840—1949年)对中国的侵略和控制,激发了中国人的民族意识,"中华民族"已成为全中国人的共识,为了"振兴中华"而展开了艰苦卓绝的奋斗。这种奋斗,使中华民族得以形成;这种奋斗,使中华民族的生产方式和社会制度得以变革；这种奋斗，促成了经济发展和中华民族的统一与融合。

对"中华民族"的认同与中华民族的统一，有一个过程。由于汉人对满洲人统治的长期积怨，加上清朝末年政治腐败及其面对外国侵略者的无能，导致国家危亡、民众苦难深重，汉族的先进分子均把推翻满洲人统治作为民族救亡的第一要务。孙文、黄兴、蔡元培等人先后组织兴中会、华兴会、光复会等革命组织。兴中会1894年成立时的口号为"驱除鞑虏，恢复中华，创立合众政府"；华兴会1904年成立，口号为"驱除鞑虏，复兴中华"；光复会1905年成立，口号为"光复汉族，还我山河"。1905年8月兴中会与华兴会合并成立中国同盟会（原为"中国革命同盟会"，因总部设在日本，受其政府限制不能明提"革命"二字），以"驱除鞑虏，恢复中华，创立民国，平均地权"为宗旨。针对会内一些人对满洲人的复仇意识，孙文予以批驳，并在1905年11月《民报发刊词》中提出"三民主义"，"三大主义，曰民族，曰民权，曰民生。"[①] 对于民族主义，1906年《民报》周年纪念时，他作了这样的论证："民族主义，并非是遇着不同种族的人，便要排斥他"，"我们并不是恨满洲人，是恨害人的满洲人。假如我们实行革命的时候，那满洲人不来阻害我们，决无寻仇之理。"[②] 后来，他又提出汉、满、蒙、回、藏"五族共和"。到1912年中华民国临时政府成立时，又在《临时约法》中重申了五族平等的思想。而民族主义的另一层含义，则是以统一的中华民族面对、参与各民族所构成的世界。到1924年重组后的国民党第一次代表大会上，对民族主义做了重新论证："国民党之民族主义，有两方面之意义：一则中国民族自求解放；二则中国境内各

[①] 《民报》第1号。
[②] 《民报》第10号。

民族一律平等。"

孙文关于"民族主义"的思想，是中华民族得到汉族和其他部族氏族认同并统一的基本点，虽然当时并未对汉、满、蒙、回、藏五族之"族"做明确的理论界定，就以传统的"族"的观念来套用从西方传来的"民族"一词。这种作法一直延续至今，形成在中华民族之中存在民族的观点，也为以后中国共产党民族政策的一个必要历史前提。中华民国只有37年的历史，虽然从法理和法律上确立了各民族平等、统一的原则，并在处理民族关系中有所体现，但由于不断的战乱和日本帝国主义的侵略，并未能真正实现这一原则。特别是日本人所扶植的"满洲国"，又使中华民族陷于分裂状态。也正是在这种情况下，《义勇军进行曲》唱出了全体中华儿女的心声："中华民族到了最危险的时候!"面对强敌，中华民族展开了艰苦卓绝的抗日战争，也正是抗日战争，使中华民族的各族人民意识到统一、团结的必要性。抗战胜利后，中国共产党在其领袖毛泽东的领导下，又进行了三年多的解放战争，使中华民族摆脱了两千多年的集权官僚制，建立起人民共和国。也正是从这时起，中华民族才真正作为一个政治、经济的实体而立于世界民族之林。毛泽东代表中华民族宣告："我们的民族再也不是一个被人侮辱的民族了，我们已经站起来了。"[①] "中国人被认为不文明的时代已经过去了，我们将以一个具有高度文化的民族出现于世界。"[②]

毛泽东是中国人民的领袖，也是中华民族的领袖。当我们回顾中国历史时，在不同的历史阶段都有代表性人物。周公旦强化了周部族联盟，秦嬴政和汉刘彻是汉族形成的关键，毛泽东则是中华民

---

① 毛泽东：《中国人民站起来了》，《毛泽东选集》第5卷，第5页，北京：人民出版社，1977。

② 同上书，第6页。

族统一的领导者。

中华人民共和国成立的同时，就在法律上规定各民族的平等，并给予原来仍处于部族联盟、部族和氏族阶段的人民与汉族平等的民族地位。这是人类历史上的一个创举，也是中华民族统一和发展的必要前提。在1954年第一部宪法中就明确规定"中华人民共和国各民族一律平等"。为充分保证各少数民族的平等地位和经济发展，实行了民族区域自治制度，并于1952年通过了《中华人民共和国民族区域自治实施纲要》，1984年颁布了《中华人民共和国民族区域自治法》，从1947年5月1日内蒙古自治区建立到2005年，全国共建立155个民族自治地方，其中5个自治区、30个自治州、120个自治县（旗）。在55个少数民族中，有44个建立了自治地方，实行区域自治的少数民族人口占少数民族总人口的71%，民族自治地方的面积占全国国土面积的64%。并在一些少数民族聚居地域较小、人口较少民族居住地方建立1256个民族乡。

中华民族的大一统与各支民族的区域自治，二者是有机统一的，中华民族的大一统是各支民族区域自治的前提，是原则，各支民族的区域自治则是中华民族大一统的具体实现。从形式上看，似乎只有少数民族在实行区域自治，但从内容上看，那些非少数民族区域自治的地方，也可以看成是汉族的区域自治。中国的民族自治地方，也是各支民族混居的，不论人口多少，各族公民在政治、经济权利上都是平等的。

毛泽东及其领导的中国共产党实现了中华民族的统一，这种统一的基础，就是社会主义理论和制度。在中华人民共和国的范围内，对所有中国人实行统一的社会主义制度，并由中国共产党统一领导，这是中华民族统一的根据。与历代王朝不同，中华人民共和国并不容许旧有部族联盟、部族、氏族以其传统制度形式存在，以统一的社会主义制度改造、废除其旧的封建领主制、奴隶制，并使仍处原始社会的氏族直接进入社会主义社会。将解放前或中华民国前仍保持其传统存在方式的部族联盟、部族、氏族，统一纳入中华民族，不论其人口多少、居住地域大小，统统以法律规定为民族，即统一的中华民族中的支民族。以统一的社会主义制度，将这些解放前还处于部族联盟、部族、氏族阶段的人群，都上升为民族，并以法律规定并保证其政治、经济权利，由此摆脱落后，与汉族一起进入现代化。

"解放"，是中国人民对中华人民共和国成立的发自内心的评价。对于汉族而言，解放是摆脱旧的集权官僚制；对于各部族联盟和部族而言，则是摆脱旧的封建领主制和奴隶制；对于氏族而言，更是从原始社会直接过渡到现代的社会主义。"解放"使中华民族统一，"解放"使中华民族的广大劳动者都成为民族和国家的主体。今天美国垄断资本财团的代言人，以所谓"人权"和"自由"来攻击中华民族对藏族的统一，支持达赖集团搞"西藏独立"，孰不知解放前的西藏仍是政教合一的部族联盟，封建领主和上层僧侣对农奴残酷压迫和剥削。正是"解放"使百万农奴翻身做了主人——成为真正意义上的人。而达赖集团不过是旧的封建领主和僧侣利益的代表，他们搞的"独立"，是要将藏族同胞从中华民族分裂出去，再退回部族联盟的封建领主制。

中华民族的统一密切了各支民族的内在联系，强化了各民族的融合，从而为经济发展创造了必要条件。新中国成立以前仍保留着的部族联盟和部族，对内实行封建领主制和奴隶制，广大劳动者或为农奴或为奴隶，严重限制了他们素质技能的提高和生产力的发展，这些部族联盟和部族的生产方式落后，对外又因制度和文化的差异，限制了与汉族和其他部族的交往，因此经济发展水平很低。而汉族在延续了两千余年的集权官僚制统治下，小农经济已达极致，加之人口增多，很难再维持简单再生产，也迫切要求在改变社会制度的前提下，实行中华民族的统一，以突破小农经济，变革生产方式，在与各少数民族的密切联系和互助中共同发展经济。对此，毛泽东在建国之初就提出了明确思路：

> 我们要诚心诚意地积极帮助少数民族发展经济建设和文化建设。在苏联，俄罗斯民族同少数民族的关系很不正常，我们应当接受这个教训。天上的空气，地上的森林，地下的宝藏，都是建设社会主义所需要的重要因素，而一切物质因素只有通过人的因素，才能加以开发利用。我们必须搞好汉族和少数民族的关系，巩固各民族的团结，来共同努力于建设伟大的社会主义祖国。①

中华民族的统一，是以现代化和工业化为纽带的，正是围绕这个纽带，调动并集合了各支民族的发展，形成全民族的合力。实现以工业化为基础的现代化，是中华民族，也是各支民族存在与发展的方向和惟一的出路。在今天的世界矛盾中，在人类发展大趋势中，不变革政治经济制度，不变革文化的氏族或部族联盟、部族，都将失去存在的基础。百余年的中国历史沉痛地警示了这一点，中华民族的先进分子认识到了这一点，于是他们率领汉族和各少数民族共同奋斗，变革制度，变革生产方式，取得了伟大成就。这个成就集合起来，就是中华民族在统一融合中的现代化。现在，我们正处于中华民族发展的关键时期，如何在维护、强化民族统一的前提下，继续变革制度，改造体制，是发展中华民族经济的唯一途径。中华民族的各支民族，中华民族的每一分子，都应为民族统一与融合，

---

① 毛泽东：《论十大关系》，《毛泽东选集》第5卷，北京：人民出版社，1977。

为经济的发展而同心协力。

六、少数民族是中华民族的重要组成部分

"少数民族"是中国特有的一个词汇,是中华人民共和国成立后以法律认可并规定的中华民族 56 个支民族中 55 个人口占少数的支民族的统称。"少数民族"是中华民族的重要组成部分,虽然人口较汉族为少,但作为中华民族的支民族,55 个少数民族公民具有与汉族公民平等的地位,而且还享有法律赋予的民族区域自治权。

"少数民族"一词的提出,不过 60 多年。此前,中华民国曾承认满、蒙、回、藏 4 个民族与汉族共和同处,而对其余 51 个支民族则没有明确的法律认可与规定,而是沿袭历代王朝的政策,承认其氏族、部族或部族联盟的地位。

承认并规定旧有的氏族、部族或部族联盟为中华民族的支民族,是中国共产党仿照苏联的民族政策而作出的决策。这在建国之初不仅提升了这些支民族的地位,更密切了中华民族的内在关系,是中华民族总体发展和各支民族发展的必要前提。建国半个多世纪以来的实践证明,这个政策对于巩固中华民族的团结,增强凝聚力,加速民族交流和融合,起到了积极的促进作用。

承认统一的国家之中有若干民族,或将旧有的氏族、部族或部族联盟提升至民族的地位,是在苏联开始的,它的各加盟共和国实际上都是各民族的政治形式,此外,还在俄罗斯共和国内承认车臣等民族,并享有民族自治权。但在苏联并无"少数民族"的称谓,而且没有在各民族之上形成一个统一的民族,这些拥有自治权的民族是相对独立的,并不是以一个统一民族中的支民族形式存在。这既是其历史条件决定的,也是后来民族分裂的重要原因。与苏联相似的,还有原捷克斯洛伐克,是将捷克和斯洛伐克两个民族合并为一国，后来也分裂为两个国家民族。

现在世界上大多数国家，不承认一国之中有若干民族，更不认可国家民族之中分为若干支民族，至多是承认族裔或部族的特殊性。在发达国家大都认可族裔的特殊性，如对黑人、印第安人、华裔、韩裔等的认可，但不承认其为一个民族；在落后国家，由于政治上还达不到充分集权，因而各部族的特殊性依然明显，如阿富汗、巴基斯坦等国的部族酋长仍有很大权力，但并不为法律承认为民族。常看到一些介绍国外的著述，往往将其族裔或部族翻译或写成"少数民族"，这是不符合实际的。

将55个少数民族规定为中华民族的支民族，避免了原苏联承认旧有部族和部族联盟为民族，但没有总体民族的统合所留下的分裂危险；克服了发达国家不承认少数民族的民族地位而引发的种族歧视；防止了不发达国家仍保持部族存在而导致的政治、经济、文化的分立状态。

55个人口居少数的支民族与汉族一样，都是中华民族中平等的一员，并不因其人口数量、文化状况、经济水平等受歧视。这是少数民族得以在现代中国存在和发展的基本条件。历史上，这些少数民族的前身大都还处于部族联盟或部族阶段，个别的甚至处于氏族阶段。集权官僚制的统治，虽然将之纳入版图，并在军事、政治上加以控制，但对其内部的社会制度和经济生活，往往不加干预，致使其旧有的社会存在形式未加改变。新中国之初将这些部族联盟、部部族、氏族提升为民族，既是对其地位的认可，又为其发展提供了必要前提。解放以后，各少数民族与汉族一样，在中国共产党的领导下，先后展开了土地改革和政治改革，解放了农奴、奴隶，废除了旧的封建领主制和奴隶制，帮助仍处于原始社会的氏族进入社会主义社会。这是少数民族历史发展中最伟大的变革。也是这种变革，使少数民族成为中华民族平等的一员，并在中华民族的总体统一融合中迅速发展。

承认少数民族的在中华民族中的支民族地位,既可以保持各少数民族的相对独立性,发挥其特长,又可以在中华民族总体的统合中,互相帮助、互相促进。中华民族的总体统合,是避免民族分裂的大前提,其各支民族虽有民族地位,但都不是国家民族,而是在一个国家民族之下的分支,民族区域自治是在国家民族统一的内涵中实行的,其首要一条就是维护中华民族总体的统一。而总体的统合又会在经济上、政治上、文化上扶持相对落后的支民族发展,从而在互相促进中加强融合,强化了中华民族总体上的统一性。少数民族作为中华民族的重要组成部分,在使中华民族屹立世界民族之林,并在工业化、现代化进程中发展,做了应有的贡献。

七、少数民族经济的历史演进与类型

中国的少数民族,虽然是在中华人民共和国成立以后才取得法律地位,但却有悠久的历史,并在特殊的条件下得以存在和延续。少数民族经济的矛盾,是少数民族历史演化的结果,历史上的各种经济矛盾,经改造作为现代少数民族经济的因素而存在。由于中国地域广阔,各少数民族的分布和演进程度差别很大,因此少数民族经济矛盾的历史成因和演进也是错综复杂的。

中国少数民族的前身,也是氏族、氏族联合体、部族和部族联盟,这在蒙古族、满族、藏族、白族等较大的少数民族中表现得比较充分。这些民族也都建立过政权,但在历史上依然没有达到民族的程度,而是部族联盟。其他人口较少民族则依然停留在部族或氏族阶段。清王朝灭亡以后,中华民国和中华人民共和国才逐步承认了这些部族和氏族的法律地位。探讨少数民族经济矛盾的历史成因,必须注意这一特点。

概括起来说，少数民族经济矛盾的历史成因，主要有以下几种情况：

其一，是各少数民族共有的，即都不同程度地受集权官僚制的统治和汉民族小农经济的影响。历史上，虽然有些部族联盟曾建立起与汉民族的中央政权相抗衡的政权，如金国、元国、大理国、吐蕃国等，但其政权的制度性质，还处于封建领主制，即使其中的蒙古部族联盟和满洲部族联盟（八旗）曾击败汉族王朝并入主中原，但在制度上的落后，迫使其或被汉族推翻，或接受并实行集权官僚制。这表明，集权官僚制作为农业生产方式下先进的社会制度，其社会作用是不可忽视的。其他一些政权，则在与集权官僚制皇朝的对抗中，逐步消亡，或成为被中央政权直接控制的行政区，或与中央政权达成某种程度的妥协，实行地方自治，并保有其部族和部族联盟的形式。至于那些没有建立国家的部族和氏族，在长期的历史进程中，大部分都被纳入集权官僚制，实行小农经济，并融入汉民族。只有少数地处偏远的部族和氏族，才在接受中央政权统治的前提下，得以存留并保持其旧有的制度。虽然有这些差异，但各少数民族在历史上，都是处在集权官僚制的统治下的，因而也就不同程度地受其控制，其政治、文化和经济都带有受集权官僚制控制的因素。

汉民族在集权官僚制下形成的小农经济，是农业生产方式中最先进也最能促进劳动者素质技能提高和生产力发展的，各氏族、氏族联合体、部族和部族联盟在与汉民族的交往中，势必受到其影响。有相当多的氏族、氏族联合体、部族和部族联盟在政治上被中央政权征服之后，实行了小农经济，并由此融入汉民族。现在的少数民族中，壮族、白族、土家族、回族、满族，以及蒙古族和维吾尔族的一部分，都在明清两朝纳入集权官僚制，并实行小农经济。这些民族的经济，既有与汉族相似的集权官僚制和官文化、小农经济和小农意识的传统,但又因这种传统不太深远,而保有其部族和部族联盟时期的封建领主制的传统。其生产方式以农业为主,相比仍实行封建领主制的部族,其生产力水平已大大提高,并在发展农业的同时,发展了手工业和商业。与汉族一样,官僚地主与农民的矛盾是这些民族的主要矛盾,但仍有部分家奴或农奴的残余。

其二,在仍然保留封建领主制的藏族、傣族、部分蒙古族和维吾尔族那里,中华人民共和国成立以前,大体上还处于部族联盟和部族阶段,封建领主与农(牧)奴的矛盾是主要矛盾,其生产方式有的还停留在畜牧业时期,有的虽然进入农业,但生产力相当落后。这些部族或部族联盟的首领,是经中央政权认可的封建领主,他们不仅握有土地的所有权,还掌握农奴的人身权,农奴只有由领主分配的小块土地的使用权,在领主的庄园或草场上劳作之余,在这些小块土地上劳作,并将生产物的大部分以贡赋形式交给领主。其中,藏族实行领主庄园制,由官家(封建地方政府)、贵族和上层喇嘛为领主,实行政教合一的封建统治,差巴和堆穷为农奴,此外,还有一部分直接归领主所有,任其驱使和买卖的奴隶(郎生)。傣族的封建领主是土司,农奴则分为"鲁南道叭"(召庄)、"傣勐"和"滚很召"三个等级,另有"怀"为奴隶。在西北蒙古族的封建领主制中,分为领主和牧奴两个阶级,领主包括王公、台吉和上层喇嘛,牧奴为领主放牧,此外还有部分农奴,从事农业生产。严格的等(阶)级制,经济权利和政治权利都归封建领主,农(牧)奴没有任何权利,严格地依附于领主,这使他们的素质技能十分低下,也不可能有发展生产的主动性,从而这些部族和部族联盟的生产力发展缓慢,经济也相当落后。

其三,更为落后的一些部落,则还处于奴隶制度下。西南地区的傈僳人、佤人、景颇人虽处于原始氏族公社末期,也已开始实行蓄奴制,而川滇交界的凉山彝族部族中,奴隶制比较完整。其生产以农业为主，但劳动生产率很低，有些地方还保留"刀耕火种"的原始耕作方法，手工业也未从农业分离，处于很低的水平，没有专业的商人，流通不发达。彝族部族中有严格的以血缘为基础的等级制，分为兹莫、诺火、曲诺、阿加、呷西五个等级。其中兹莫（土司、土目）是由中央政府册封的土官，是最高的统治者；诺火，彝语有"主体"之意，汉语称"黑彝"，占人口的6.9%，是奴隶主；阿加和呷西为奴隶，其人身权属兹莫和诺火；曲诺地位稍高于阿加和呷西，但也要依附于兹莫和诺火，虽不受任意杀害和买卖，奴隶主却可以将其转让或赠送、抵押。凉山彝族奴隶社会的奴隶买卖现象极为普遍，奴隶主还可以屠杀奴隶或用作祭祀品。奴隶在奴隶主的强制下，从事繁重的田间和家务劳动，使用简陋、笨重的工具，并被拴在铁锁链上，穿木靴，锁上平膝铐。对抓回来的逃奴，奴隶主施加挖眼、割脚筋、钉脚、铡腿等刑罚，甚至杀死。

奴隶制的剥削是残酷的，但其生产力却不高，奴隶们没有权利，也就没有任何生产的主动性。虽然奴隶主靠对奴隶的极度压榨而聚敛财富，过着穷奢极侈、荒淫无耻的寄生虫生活，但其部族的经济发展水平却很低。

至于仍处在原始氏族公社制的傈僳、佤、景颇、独龙、怒、布朗、基诺、黎、高山、鄂伦春、赫哲、鄂温克等在新中国成立后被界定为民族的氏族或部族，虽然已开始向阶级社会转化，有了一部分私有财产，但总体上还处于氏族阶段，其劳动技能和生产力水平极低，生产工具十分原始、简陋，铁制工具不足，石木、骨制工具依然存在，"刀耕火种"是农业的基本方式，手工业还未从农业中分离，采集、捕鱼和狩猎还是生活资料的重要来源。土地等生产资料由氏族、家族或村寨共有，全体能劳动的成员共同完成农业的垦、种、收等各项劳作，但也有了按性别、年龄的分工，劳动产品平均分配或共同享有，出现了初级家庭，平均按户将产品分配并占有和消费。出现了本氏族成员及氏族与其他氏族、部族和汉族人之间的物物交换,也有使用货币的情况。

氏族是原始社会末期的基本社会组织,独龙语为"尼柔",佤语叫"如布",怒语称"起"或"休戚"、"勒",傈僳语是"初俄",虽语音不同,但其意大致相同,即由同一祖先的后人组成的共同体或集团。这些氏族有如下特点:①由同一祖先的男性子孙为主体,实行严格的氏族外婚制;②都有自己的名称和地界,不与其他氏族混杂,氏族成员死后,都葬于本氏族的公共墓地;③氏族有氏族长,由氏族成员选举产生,可随时罢免;④同一氏族成员之间有共同血族复仇、清偿负债和帮工等义务。氏族之中,又有家族公社,由几户至几十户小家庭组成;氏族之上,有胞族(氏族联合体)或部族。

当我们探讨中国少数民族经济矛盾的历史成因,并对这些在近、现代由法律界定了的各少数民族的历史进行分析时,似乎展示了一幅人类历史进化的平面图,人类发展的各个阶段,都在新中国成立以前的中华大地上同时活生生地展现着,但又都在中国共产党的领导下,几乎同步转化为社会主义制度。至今,这种转化已半个多世纪,各民族的同化日益明显,但各自的历史所形成的政治、文化传统对其经济的发展,依然有一定的制约和影响。

与历代王朝和中华民国时期对旧有的部族联盟、部族、氏族只注重政治、军事控制,不管经济、文化发展的政策不同,中华人民共和国在法律上承认这些部族联盟、部族、氏族为中华民族的支民族,十分关注其政治、经济、文化的改革与发展,将之纳入全国的社会变革和经济建设进程中去。不论新中国成立前仍保持封建领主制还是奴隶制和原始氏族公社制,新中国成立以后,都按中央政府的统一安排,对各少数民族进行了土地改革和农业集体化,进而又以联产承包的名义实行小农经济的个体生产经营。此外,还都在一定程度上兴建了国营或集体企业,进而又对之进行承包和改制,并容许和发展个体工商业和私有资本企业。在政治上,都纳入行政集权体制的系统,由中央政府统一领导,其自治区、自治州、自治县(旗)乃至自治乡,除民族区域自治法规定的一些特殊权利外,与全国都是一致的。

相对说来,少数民族经济在中国经济总体中,是比较落后的,虽说不同民族经济发展的程度不同,但总体上的落后还是中国少数民族经济的一个共性。这种经济上的落后,集中体现在少数民族劳动者社会地位和素质技能上,少数民族的经济变革,核心在于确立和保证少数民族劳动者的社会主体地位;少数民族的经济发展,目的是提高并发挥少数民族劳动者的素质技能。这二者是相辅相成的。宪法和民族区域自治法,都在原则上规定了少数民族劳动者与汉族劳动者平等的经济、政治权利,承认其"主人"的地位。但在具体的法律条文上,对这种经济、政治权利的规定又不明确,更没有切实的机制保证少数民族劳动者(汉族劳动者也同样)的社会主体地位。在这种情况下,少数民族劳动者的权益常常受到各种形式和不同程度地侵害,特别是不能以完善的民主法制将自己的利益和意志体现于法律与政策上,不能有效地制约国家政权机构及其负责人的行为,不能得到提高和发挥素质技能的必要的基本社会条件。这样,就导致少数民族劳动者素质技能的相对低下。而素质技能的相对低下,又削弱了少数民族劳动者依据宪法和民族区域自治法的原则,争取具体的切实的经济、政治权利,确立和保证自己社会主体地位的总体力度。少数民族的经济因此而相对落后,其发展的进程也就相对缓慢。这种相对落后和缓慢,又制约了少数民族劳动者社会主体地位的确立与保证,阻抑了其素质技能的提高与发挥。

经济变革与发展,变革是主动的,是主导经济发展的。中国少数民族的经济变革,就要以确立和保证少数民族劳动者的社会主体地位为核心,围绕这个核心展开从制度到体制、结构和运行机制到经营管理到对外交往的系统变革,使少数民族劳动者在经济活动的各个层面,都切实成为主体。这样,就可以通过民主法制,来为自己素质技能的提高和发挥创造相应条件,特别是加强教育和职业培训,加强并完善就业和社会保障的机制。在提高和发挥少数民族劳动者素质技能的进程中,发展少数民族经济。

在毛泽东和中国共产党的领导下,新中国建立了空前和谐的民族关系,这是少数民族地区经济发展的必要条件。半个多世纪以来,除个别时期个别地区外,绝大多数少数民族地区的民族关系是良好的,在经济组织和经济活动中,各民族民众大都能平等、互助,共同经历了从土地改革、合作化、人民公社、联产承包,以及工业化的体制、结构演变的全过程。少数民族地区经济已经成为该地区各族人口生存和发展的共同体。也正因此,其经济矛盾更明显地体现着中国经济矛盾的一般性,以经济变革解决经济矛盾,是少数民族地区经济发展的必要途径。

中国少数民族经济作为中国经济的重要组成部分,当然也体现着中国经济各层次的矛盾,这也是中国少数民族经济矛盾的共性。少数民族经济也只有在工业化进程中才能发展,但其所受阻力更大,不仅有中国经济矛盾共有的各种旧势力的阻碍,还有本民族旧势力、旧文化的阻碍,因而显得更为沉重。由于各民族的历史和文化、政治条件的差异,以及自然资源等条件的不同,各少数民族经济矛盾又有其特殊性,大体上可以归纳为如下类型。

其一,历史上较早实行集权官僚制和小农经济,工业化程度比较高的少数民族经济。这主要指几个人口数量超过百万,而且因矿产或其他资源的较早开发,工业化和城市化程度都比较高的民族,如东部蒙古族、回族、壮族、土家族、纳西族等。这些民族从总体上与汉族的差异不大,而且与汉族的结合也相当普遍,特别是在工业企业和城镇中,充分体现着民族的联合与协作。

这一类民族经济矛盾，所体现的中国经济矛盾的共性是明显的，即在制度层面由公有制经济、官僚资本势力、小农经济、私有资本四种势力构成，公有制经济与官僚资本势力的矛盾是主要矛盾，小农经济依然存在，私有资本初步生成。这些民族经济的特殊性在于：①其工业企业大都以资源型为主，采矿和初级产品的加工占大部分；②大型工业企业以国有企业为主，数量较少，私有企业的规模较小，技术含量也相对低；③工业和城市经济更多地体现民族联合与协作，职工和城市人口大多数都是与汉族及其他民族相结合，少数民族经济的地区性更为突出；④旧的文化传统在城市人口中逐渐淡化，生活方式和风俗习惯也有明显改变，但在农村保持得比较多；⑤在这些民族地区的边远地区，生产方式还以农业和畜牧业为主，劳动者素质技能及其生产力还比较低。

其二，新中国成立前仍保留封建领主制的少数民族，其工业化程度较低，不仅受官文化和小农意识的制约，还在一定程度上受封建主义文化的影响，因此对现代工业和商品经济的接受也较慢。其经济以个体农业和畜牧业为主，公有制经济相对薄弱，因此靠侵吞公有资产形成的官僚资本也较少，私有工商业也处于比较初级的水平，而且有相当一部分是由本地和外来汉族和其他民族人口经营，当地的少数民族人口或是被雇佣，或是以旅游、土地、矿产等资源入股。当地少数民族劳动者的现代意识和技能素质较低，教育和职业培训等也不够发达。在与汉族和其他民族人口的交往方面，这一类型的少数民族远较第一类型保守得多，而且往往有语言、文字方面的障碍，因此影响他们融入本地区和全国经济中去。

其三，新中国成立前保留奴隶制的少数民族，其人口数量少，主要居住在偏远山区，工业化程度更低。经解放后半个世纪的改造，奴隶制已彻底废除，旧时的奴隶得到解放，但其素质技能并不能在短期内达到与汉族和前两类民族同样的水平。在所有制层面，虽有少量的公有制企业，但不占主要成分，私有工商业也不发达，而且大多数是由汉族人口经营，当地民族也与第二类型的民族一样，会有少数握有公共权利者以对旅游、矿产等资源的掌控入股，或自己做老板，雇他人经营。农村集体经济解体后，这些地区主要经济成分是个体小农经济，虽较解放前有了很大变化，但技术水平和生产工具等还比较落后，生产力水平不高，居民生活也不富裕。在与汉族和其他少数民族的交往方面，文化、语言、文字以及风俗习惯等方面的障碍较多，因而融入更大范围的商品经济也较慢、较少。

其四，新中国成立前仍处于原始氏族公社的少数民族，其人口数量更少，但基于民族平等原则，也将其经济作为一种类型。就这些民族自身而言，新中国的建立，使之跨越了人类经历的几个阶段，直接进入社会主义社会，在经济上，也基本摆脱原始的采集、狩猎和刀耕火种，进入农业和畜牧业。在各级政府的帮助下，这些民族不仅实现了生产方式的跃进，在生活方式和文化、教育、语言、风俗习惯上也都有了巨大变化，这是他们发展的开始。随着经济的发展和与外部联系的密切，这些民族面临着如何在顺应经济发展大趋势的过程中，形成自己民族经济特色的问题。

中国少数民族经济矛盾的四种类型，是在中国经济矛盾的总体中存在的，它们的发展演变，既与中国经济矛盾的总体演进统一进行，又有其各自的特殊性。揭示并论证少数民族经济的特殊性，根据不同类型探讨解决矛盾、促进变革和发展的途径和对策，是中国少数民族经济学的主题所在。

第三章
少数民族经济的特征及其在中国经济中的地位

自古以来,少数民族经济就是中国经济不可缺少的有机组成部分,少数民族经济关系上亿人口的福祉,关系中国经济能否实现全面、协调、可持续地发展,也关系到整个社会的和谐和稳定。少数民族经济特色显著,在区位条件、人力资源条件、自然环境和自然资源条件、社会人文条件等诸多方面均体现出特殊性,在经济发展质量和水平上也较大幅度地滞后于全国。

一、少数民族经济的区位条件

区位条件包含地理区位、交通区位和经济区位三个相互紧密联系的部分。区位条件的优劣往往决定着某个区域在地域分工体系中所处的地位及作用,也决定着该区域与其他区域间经济社会交往的紧密程度和获益程度。区位上处于劣势的区域,往往在地域分工网络中处于低梯度的网络末梢,与其他区域间经济社会联系薄弱,制约了区域的发展。

长期以来，华夏各民族的融合共生，形成了中国少数民族极为广泛的分布，在中华大地上没有一个县或市是由单一民族构成的。因此，要明确界定中国少数民族社会经济活动的地域范围既无可能，也不必要。尽管如此，中国少数民族主体部分的分布状况却有比较明确的区域界限。在全国范围内，少数民族主体主要分布在边疆地区或内陆省份的边缘地区，集中于西南、西北和东北地区（见图3-1）。

图3-1反映了中国各少数民族社会经济活动区位的基本特征。其一，拥有亚洲最漫长的陆上边境线，是中国联系世界的陆上门户。中国各少数民族分布区包含了2.2万公里陆地边境线的绝大部分，总长达1.9万公里。在全国135个边境县（旗、市、市辖区）中，有民族自治地方107个；在2100万的边境总人口中，少数民族人口占48%。① 在漫长的边境线上，少数民族地区分别与俄罗斯、蒙古、哈萨克斯坦、吉尔吉斯斯坦、塔吉克斯坦、阿富汗、巴基斯坦、印度、尼泊尔、锡金（现属印度）、不丹、缅甸、老挝、越南等国家相邻。其二，背靠亚洲贫困带，经济社会发展的地缘环境比较恶劣。翻开亚洲地图，中国少数民族分布区域多处于亚洲腹地，周边是亚洲贫困人口集中的贫困地带，毗邻的国家中仅俄罗斯、哈萨克斯坦收入类型（以人均GNP划分）为上中等收入国家，其他均为下中等或低收入国家（见表3-1）。同时，这一地带为北亚、西亚、南亚、东南亚与东亚结合部，是亚洲政治、军事和文化冲突多发地区，其地缘重要性不言而喻。但这种冲突频发、复杂多变的地缘环境也使得周边各国（或地区）社会经济交往缺乏稳定、持续、和谐的基础。其三，远离世界、亚洲和国内经济中心，可达性差。在全球视域内，中国少数民族分布区不仅远离全球经济中心——北美和欧洲，而且

---

① 郑法思：国务院实施〈中华人民共和国民族区域自治法〉若干规定解读，http://www.mzb.com.cn/zgmzb/html/2005-07/19/content_28458.htm。

第三章 少数民族经济的特征及其在中国经济中的地位 / 111

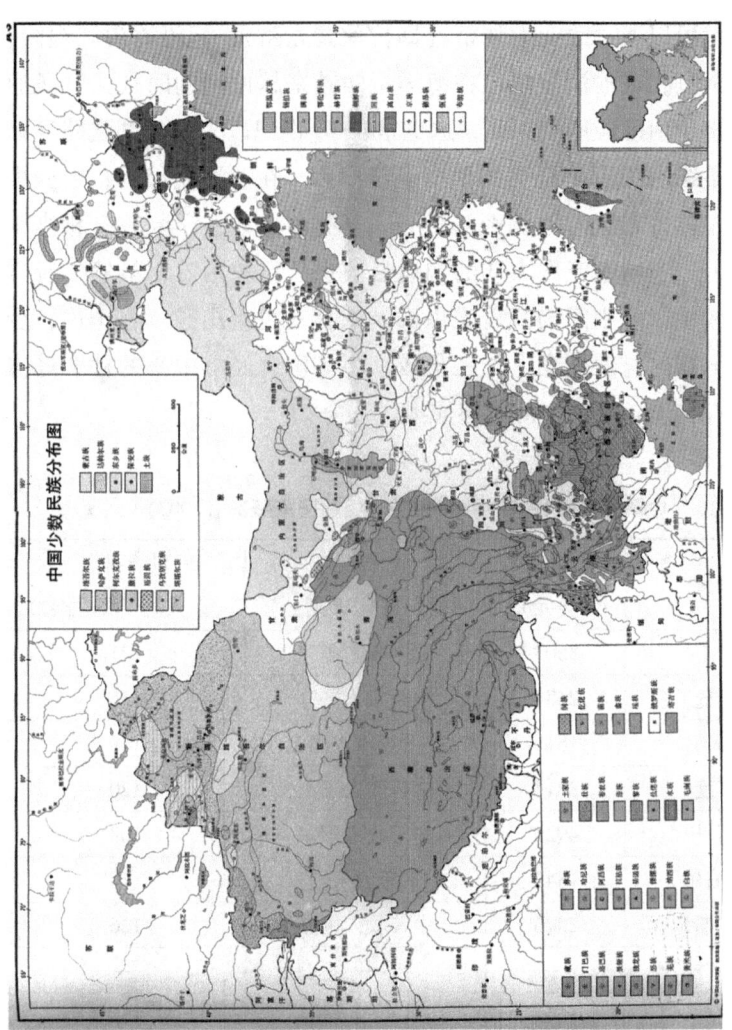

图3-1 中国少数民族分布图(1987)

图片取自《在线地图网》,网址:http://www.17map.cn/map/90/901947.shtml

通达条件非常差。与北美地区的联系向东要穿过祖国内地后跨越太平洋,向西则要穿越中亚和西亚进入欧洲后跨越大西洋;与欧洲的联系虽然可以通过欧亚大陆桥(即古丝绸之路),但沿途道路艰险,或高山横亘,或沙漠阻隔,在海洋运输越来越便利的时代,这条通道的经济价值已经所剩无几,这也是自 16 世纪以来古丝绸之路逐渐衰落并最终沦为历史记忆的根本经济原因。在亚洲视域内,中国少数民族主体分布区与亚洲经济重心——亚洲沿太平洋区域有相当距离。另外,它与南亚次大陆的沟通目前也还比较困难,虽然二者空间距离较短,但中间横亘着难以逾越的喜马拉雅山脉。在国内,少数民族分布区与珠三角、长三角或京津等国内经济中心的社会经济交往也存在着较高的空间位移成本。

表 3-1　中国各少数民族主体分布区与相邻国家概况(2007)

国家	人均 GDP（美元）	收入类型（以人均 GDP 划分）	世界排名（以人均 GDP 排名）
越南	3503	中等收入国家	121
老挝	2434	中等收入国家	135
缅甸	1811	中下等收入国家	149
印度	3814	中等收入国家	120
不丹	4921	中等收入国家	108
尼泊尔	1842	中下等收入国家	148
巴基斯坦	2976	中等收入国家	126
阿富汗	—	—	—
塔吉克斯坦	1619	中下等收入国家	153
吉尔吉斯坦	2369	中等收入国家	137
哈萨克斯坦	9977	中上等收入国家	66
蒙古	2454	中等收入国家	134

(续表)

国家	人均 GDP （美元）	收入类型 （以人均 GDP 划分）	世界排名 （以人均 GDP 排名）
俄罗斯	12798	中上等收入国家	56
中国	8863	中上等收入国家	74

资料来源：中华人民共和国统计局编：《国际统计年鉴2009》，北京：中国统计出版社，2009.

短期、静态地看，上述中国少数民族分布区的区位特征反映了中国少数民族经济区位条件较为恶劣这一现实。这样一个处于亚洲贫困带，受世界、亚洲发达地区经济辐射很有限的区位，这样一个与祖国内地发达地区联系不够通畅的区位，要追逐现代文明，完成历史跨越，其艰巨性和长期性可想而知。

长期、动态地看，区位劣势转化为区位优势并非没有可能。中国少数民族经济的边缘化区位特征，既是劣势，但也是潜在的优势。正如英国虽然是游离于欧洲大陆的岛国，但新大陆的发现彻底重构了欧洲地缘政治和经济格局，昔日的劣势区位凸显出其无可比拟的区位价值。认真分析少数民族经济的区位，重新定义其区位价值的因素正在出现。

20世纪90年代中后期，特别是西部大开发战略实施以来，区域经济政策开始向西部地区倾斜。西部地区是中国少数民族和民族自治地方最为集中的区域，在实施西部大开发战略的12个省区市范围内，有5个自治区、27个自治州、83个自治县（旗），面积近600万平方公里，占到西部国土面积的86%。此外，延边朝鲜族自治州、恩施土家族苗族自治州和湘西土家族苗族自治州也享受西部开发的政策待遇。从国土面积看，少数民族自治地方95%以上在西部；从人口数量看，少数民族人口的70%以上生活在西部。从这一意义上讲,西部大开发也是中国少数民族地区的大开发,少数民族经济社会的发展状况自然就是衡量西部大开发成就的重要指标。

由于各方的重视和大量的财力投入,各少数民族地区经济增长速度明显加快,交通和通讯等基础设施建设取得了长足进步,区域投资环境逐步改善,与内地的经济社会交往更加便捷和畅通。同时,"十六大"以来确立的"以人为本"科学发展观,把区域统筹与实现区域和谐放在了更加突出的战略地位上。可以预见,中国少数民族地区相对恶劣的区位条件,将会因为这些积极因素的出现而得到改善。

近些年来,以印度为代表的南亚次大陆经济进入了一个持续高增长时期,经济起飞迹象明显。出于地缘政治和国家利益的考虑,中印两国的交往虽然荆棘犹存,但坚冰已经打破。1991年,中印协议通过普拉克山口开展边境贸易。2006年,乃堆拉山口边境贸易在关闭了44年后又重新开启,青藏铁路的开通为双边加强联系铺设了一条交通大动脉。目前,中国是印度的第三大贸易伙伴,而印度是中国的第11大贸易伙伴。种种迹象表明,由中印主导的喜马拉雅山脉周边国家地缘政治和经济环境正逐步改善,中国少数民族地区作为连结中国和印度两个人口最多、成长最迅速的经济体的唯一陆上大通道,其区位价值无疑会大大提升。

东南亚良好的发展态势和中国与东盟日益紧密的联系也为中国少数民族经济发展提供助力。东南亚地区是目前世界上另一个充满活力、成长快速、拥有11个国家和4亿多人口的庞大经济体,而且该地区与中国少数民族地区密切的社会经济交往由来已久。在中国与西方贸易关系日趋紧张的今天,这个新兴外部市场的重要性显得更加突出。

在世界资源短缺日益严重的背景下,与中国少数民族地区毗邻的中亚、西亚和北亚地区战略地位日益重要,中国少数民族地区地缘重要性也相应提升。中国经济的快速发展增强了它对世界资源的依赖性，特别是油气和部分矿产资源。中国经济的持续发展不仅需要广阔的市场，也需要一个稳定、持久的资源供给地，而上述地区不仅是中国需要开拓的外部市场，也是中国获取外部资源的重要战略区域，这无疑构成了改善少数民族经济区位条件的积极因素。

二、少数民族的人口

人的因素是经济发展第一位的要件，人的发展是经济发展的唯一目的。区域人力资源条件是区域发展条件中最重要的部分。

中国少数民族人口基数比较大，增长速度较快，年龄结构也相对合理，但人口素质、人口就业结构、人口城乡结构都明显偏低。2000年中国人口普查资料显示，该年中国少数民族人口超过一亿，达到104490735人，是1953年普查数的3倍（1953年普查数为34013782人），人口年均增长率为2.6%，同期中国总人口年均增长率为1.7%，较快的人口增长导致少数民族人口在中国总人口中的比重从5.89%上升到8.41%。

从人口质量看，根据第五次人口普查资料，2000年，中国少数民族15岁及15岁以上人口为75637952人，其中，文盲人口为10995821人，比例为14.54%，比全国9.08%的比例高出了5.5个百分点；在6岁以上人口中，受过大学专科以上教育的人口为85051人，占全部6岁以上人口数（94862306人）的0.09%，而受过初中以上教育的人口数为29039879，占30.61%；同期，全国大学专科水平以上人口为44020145人，占全部6岁以上人口的比例为3.8%，初中以上教育的人口数为604990211人，占52.3%。从民族构成看，各少数民族中人口千万以上的民族有壮族和满族，人口500万以上的民族有回族、苗族、维吾尔族、土家族、彝族、蒙古族和藏族，这些民族构成了中国少数民族人口的主体，占77.6%。从人口分布看，少数民族人口中近80%的人口居住在民族自治地方。为方便，后文均以民族地区指称民族自治地方。

2007年，民族地区总人口为17948万人，约占当年全国总人口的13.58%；其中，民族地区少数民族人口为8501万人，占民族地区人口的比重为47.36%。① 从劳动人口的就业情况看，少数民族人口从事第一产业比重远高于全国，而从事第二产业比重则远低于全国。2007年，五个自治区就业人口为5105.10万人。其中，第一产业就业人口为2736.70万人，占53.6%；第二产业就业人口为936.80万人，占18.4%；第三产业就业人口为1431.60万人，占28.0%。与全国比较，2007年，五个自治区少数民族人口在一产就业比例高于全国12.8个百分点，而二产就业比例则低于全国8.4个百分点，三产就业比例也低于全国4.4个百分点（见图3-2）。

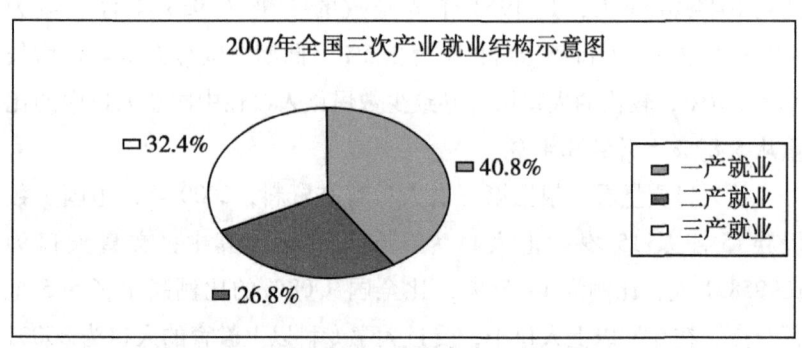

图3-2　2007年全国三次产业就业结构示意图
资料来源：中华人民共和国统计局编：《中国统计年鉴2008》，中国统计出版社，2008。

---

① 国家民族事务委员会经济发展司，国家统计局国民经济综合统计司：《中国民族统计年鉴2007》，北京：民族出版社，2008。

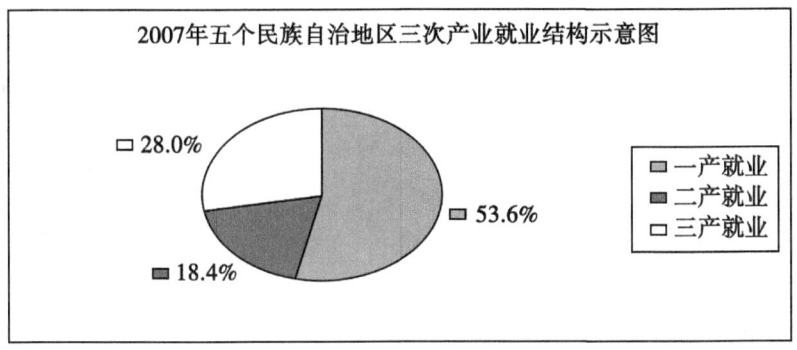

图 3-3 2007 年五个自治区三次产业就业结构示意图

资料来源：中华人民共和国统计局编：《中国统计年鉴 2008》，中国统计出版社，2008。

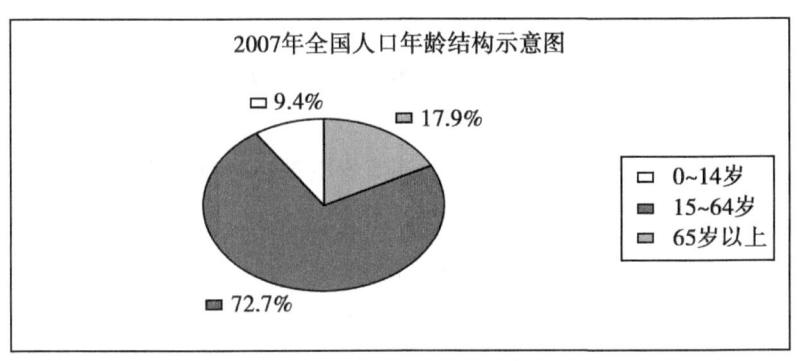

图 3-4 2007 年全国人口年龄结构示意图

资料来源：中华人民共和国统计局编：《中国统计年鉴 2008》，中国统计出版社，2008。2007 年全国人口变动情况抽样调查样本数据，抽样比为 0.09%。

从人口年龄结构看，中国人口老龄化趋势越来越明显，65 岁以上人口已经占到总人口的 9.4%，而五个自治区少数民族人口年龄结构明显要优于全国，15 岁以下人口比重为 20.4%，高于全国 2.5 个百分点；65 岁以上人口比重为 8.2%，低于全国 1.2 个百分点。

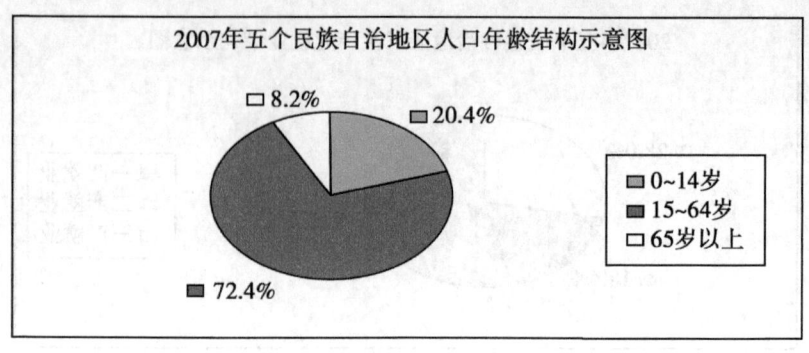

图 3-5 2007 年五个民族自治地区人口年龄结构示意图

资料来源：中华人民共和国统计局编：《中国统计年鉴 2008》，中国统计出版社，2008。2007 年全国人口变动情况抽样调查样本数据，抽样比为 0.09%。

三、少数民族经济的自然环境与自然资源条件

自然环境是指对人类经济活动有影响的各个自然要素及其组成的自然综合体，包括地质、地貌、水文、气候、生物、土壤等各种要素，是承载区域社会经济的基础条件。

从地貌轮廓看，中国地势西高东低，呈三级阶梯状下降。民族地区大约有 93.5% 的面积在一、二阶梯，其中，第一级阶梯青藏高原面积达 230 万平方公里，占民族地区面积的 36.8%；二级阶梯上的民族地区面积 350 多万平方公里，占民族地区面积的 56.7%。从地貌类型看，民族地区山地、高原分布广泛，盆地、丘陵次之，平原狭小、分布零散。山地、高原是全国绝大多数少数民族集中居住地，如果把切割的高原和起伏的丘陵包括在内，广大的山地约占民族地区总面积的 75%。全国四大高原中，青藏高原、内蒙古高原、云贵高原和黄土高原的北部边缘分别都处于一、二阶梯上的民族地区。民族地区盆地面积所占比重虽然不很大，但全国的四大盆地

除海拔较低、面积较小的四川盆地外，塔里木盆地、准噶尔盆地和柴达木盆地也都在第二级阶梯上的民族地区；民族地区丘陵则主要分布在广西（不包括高原山地所涵盖的丘陵）；民族地区也有一定数量分布在分散的平原地区，如由黄河冲击而成的宁夏平原和河套平原，内蒙古东部平原和广西平原地区。从气候特征看，民族地区气候复杂多样。处于民族地区偏东地区的延边自治州、内蒙古东部、黄河流域的河套地区、鄂西和湘西两个自治州、海南省南部；广西、贵州、云南三个省区；甘肃南部、青海东南部、川西和西藏东南部的一部分地区等属于受海陆季风作用的季风区；而处于内陆偏西地区的民族地区主体部分则表现为较强的大陆性气候，半干旱和干旱面积大。如内蒙古高原、黄土高原的西部、天山山地等民族地区为半干旱气候区，塔里木、准噶尔、柴达木盆地和阿拉善高原等民族地区为干旱气候区。由于中国民族地区的面积占有西北干旱区的94.32%和青藏高原区的全部，所以民族地区多种多样的气候中以干旱气候和高山气候等大陆性气候为主，分别占民族地区面积的39.24%和40.68%。民族地区多样的气候特征为多种植物生长提供了适宜的生态环境，生物资源丰富，也为农业的因地制宜、多种经营提供了优越的条件。但是干旱与半干旱气候也使得部分民族地区缺水严重，成为这些地区社会经济发展的瓶颈。从江河湖泊分布来看，民族地区是中国主要的大江大河发源地，湖泊众多，星罗棋布。民族地区河流纵横，从南到北的珠江、长江、黄河三大水系以及雅鲁藏布江、怒江、澜沧江、金沙江、塔里木河、额尔齐斯河、伊犁河等主要河流均发源于西部民族地区；另外，中国的内流河及流域也基本分布在西北少数民族地区，包括河西内流河、准噶尔内流河、中亚细亚内流河、塔里木内流河、青海内流河、羌塘内流河流域等。民族地区也是中国湖泊分布最广的地区。根据中国湖泊的分布特点、成因和水文特征的不同，大致划分为青藏高原湖区、东部平原湖区、蒙新湖区、东北山地湖区和平原湖区、云贵高原湖区等五个比较集中的湖泊区。其中,青藏高原湖区、蒙新湖区和云贵湖区分布在民族地区。

自然资源是自然界中一切能够为人类所利用的自然物质要素,是区域社会经济发展所依赖的基础资源禀赋。民族地区地域广袤,资源丰富,其中草原面积、森林面积及其蓄积量、水资源、矿产资源在全国所占比重都非常大(见表3-2)。

表3-2　　民族地区自然资源状况(2006)

项目		2006年	占全国比重(%)
总面积(万平方公里)		613.33	63.89
耕地面积(万公顷)		2033.13	15.63
草原面积(万公顷)	可利用草原面积	21700.00	69.26
	牧区、半农半牧区草原面积	30000.00	75.00
草山草坡面积(万公顷)		3560.00	32.50
森林资源	森林面积(万公顷)	5648.00	21.81
	森林蓄积量(亿立方米)	52.49	46.57
水利资源	淡水面积(万公顷)	407.00	24.50
	水力资源蕴藏量(万千瓦)	44658.00	65.93
主要矿产资源保有储量	煤(亿吨)	3731.90	37.10
	铁矿石(亿吨)	111.90	24.40
	磷矿石(亿吨)	53.90	40.70
	钾盐(亿吨)	4.40	95.90
	稀土(亿吨)	0.80	
	石油(亿吨)	2.60	
	天然气(亿立方米)	3375.10	
	铜矿(亿吨)	0.50	
	铝土矿(亿吨)	5.10	

资料来源:国家民族事务委员会经济发展司、国家统计局国民经济综合统计司编:《中国民族统计年鉴2007》,民族出版社,2008年。

民族地区是中国草原和能源水电资源最主要的分布区域，是主要江河的发源地区，流经民族地区的大江河有17条，流域面积达到808万平方千米，水力资源储藏量占全国约70%。煤炭资源在民族地区也有巨大的储量和非常广泛的分布，其中，内蒙古已探明储量近2000亿吨，居全国第一位，而新疆预测地质储量约占全国总量的四成，是中国最重要的能源接续区和战略性能源储备区之一。宁夏煤炭资源居全国第五位，贵州煤炭预测地质储量也非常丰富，是西南"煤海"。民族地区还是中国石油资源比较集中的区域，新疆地区准噶尔、塔里木、吐鲁番—哈密三大盆地油气资源储量相当可观；青海的柴达木盆地西部、广西的北部湾、百色盆地、南流江盆地及十万大山盆地等地区也都有较丰富的石油资源，开发前景广阔。民族地区还有丰富的风能、太阳能和地热资源。

民族地区也是冶金矿产资源富集区域。内蒙古的包头、白云鄂博地区、川西—攀枝花地区、新疆和云南部分地区都是中国重要的铁矿石富集区。白云鄂博地区稀土矿的总储量比世界上其他各国的总和还要多；而川西—攀枝花地区钒钛磁铁矿占全国铁矿储量的20%。另外，民族地区还富有钢铁工业的燃料（焦炭）和其他重要的辅助资源（如锰矿、石灰石、白云石、莹石、硅石及耐火材料等辅助材料）。民族地区同时也是有色金属资源宝库，从已探明的储量看，锡、锌、钒、钛和稀土储量均居世界首位，其中，钒占47%，钛占45%。铝、锗、铜、镍、金、铂、钯、钨、锑、汞等储量名列全国前茅。

民族地区更是中国旅游资源宝库。民族地区纵跨多个纬度带，从陆上极高点到极低点各类地形兼备，江河湖泊众多，生物品种丰富，自然景观雄奇壮丽，古迹遗存神奇珍稀，人文景观异彩纷呈，堪称中国乃至世界的旅游资源宝库。民族地区旅游资源优势集中体现在其丰富多样性、不可替代性、原始神秘性等方面，不仅品位高，垄断性、独特性强，而且具有强烈的原始神秘性，由于受人为破坏较少，目前这些资源大都保留了未经雕饰的原始风貌，给人以强烈的新奇感，符合世界旅游求新、求异、求知、求乐的需求和趋势，具有强烈的吸引力。

另外，民族地区还有丰富的轻纺工业资源。民族地区农牧产品及其副产品，如动物皮毛、奶制品等畜牧业副产品和棉花等经济作物在全国占有重要的地位，这些农牧产品为轻纺工业提供了重要资源条件。

四、少数民族经济的社会人文条件

区域发展的物质资源条件尽管重要，但区域社会人文条件在现代经济中往往扮演着更加重要的作用。物质资源匮乏而社会人文条件优越的区域，可以实现高度的发展；物质资源丰裕而社会人文资源匮乏的区域，则往往只能处于低发育状态。区域发展的社会人文条件涵盖内容广泛，包括区域人口的卫生健康、预期寿命，也包括科学、文化、教育、医疗卫生，还包括宗教、风俗习惯、伦理道德规范等。少数民族社会人文发展有着自己的历史轨迹和鲜明的特点。

少数民族地区社会人文发展程度较低，科学、文化教育、医疗卫生发展迟缓，少数民族人口在健康增进、寿命延长和素质提高等方面的发展受到严重制约。1949年前，"在中国少数民族中，大约有近3000万人口的地区还保持封建地主土地占用制度，大约有400万人口还保持着封建农奴制度，大约有100万人口地区还保持着奴隶制度，还有约60万人口的地区保持着浓厚的原始公社制度的残余"。① 可以说，中国少数民族地区的近代史是各种生产方式和经济

---

① 施正一：《民族经济学教程》，第187页，北京：中央民族大学出版社，2001。

形态同时并存的一座活的人类社会发展史的博物馆。在这样的背景下,少数民族人口生存尚且困难,科学、文化教育和医疗卫生的发展便无从谈起,健康增进、寿命延长和素质提高也自然无暇顾及。半个世纪来,少数民族社会人文发展取得了辉煌的成就和巨大的进步,但历史的沉疴并不能一朝一夕治愈。应该看到,民族地区与内地的社会人文发展差距较之经济发展差距更大。

少数民族地区多元文化并存,传统文化与现代文明的两难冲突明显。宗教、风俗习惯、伦理道德等人文因素是影响微观主体生产、生活活动和社会交往活动的精神和心理力量,对区域社会经济发展影响深远。以少数民族宗教为例,少数民族所信仰的藏传佛教、伊斯兰教所阐述的教义、诫条,所倡导的价值观、伦理观和生活方式,以及它对人类社会生活提出的各种规范,被信教群众虔诚地实践着。这种以神的名义发布而由信教群众遵循的世界观、宗教伦理和行为规范,构成了现实中对人类行为的各种约束,成为这些传统社区中普遍认同的制度安排,深刻地影响着少数民族社会经济的各方面。[①]数千年来,中国少数民族社会人文发展既融入了汉文化元素,也受到其他外来文明的影响,还保存着本土文化的某些基因。由于地理区位上的特点,使得中国少数民族地区不仅受到汉文化影响,也受到来自于西亚伊斯兰文明、欧洲基督教文明和南亚、东南亚佛教文化的深刻影响,这些外来的文化因素与各少数民族自身文化的融合共生形成了不同的亚文化区。一般而言,宗教是少数民族亚文化区最主要的标识,伊斯兰教影响区主要集中于中国西北的新疆、宁夏等地区,藏传佛教影响区主要集中于西藏、青海和内蒙古等地,而南传佛教(以上座部小乘佛教为特征)影响区则集中于西南少数民

---

① 李皓:《转型与跨越—民族地区经济结构研》,第186页,北京:民族出版社,2006。

族聚居地区。另外,基督教的传播比较广泛,但信仰人群较少。在外来文明融入各少数民族聚居区的同时,各少数民族的本地文化也不同程度地保存着,如藏族原始宗教、彝族毕摩文化等。少数民族本土文明和外来文明的融合共生所形成的独特人文资源,是值得我们珍惜的宝贵财富。但这些独特的社会人文资源脱胎于草原游牧文明和小农经济中,在诸多方面与经济社会现代化的要求相冲突。例如,很多少数民族宗教所宣扬的价值观、伦理道德观是从落后的经济形态中产生和发展起来的,是自然经济价值观、伦理观的反映,有悖于市场经济伦理的要求。这种自然经济条件下产生的宗教伦理往往对私利、私欲是排斥的,对契约精神是否定的,其法制意识、公平意识、竞争意识、效率意识是淡薄的。如何继承和发扬自己的传统文化而又不至于被现代文明边缘化,这是少数民族经济社会发展进程中亟待解决的难题。

五、少数民族经济发展水平和发展阶段

从经济总量及其增长看,1992—2007年间,民族地区国内生产总值从2183亿元增加到22854亿元(1990年不变价),15年间增长了10.47倍。与全国比较,2007年民族地区经济总量占全国的9.16%(同期人口占全国人口的13.58%),由于西部大开发等因素影响,这期间,民族地区GDP年均增长略高于全国平均水平。从人均GDP差异及其动态变化分析,民族地区人均GDP为13125元(2007年),仅为全国人均GDP(18934元)的69.3%,在人均GDP差距的动态分析中,民族地区与全国平均水平的绝对差距还在不断扩大。

从产业结构看,从1992年到2007年,民族地区产业结构出现了明显的变化:一方面,第一产业比重逐步从37.7%下降到

18.9%，第二、三产业比重基本保持逐步上升态势；另一方面，三次产业的地位也发生了较大的变化，其中第一产业规模在区域经济中由第一位下降到了第三位，第二产业则从第二位上升到第一位，且比重占到国内生产总值的44.9%，产业结构的上述变化也反映出民族地区经济发展不仅在总量上，在结构上也有一定的改善。但与全国比较，2007年全国三次产业比重为11.3:48.6:40.1，民族地区第一产业比重高于全国7.6个百分点，第二产业比重则比全国低3.7个百分点。

从城市化发展水平看，以2004年为例，民族地区城镇人口占民族地区总人口的比例仅为24%，[1] 而同期全国城镇人口占全国总人口的比重为37%，城市化率远低于全国水平。从人民生活水平的比较看，2003年全国城镇居民人均可支配收入为8472元，农村居民人均纯收入为2622元，同期西部12省上述两项指标分别为7025元和1966元，分别只及全国平均水平的82.9%和75%。

上述分析表明，新中国成立后，民族地区的经济发展取得了巨大的进步，但民族地区经济发展，无论是在量上还是在质上与全国相比，还存在不小差距。近些年来，由于西部大开发战略的实施使得民族地区的经济增长率开始接近甚至超过内地，呈现出与内地经济增长的趋同性特征，但这种外部投资拉动的增长并不能持续。尽管按照新古典增长理论，低收入区域将会有更快的经济增长，而高收入区域将会呈现相对较低的经济增长，于是低收入区域将会无条件地逐步赶上高收入区域（即绝对趋同），但现实经验却不能佐证这一观点。就世界范围而言，欠发达地区与发达地区的差距亦不是缩小了而是进一步扩大了。民族地区与内地经济增长率的趋同只是靠

---

[1] 李皓：《转型与跨越—民族地区经济结构研》，第186页，北京：民族出版社，2006。

外力推动而出现的短期趋同，一旦政府投资这个来自外部的趋同条件消失，民族地区的经济增长将会有较大幅度的下降。有学者认为，如果从 2000 年算起，预计到 2040 年左右民族地区才有可能实现全面建设小康社会的基本目标，与全国相差近 20 年的时间，民族地区全面建设小康社会的任务十分艰巨。①

区域经济所处的发展阶段决定着区域发展的任务和目标，它是我们制定区域规划的前提。对于经济发展阶段的判断，目前有四种不同的方法：一是克拉克、库兹涅茨等人以三次产业的结构变动来判断；二是霍夫曼以工业内部结构，即消费品工业和资本品工业的比重变动来判断工业化进程和经济发展阶段；三是钱纳里以人均国内生产总值的变动来判断区域工业化进程和经济发展阶段；四是以城市化与工业化的关系来判断工业化进程的方法。这四种方法各有优点，也各有偏颇。由于经济发展过程的复杂性和不同区域经济发展的特殊性，仅仅用一两个指标去判定工业化进程，难免以偏概全，实际上人均国内生产总值的提高、产业结构的升级、工业内部结构的变动、城市化水平的提高都只是经济发展过程的不同侧面，只有把上述四者综合考虑才能对区域经济发展阶段作出一个比较客观的评价。

按照钱纳里以人均国内生产总值对经济发展阶段的划分，经济发展分为三个阶段、六个时期（表 3 - 3），按照汇率进行折算，2003 年民族地区人均 GDP 为 6030 元，约为 730 美元，考虑到人民币被低估的情况，民族地区人均 GDP 实际大于上述值，依照钱纳里的标准（2000 年为依据），民族地区工业化水平大致应处于工业化初期，或者说刚刚跨进工业化初期的门槛。

---

① 温军：少数民族地区全面建设小康社会有多远，《开发研究》，2005 (3)。

表 3 – 3　　　　人均 GDP 变动对应的工业化阶段　　（单位：美元）①

阶段	时期	人均 GDP			
		1964 年	1970 年	1982 年	2000 年
前工业化 （农业社会）	1	100 – 200	140 – 280	364 – 728	400 – 801
工业化 （工业社会）	初期	200 – 400	280 – 560	728 – 1456	801 – 1602
	中期	400 – 800	560 – 1120	1456 – 2912	1602 – 3203
	成熟期	800 – 1500	1120 – 2100	2912 – 5460	3203 – 6606
	高度发达	1500 – 2400	2100 – 3360	5460 – 8736	6606 – 9610
服务化 （后工业社会）	6	2400 – 3600	3360 – 5040	8736 – 13104	9610 – 14414

从产业结构的变动看，李长明根据世界 100 多个国家的资料统计分析的结果得出：② 人均 GDP 达 600 美元时，一、二、三产业的比重大致依次为 21.8：29.0：49.2；人均 GDP 水平达 1000 美元时，三次产业的比重大致依次为 18.6：31.4：50.0。与民族地区实际对比，民族地区人均 GDP 在 600～1000 美元之间，三次产业的比重分别为 23：6：40.1：36.2，尽管第二产业比重比上述标准高，但民族地区农业比重却显然过高，而第三产业比重则明显偏低，民族地区产业结构对上述"常规"产业结构的偏离，也反映出民族地区产业结构不够合理的现实。

从城市化与工业化关系来判断工业化进程，一般认为，在工业

---

① 测算依据来自东北财经大学经济与社会发展研究院：工业化进展与继续工业化的途径：中国辽宁的研究案例，网址：http://academy.dufe.edu.cn/resources/index.htm.

② 李长明：产业结构与宏观调控，《数量经济技术经济研究》，1994(12)。

化初期，城市化率在30%以下；在工业化中期，城市化率在30%～60%之间；在工业化后期，城市化率在80%以上。

上述分析表明，民族地区经济发展阶段尚处于工业化初期阶段，这一阶段经济发展的主要任务是为区域经济的起飞和工业化的深化提供各种准备条件。

六、少数民族经济的社会生产力及其特征

生产力是劳动者素质技能的社会体现，是人们征服自然、改造自然以满足人类生活需要和再生产的能力。本文将从科学技术及生产力要素的配置机制、组织形式等方面概括少数民族生产力及其特征。

在民族地区，科技的落后是全方位、整体性的落后。其表现在如下几个方面。

第一，从技术创新能力看，民族地区远远落后于全国。2007年，全国各地区专利授权量为351782项，九个主要的少数民族聚居省区专利授权量为10231件，仅占全国的2.9%。另据2002年中国科技发展战略研究小组的《2002年中国区域创新能力报告》的定量分析结果表明：在综合创新能力、知识创新能力、知识流动能力、企业创新能力、创新的环境和创新的经济绩效等各方面少数民族聚居省区都大大落后于全国其他地区。以综合创新能力为例，西藏、云南、宁夏、贵州、青海、内蒙、新疆、广西分列省市综合创新能力的倒数1、3、4、5、6、7、8、9位，且得分均未超过20分（上海和北京该指标得分则分别为54.72和59.79分）。[①]

---

① 中国科技发展战略研究小组：《2002年中国区域创新能力报告》，第21页，北京：经济出版社，2003。

第二，从科技转化能力看，对全国54个国家级开发区的数据情况分析（见表3-4）表明：只有七个开发区在上述九区内，数量仅占全国的12.9%，而产值相对规模低，只占全国所有开发区的4.56%。

第三，从技术市场（见表3-5）看，1997年到2007年间，技术市场交易额占全国的比重有所下降，从4.58%减少到2.77%，这反映出民族地区对技术的有效需求降低。从交易规模和比重看，民族地区的技术市场总体规模还非常小，技术市场还亟待进一步加强和提高。科技人才少、科技成果少、科技力量薄弱、科技成果引进吸收能力欠缺、科技普及率低等方面都反映出民族地区科技发展远远落后于全国的现实。

民族地区科技和能力的欠缺，使得生产环节不能得到科学分解，从投入到产出的生产链条非常短，产品的差异化生产能力极其有限，从而造成民族地区产业部门少、规模小、产业化程度低、单一产业和产品结构，其又限制了民族地区市场的发育，造成市场规模的狭小和市场体系的不健全；同时，由于科技的低水平，民族地区经济组织间的分工不能有效展开，经济组织内部的分工和协作受到极大限制，造成了经济组织结构的单一、原始，经济组织间经济联系少，产业关联低，以技术为条件，以分工协作为特点的企业集聚现象在民族地区难以形成。

表3-4　民族九地区开发区与全国开发区主要指标（2007）

开发区	总产值（万元）	总收入（万元）	出口总额（万美元）
全国	443769460	549251627	17281217
包头	5608300	5475754	45992
南宁	2715861	4075708	14412

开发区	总产值（万元）	总收入（万元）	出口总额（万美元）
桂林	2803397	2788145	40055
贵阳	2009643	2093824	23321
昆明	4101813	4760089	74723
兰州	2282408	2518559	6345
乌鲁木齐	748627	1212230	52842
九省区开发区合计	20270049	22924309	257690

资料来源：中华人民共和国统计局编：《中国统计年鉴2008》，北京：中国统计出版社，2008。

表3-5 民族地区与全国技术市场交易额（1997—2007）

（单位：万元）

地 区	1997年	2000年	2003年	2007年
全 国	3513718	6507519	10846728	22265261
内蒙古	28958	60287	108452	109835
广 西	17293	17741	41808	9970
贵 州	1150	620	17892	6560
云 南	54515	187742	228718	97496
西 藏	-	-	-	-
甘 肃	26427	26413	77581	262107
青 海	12035		8291	53017
宁 夏	2351	6402	10047	6641
新 疆	18370	66168	120395	71724
九区合计	161099	365373	613185	617350

资料来源：中华人民共和国统计局编：《中国统计年鉴2008》，北京：中国统计出版社，2008。

在市场经济条件下,市场机制把生产力要素配置给不同的微观经济主体,而微观经济主体在经济理性地指导下,根据生产目的和技术条件,把生产力要素按一定比例有机地组织起来,形成现实的生产。一方面,在民族地区,市场交易很不活跃、交易成本很高、市场效率低下,在这样的市场环境下,生产力要素的优化配置很难实现,生产力的提升也就殊为不易。另一方面,民族地区生产力要素的组织形式也还处于非常原始、初级的阶段。在农业生产的组织形式上,民族地区占总人口近80%的农业人口都主要居住在农牧区,在联产承包责任制下,家庭仍然是经济活动的基本单位,也是整个社会最基础的经济组织。少数民族农牧区以家庭为单位的组织形式,以手工劳动辅以简单工具作为主要生产手段,资本装备率低,农技推广缓慢,生产组织化与产业化程度较低;在二、三产业领域,除少量国有企业外,经济组织的主体形式还是以小规模的个体经营为主,兼有少量的合伙企业,大型而有效的经济组织形式在民族地区还非常少见,这些低层次的经济组织形式既不能有效聚集社会资源,也不能实现生产力要素的最优使用。

七、少数民族的生产关系及其特征

1949年以前,中国少数民族在生产关系的发展上一直滞后于内地,最发达的少数民族社会,其经济形态也不过是接近内地。一部分少数民族还延续着原始社会、奴隶制的生产关系,另一部分则处于封建领主制生产关系,在比较发达的壮、白、纳西等民族中,因明清以来"改土归流"政策,集权官僚制的生产关系虽然已经成为生产关系的主要形式,但这种生产关系还没有充分发育和完善,资本主义生产关系尽管也有萌芽,但不过是星星点点。民主改革以来的短短50年,是对中国少数民族经济社会影响最深刻的制度变革期。在持续的制度创新实践中,少数民族一步越千年,实现了生产关系的巨大跨越。生产关系和经济形态跳跃式发展,为少数民族经济社会的飞跃提供了制度平台和广阔的发展空间;但是,它又超越了少数民族生产力水平所能承载的经济基础,与少数民族生产力间存在着不同程度的矛盾。

生产关系的变迁以强制性变迁为主要形式,以对内地制度的移植、复制为主要内容。民主改革以来,少数民族生产关系的演变和创新,并不是来自于少数民族内部自发的力量,而主要是由中央和上级主管部门供给。同时,考虑到民族地区经济社会发展的特殊性,中央也通过民族区域自治政策,给予民族地区根据自身情况在授权许可的范围内进行制度供给的自主权。因此,民族地区的正式制度变迁主要是外力作用的结果。这一特点造成了民族地区生产关系安排和调整创新过程中的诸多问题。首先,生产关系的供给与需求脱节,降低了制度绩效。有些不适宜民族地区实际的生产关系被移植到民族地区,如民族地区在社会主义改造中,所有制安排被人为地拔高,统制体制中的各种生产关系安排被复制到民族地区,这种"一刀切"式的制度供给行为造成的是生产关系与现实需要的严重脱节,同样的生产关系在异质的土壤上,很少能产生一样的结果。其次,生产关系的演变和创新缺乏民间参与。中国内地的生产关系变迁看上去是政府行为,但其根源却来于民间,不论是农村体制的改革还是江浙地区非公有制经济的兴起,这些制度创新主要都是由民间产生并通过国家来推广和引导。而少数民族现行制度安排的变更或替代,主要是由政府命令和法律引入实施的,而不是由民族地区个人或群体自发倡导、组织和实行的。这种依赖政府主导的制度调整和创新之所以没有得到民间响应,归根到底还是这些制度安排不能改善老百姓的赢利预期,达不到良好的效果。故而,由民间自发响应获利机会而导致的诱制性制度变迁应该成为制度变迁的最重要的渠道,但民族地区个体或人群对制度变迁的参与还非常少见。

公有制经济比重过大,促进非公有制经济发展是现时期少数民族生产关系调整的重要内容。民族地区所有制结构的突出特点是公有制经济的比重过大而非公有制经济的比重太小。这种被过分拔高的所有制结构既不适应民族地区生产力发展的要求,也很难与市场经济有效融合。改革开放以后,民营经济的发展对区域经济的影响越来越大,对区域经济的贡献也越来越多,在我国发达地区,民营经济已经成为主要的增长源泉,而民族地区民营经济的缓慢发展则成为民族地区难于实现更快更好发展的主要瓶颈。无论在社会固定资产投资构成上,还是在工业总产值构成上,民族地区民营经济的数量和质量都远远不及东部发达地区。可以说,民族地区与发达地区民营经济发展的差距是巨大的,也是全面的。因此,以民营经济为主体的非公有制经济发展关系着民族地区经济社会的未来,民营经济的发展就成为民族地区生产关系调整的重点问题。

公有制经济发展质量有待提高。以产值利润率来衡量民族地区公有制经济发展质量和效益,2007年,就国有及国有控股工业企业而言,全国产值利润率水平为9%,而民族地区的广西、贵州、甘肃、宁夏、西藏(产值规模极小)等地区产值利润水平都较大幅度地低于该值(见表3-6),这反映出民族地区公有制经济的质量和效益欠佳,亟待提高。

表3-6 民族地区国有及国有控股工业企业主要指标与全国比较(2007) 单位:亿元

地 区	工业总产值	工业增加值	利润总额	产值利润率(%)
全 国	119685.65	39970.46	10795.19	9.0
内蒙古	2327.31	1102.11	272.62	11.7
广 西	1877.26	606.49	130.82	7.0

续表

地 区	工业总产值	工业增加值	利润总额	产值利润率（%）
海 南	316.21	110.75	38.02	12.0
贵 州	1607.15	602.51	125.83	7.8
云 南	2604.13	1073.38	257.18	9.9
西 藏	18.06	11.38	1.56	
甘 肃	2591.21	688.51	178.60	6.9
青 海	610.67	254.15	120.40	19.7
宁 夏	518.48	202.10	24.77	4.8
新 疆	2637.79	1202.43	630.19	23.9

资料来源：中华人民共和国统计局编：《中国统计年鉴2008》，北京：中国统计出版社，2008。

八、少数民族经济在中国经济中的地位

华夏各民族的交融互动由来已久，可以追溯到远古神话时代（如黄帝战蚩尤的神话），也可在中华民族最早期的文献中找到确切的记载。在数千年的华夏文明史上，各民族在这片热土上奋斗不息，演绎着一个个令人荡气回肠的历史故事。毫无疑问，中华民族的历史既是一部各民族共同写就的辉煌史诗，也是一部波澜壮阔的民族交融史诗。从秦始皇统一中国、奠定中国作为多民族大国开始，中华民族各支民族的交往日益紧密。汉代向西开拓，打通了经由西域通向中亚、西亚和欧洲的丝绸之路；向南开拓，则开启了由长安通向西南夷地区，进而连接东南亚各国的南方丝绸之路，这些措施大大加强了内地与边疆地区社会经济联系，促进了少数民族地区经济社会的发展。汉末，蜀汉政权在"南中地区"（地域范围主要在今西南少数民族地区）进行了卓有成效的开发。而魏晋南北朝时期，

尽管国家处于南北对峙的分裂时期，但各少数民族的祖先对长江以北地区的轮流统治以及受汉文化的深刻影响，民族融合的程度空前提高，隋文帝杨坚统一中国借助的主要力量就是当时北方的部族联盟政权北周。到了唐代，民族融合的程度进一步提高，形成了以多民族融合为重要特征的盛唐气象。元代，越来越多的部落和氏族融入到华夏大家庭中，成为中华民族的一员。明末以降，清军入关，中国作为多民族统一的国家形态初步确立，并形成了当代中国各民族分布的基本格局。

不容置疑，少数民族地区是中国经济与世界经济联系沟通的重要陆上门户。在世界经济一体化格局下，加快少数民族地区经济发展的重要性日益突出。一个日益强大的中国，必然需要繁荣发达的边疆地区作为它走向世界的陆上联结通道。

1. 少数民族经济是中国国民经济的重要组成部分

2007 年，中国国内生产总值为 249529.90 亿元，其中，民族地区国内生产总值为 22854 亿元。与全国比较，民族地区经济总量占全国经济总量的 9.16%。虽然目前民族地区国内生产总值占全国国内生产总值比例偏小，但其经济发展有着巨大的潜力。特别是 20 世纪 90 年代西部大开发战略实施以来，少数民族地区 GDP 年均增长率明显高于全国平均水平，由此可以判断，少数民族地区国内生产总值在全国国内生产总值中所占比例必将上升，少数民族经济也必将成为中国国民经济的重要组成部分。

要深入推进中国国民经济持续、快速、健康发展，必须充分利用少数民族地区的资源优势、发挥它在国民经济建设中的重要作用。众所周知，中国经济是一个高耗能经济，单位 GDP 能耗远高于世界平均水平；同时，中国经济处于工业化中期，对各种资源的需求进入了一个高峰时期。中国虽然地大物博，但人均资源拥有量少，而少数民族地区相对丰富的自然资源将为中国工业化建设提供巨大助力。特别是在当前国际贸易摩擦有增无减、西方发达资本主义国家主要针对中国设置的种种贸易障碍层出不穷的情况下,中国经济发展中的内需不足问题浮出水面,成为中国经济发展中最尖锐的问题。因此,从长远来看,扩大内需,增强中国经济自主发展的能力刻不容缓,而这一问题的解决需要少数民族地区能够与东部地区以及中部地区携手共进,通过又好又快发展,促进国民经济健康发展。

2. 少数民族经济是中国经济与世界经济联系沟通的重要渠道

中国陆地边境线长达两万余公里,从东北的黑龙江,到北部的内蒙古,再到西北的新疆;从西南的西藏、云南,再到南部的广西,都是中国边境第一线。中国55个少数民族中,有三十多个少数民族居住在边境线上,这些少数民族地区和周边十多个国家和地区接壤,其中还有不少民族是跨国界居住。因此,加快少数民族地区经济发展,将有力促进中国经济与世界经济的融合。

"打开门就是越南,走两步就进东盟",目前,广西省崇左市已经成为中国面向东盟开放的前沿。2008年,全市已有外商投资企业47家,投资总额86324万美元,并拓展到金属深加工、房地产开发、林产林化等多领域。在"请进来"的同时,崇左市本地企业还大胆地"走出去"。到2008年,崇左市已有16家企业分别在越南、印尼等东盟国家投资项目24个,投资总额达22030.6万美元。云南省瑞丽口岸不仅是通向东南亚、南亚的重要门户,也是开通中缅陆水联运大通道以及泛亚铁路西线的内陆港。2009年,瑞丽口岸年出入境人员约700万人、年进出口额60多亿元,已经成为中国边境贸易最大的陆路口岸之一。由此可以看出,少数民族经济是中国经济与世界经济联系沟通的重要渠道。

3. 少数民族经济发展是中国实现小康社会和现代化发展的重要内容

2007年,中国民族地区总人口为17948万人,约占全国总人口的 13.58%；其中，民族地区少数民族人口为 8501 万人，占民族地区人口的比重为 47.36%。但从人均国内生产总值看，2007 年，全国人均国内生产总值为 18934 元，而民族地区人均国内生产总值为 13125 元，仅相当于全国人均国内生产总值的 69.3%。从总体情况看，少数民族地区这一庞大的人口群体仍然是中国人口中相对贫困的群体，这与全面建设小康社会的总体要求还有相当差距。

对于边境少数民族地区，在加强基础设施与生态环境建设、改善人民生产生活条件的前提下，必须进一步加大扶贫开发力度，加快少数民族经济发展，努力促进农牧民增收。而且从目前国家的财力来说，集中国家财力资源，帮助边境地区人民早日摆脱贫困，也是一个相对容易解决的问题。基于此，必须进一步加大对少数民族地区经济发展投入力度，如加大农村基层医疗卫生与义务教育投入，切实解决好边境少数民族地区人民看病、上学等问题。通过加快少数民族地区经济发展，以加速少数民族地区小康社会建设步伐，从而在整体上实现中国全面建设小康社会目标。

中国社会主义现代化建设，是中国各族人民的共同事业。少数民族地区经济现代化，是中国社会主义现代化建设的重要组成部分。然而，由于历史与自然等因素影响，中国少数民族地区经济发展普遍还相对落后，与汉族地区相比还存在较大差距，而少数民族地区特别需要社会主义现代化。因此，实现社会主义现代化建设目标，当前特别需要加快少数民族地区经济发展。在中国社会主义现代化建设进程中，必须大力扶持与帮助各少数民族地区发展经济。只有这样，少数民族地区才可能实现全面小康社会和现代化目标，中国也才能最终实现全面小康社会化和现代化目标。

第四章
少数民族人的经济与少数民族地区经济

少数民族人的经济和少数民族地区经济是中国少数民族经济研究中密不可分的两个重要内容,前者突出"民族",即把支民族作为研究的主体,而支民族是由个体人组成的。少数民族地区经济是研究少数民族"居住地区"的经济,即把一定地域范围作为研究的重点,这个地域居住的可能是单一支民族,也可能是几个或多个支民族,是区域因素与民族因素的结合。以上两个方面既有一致性的内容,又存在着区别。

一、少数民族人的经济

少数民族人的经济是以某一少数民族为主体,具有共同历史、共同特征、共同利益关系的群体的经济;或者把一定地域范围内具有一些共同特征的几个少数民族的经济作为一个整体进行研究,也可以把55个少数民族作为一个整体来研究,虽然其内部存在着差异,但在经济发展的很多方面具有共性,面临着共同的发展问题。少数民族人的经济强调的是作为人们共同体的特定群体的经济,其研究的重点是:在一定历史条件下少数民族经济类型的形成和变化、民族内部及与其他民族的经济交往关系、民族经济发展的特征及与其他民族的差异、民族经济发展及其面临的问题、多民族聚居和杂居地区民族间的经济利益关系。

中国少数民族经济的形成和存在与中华民族形成的历史和分布格局密切相关。中华民族形成和分布格局决定了少数民族经济的现实存在,而且已存续了几个世纪。由于历史上不同民族居住的自然环境、社会经济发展结构和特征等方面的差异,使民族间在发展水平、经济结构、生计方式等方面存在着多种形态。从经济类型看,汉族以农耕经济为主,少数民族从事的经济类型复杂多样,既有农耕经济类型,也有游牧和渔猎等其他经济类型,即使是同样从事农耕经济,民族间也由于地理环境、社会发展阶段的不同而不同,从而使少数民族经济表现出与汉族经济不同的特点,并由此决定了相互间的经济交往和贸易关系,构成自古以来民族关系的重要内容。

少数民族经济具有内部共同性和外部差异性的特点,这是少数民族经济作为独立研究对象存在的基础。特殊性是少数民族经济研究的出发点,这种特殊性即前面提到的由自然环境决定的生计方式或产业类型的特殊性,也包括由发展水平决定的发展阶段的特殊性。随着经济发展和社会进步,民族间在经济发展方面的特殊性会逐渐消失,共同性增多,少数民族经济研究的内容也会发生变化。但民族间的经济差异或特殊性不是短期内能够消失的,即使在实现了工业化和现代化的民族间,也存在着共同性基础上的差异性,这种差异性不像最初表现在生计方式和产业产品结构等实体经济层面,而表现在经济管理模式、企业组织形式等企业文化层面。如美国、欧洲和日本都是工业化、城市化和现代化水平很高的国家,在技术和生产方式等方面的差异性和特殊性越来越小,但在企业文化方面的差异性仍然很明显。

同时,在多民族多种族国家,即使在实现现代化的前提下,民族间仍有可能存在行业的差异，有些民族的主体集中在某个或某几个行业，如历史上犹太人的信贷银行业经济对今天的犹太人行业分布仍有很大影响。在美国，黑人最初被奴隶贩子贩运进美国的时候，主要从事农业生产，南北战争后大量黑人逃离南部农场进入北方和西部的城市，之后逐渐成为蓝领阶层的主要成员，并延续至今。黑人逐渐脱离农业生产以后，20世纪20年代开始，墨西哥人成为美国农业廉价劳动力的首要来源。作为原住民的印第安人，人口的主体居住在美国政府为他们选定的280个"保留地"内，从事农业和畜牧业。其他移民如亚洲人后裔、南美洲人后裔大多居住在城镇，在制造业和服务业就业。随着美国社会经济发展和移民及其后裔自我竞争能力的提高，也有一些移民及其后裔在一定时期内明显改变了劳动力的行业结构，如华裔更多地进入技术领域，成为专业技术人员。①

中国回族历史上就有善于经商的传统，到现今仍有大批回族在全国的大小城镇从事商业经济。还有蒙古族、藏族、哈萨克族的游牧经济，赫哲族的渔业经济，部分鄂温克族的驯鹿经济、鄂伦春族的狩猎经济等，他们所从事的主要经济活动成为这些民族经济的象征，又是他们区别于其他民族的主要标志。

20世纪50年代以来，通过工业化和城镇化，中国少数民族的行业和城乡结构发生了很大变化，但少数民族人口的城市化率明显低于汉族，有些民族的农业人口高达90%以上。2000年第五次全国人口普查资料显示，少数民族人口的主体仍从事着农牧林渔业生产。少数民族农业户口人数占总人口的82.60%，比全国75.27%的水平高7.33个百分点，比汉族74.60%的水平高8个百分点。有16个民

---

① 马戎编著：《民族社会学——社会学的族群关系研究》，第235-236页，北京：北京大学出版社，2004年。

族高达90%以上，20个民族在80%~90%之间，低于全国平均水平的有15个民族。各行业人口中农林牧渔业人口占行业总人口比重全国和汉族分别为64.38%和62.99%，少数民族中有11个民族高于90%，22个民族在80%~90%之间，低于全国平均水平的有11个民族。从地区角度看，除内蒙古（66.49%）和新疆维吾尔自治区（79.50%）外，其他少数民族人口较多的省区市少数民族农业户口人数均在85%以上。从各民族的情况看，1949年之前社会发育程度较低的民族，农业户口人数比重都较高，如西南地区的傈僳族、佤族、景颇族、怒族、布朗族、哈尼族、拉祜族，农业户口人数分别高达95.03%、92.97%、90.72%、87.70%、94.85%、91.92%和94.16%，黎族和瑶族也分别高达85.68%和89.72%。而历史上社会发育程度较高、经济相对发达、有经商传统的一些民族，如回族、朝鲜族、锡伯族等农业户口人数比重较低，分别为64.83%、48.95%和63.55%。

在人类社会发展的初期，经济结构单一，活动空间有限，民族分布集中，同一民族从事的经济活动具有许多共性，民族经济的特征十分突出，这些共同性特征是其区分于其他民族经济的主要标志，即各民族的经济生活或从事的经济活动往往是不同的，或是有差异的。即使是同一种经济类型，也因其发展历史、自然条件而有所不同。历史上汉族基本从事农耕经济，在小农经济条件下的基本形态是"男耕女织"，以及家庭养殖业。少数民族从事的农耕经济有些与汉族基本一致，如清中后期以来的部分蒙古族由游牧转向农耕，发展到今天与汉族的旱作农业没有太大的区别。而另一些少数民族虽然也从事农耕经济，但所处的自然环境使其具有明显的地域和民族特征，如南方一些少数民族的山地农业、新疆维吾尔族的"绿洲农业"。

共同经济生活是民族存在的重要条件。在多民族国家，共同经济生活既表现为生产和生活方式的一致性或相似性，也表现为各民族不同的经济发展和利益诉求，以及对本民族共同经济利益的认同，在特定时期或条件下和其他民族之间的利益矛盾。这时少数民族经济又有了相应的利益要求和政治内涵，并有可能引发不同民族间的利益冲突和民族问题。在中国历史上，时有民族间为了争夺草场、森林、土地、水资源等而发生的利益冲突和矛盾。最典型的是北方游牧民族和中原农耕民族间的关系，形成了大致以长城为界，南耕北牧的生产格局。双方生产具有很强的互补性和需求，这种需求既可以通过互市形式实现，"茶马互市"是其代表形式；也可以通过军事入侵和武力掠夺形式实现，武力冲突自汉朝至清朝未曾中断。还有居住在同一地区的不同民族，为了争夺土地、森林和水源而发生各种冲突和矛盾，在新中国成立之前屡见不鲜。新中国成立后，通过建立平等团结互助的社会主义新型民族关系，协调民族间的利益，这种冲突和矛盾大幅度减少，但仍存在着利益差异和矛盾。只要民族存在，这种利益关系就存在。

民族经济利益关系是以民族存在为基础的，在以国家为主体的民族关系中更普遍，而在多族群多种族国家的内部，也存在着各种各样的民族经济利益关系。如在一些移民国家，当经济发展或对外交往等方面受到挫折的时候，或者是经济萧条、失业率高的情况下，民族主义就会抬头，甚至出现极端的排外情绪和行为。这种情况在欧洲一些国家较普遍，有些国家一直存在着较严重的排外倾向。1997年东南亚金融危机后，随着印尼经济衰退和政局动荡，出现了严重排外浪潮，华人首当其冲，一些人把不满发泄到华人身上，使一些华人的财产被抢被毁，甚至危及生命安全。

不同民族由于居住地的自然环境、历史传承等方面的差异，表现出文化差异，文化承载着民族的历史和未来，文化对社会生活的影响是潜移默化的，同时具有持续性和永久性的特点，文化处于变迁之中，但这种变迁是渐进的。文化对不同民族的经济生活和经济行为产生影响，民族文化对民族经济的影响是多方面的，既有积极的方面，也有消极的方面。中国少数民族文化丰富多彩，各具特色，具有多元一体的特征。不同民族的文化对经济的影响也各不相同，尤其在市场经济条件下，少数民族传统文化有一些与市场经济相悖的成分，不利于民族经济的发展。同时有些在其他民族中行之有效的政策措施，在部分少数民族中难以实施。

在多民族国家，在主体民族占多数的情况下，少数民族的经济往往是非主流经济，其发展与国家或地区层面的经济发展可能是相背离或不一致的。例如中国广东和福建两省，属于中国经济发展最快的地区，工业化、城市化水平、经济发展处于国内领先地位，但生活在闽东的畲族、粤西的瑶族大体仍处于传统农业社会，居民主要从事农业生产，收入低，有些处于贫困状态。广东连南瑶族自治县，少数民族占总人口的 52.25%，县城三江镇距离广州仅 220 公里，2005 年人均地区生产总值 4636 元，远远低于广东省 23616 元的水平，农民人均纯收入 2638 元，相当于广东省 4690 元的 56.3%。

二、少数民族地区经济

共同地域是民族的主要特征之一，在民族形成和发展的初期，地域是空间基础。民族经济存在于一定的地理空间，并由其生存繁衍的自然地理环境决定了经济类型和生计方式类型，因此民族经济不能脱离其空间形式而独立存在。但少数民族经济与区域经济是有区别的。如果某一区域生活的是单一民族，民族经济与区域经济具有高度一致性，如果同一区域生活着多个民族，民族经济与区域经济存在着区别。区域经济代表一定空间的发展条件、发展概况、发展趋势等。在中国现有的行政管理格局下，区域经济除三个大的地带或几种不同的经济区划外,大多以行政区划为主,以行政区划为单位的区域经济研究很普遍,区域经济利益也主要以行政区域利益表现出来。中国少数民族经济研究在民族视角研究的基础上,大部分是基于区域层面的研究,即以一定地域或行政区划范围内的少数民族经济研究。这首先是由于少数民族经济的研究离不开其生产生活的地域空间,少数民族的分布又具有相对聚居的特点;其次是基于单纯民族视角的研究受到民族间杂居分布的影响,地域与民族在大部分情况下不是高度一致的;同时,中国现有的经济统计都是以行政区划为单位,逐级统计的,而以民族为对象的统计除人口统计外,很少有专门的经济统计。因此,在实证或发展战略研究方面,基本都是"少数民族地区经济"研究,而少数民族视角的研究相对薄弱。

通常所说的民族地区主要包括两个方面的含义:一是"民族自治地方",民族自治地方的面积占国土面积的63.72%,包括5个自治区、30个自治州、120个自治县、1200多个少数民族乡,但大部分研究不包括民族乡这个层次;二是"八省区",即5个自治区和3个多民族的省份——云南省、贵州省和青海省。因此少数民族地区经济研究既可以把民族自治地方作为一个整体进行研究,也可以研究某个少数民族省区、地州、县的经济。这些地区经济在每个层面上都具有一些共性特征,这些共性特征使少数民族地区经济有别于其他地区经济,而在具有共性特征的同时,不同地区、不同层面的少数民族地区经济又具有不同的特征。如广西、内蒙古、新疆、西藏和宁夏五大自治区,其经济发展的共性特征是自然地理条件差、灾害频发,经济发展落后于全国水平、资源型产业比重高,农牧业产值及就业人口比重高,贫困人口多等。同时地区间又存在着明显的差异,从历史上的经济类型看,广西以农耕经济为主,其主体民族壮族主要从事农耕经济,以稻作农业和山地农业为代表;新疆的维吾尔族主要从事农牧业生产，其农耕经济以"绿洲农业"为代表；而内蒙古的蒙古族在以游牧业为基础的同时，大部分人口近百年来转向旱作农业，从事农耕经济；宁夏回族除从事商贸业外，主体从事农业生产；分布在藏南河谷地带的藏族主要从事农业生产，而藏北高原的藏族主要从事游牧业。虽然五大自治区都有农业生产，但受到自然环境的影响，区域间存在着很大的差别。西部大开发战略实施以来，同为西部地区的五大自治区，经济发展也呈现出不同的特色，从发展速度和结构调整的角度看，各区都积极发挥政策和区位优势。如广西发挥临海和在东盟合作中的有利地位，正在从山地经济走向海洋经济；内蒙古依托畜牧业特色和能源资源优势，大力发展特色经济，发挥品牌效应，经济增长率位居全国前列；新疆则发挥在能源、特色瓜果、棉纺等产业的优势，综合发展能力也得到快速提高。

中华民族形成的历史格局决定了民族地区大多是以某一民族为主体，多民族杂居。在长期的历史发展过程中，形成了"汉族主要居住在农业地区，除了西北和西南外，可以说凡是宜耕的平原几乎全是汉族的聚居区。同时在少数民族地区的交通要道和商业据点一般都有汉人长期定居。"[1] "少数民族聚居地区占全国面积一半以上，主要是高原、山地和草场，所以少数民族中有很大一部分人从事牧业，和汉族主要从事农业形成不同的经济类型。中国的五大牧区均在少数民族地区，从事游牧业的人都是少数民族。在这些地区，有些是汉族的大小聚居区和少数民族的聚居区马赛克式地穿插分布；有些是汉人占谷地，少数民族占山地；有些是汉人占集镇，少数民

---

[1] 费孝通主编：《中华民族多元一体格局》（修订本），第32页，北京：中央民族大学出版社，1999。

族占村寨，在少数民族村寨里也常有杂居在内的汉族人。"① 现实的少数民族地区民族分布的空间格局，无论是大的地理单元，还是小的地理单元，基本都反映出这种特点。如广西壮族自治区的民族分布，大致是壮、瑶、苗等少数民族聚居在桂西北山区，汉族集中在桂东南平原区；四川、重庆的民族分布是藏、彝、土家等少数民族主要聚居在川西北高原、川西南高山峡谷和川东南山地，而汉族则聚居在成渝盆地；贵州省的民族分布是汉族主要集中在贵阳、遵义等城市和平原地区，布依、苗、侗等少数民族主要聚居在黔西南、黔东南等山区。西藏、新疆、内蒙古、宁夏、青海等省区的民族分布，也是汉族主要集中在少数大中城市，少数民族主要分布在农牧区。把少数民族地区民族分布的结构状态与城乡经济的结构状态及产业结构状态相联系，可以发现，少数民族更多地滞留在乡村从事传统的农牧业，而汉族则较多地集中在城镇从事工商业。少数民族地区的经济发展在城乡之间、工农业之间存在较大差距。少数民族地区空间概念的整体形式往往掩盖了城乡之间、工农业之间的发展差距，掩盖了各民族群体的发展差距。汉族相对集中的城镇经济的较快发展，掩盖了少数民族分布相对广泛的乡村经济的欠发展。②

当我们从微观视角研究某个特定的少数民族聚居区时，例如某个少数民族聚居的乡村，少数民族人经济与少数民族地区经济大体上是统一的，即此时的少数民族聚居区经济基本上也是该少数民族的经济。而当我们从宏观视角研究泛指的少数民族聚居区经济或一定行政区划内涵的"民族地区"经济时，如新疆经济、广西经济、

---

① 费孝通主编：《中华民族多元一体格局》（修订本），第32页，北京：中央民族大学出版社，1999。

② 龙远蔚主编：《中国少数民族经济研究导论》，第60–61页，北京：民族出版社，2004。

内蒙古经济等"民族地区经济",或中国少数民族地区经济时,由于少数民族人口只占这些"民族地区"人口的一部分,就有可能出现少数民族的经济与民族地区经济分离的情况,即少数民族地区经济的发展并不等于少数民族人的经济的发展。

随着现代化的发展,在区域乃至国家经济发展中,工业化和城市化的贡献越来越大,城市是区域经济的"增长极"。居住在城市里的人们在为城市发展做出贡献的同时,也享受着城市化的利益。新中国成立以来的发展中,虽然城乡关系发生了很大的变化,但乡村仍然延续着传统的生产生活方式,城乡差距非但没有缩小且有拉大之势。少数民族地区的工业化在最初的30年到40年主要是"外嵌入"式的发展,大多不是区域经济自身演进的结果。同时受到上述民族分布格局及工业化历程的影响,城市少数民族人口比重低,在工业部门就业的少数民族人口比重低。20世纪80年代之前,除了回族、满族、白族等为数不多的几个民族外,城市少数民族主要在政府部门供职,这是实施民族区域自治制度的结果。20世纪80年代之后,城市少数民族人口增长较快,但大多仍低于他们在本区域的人口比重。尤其是在新兴资源型工业城市,少数民族人口比例更低。在这种"二元结构"下,拉动地区经济增长的现代工业与少数民族人的经济关联性很低,一些少数民族甚至游离在地区经济发展的进程之外。费孝通先生曾经批评过这种忽视少数民族发展的做法:"不少在少数民族地区兴建的大型国有企业根本没有考虑到和当地少数民族的联系,甚至眼中只有这地方的资源,而忘了还有生活在这地方的人。"这种状况所造成的结果是,民族地区经济发展了,实行民族区域自治的少数民族并没有获得相应的发展。

第五次人口普查资料显示,城市中少数民族人口的比重大大低于少数民族占少数民族自治区人口的比重。2000年内蒙古自治区蒙古族人口占全区总人口的17.13%,城市蒙古族人口占全区城市总人口的 9.68%。广西壮族的上述两个比重分别为 32.40% 和 17.87%，宁夏回族为 33.95% 和 20.75%，新疆维吾尔族为 45.21% 和 20.01%，西藏藏族为 92.76% 和 65%。城市主体民族人口占本民族人口的比重内蒙古蒙古族为 13.75%，广西壮族为 7.79%，宁夏回族为 13.38%，新疆维吾尔族为 10.36%，西藏藏族为 5.83%。①

既然中国少数民族经济研究具有地域性和民族性双重特征，同时区域经济发展与少数民族人的经济发展在具有一致性的同时，存在着脱节和不一致的方面。因此，在加快民族地区经济发展的同时，必须关注居住在这些地区的少数民族人的经济的发展，处理好区域发展与民族发展的关系。中国的行政体制和官员考核机制，都是以地区为基础的，是行政属地化管理。在这样的行政管理机制下，各级政府和官员都把地区经济发展摆在首位，GDP 和财政收入的增长是主要目标，体现在工作思路之中，就是把能够快速实现上述目标的工作作为政府工作的重点。把 GDP 和财政收入的增长作为政府和官员工作的首要目标本无可厚非，关键是看如何处理这两大目标和其他目标之间的关系。GDP 和财政收入的增长是一个地区发展的基础，是实现其他目标的保障，但必须协调它们与社会发展、环境保护的关系，同时关照到区域内不同利益群体间的关系，如城市与乡村、工业与农业。在少数民族地区，由于绝大部分少数民族人口分布在农牧区，对上述目标的贡献低，他们在现代部门就业率低，在区域经济发展中处于边缘地位。地区经济的发展没有带动少数民族聚居地区的发展，或者说没有带动当地少数民族的发展，他们也很难获得直接的经济利益，所获得的主要是一些溢出再分配的利益。尤其是在少数民族地区兴建的一些大型工程和资源开发项目，由于

---

① 根据《2000 年人口普查中国民族人口资料》有关资料整理，北京：民族出版社，2003。

当地少数民族群众没有直接参与其中，在很少获得经济利益的同时，还可能失去基本的发展条件，使其生产生活条件恶化。

近50年来，国家在少数民族地区兴建了大量水利水电工程，形成了大批库区搬迁移民，其中很多地区的移民失去土地，或补偿不足，生产生活条件恶化，成为贫困人口，或贫困程度加深。以广西壮族自治区为例，根据中国社会科学院民族学人类学研究所学者的调查，1949年以来全区共建设了各级水力水电站4438座，装机容量610万千瓦，年发电量247亿度，形成农田有效灌溉面积1522.2千公顷。到2006年6月底，广西共有大中型水库移民166.77万人，其中少数民族占70%以上。① 据统计，广西有各类水利水电移民202.77万人，其中水利部新核定的166.77万人，大型水利水电移民占移民总数的82.25%，此外全区尚有小型水库移民36万，水利水电移民中少数民族人口约占70%，在百色、河池两市的水利水电移民中少数民族占85%左右。到2004年底，广西壮族自治区有水利水电非自愿移民贫困人口51.52万人，贫困人口占全部水利水电非自愿移民人口的25.41%。当年全区农村非自愿移民人均纯收入1040元，其中人均纯收入668元以下的绝对贫困人数占33%；人均纯收入668~924元的人数占30%；非自愿移民人均纯收入超过其所在县农民人均纯收入的仅有7%。非自愿移民与安置所在县农村人口相比，人均纯收入少804元，全区还有462个移民村为自治区确定的贫困村。而河池市还有31%的少数民族库区移民尚未解决温饱问题。②

---

① 陈建越：《少数民族地区大中型水电库区移民问题亟待解决——广西壮族自治区百色、河池两市三县库区移民问题调查》，刘永佶主编：《民族经济》（第三辑），第78页，北京：中央民族大学出版社，2007。

② 郑信哲：《从贫困走向贫困化》，刘永佶主编：《民族经济》（第三辑），第86-87页，北京：中央民族大学出版社，2007。

三、中国少数民族经济与区域经济的存在形态

民族分布于一定的地域，但民族的地域分布不是均匀的，也不是相互隔离的。在人类社会发展的初期，在氏族、部落乃至其后的一定阶段，民族的分布与地域具有高度的一致性，即在一定的地域范围内居住和生活着单一部落或民族。后来随着民族的发展和活动范围扩大，尤其是商品交换的发展和社会分工的细化，民族交叉分布越来越普遍。目前这种民族分布格局主要是在19世纪以后逐步形成的，尤其是近100年来，人口迁移的规模、范围不断扩大，单一民族分布在一定区域的范围越来越小，"大杂居，小聚居"的特点越来越突出。尤其是在县级及以上行政单元中，很少有单一民族居住，大部分地区都是多民族共同居住和生活，即使在民族自治地区，基本是以某一民族为主体，但其人口不一定是最多的。地域越大，行政级别越高，民族成分越多，民族经济越复杂。2000年人口普查数据表明，各民族分布在30个省区市，有29个民族分布在全国所有的省区中。全国拥有56个民族的省区有11个，占全国31个省区的35.5%。今后民族交错分布的情况会更普遍，尤其是城市化的发展，在同一个城市居住着多个不同的民族从事相同或不同的社会经济活动，这时很难通过产业、职业来区分民族，居住也更加分散杂居，共同地域和共同经济生活等都在发生变化。

根据中国各民族形成和发展的历史及分布的特点，中国政府实行了民族区域自治制度，并设立了不同行政层次的民族自治地方。《民族区域自治法》第12条规定：少数民族聚居的地方，根据当地民族关系、经济发展等条件，并斟酌历史情况，可以建立以一个或者几个少数民族聚居区为基础的自治地方。民族自治地方内其他少数民族聚居的地方，建立相应的自治地方或者民族乡。民族自治地

方依据本地方的实际情况，可以包括一部分汉族或者其他民族的居民区和城镇。由上述规定可以看出，建立民族自治地方，必须同时具备三个条件：第一，以少数民族聚居区为基础。民族自治地方的建立，既不是用单纯的民族为标准，也不是按某一少数民族人口多少来划分，而是与各民族的居住状况和人口状况相联系。第二，参酌历史情况。建立民族自治地方时，要从各民族在漫长的历史发展过程中，逐步形成的相对稳定的政治、社会联系及共同的经济活动区域的现状出发，尊重各民族世代相沿俗成、彼此认可的合理的生活、生产区域和权益分配格局，使业已形成的在一定区域内共同劳动、共同生产、联系紧密的各民族关系在经济、政治和文化上的相互接触、相互帮助中得到进一步的发展。第三，有利于处理民族关系和当地经济的发展。在少数民族聚居的地方，是建立以一个少数民族为主体的自治地方，还是建立以几个少数民族为主体的联合的自治地方，主要是根据当地民族关系、经济发展等条件来决定的。应当有利于发挥当地的经济优势和经济要素的互补性，经济布局的合理性，有利于当地少数民族人民的生产、生活，有利于当地经济的发展。

根据以上规定，结合不同民族地区的实际，中国逐渐建立和完善了自治区、自治州、自治县三级自治地方，同时还在全国各地有1000多个少数民族乡。因此，中国民族自治地方类型不是整齐划一的，而是从不同角度划分出不同的类型。从一个民族自治地方的自治民族数量进行划分，可将民族自治地方分为：以一个少数民族聚居区为基础建立的单一民族自治地方，如宁夏回族自治区、四川省凉山彝族自治州、河北省孟村回族自治县；以两个或者两个以上的少数民族聚居区为基础联合建立的多个民族联合实行区域自治的民族自治地方，如四川省阿坝藏族羌族自治州、甘肃省积石山保安族东乡族撒拉族自治县。从民族自治地方内的区域构成来分，可将民族自治地方划分为：在一个自治区域内不含其他少数民族的自治地方，如宁夏回族自治区、西藏自治区；在一个自治区域内含有其他一个或几个少数民族建立的民族自治地方，如广西壮族自治区有都安瑶族自治县、融水苗族自治县、隆林各族自治县等其他少数民族建立的自治地方，内蒙古自治区内有鄂伦春自治旗、鄂温克族自治旗等，四川省凉山彝族自治州有木里藏族自治县。

中国少数民族人的经济与区域经济的存在形态多种多样，但从民族与区域的关系看，由"大杂居，小聚居"的特点决定了存在不同范围和层面的特定地区内的单一民族经济和特定地区内的多民族经济。在经济发展的初始阶段，民族的单一性与经济活动的单一性是统一的，随着经济交往的加强，分工的深化，民族的分布越来越分散、杂居，而经济结构也越多样。因此，在一些传统经济和乡村经济为主的少数民族地区，单一民族经济的存在较突出，也较普遍，这时民族与经济具有较高的一致性，即经济是以某个民族的特有的形式表现出来的。但是，随着城市化和工业化的推进，民族人口与民族经济的分布发展越来越复杂，单一民族经济形态几乎不存在。

（一）特定地区内的单一民族经济

中国民族分布格局的特点决定了一定地区内的单一民族经济存在并不普遍，从地理区域看主要在西南山区和西北农牧区，且基本上在一些偏远的山区或边疆地区，从行政区域看主要在乡镇及村级有较单一的民族经济，在县域层面上也存在着一些较单一的民族经济。在一些民族地区，虽然很少有单一民族居住，从表面看没有单一民族经济存在，但从现实的民族分布情况看，很多地区除主体民族外，其他民族大多都是后来迁入这些地区的，后迁入的民族大多居住在自然条件较好的地区，还有一些是20世纪50年代后通过支边或国有企业的整体迁入等途径进入的，这些人口主要分布在城镇和工业基地，而在偏远地区，是较单一的少数民族族群经济。在中国少数民族中,回族的分布最广,各个省市区都有回族人口,但在大部分省区市,他们主要居住在城镇,从事工商业活动。因此,在中国单一民族经济主要存在于较小的地理和行政单元,大部分情况下很难通过行政单元来划分民族经济,而在自然单元中单一民族经济的存在和表现更突出。中国现有的经济统计以行政区划为单元,没有专门的有关民族的经济统计,这给单一民族经济研究带来了一定的困难。

特定地区内单一民族经济的研究除了以行政单元为基础外,还应借鉴社会学和人类学的田野调查方法,以较小地理单元内的单一民族为对象,或者在一定行政单元内专门研究某一少数民族的经济。如在内蒙古呼伦贝尔市,有三个自治旗,在这三个自治旗,自治民族或主体民族人口很少,但其经济发展的历史和现状具有显著的民族特点。如鄂伦春自治旗,境内生活着鄂伦春、鄂温克、达斡尔、蒙古、汉等21个民族,2004年底总人口28.22万人,少数民族人口3.23万人,鄂伦春族2050人,其中猎民830人。又如鄂温克族自治旗,2004年底总人口14.50万人,少数民族5.73万人,鄂温克族人口不足10000人。在这两个自治旗内,主体民族人口都很少,并且随着其他民族的不断迁入,经济发展越来越多元化,鄂伦春的狩猎经济和鄂温克族的驯鹿经济也不再是他们的主要产业,他们基本从事定居农业,同时保留少量的传统经济,因此,对这两个旗民族经济的研究应在研究全旗整体经济的基础上,把鄂伦春和鄂温克族经济的研究作为重要内容,研究其历史形态及其现代的变化,以及随着生计方式的改变对他们生产生活乃至民族文化的影响。

目前从事草原畜牧业的基本都是少数民族,如内蒙古牧区、青藏高原牧区,以及新疆哈萨克族聚居地区。在内蒙古锡林郭勒盟东乌珠穆沁旗和西乌珠穆沁旗,民族人口以蒙古族为主,草原畜牧业是其基本产业,西乌珠穆沁旗人口72376人,蒙古族占68%,其中牧业人口 39914 人，占 55.1%，城镇人口 32462 人，占 44.9%，总面积 22960 平方公里，全旗有天然可利用草场 20290 平方公里，占总面积的 88%。东乌珠穆沁旗户籍人口 5.65 万人，其中蒙古族人口 4.08 万人，占总人口的 72%，牧民人口 2.78 万人，占总人口的 49%，总土地面积 4.73 万平方公里，其中天然草场面积达 6917 万亩。在这两个旗，从事草原畜牧业的基本是蒙古族，即草原畜牧业是较单一的民族经济。

在全国 120 个少数民族自治县中，少数民族人口比重超过 50% 的有 82 个，占总数的 68.3%。这些县虽然少数民族人口比重高，但绝大部分是多民族聚居的地区，单一民族聚居的并不多。但由于县域是少数民族人口的主要分布区域，在这些县域内，存在着大量的少数民族聚居的乡村，而且通常与全国民族人口的布局一样，在这些少数民族自治县，自然条件和地理位置相对较好的乡镇村是多民族聚居，或者主体民族人口比例低于其在全县所占的比重。在甘肃省东乡族自治县的 25 个乡镇中，有 17 个乡是单一民族东乡族，3 个乡以东乡族为主体，同时有少量汉族分布，四个乡是东乡族、回族、汉族杂居，在城镇 1847 户 9752 人中，东乡族 1034 户 6239 人，汉族 572 户 2633 人，回族 240 户 877 人，还有 1 户 3 人是其他民族。回族、汉族主要分布在自然条件较好的河滩、唐汪等乡镇。因此，东乡县虽然是一个多民族聚居的民族自治县，但在大部分乡村，居民仍以单一民族为主，是单一民族经济，而且受到自然条件等因素的影响，东乡县经济是典型的乡村经济，具有自身的特点，以本地自然环境和资源为依托的养羊、洋芋、花椒产业，以及外出打工经商为主的劳务输出是该县四大支柱产业。

表 4-1　120 个少数民族自治县少数民族人口所占比例

少数民族人口比例（％）	县数	占 120 个自治县的比例（％）
10 以下	1	0.83
10-20	6	5.0
20-30	7	5.83
30-40	11	9.17
40-50	12	10.0
50-60	20	16.67
60-70	19	15.83
70-80	16	13.33
80-90	14	11.67
90 以上	13	10.83

资料来源：根据《中国民族统计年鉴 2005》相关数据整理，北京，民族出版社，2006 年。

20 世纪 80 年代以来，随着人口流动，族际通婚范围和规模的扩大，使得中国各地区都有多个民族成分，单一民族地区越来越少。在大部分少数民族自治州或自治县，都有十几个或几十个民族成分，但不同民族的人口数量不均衡。在一些地区，某一民族人口只有几个或几十人，而且主要居住在城镇，因此，其经济没有明显的民族特征，这里的民族经济主要是具有一定规模人口、经济发展具有本民族特色或共同利益诉求的主体民族的经济。

（二）特定地区内多民族经济

特定地区内多民族经济是中国目前民族经济的主要存在形态，在大部分地区，特定地区内由于各民族杂居分布，经济发展表现为多民族经济，但其存在形态在不同的条件下又有所不同。主要有以下几种情况：

一是在一定地区内,各民族交错分布,从事的经济活动是一样的,经济的民族特点不明显,甚至与一般的经济没有区别,这时主要看民族分布情况及民族人口比重情况,即使在同一经济类型和经济活动条件下,如果不同民族间人口或劳动者比例较大,就会有民族经济利益存在,有时在其他地区或条件下是阶层或社会问题,在民族集团间利益差异存在的情况下又可能表现为民族间利益差异,进而表现为民族问题,这在一些多民族交错分布的区域较突出。

二是在一定的地区范围内,存在着多形态的民族经济。如果把中国作为一个整体看,从南到北,从东到西,经济发展差异性很大,表现为多形态。从一个省的角度看,多形态的表现和存在不尽相同,有些省区这一特点十分突出,如云南、新疆。在云南,自然环境、民族成分复杂多样,经济类型也多种多样,而且具有明显的差异,如彝族、傣族、藏族、白族所从事的经济活动和生产方式都存在着明显的差异,虽然彝族、傣族、白族都从事农耕经济,但彝族主要从事山地农业,种植马铃薯、玉米等杂粮,少数分布在坝区的彝族以水稻种植为主;傣族主要种植水稻和热带经济作物;白族主要分布在自然条件较好的地区,农业生产较先进,工商业发达;藏族主要从事畜牧业和种植业,主要种植玉米、青稞、马铃薯等。在云南还分布着一些少数民族,这些民族历史上社会发育程度低,居住在偏远山区,一些在1949年前处于原始社会末期的民族,从事着刀耕火种的原始农业和采集业,现在他们的经济发展仍很落后,主要从事山地农业。新疆的民族经济同样具有多元性的特点,而且在民族间也存在着明显的差异,如主体民族维吾尔族,主要从事绿洲农业和畜牧业,畜牧业又分为饲养畜牧业和少量草地畜牧业;哈萨克族、蒙古族、柯尔克孜族、塔吉克族主要从事畜牧业,但也有农业经济存在,乌兹别克族根据居住区域的不同分别从事商业、农业和畜牧业。从地州角度来看,其地域范围明显缩小,但根据居住民族的多少和分布情况及相互间的差异程度不同，也会表现出多民族经济特点。如内蒙古呼伦贝尔市，由于民族间历史上在生计方式方面的显著差异，既有农业经济、牧业经济，也有工商业经济，同时还有鄂伦春族的狩猎经济、鄂温克族的驯鹿经济，各种经济类型之间差异很大，同时不同的经济类型又与特定的民族相联系，具有显著的民族特征。

四、各民族经济的交往与融合

在民族形成过程中，最初相当长的时期是相互隔绝的，每个群体生活在相对封闭的地域，有独自的发展轨迹，并由此形成了不同的观念系统，他们之间既存在共同之处又具有各自的特殊性。群体间活动和交往范围的扩大，是不同氏族、部落间相互融合的过程。而在民族形成之后，随着分工和交换的深入，民族间的经济交往进一步深化，范围也在逐渐扩大。每个民族都在随着外界场景和内部结构的变化而处于不断变迁之中，他们关于自身群体的界定、对于自我的称谓、对于本民族在国家——世界政治体系中的地位也由于自身演变和外界的影响而处于不断变化之中。同时随着世界各地之间的交往不断增多，这种变化越来越频繁和深入，各群体相互之间的影响也越来越大。民族间的交往除了经济方面的分工和交换外，还表现在文化艺术等精神领域的相互影响和融合。

从世界范围看，几次技术革命缩小了国家民族间的空间距离，加速了经济文化交往，经济领域的分工和合作越来越密切。从 20 世纪后半叶开始，由于发达国家间生产力发展水平逐渐接近，要素禀赋也越来越趋同，它们在很多产业领域采用基本一致的技术和生产方式。随之而来的就是国家或民族间在生产方式和方法上的差异越来越小，一些传统的具有地方或民族特色的生产方式已经被社会化的大生产方式所取代。表现在国际贸易领域，发达国家之间的分工已不是行业间的垂直分工，更多的是基于规模经济的行业内分工，即使是广大发展中国家也广泛参与到国际分工和贸易领域。当今世界很难找到一个完全孤立于世界经济之外的民族国家，而且国际经济合作和交往的领域越来越广，除了商品贸易外，还有人口和资本的大规模跨国流动。

人口的跨国流动使得单一民族（种族）国家越来越少，大部分国家都是多族群多种族的国家。人员的流动带来不同文化的融合，也加快了经济交流，加快民族国家的发展和繁荣。同时在大部分国家和地区存在着民族（种族）经济差异和经济利益关系，族群间在就业、教育、城市化程度、职业分层等方面存在着差异，进而影响到收入和社会地位。如何调适民族（种族）间在经济利益和社会地位方面的差距，建立和谐的民族（族群）关系，是这些国家政治制度和社会政策的重要内容。

中国多民族国家的形成与大部分国家不同，中国现有的56个民族除个别民族外，都是在中华大地上兴起和繁衍的世居民族，各民族在长期的历史发展中形成了密切的关系，为多民族国家疆界的形成做出了贡献。发源于中华大地的各民族集团是在长期的接触、斗争、融合、认同的过程中逐步形成的，各民族的相互吸收融合，形成了中华民族内部你中有我、我中有你的紧密关系。具体表现在政治、经济、文化等社会生活的各个层面。

从历史发展进程看，中国各民族间的经济交往和融合从来没有停止过，这种交往一方面基于不同的生产类型和产品结构，是社会生产力发展的结果。而在民族间经济交往中，有几个主要地带在中国历史上具有重要意义。一个是长城沿线地区，另一个是青藏高原边缘地区，形成了重要的农畜产品交换区域，而在交换中，往往由汉族或其他少数民族从事这一活动，而游牧民族大多不善于从事商贸活动，因此形成了一些专门在两种生产方式间从事交换活动的商人阶层，他们通常以某一民族为主，例如在西藏、甘肃、青海及四川交界地区，历史上回族是汉藏经济文化交流的主要使者，在内地和藏区农牧产品交换中扮演着重要角色。甘肃省临夏州地处黄土高原与青藏高原、中原农区与高原牧区的交汇地带，中温带气候向寒带气候的过渡地带，是连接中原腹地与西北少数民族地区的商业枢纽，区位优势明显，历来是沟通川、藏、青、新、甘、宁、陕的通道和重要商埠之一，有"陇上旱码头"之称。居住在这里的回、汉、东乡等民族具有从事商贸活动的传统，对农牧区、汉藏民族以及青藏高原与内地的经济文化交流发挥了重要作用。临夏历史上称为"河州"，自汉唐以来就是丝路贸易和民族贸易的重要通道，明朝居西北各茶马司的中心。临夏自古以来也是沟通中原与西域经济的纽带，丝绸之路、唐蕃古道、甘川古道、茶马互市在这里交汇纵横、互补有无，素有"河湟雄镇"之称。长城沿线的许多城镇也是随着南北双方农牧产品的交易而发展起来的，如内蒙古东部地区的满洲里、海拉尔、牙克石、开鲁、赤峰、林西，以及陆续划归东三省的彰武、昌图、梨树、洮南、大赉、阜新等40余座城镇，中西部有陶林、兴和、武川、和林、清水河、托克托、萨拉齐、包头、五原、定远营（今巴音浩特）等10余座城镇。[1]

  各民族集团在经济上形成了相互补充、相互依赖、互相促进的共生关系，这种经济上的内在联系，表现为互市、通贡、和亲、迁徙等，甚至边疆地区和中原地区之间的许多战争、游牧民族的南下也都是在当时历史条件下，各民族经济联系的不同表现。在中国，农牧交错带大多是民族交错分布、多元文化交汇的地方，游牧民族

---

[1] 内蒙古社科院历史组编：《蒙古族通史》（下卷），第141页，北京：民族出版社，2001。

与农耕民族间的产品交换自古就没有中断过。由于牧区生产结构相对简单，一部分需求很难靠自身来满足，必须与外界进行交换，如对粮食、茶叶、蔬菜、盐、布匹等的需求要靠农区提供，农区也需要牧区的牲畜、皮毛等，从而建立起了较稳定的交换关系。古代西域地区的一些农作物如玉米、高粱、棉花和果、菜也相继传入内地，有些少数民族古代的手工业，如采矿、纺织、金玉器具的制作等对中原地区的汉族产生了较大的影响。而中原先进的农耕和手工业技术也不断向周边地区传播和扩散。到了近代，不同民族间的经济联系更加密切，交换关系进一步加强，内地特别是城镇大量吸收民族地区的畜产品、土特产品和其他原料，少数民族地区所需的一些生产和生活必需品，则由内地组织供应。即使是在今天，东部与西部、少数民族与汉族、少数民族与少数民族之间仍存在着密切的分工和经济交往关系。

20世纪50年代以后，尤其是改革开放以来，随着平等团结互助的社会主义新型民族关系的确立，少数民族地区与内地、少数民族地区与少数民族地区之间的经济交往和人员流动速度和规模提高。大批少数民族成员走出草原、大山，分布在各行各业，多民族杂居的情况更普遍。北京市2005年底各少数民族人口为71.8万人，与2000年相比，居住在北京市的少数民族人口增加了13万人，增长22.1%，年均增长率为4.1%，超过同期常住人口2.4%的年均增长率。[①] 近20多年，广州、成都等大中城市少数民族流动人口增长速度都远远高于常住少数民族人口的增速。而广州市少数民族流动人口总数已达到19万，约占全市少数民族人口总数的87%，是具有本市户籍少数民族人口的4倍多。据第五次人口普查统计，广州市户

---

① 北京外来人口超过350万，少数民族人口增长较快，《竞报》，2006/03/25。

籍少数民族人口中，42%的人口出生地为本省以外的其他省区。① 此外，随着改革开放和社会主义市场经济的深入发展，边远地区的少数民族的思想观念也发生着变化，越来越多的少数民族人员从封闭的村寨走出来，以经商务工等形式涌入广州，这部分人是广州市少数民族人口快速增长的主要原因。

尽管中国民族人口的分布具有"大杂居，小聚居"的特征，但从总体分布格局看，少数民族人口的绝大部分分布在西部地区，这是历史形成的，东西部之间的经济关系在一定程度上反映了少数民族与汉族的经济关系。东西部之间在经济发展基础和阶段、要素禀赋等方面存在着差异性，同时又有互补性。在要素禀赋方面，东西部之间有很强的互补性，东部地区具有资金、技术、人才优势，西部地区具有资源优势。西部为东部加工工业的发展乃至人民生活提供了大量资源，如煤、电、气、农畜产品等，目前正在实施的"西电东送"、"西气东输"，满足了东部地区对能源的需求，北京1/4的电来自内蒙古，上海居民用上了新疆的天然气。东部在资金、技术、人才等方面也给予西部大力支持，国家和东部地区的支援，加快了西部地区工业化进程，各项事业快速发展。在产业结构方面，东西部之间的互补性也很强，东部地区工业门类齐全，以加工工业为主，西部地区资源性产业比重高，长期以来为东部加工工业的发展提供能源、原材料。在国家通过低价统一调拨的条件下，西部无形中大力支援了国家建设。

在今后工业化和城镇化的进程中，中华各民族之间的交流将日益增多，民族间的杂居现象更为普遍。随着各民族之间经济文化联系、交往日益频繁，人口流动的规模和范围也将快速扩大，从而引起民族分布特点的变化：一是人口的双向流动，即内地人口因工作、

---

① 广州少数民族流动人口达到19万，大洋网，2002/10/18。

经商、婚姻等需要流向民族地区,同样,边远地区的少数民族也将更多地流向内地特别是沿海发达地区;二是少数民族人口城市化进程将加快,使少数民族人口从原来的聚居区不断向全国各个城市扩散,这些少数民族仍将保持自己的一些民族特点、传统文化和生活习俗。

不可否认,民族间交往和融合对民族经济未来发展的影响是多方面的,既有积极的有利的方面,也会带来新的问题和矛盾。从民族经济发展的角度看,随着工业化和城市化的推进,少数民族农牧业人口比重下降,绝大部分人口将进入城市在非农产业就业,人口分布更加分散,各民族从事同样的劳动,民族经济的特色将会被淡化。即使在农村牧区,民族经济也越来越多运用现代化的生产工具和方式,除因自然环境的差异决定的民族经济的差异外,民族间生产生活方式的共同性增强,差异减少。同时,民族的融合是一个漫长的过程,这一过程将加快中国经济发展,从而使各民族共同受益。但由于各民族经济社会发展进程的不同、所处区域及环境的不同,都会在民族融合过程中产生各种各样的经济矛盾和问题。

五、正确认识和处理经济交往过程中的民族经济利益关系

从迄今为止民族形成发展的历史进程看,由于民族间的融合、杂居和交错分布,经济文化的交流越来越密切。民族间交往和融合的深化与生产力进步、经济发展具有密切的关系。随着今后世界范围经济合作和交往的更加深入和广泛,会加快国家民族间的经济交往,在这一过程中一直伴随着各种各样的经济合作、交流及利益关系,这些利益关系既有互利的共同利益,也有经济交往过程中的各种矛盾。在中华民族共同利益的基础上,不同的民族在不同的发展阶段具有不同的发展问题、不同的民族经济利益。民族间经济交往

是实现民族经济利益的最好途径,通过经济交往满足多方面的需求,同时获取更大的经济利益。但由于不同民族集团具有自身相对独立的经济利益,在经济交往过程中要处理好各种民族经济利益关系。

民族关系的实质是经济关系,经济关系的关键就是民族经济利益。经济发展或进步的过程同时也是利益实现和分配的过程,而经济发展参与主体的多元性,也决定了利益主体的多元性,而且存在着不同层次的利益关系,要实现社会经济的协调发展,就必须研究和调整各种利益关系。在多民族国家中,民族利益关系是这些利益关系中的重要方面。这种民族利益关系有时表现为少数民族与主体民族之间的利益关系,有时表现为少数民族与少数民族之间的利益关系。从区域角度看,民族利益关系往往又与区域经济利益关系联系在一起,这又具体表现为不同民族居住的区域之间的利益关系,以及同一区域内不同民族之间的利益关系。民族及区域之间的利益关系不是一成不变的,在不同的社会历史条件下,民族利益关系也在不断地变化和调整。中国少数民族经济研究民族经济利益关系,不是站在某一个民族的立场上强调绝对经济利益,而是以社会公平和协调发展为主旨,主要研究区域经济发展利益的分配、参与机会均等以及增强自我发展能力等问题,尤其是保障经济社会发育程度较低、自我发展能力不足的少数民族的利益,主要包括以下几个方面的措施。

(一)直接的经济援助

《宪法》规定:"国家尽一切努力,促进全国各民族的共同繁荣。"《民族区域自治法》进一步把上级国家机关支持、帮助民族自治地方加快发展,明确规定为一项法律义务。为贯彻落实《宪法》和《民族区域自治法》的规定,自20世纪50年代以来,中国政府制定和实施了一系列针对少数民族的经济扶持政策,加快少数民族及少数民族地区经济社会发展。具体如基础设施建设、财政金融、文化教育、扶贫等方面。由于受到自然、历史等方面因素的影响，少数民族及少数民族地区的贫困问题仍很突出，对这些地区和人口，在进行开发式扶贫的基础上，仍需给予相应的直接的经济援助和救济。2005年少数民族聚居地区的农村绝对贫困人口为1170.4万人，占全国同类人口的49.5%；初步解决温饱的农村低收入人口为2048万人，占全国同类人口的50.4%；贫困发生率为6.9%，比全国水平高4.4个百分点，其中大约有20个民族的390万人贫困发生率高达23.9%。直接扶持主要包括：建立社会保障体系，使其具有基本医疗、养老、生活保障，建立有别于其他地区的政府保障机制；针对一些不具备基本生产和生活条件的地区，实行有计划地搬迁安置；对地方病、传染病多发地区和民族，建立专门的医疗救助和防疫体系，提供免费防治和治疗服务，提高这些地区人口的身体素质。

（二）提高自我发展能力

自我发展能力不足是大部分少数民族及民族地区存在的普遍现象。由于受到历史及经济发展水平的限制，大部分少数民族还不能很好地利用现有的资源和条件发展经济，在生产和市场机会的把握、要素动员等方面处于被动地位，存在着"捧着金碗要饭吃"的尴尬局面。少数民族自我发展能力的不足进一步强化了自然地理条件的约束，形成一种相互制约的关系

提高少数民族自我发展能力的关键是提高劳动者的素质技能，劳动者作为民族地区经济社会发展的主体，是民族地区经济发展的根本。劳动者的技能素质是一个国家或地区生产力水平提高、科学技术推广以及社会经济发展的基础，同时也反映着社会经济的发展程度。从世界各国的经济发展情况看，劳动者素质技能普遍高的国家，经济发展就快，经济结构也先进。并且高素质技能的劳动者可以弥补自然资源和资本要素的不足，推动本国经济快速发展。战后日本经济短时间内的复苏和崛起，在很大程度上得益于其明治维新

以来的教育普及和发展，积累了高素质的劳动者队伍，他们的受教育程度和知识积累适应工业化发展的要求。

劳动者的素质技能包括三个层次的内容：一是身体素质，二是技能素质，三是精神文化素质，身体素质是技能素质形成和发挥的基础，精神文化素质是技能素质形成和发挥的导引。以上三个层次的素质是统一的，并由主体的技能素质集中表现出来。劳动者的技能素质包括技术和经营管理的能力。随着社会分工和产业发展，劳动者技能素质的层次性也越来越突出。只有分工的素质技能的存在，才有分工的社会现实，而分工的社会现实又要求并促进分工的技能素质；只有技能素质的提高，才有产业的发展，而产业的发展又促进技能素质的提高。技能素质的提高，又为新行业、产业的出现和发展提供了基本条件。在技能素质提高的同时，又要求并带动身体素质和精神文化素质的提高。[①]

中国少数民族劳动者的整体技能素质低于全国平均水平，同时民族间差异较大。以衡量劳动者技能素质重要指标之一的文盲率为例，2000年人口普查资料显示，15岁及以上人口的文盲率全国为9.08%，少数民族中高于20%的有藏族（47.55%）、彝族（23.20%）、布依族（23.77%）、哈尼族（29.76%）、傈僳族（32.54%）、佤族（23.51%）、拉祜族（23.72%）、水族（22.06%）、东乡族（62.88%）、土族（23.20%）、布朗族（23.43%）、撒拉族（49.11%）、普米族（30.06%）、怒族（32.02%）、德昂族（21.25%）、保安族（55.94%）、独龙族（26.80%）、门巴族（56.21%）、珞巴族（50.79%）。同时这些民

---

① 刘永佶：《中国经济矛盾论——中国政治经济学大纲》，第608－609页，北京：中国经济出版社，2004。

族的农业户口人数大多在90%以上，基本处于传统农业社会阶段。[①]

提高少数民族劳动者素质技能的主要途径是在提高其社会地位的同时，通过教育和培训提高科学文化素质，提高劳动技能，适应现代社会分工和发展的需要。因此，在大力普及和发展基础教育的同时，对劳动力进行有计划的职业技术培训，通过职业教育使其掌握一定的职业技能。在未来中国社会向工业化和城镇化快速转型的过程中，少数民族劳动者的技能和职业转换面临着巨大的挑战，在提高其文化素质的同时，还要适应城市的生活环境和现代工业的管理要求，成为合格的产业工人。

（三）在资源开发中保障当地少数民族的利益

历史上自然资源拥有量的多少和禀赋的差异，决定了经济发展的水平和分工格局。近年来，随着科学技术的发展和世界经济一体化的进程，自然资源在经济发展中的作用有所下降，但资源状况仍是衡量经济发展潜力和竞争力的重要指标。长期以来，民族地区丰富的自然资源是其经济发展的重要基础和优势，大部分民族地区都以资源禀赋为依托，发展资源型产业。但始于20世纪50年代的资源开发和资源型产业的发展，是在统制经济体制下，通过国家意志广泛动员全国的资源，包括人力资源与物质资源，在较短的时间内，在民族地区建立起了以原材料工业和国防工业为主的工业体系，从而打破了民族地区的封闭状态，以及以农牧业经济为主的经济结构，开始了民族地区的工业化进程。由于实施的是政府主导型的开发模式，因而从开发方式、产业选择、经济运行机制到人力资源动员、利益分配方式都贯彻了国家的意志和需要。在协调地方利益关系方面，倡导地方利益服从国家利益，即局部服从整体。在"外嵌入"

---

① 根据《2000年人口普查中国民族人口资料》有关资料整理，北京：民族出版社，2003。

式的开发模式下,资源所在地的微观主体乃至地方政府往往被排斥在开发过程之外,尤其是缺少参与开发过程的渠道和机制。由于不能积极参与到经济开发和发展过程之中,当地居民和地方政府只能获取经济开发的"溢出效益",即享受有限的公共工程投资等给区域发展带来的利益。

少数民族作为重要的行为主体、经济主体和利益主体,在过去的资源开发活动中,没有更多的机会参与到区域经济开发中来,处于被动和旁观的地位。绝大部分少数民族及其成员从事着与现代工业部门基本隔绝的传统农牧业生产,他们与城市、现代工业之间没有太多的物质和能量转换。城市与乡村、工业与农业是两个相对封闭的循环系统。这种经济开发格局的结果是区域经济发展没有相应地带动当地各民族经济的发展。甚至在一些开发项目中,由于过分强调国家利益和整体利益,忽视了当地各民族的利益和需要,使其生产生活条件恶化。

资源存在于一定的地理空间,其开发过程必然影响和涉及利益分配问题,如果资源开发的结果没有带来当地社会经济的发展,给当地人带来实实在在的利益,就会出现各种各样的问题与矛盾。国家在资源开发过程中,要积极动员民族地区各种生产要素的广泛参与,把资源开发与发展地方经济结合起来。以优势资源为依托,对资源进行深加工,增加附加值,把资源优势转化为经济优势和市场优势,使民族地区尽快走上富裕之路。

第 五 章
少数民族经济制度与体制

在中国少数民族经济矛盾体系中，经济制度和经济体制的矛盾是少数民族基本经济矛盾的展开，也是研究少数民族经济结构和运行机制矛盾、经济管理矛盾和民族间经济交往矛盾的必要前提。

一、少数民族经济制度的历史差异

马克思主义认为，人们只能在一定的社会联系中从事生产，生产关系决定其他各种经济关系，一定社会生产关系的总和称为经济基础；评价社会经济制度的标准，就是看它与生产力的关系是否相适应，是促进还是阻碍生产力的发展。同时，经济制度在一个社会中一旦确立，即具有相对稳定性，贯穿于一定社会发展的全过程，其质的规定不会发生根本变化，如果发生改变或废止，则意味着社会形态发生了剧变。有学者这样规定"经济制度"："经济制度是指人类社会发展一定阶段生产关系的总和。如资本主义生产关系的总和构成资本主义经济制度；社会主义生产关系的总和构成社会主义经济制度。而一定的经济制度构成该社会的经济基础，并规定其政治制度和人们的社会认识。"①

可见,上述对经济制度的规定,是通过生产力—生产关系(经济基础)—上层建筑之间的矛盾展开的,并由此来规定社会形态。这也是沿袭20世纪50年代苏联教科书的观点:在脱离了人的主体性的前提下,将生产力和生产关系作为唯物主义历史观的出发点,并作为社会的基本矛盾演绎历史。其中,将生产力又分为劳动者、劳动工具和劳动对象三个平列的部分,认为社会的发展主要取决于"物质生产力"。这种观点明显地否认生产力的主体是人,将生产力物质化。

生产力作为一个社会范畴,其主体是人,是劳动者,是劳动者素质技能的总体表现。劳动者素质技能水平,取决于人性升华及劳动者人格、价值、权利和自由的发展。劳动者的社会地位,在经济上集中体现在劳动力所有权和生产资料所有权及其相互关系上,是其素质技能的社会形式,它在总体上表现为生产关系。因此,生产力是劳动者素质技能的社会表现,生产关系则是劳动者经济地位的社会形式。② 任何社会的生产,都是以劳动者为主体的,是他们劳动力的发挥过程。劳动者的素质技能是生产的根据,是生产力的内容。但其素质技能的提高与发挥,又要受社会制度和结构的制约。这种关系,是认识社会基本矛盾及各种具体矛盾首先要考虑的。

依据这种逻辑关系以及关于社会基本矛盾的认识,可以这样定义中国少数民族经济制度,即少数民族劳动者的劳动力所有权与生产资料所有权及其关系的总和。它规定着中国少数民族社会的生产、分配和交换的基本原则,规定着社会生产关系的性质,是社会的基

---

① 许涤新:《政治经济学词典》,第60页,北京:人民出版社,1980。
② 刘永佶:《主义主题方法——社会主义政治经济学之基本》,第283页,北京:中国经济出版社,2001。

本制度，也是区分中国少数民族社会形态的基本依据。

人们曾以不同标准来划分历史阶段，但因其分别代表统治阶级的意识，总把统治阶级的意识形态作为划分标准。马克思第一次站在劳动者的立场上，以生产力和生产关系的矛盾运动来规定人类社会的历史阶段。但生产力和生产关系还是中性概念，特别是生产力，很容易被人们误解为物质力量，或者是"物质力与人力结合"的力量。更重要的是，这两个概念都未明确反映劳动者的主体性，需要进一步抽象，建立概念体系，论证劳动者的主体性。以少数民族劳动者的素质技能和社会地位之间的矛盾来规定少数民族社会的历史发展阶段，不仅明确了少数民族劳动者的主体性，也规定了生产力和生产关系的本质。因此，应以少数民族劳动者的素质技能和社会地位作为划分中国少数民族社会历史阶段的依据与标准，并由此说明生产力和生产关系矛盾形成的经济基础，以及经济基础与上层建筑、意识形态之间的矛盾。

依据中国少数民族劳动者素质技能与其社会地位之间的矛盾演化，特别是少数民族劳动者对劳动力和生产资料的所有权的实现程度，中国少数民族社会的经济制度可以划分为：原始公社的氏族制、奴隶制、封建领主制、集权官僚制、社会主义经济制度。

1. 原始公社的氏族制。原始社会是人类以劳动摆脱动物界的初级阶段，这是一个相当漫长的过程，有二三百万年的时间。在这个阶段，人的素质技能低下，没有劳动者和非劳动者之分，只能在以血缘关系维系的部族内群居，进行简单再生产。人与人之间，没有明确的权利关系，但有因年龄、性别、素质技能等差异而形成的能力、地位的差别。部族间很少交往，交往时往往发生冲突、杀掠。

历经两次社会大分工，人们的素质技能有一定提高，特别是发明了冶炼和制造金属工具之后，农业、畜牧业、手工业都得到长足发展，出现了直接以交换为目的的商品生产。到第三次社会大分工之后，贫富差距扩大，土地、财产等开始世袭，人们的社会地位开始分化。

在对各少数民族进行民主改革和社会主义改造前，我国还存有原始公社氏族制的残余，主要分布在西南地区的独龙、怒、佤、傈僳、布朗、德昂、景颇、基诺、拉祜（含1987年8月9日恢复为拉祜族的苦聪人）等族，东北地区的鄂伦春族、鄂温克族和赫哲族，东南、中南地区的黎族、瑶族以及台湾省的高山族，总人口约为60万。[①]

2. 奴隶制。经原始社会的演变，人的素质技能逐步提高，劳动产品出现剩余，于是有些部族首领开始利用其地位或能力（体能和智能）将这部分剩余产品占为己有。原来部族间的冲突往往是以杀掠为目的，现在则将敌方人口俘虏，并驱使其劳动，沦为奴隶，部族首领则成为奴隶主。奴隶为氏族部族首领所私有，其劳动的剩余产品也为奴隶主完全无偿占有，而奴隶也必须能生产出剩余产品——除去维持其基本生活资料外的产品，否则，奴隶主就会将其杀掉。本部族中的贫困者，也会因欠债或其他原因而变成奴隶。由此，奴隶主不再从事劳动，奴隶成为主要的劳动者，但没有人的身份和地位。除仍在原始社会止步不前的少数地区外，绝大多数部族都曾经历奴隶社会，并由此而向封建领主制社会过渡。整个社会开始出现阶级分化，即分裂为主人和奴隶、剥削者和被剥削者。

我国在对少数民族进行民主改革和社会主义改造前，奴隶制的社会形态主要分布在四川和云南大、小凉山的部分彝族中，总人口

---

① 黄万纶、李文潮：《中国少数民族经济教程》，第78页，太原：山西教育出版社，1998。

约100万。① 在彝族氏族制社会中，人口被分为诺合（黑彝、贵族）、曲诺（平民）、阿加（"主子寨旁的奴"）和岬西（"主子锅庄旁边的手足"）四个等级。诺合等级占有该地区70%的土地和大量牲口，并不同程度地占有其他三个等级人口的人身权利。

3. 封建领主制。封建领主制社会的特点是："封国土，建诸侯"，领主拥有土地的所有权及农奴的人身所有权，但农奴比奴隶有更多的自由，即拥有对其劳动力和小块土地的使用权及相应的收益权。与奴隶相比，农奴的素质技能有较大提高，领主依所有权对农奴的统治也较奴隶宽松。具体的制度形式在各地有所差异，但其共性是：领主依血缘关系或功绩得到一块领土的所有权，并拥有在该领土上农奴的人身所有权。此外，领主还可以通过战争掠夺土地和人口（被掠夺者即为农奴），以及用某种优惠政策从邻邦"招徕"人口。对其领地和农奴，领主还可以再细分给其子孙或功臣，但分的不是所有权，而是占有权。实际的生产过程，就是由行使占有权的小领主来进行的，其模式为：小领主留出一块土地，再将余下土地的使用权按农奴人口分配。农忙时，农奴先到小领主留下的土地上劳作，其收获物归领主；其余时间再回到自家使用的土地上劳作，收获物中的大部分要作为贡赋交给领主，余下的自家消费。同时，小领主再向大领主交纳贡赋。封建领主制下的农奴不仅可以领到小块土地的使用权和贡赋外产品的收益权，还可以结婚生子，虽然其子女仍是农奴，但毕竟有了相对独立的自身利益，由此也促进了其素质技能的提高与发挥。

在我国，解放前封建领主制主要分布在西南地区的藏族、门巴族、哈尼族、傣族的大部分以及西北地区的维吾尔、蒙古等族的部

---

① 刘永佶：《民族经济学大纲》，第116页，北京：中央民族大学出版社，2006。

分地区和人口中,总人口约为400万。① 中国少数民族封建领主制的典型代表,是等级森严的西藏封建农奴制。

4. 集权官僚制。有学者认为,把中国从秦朝至清朝的社会性质界定为封建社会是不确切的,应当界定为集权官僚制社会。② 集权官僚制社会,在农业文明发达的中国最为典型,从秦汉统一到清灭亡,持续了两千余年。世界上除朝鲜进入这个阶段外,只有欧洲在封建领主制灭亡、资本雇佣制确立之间的短暂过渡时期(大体上是17—19世纪)部分地实行了这种经济制度。集权官僚制的特点是:官僚地主阶级集合了全部土地,即主要生产资料的所有权,并掌握着全部的政治权力,通过废除封建领主制,实行大一统的集权统治。由国家将一部分土地占有权以勋田、禄田等形式分给官僚,成为官僚地主阶级,另一部分土地占有权以"均配"方式分给农民。由于土地占有权可以买卖,加上人口的增加,会有相当一部分农民(佃农)失去土地占有权,只能向官僚地主租种土地,获取使用权。除官僚地主外,还有一部分商人和富裕农民购买较多土地占有权,成为地主,其土地也租给佃农。地主和拥有土地占有权的农民要向国家交税,佃农要向地主交租。农民拥有对自身劳动力的所有权,因此,他们可以出卖劳动力使用权给地主或商人,还有父母(或自己)出卖子女人身权。与农奴相比,农民的权利明显增多,社会地位也相应提高,这既是其素质技能提高的要求和表现,也是素质技能提高的原因。而这也恰是中国较早进入集权官僚制社会,在农业文明发展中领先于世的根据。

---

① 黄万纶、李文潮:《中国少数民族经济教程》,第92页,太原:山西教育出版社,1998。
② 刘永佶:《农民权利论》,第10-18页,北京:中国经济出版社,2007。

在中国，解放前实行集权官僚制的少数民族主要有壮族、回族、维吾尔族、朝鲜族、满族、布依族、白族、土家族、侗族、苗族等三十几个民族和蒙古族、彝族、黎族的大部分地区以及藏族的小部分地区，总人口约3000万。①

5. 社会主义经济制度。这是在工业生产方式发展的过程中，以劳动者素质技能的提高为依据，并通过劳动力所有权派生的民主权所组成的政治势力的斗争和夺取政权而建立自主劳动的社会经济制度。以民主劳动经济制度为基础的民主劳动社会，马克思曾称之为"共产主义社会"，而现在则统称为"社会主义社会"。"共产主义"是比"社会主义"更为准确的提法，但人们已习惯于将"共产主义"看成是"社会主义"之后的更高级的阶段。

社会主义经济制度的特点在于：劳动者拥有劳动力所有权和生产资料的所有权，以及由这两个权利所派生的民主权。生产资料的个人所有权又派生并集合为共同占有的权利，这些占有权利由经民主权立法并选举的国家机构行使，受同样选举产生的执法权、司法权和行政权行使机构的监督、管理，以及劳动者的民主监督。劳动力所有权在公有制企业中，也派生并集合共同占有权，民主选举其行使机构和负责人。公有制企业由上述两个所有权派生的占有权及其占有权行使机构联合控制，选聘经营权行使者，劳动者在经营者的组织管理下各尽所能地劳动，并按所付出劳动的质和量，领取生活资料。劳动者所创造的公共价值，由占有权、行政权的行使机构统一处置，用于扩大再生产和社会保障、公共事业、社会福利等。新中国成立后，特别是完成了对各少数民族的社会主义改造后，我国各少数民族在总体上进入了社会主义社会。

---

① 刘永佶：《民族经济学大纲》，第118页，北京：中央民族大学出版社，2006。

人类社会不同历史阶段的经济制度，在不同地区、民族和国家，并不是整齐划一的，而是时空错落、纷繁复杂的。特别在古代，不同地区、民族间的发展，往往要相差几百、甚至于上千年，这在中国少数民族地区表现尤为典型。在中国少数民族地区没有经历典型的资本主义经济形态。各少数民族经济制度的发育程度，总体上落后于汉族。然而，通过各民族之间的取长补短，交往与交流过程中相互学习和借鉴，各民族经济制度得以逐步形成与完善。

二、民主改革促成少数民族经济进入统一的初级社会主义制度

新中国成立后，我国各少数民族在总体上进入了社会主义社会，建立了初级的社会主义经济制度。少数民族地区社会主义经济制度的建立，是以党和政府在少数民族地区进行社会主义性质的社会改革和社会主义改造为前提和基础的。

我国少数民族在民主改革以前，还分别保留着奴隶制经济制度、封建领主制经济制度、集权官僚制经济制度等。奴隶主、农奴主、地主凭借他们对生产资料的占有并凭借掌握的反动政权，对广大奴隶、农奴、贫苦农民和其他劳动者进行残酷的政治统治和经济剥削，广大劳动人民过着十分悲惨的生活。奴隶制、封建领主制和集权官僚制的土地所有制及其剥削，从根本上阻碍着我国少数民族地区生产力的发展。只有变革所有制，才能使社会生产力得到发展。在剥削制度存在的条件下，民族问题的实质是阶级问题（当然不完全等于阶级问题），如果忽视少数民族劳动人民解决对抗性的阶级矛盾这一要求是不可能解决我国民族问题的。因此，为了巩固祖国的统一，进一步加强民族团结，真正实现民族平等，从根本上解决民族问题，必须在少数民族地区进行社会主义民主改革。

党和政府在少数民族地区的民主改革中，按照"慎重稳进"的

方针，根据各个民族地区的具体情况，采取了不同的方式、步骤和措施。在农业区，民主改革的基本内容是进行土地改革。通过土地改革，把地主、封建领主、奴隶主的土地分配给无地或少地的贫苦农民和农奴、奴隶，废除封建主和奴隶主的一切特权和剥削，以此解决劳动人民缺少生产资料，深受剥削的问题。在牧业区，进行民主改革时，主要内容是废除封建领主特权和封建剥削，根据牧业经济的特点，实行牧场公有、自由放牧、牧工牧主两利和帮助贫苦牧民发展生产等一系列保护和发展牧业生产的政策措施，在生产发展的基础上，逐步地采取恰当方式对牧主和牧民进行社会主义改造。对于少部分生产力水平十分低下，还保持有原始公社制度的残余，阶级分化尚不明显的民族地区，不进行系统的民主改革运动，而是采取了大力扶助他们发展生产和文化，直接走合作化的道路，结合社会主义改造进行必要的改革。废除宗教上层和宗教寺庙对人民群众的封建特权和封建剥削，也是我国少数民族地区民主改革的一项重要内容。在中国共产党的正确领导下，我国少数民族地区的民主改革经过了伟大的群众运动以后，得以先后完成。少数民族地区民主改革的完成，具有重大的理论与实践意义，不仅丰富和发展了马克思列宁主义关于土地问题的理论和社会变革的理论，而且也为我国少数民族地区生产资料私有制的社会主义改造创造了条件。

在完成对少数民族地区的民主改革的基础上，党和政府又开展了对少数民族地区农业、牧业、手工业和私营工商业的社会主义改造。少数民族地区农业、牧业的社会主义改造，走的是合作化的道路。党在少数民族地区的农业、牧业合作化过程中，一方面运用了汉族地区农业合作化的普遍经验，另一方面也充分注意了各少数民族地区的特殊性。1956年9月，党中央在"关于加强农业生产合作社的领导和组织建设的指示"中指出："合作化运动和合作化的建设工作，都必须根据完全尊重民族自愿的原则和不同的民族特点来安排工作,照搬内地经验,就会影响生产,也会影响民族之间的团结。"① 所有这些保证了少数民族地区的农业、牧业合作化运动得以健康地发展。到1957年6月,全国已有3000万人口的少数民族地区基本实现了社会主义性质的农业、牧业合作化。居住在这些民族地区的少数民族有:壮、回、苗、蒙、满、维吾尔、布依、朝鲜、侗、纳西、瑶、黎、东乡、保安、土、撒拉、俄罗斯、达斡尔、毛南等20多个支民族。这些地区入社农户、牧户大都在90%以上。② 在进行农业、牧业社会主义改造的同时,也对少数民族地区的手工业和私营工商业进行了社会主义改造。对它们的改造,也是经过合作化的道路,即根据自愿互利的原则,把分散的手工业者和私营工商业者组织起来,通过生产小组—供销社—生产合作社的道路,逐步变个体、私营手工业、商业为社会主义性质的集体所有制。同时,在改造过程中,把对手工业、个体私营工商业的改造与对个体手工业者、私营工商业者的改造有机结合起来。到1958年底,全国各少数民族地区,除了个别民族地区外,基本上完成了生产资料私有制的社会主义改造。

少数民族地区社会民主改革和社会主义改造的胜利,为少数民族地区建立社会主义公有制经济的统治地位奠定了政治、经济基础,也标志着少数民族经济制度与国家经济制度实现了统一。

从理论上分析,在国家产生之后,少数民族经济制度与国家经济制度的一致性来源于民族与国家的统一性。一般来说,少数民族经济制度实现与国家经济制度的统一有以下几种可能:

第一,少数民族经济制度和国家经济制度完全一致。这主要体

---

① 《民族政策文件汇编》(第二编),第96页,北京:人民出版社,1958。
② 黄万纶、李文潮:《中国少数民族经济教程》,第123页,太原:山西教育出版社,1998。

现在单一民族国家，比如东亚的日本，由于其国内没有少数民族（至少官方没有认定国内的少数民族），大和民族的经济制度和日本的国家经济制度就是完全一致的。

第二，主干民族的经济制度本身代表着国家经济制度。比如中国，汉族始终在中华民族具有主干民族地位，因此，汉民族的经济制度和整个国家的经济制度大致是统一的。

第三，非主干的少数民族的经济制度通过学习主干民族的经济制度，进而使自身融合成为主干民族的构成部分，从而实现与国家经济制度的统一。比如中国历史上的蒙古族和满族，在掌握国家政权，建立元朝、清朝后，努力学习汉民族先进的经济制度，迅速实现其经济制度从原有的封建领主制向集权官僚制的转化。这样，既实现了自身和汉民族的融合，并成为主干民族，同时也实现了少数民族经济制度与国家经济制度的统一。

第四，社会政治、经济的变革使非主干的少数民族经济制度发生转变，以实现少数民族经济制度与国家经济制度的统一。这种情况在我国非常典型。解放前，西南地区的傈僳、佤、景颇、独龙、怒、布朗和基诺族，东北地区的鄂伦春、鄂温克、赫哲族，中南地区的一部分黎族中，还存在着比较浓厚的原始公社制残余，居住在四川和云南两省交界的大、小凉山的彝族，还保留着比较完整的奴隶制度，居住在西南和西北地区的藏族、云南的傣族和新疆墨玉县夏合勒克乡的维吾尔族，以及内蒙古的一部分蒙古族，还保留着封建领主制度等。新中国建立后，经过民主改革和社会主义改造，这些少数民族的经济制度迅速实现向社会主义经济制度的转变，实现了与国家经济制度的统一。

对于中国这样一个多支民族构成的国家来讲，各民族经济制度的差异性固然存在，但国家经济制度从来都是统一的、完整的权利体系和经济系统，少数民族经济制度与国家经济制度的统一呈现为一种常态。这是因为：一方面，各支民族的"大杂居"和个别支民族先进的经济制度的外溢性使得多支民族的经济制度统一，进而能够实现与国家经济制度的统一。比如我国的汉民族过渡到集权官僚制社会以后，与汉族杂居的回族、壮族、朝鲜族、蒙古族等，也逐步学习汉民族先进的经济制度，实现了向先进制度的转变，同时也使得汉族的经济制度的影响范围进一步扩大，总体上呈现出与国家经济制度的统一；另一方面，国家经济制度作为完整的国民经济体系，是由分工明细的各领域有机组成，并且产生统一的规则、秩序和法律，这些统一的要素不会同时因为各个不同的少数民族而产生区别。这种完整形态的国民经济系统使得少数民族的经济制度和国家经济制度呈现出一致性。

三、劳动者素质技能的差别引起权利关系的差别

社会经济制度的基本点是经济权利。权利是人社会地位的法律规定和保证。经济生活中的权利，是针对人在经济活动各环节的地位和关系的，因而也是多层次、多方位的，涉及劳动力和物质资料的所有、占有、处置、使用、管理、收益等各方面。在经济权利中，所有权是基本的权利，其他经济权利和政治权利，都是所有权的派生形式。所有权包含劳动力所有权和生产资料所有权。有无这两个所有权，是作为经济主体的劳动者经济地位的标志。而由所有权派生的民主权，又是劳动者政治地位的标志。因此，经济制度的内容就是权利体系，少数民族经济制度的内容也就是少数民族劳动者的劳动力所有权和生产资料所有权及其派生的权利体系，以及由此确定的社会地位。

自从人类社会形成所有权及所有制以来，大多数劳动者就没有完全地拥有劳动力所有权和生产资料所有权，因此，也就没有拥有

完全的民主权。劳动力所有权是少数民族劳动者的基本权利。18—19世纪在资本主义工业社会时期,劳动力所有权在英、法得到法律形式上的承认。劳动者出卖劳动力使用权换得资本所有者支付的工资,从形式上看是自由、平等的,但在内容上是以生命来换取货币、资本,以购买基本的生活资料,而资本所有者是以货币来购买劳动者的生命。正如黑格尔所述,"如果我把在劳动中获得具体化的全部时间以及我的全部作品都转让了,那就等于我把这些东西中实体性的东西,我的普遍的活动和现实性、我的人格,都让给他人所有了。"①

社会主义经济制度的建立,首要和核心的环节,就是确立和保证劳动者对其劳动力的所有权,使劳动力个人所有权占主导的生产关系制度化。社会主义运动是以劳动力所有权为依据的劳动者进行的社会变革,同时也是扩大劳动力所有权及劳动者利益,提高劳动者素质技能的社会进程。我国的各个少数民族在社会主义经济制度下,劳动者的个人劳动力所有权并不因消灭了生产资料资本化的私有制而消失,它还要在社会主义生产关系中进一步强化并突出其主体地位,以此来确立劳动者对共同占有的生产资料的个人所有权,控制公有制经济的占有权和收益权等权利。

由劳动创造的生产资料归劳动者个人所有,这也是劳动者的基本权利。其根据,就在于劳动者以其所有的劳动力施于物,该物因劳动而改变性能,从而成为进一步劳动的工具或原料,并由此体现了劳动所创造的价值。劳动者因其劳动力的所有权,而拥有对生产资料的所有权。中国少数民族地区的社会主义公有制,作为一种新的权利体系,其基本权利,就是劳动力所有权,其次是对共同占有的生产资料的个人所有权。从这个意义上说,对共同占有的生产资

---

① 黑格尔:《法哲学原理》,第75页,北京:商务印书馆,1995。

料的个人所有权,是劳动力个人所有权的直接派生形式。明确了劳动力所有权,也就明确了劳动者对生产资料的个人所有权。

明确劳动力所有权及其派生的对生产资料的所有权之后,还应当进一步明确所有权主体对占有权的控制。占有权是所有权的权能之一,当所有权主体不能直接行使占有,而需要委托代理人行使时,所有权就派生出占有权,受委托者是代表所有权主体来行使占有权的。在中国少数民族地区的社会主义公有制企业中,所有权主体是包括少数民族成员的劳动者,行使占有权的,在集体或合作企业是由所有权主体选举的专门机构,在国有企业中,则是由作为国民的全体劳动者通过立法和选举产生的专门机构。进而,明确行使占有权的机构对经营权行使者的监督机制,按照企业经营的规律,选聘经营者,界定其权能职责,以及经营目标、奖惩办法等。此外,还有两个环节,即监督权和管理权。监督权是代表所有权主体对占有权的行使、经营权的运作及劳动力的使用等全过程的监督,其职能与资本主义企业中的监理会相似;管理权是针对全社会经济活动的,所考虑的也是所有权主体的总体利益,并依法调控各种经济权利关系。

强调少数民族经济制度的内容是少数民族劳动者对劳动力和生产资料的所有权及其派生的权利体系,原因在于只有具备这两种权利,少数民族劳动者才真正从生产的主体转变为社会的主体。中国少数民族社会主义生产关系的形成,是以少数民族劳动者的素质技能及其表现的生产力为基础的,也是针对少数民族劳动者素质技能的形成、提高、发展全过程的,即表现为生产力过程中人与人的关系,以及生产资料这个必要条件的归属,对生产过程的支配,劳动者占有和消费劳动产品的程度,以及形成劳动者素质技能的全过程。因此,劳动者的所有权与民主权的拥有程度,也就是社会地位的高低,是与其素质技能的形成与发挥成正比的。素质技能是少数民族劳动者社会地位的基础，社会地位又是素质技能形成和发挥的保证。

　　劳动者的素质技能包括身体素质、技能素质和文化精神素质三个方面。新中国成立后，在党和政府的领导、关心下，通过少数民族劳动者自身的艰苦奋斗，我国少数民族劳动者的素质技能整体上有了显著提高，55个少数民族的劳动者普遍出现了人口死亡率降低、平均寿命增加、文盲半文盲率下降、商品意识增强等变化与进步。但如果在中国各民族之间进行横向比较，少数民族劳动者的素质技能还存在参差不齐和在总体上落后于汉族的问题。当前，少数民族劳动者在素质技能方面存在的差距主要表现在：身体素质较差；文化程度不高，技能结构不合理；文化精神素质有待提高。正是由于少数民族劳动者素质技能在总体上落后于汉族，导致少数民族劳动者享有的经济权利在总体上也落后于汉族劳动者；而且由于各少数民族劳动者之间的素质技能差异也很大，造成不同少数民族劳动者享有的经济权利也各不相同。新中国成立前，处于奴隶制经济制度条件下的少数民族劳动者，不仅没有对生产资料的个人所有权及其派生的经济权利，而且没有起码的对劳动力的个人所有权，完全成为统治阶级的私有财产，没有任何权利可言。在封建领主制、集权官僚制条件下，尽管少数民族劳动者相对于奴隶制下有了一些经济权利，但享有的经济权利仍然很不充分。新中国成立以来，尽管党和政府明确规定少数民族劳动者享有与汉民族劳动者平等的经济权利，但由于少数民族劳动者素质技能总体上落后，导致许多经济权利在少数民族劳动者身上很难体现与落实。例如，我国东北地区的鄂伦春族、部分游猎的鄂温克族和赫哲族劳动者，在新中国成立前主要以渔猎经济为主，尚未完全定居下来。新中国成立后，为了实现这部分人的定居和发展，国家为他们解决生产、生活用具，投资新建房屋、医院、学校等基础设施，使他们获得其他族群无法企及的优越物质条件。但即使在这样的条件下，由于劳动者的素质技能没有得到相应的提高,他们的发展问题一直没能得到妥善解决。又如云南金平县的拉祜族(苦聪人),自1957年被找寻出林定居后,物质上得到了党和政府包括基础设施、耕牛、种子、粮食、衣被等方面的大量援助,并长期享受免交公粮、不售余粮的特殊政策照顾,以及医疗、教育等方面的优待。1991—1993年,仅边境建设事业费、民族机动金就投入了60.75万元,用于建设小学、小水电和补助农户建新房、购买耕牛等,但是拉祜族劳动者由于不适应现代定居生活,其经济发展明显落后于当地的壮、傣等民族,部分苦聪人族又重返森林过起了游耕生活,如该县者米拉祜族乡的六六新寨子,1990—1993年间有12户人家搬回了原始森林,1994年者米拉祜乡又有38户农民重返森林,当地政府把他们找回来后,1995年上半年又有26户人家人去房空。龙远蔚、吴兴旺、杜发春等:《中国少数民族经济研究导论》,第66-67页,北京:民族出版社,2004。

中国少数民族经济发展实践已经表明,党和政府的外部推力虽然对少数民族经济发展来说必不可少,但经济的持续、稳定、长期发展,必须在明确少数民族劳动者经济主体地位的基础上,依赖于少数民族劳动者自身素质技能的提高。

四、改革和完善少数民族以公有制为主体的经济制度

在经济制度方面,社会主义社会是以公有制经济为主体的。在我国,少数民族经济制度与国家经济制度实现统一后,必须坚持和发展以公有制为主体、多种经济成分并存的经济制度。

对于多种经济成分并存的认识,已有的理论大多强调多层次生产力结构的存在;所谓生产力又被归结为物质生产力,而不是人的劳动生产力。似乎从手工工具到自动化生产力的多层次及其在地域空间上的不平衡分布是多种经济成分存在的根据。其实,社会主义

是劳动者利益与意识的概括,以社会主义指导少数民族经济发展,必然把少数民族劳动者确立为经济发展的主体,把努力提高少数民族劳动者素质、充分利用和发挥其技能作为经济发展的主题。正是由于少数民族劳动者素质技能的差异才造成了多种经济成分并存的局面。

当前,中国少数民族社会主义经济中的主要经济成分有:国有经济、合作经济、个体经济、私有经济、外资经济。其中,国有经济、合作经济是社会主义公有制经济。在多种经济成分中,公有制经济是主体和主干,其他经济成分共同参与,发挥重要作用。

以公有制为主体的多种经济成分构成了少数民族经济这个矛盾体。在这个矛盾体中,公有制经济与官僚资本的矛盾是主要矛盾,这是经济制度层面的矛盾。这个矛盾支配着作为少数民族经济主体的公有制经济的发展,个体经济、私有经济和外资经济,作为次要矛盾方面与主要矛盾方面相互作用,并且制约着主要矛盾的解决,但次要矛盾的解决又要以主要矛盾的解决为前提。因此,以劳动者发展为目的,积极解决少数民族经济矛盾,就是改革和完善以公有制经济为主体,多种经济成分并存的经济制度。

国有经济是目前少数民族社会主义公有制经济最主要的实现形式。改革和完善以公有制经济为主体的社会主义经济制度,首要的就是改革和完善国有经济。国有经济尽管是社会主义性质的,但其权利体系与官僚资本有相通之处,即不受制约的国家机构的集权。所不同的是,旧的官僚资本是利用国家政权剥夺劳动者剩余产品形成的,今天的官僚资本是在国有经济内部利用占有权行使机构取代国有经济中劳动力和生产资料所有权主体地位,侵犯公有财产形成的。国有经济权利体系的缺陷,导致了国有经济中劳动者主体地位的虚置,也即劳动者所有权的丧失。也正是因为劳动者所有权的丧失,失去了对公共权力行使机构的监督与控制,使得由公职人员个人品德、注意力变化和能力大小决定企业命运和经济走势的"潜规则"在国有经济中形成。改革和完善国有经济，明确少数民族劳动者作为国有经济所有者的主体地位，就是要克服国有经济所有者主体地位虚置，抑制和克服官僚资本。

解决国有经济的内在矛盾，关键是要抓住矛盾的主要方面，即明确并保证劳动者个人所有权。这里，"明确并保证劳动者个人所有权"有三个相互联系的环节：一是国有经济的主体是劳动者个人，而不是什么总体性外延的"全民"。"重建个人所有制"是马克思主义经济学的精义，也是苏联式国有经济破产的主要教训。二是劳动者个人所有权不仅包括生产资料所有权，而且包括劳动力所有权，生产资料所有权源于劳动力所有权。三是所谓"明确和保证"不是单纯理论上的、法律条文上的。劳动者的这两个所有权需要以法律形式来明确和保证，但这不单纯是法律起草者的行文问题，而是需要已经丧失了这两个所有权的劳动者树立主体和权力意识，并在实践中努力争取权力，并履行相应义务。

国有经济权利体系的完善，还需要在明确和保证劳动者个人所有权的基础上，明确和保证由所有权派生的占有权、经营权、监督管理权、处置权和收益权等。在社会化大生产条件下，国有企业占有权必须由公共权利行使机构来行使，劳动者依据所有权对占有权行使机构进行监控；由占有权行使机构选择经营者，并对经营者进行监管，依照所有权主体利益来安排收益分配，这是改革和完善国有经济权利体系的重要内容。

国有经济的改革，旨在明确和保证劳动者的社会主体地位，提高其素质技能。劳动者的社会主体地位，主要由对劳动力的所有权和共同占有的生产资料个人所有权来体现。这两个所有权表现在政治上，就是其派生的民主权。民主权在政治上的决定和主导地位，形成民主制，它以法制形式具体体现并作用于现实经济生活。因此，完善民主制，确立并保证劳动者的社会主体地位，是促进国有经济发展，抑制和克服官僚资本的主要内容。

集体制经济是社会主义公有制经济的重要实现形式。但它作为畸形的合作制经济，在现实经济生活中基本不存在了。集体经济的缺陷同样在于社员劳动力所有权和生产资料所有权的缺失，在于集体这个占有权机构代行了所有权。集体所集的仍然是权利，集体内部的集权及其权利体系的缺陷必然导致集体经济的衰败与破灭。然而，集体经济也不是一无是处，集体经济所体现的集体力和集体主义精神，不仅留在人们的记忆里，也以实物形式保存至今。如河南林县人民修建的红旗渠、人民公社时期修建的遍布全国各地的大小水库等。此外，如今乡镇企业发达的苏南地区，历史上就是集体经济强大的地区。与之相对照，集体经济薄弱的地区，也就是当初推行承包制最早的地区，至今未能形成抗洪防灾能力，未能形成有规模的乡镇企业，未能脱贫致富。[①] 因此，对集体经济的否定，必须明确要否定的不是集体生产力，而是集权体制。回到合作经济，是解决农民问题的重大抉择，是建设社会主义新农村、新牧区的根基。

少数民族经济发展水平同先进地区相比，差距较大，且有进一步扩大的可能。如何缩小差距，成为少数民族经济发展中最为紧迫的问题。优先发展合作经济，是可行的选择。这是因为，发展其他经济成分不是少数民族地区的优势。比如国有经济，少数民族地区大型国有企业少，分布不集中，且资源能源型企业多，高新技术企业少，加上国企改革受国家总体经济、政治形势制约，不具有改革的优先权；私有经济目前在少数民族地区处于劣势地位，而且这种经济形式也不利于劳动者素质技能的提高，社会主体地位的确立，

---

① 刘永佶等：《中国少数民族经济发展研究》，第242页，北京：中央民族大学出版社，2006。

以及权利体系完善；至于少数民族地区发展外资经济，既不具备政策条件，也不具备资本、技术、知识条件，毫无竞争优势可言。比较而言，发展合作经济对少数民族地区更为有利，原因如下：第一，符合建设社会主义新农村的方向；第二，合作经济权利体系不必依赖全国性改革，靠地方自治权限即可先行建立；第三，合作经济在先进地区还没有得到足够重视；第四，合作经济能形成个体经济达不到的生产力高度，并能形成集体力，这是少数民族经济实现跨越式发展的内在依据；第五，合作经济适用范围广泛，可普遍推行于第一、二、三产业所涉及的各个领域。因此，创建和壮大以合作经济为主体的多种经济成分，是加速发展少数民族经济的务实可行的选择。

当前，我国少数民族经济中普遍存在以家庭联产承包为内容的个体经济。个体经济在中国历史上是与官僚地主经济相生并存的一种经济成分，它在新中国成立初期一度被集体经济所取代，但在改革开放后得以复生。从权利体系角度看，以家庭联产承包制为内容的小农经济，与新中国成立初期土地改革后的小农经济有相似处，但又有重大区别。相似处在于劳动力所有权都归农民个人，土地之外的生产资料所有权也归农民个人所有。不同之处在于，民主改革后，少数民族农民获得了土地占有权，而承包制中土地占有权归村委会，农产品税后收益权先由村委会及乡政府提取一部分，其余归农民个人。农民的处置权也不包括土地占有权。近些年，尽管国家对农村土地制度和农业税收政策进行了重大改革，但个体经济的权利体系没有发生根本变化。以家庭联产承包制为内核的农村经济体制改革，使小农经济在短期内对农业生产起了积极促进作用，这源于它确立了农民个体的劳动力所有权，且继承了集体经济时代的农田水利建设成果。但从个体小农经济的根本性质看，它阻碍了农业机械化和工业化，个体农业生产不可能依靠自身力量实现工业化。

因此，小农经济的衰败在工业时代是必然的，它面对的或是被私有经济所取代，或是被合作经济所改造。

在改革和完善少数民族经济制度的过程中，对于小农经济，一是要承认它的存在是现实的，是少数民族经济的一个重要组成部分；二是要明确它的衰败对农民素质技能提高的不利影响；三是要了解农民向往工业化和城市文明的内在要求，这是克服小农经济的内在动因；四是农民必须有组织，才能形成新的变革势力，并成为社会主义势力的必要组成部分。

私有资本作为少数民族经济的重要成分，其存在与发展取决于公有制经济与官僚资本的矛盾。容许私有资本投资经营，既与公有制经济受行政集权体制的束缚而不能发展有关，也与行政集权官僚体制孕育的少数以权谋私者企图侵吞公有资产并变为官僚资本有关。从少数民族经济的总体发展论，容许私有经济的存在与发展是合理的，这对于改造小农经济是必要的，毕竟它对公有制经济起辅助作用。

私有资本与官僚资本有本质区别，对私有经济的发展过分忧虑是不必要的，因为少数民族经济发展的真正威胁来自官僚资本的日益猖獗。私有资本与官僚资本的对立，主要表现在前者受制于后者。官僚资本通过控制经济、政治权利，限制、掠夺和排挤私有资本；通过操纵股市掠夺私有资本及普通股民；通过控制金融、房地产等各种手段压制私有资本。可见，私有资本的发展，也要求废除官僚资本及其产生的行政集权体制。而改革行政集权体制、在民主法制主导下发展公有制经济，从表面上看似乎与发展私有经济相冲突，实则不然，因为从性质上看，私有资本优于官僚资本和小农经济，前者属于资本主义范畴，而后者属于前资本主义的集权官僚制范畴。在反对官僚资本和改造小农经济上，私有经济完全可以在公有制经济为主体的前提下结成统一战线。因此，在坚持公有制经济主体地位的前提下,恰当规范私有经济的经营范围和规模,其存在和发展就不会与公有制经济的发展产生冲突与对立。

外资经济作为一种经济成分,其发展受制于国际经济制度。国际经济制度绝不像某些人理解的那样是一个主权国家在对外经济交往中必须接受的国际标准,发展对外经济交往也不是什么国际"接轨"问题。国际经济制度是以一国内部经济矛盾集合成一个总体为前提的,是一国经济矛盾在国际间的表现,制约着各国在国际经济关系中的地位与作用。

当今世界经济全球化以资本为主导,资本扩张的合理性就在于它为工业生产方式的发展,为人类摆脱"史前时期"创造了必要的文明条件。但资本扩张的局限性,又使之成为工业生产方式及文明进一步发展的最大障碍。中国参与经济全球化必须以确立主权为条件。主权是一国主体性的实力和制度的集中体现,淡化和放弃主权也就是淡化和放弃国民的主体性。社会主义所承认的主体是劳动者,新中国的主体性就在于劳动者主体地位是否确立。主体是内部的,主权是对外的,主体是主权的基础。内部经济关系中劳动者丧失主体地位,对外经济交往中必然丧失主权。而丧失主权的对外开放,独立的国家就有退回到"外围国家"的危险,[①] 利用外资就可能变成被外资利用,引进技术就可能失掉自主知识产权,利用国际市场就会变成对外国资本开放市场。

在少数民族经济中,外资经济作为一种经济成分存在,要发挥其改造落后生产方式的积极作用,同样必须以公有制经济为主体,把主体的明确与主权的明确统一起来。

由此可见,在少数民族经济中,多种经济成分之间的关系不是

---

① 参见多斯桑托斯:《帝国主义与依附》,北京:社会科学文献出版社,1999。

并列的，以社会主义指导少数民族经济发展就是以劳动者素质技能的提高为主题，以公有制经济为主体，各种经济成分通过与公有制经济相互作用而形成为一个经济矛盾体。劳动者的发展就是这个经济矛盾体的演化过程。对于少数民族劳动者来讲，改革和完善以公有制经济为主体，多种经济成分并存的经济制度，是提高各民族劳动者素质技能、全面实现少数民族地区经济发展的制度保证。

五、少数民族经济在体制上的统一与差别

经济体制是经济制度中关于劳动力、生产资料和自然资源的所有权及其对占有权关系规定的展开，它涉及占有权对所有权的责任与义务，占有权行使者对使用权的派生与控制等权利关系。经济体制与经济制度是有区别的：首先，二者体现的经济内涵不同。经济制度规范的是经济利益关系，经济体制则规范经济运行过程和机制。其次，二者强调的重点不同。经济制度强调的是经济主体的所有权，包括劳动力所有权和生产资料所有权这两个基本经济权利；经济体制则强调经济资源配置方式及其效率。其次，二者反映的层次不同。经济制度显示的是人与人之间的深层次的所有制关系，而经济体制反映的是社会经济活动中的一般关系，如经济组织系统、经济决策和管理系统、经济调节系统等。①

人类经济社会发展的历史告诉我们，经济制度是相对稳定的，它的变革取决于劳动者素质技能和社会地位及其表现的生产力与生产关系之间的矛盾状况。在一种社会经济制度中，当劳动者的社会地位还能够适应其素质技能的发挥与提高时，生产力的发展有一定

---

① 逄锦聚等：《政治经济学》，第30－31页，北京：高等教育出版社，2002。

的空间，这种经济制度就有存在的合理性，是符合经济和社会发展趋势的。经济体制则不然，它作为资源配置或组织方式，反映的是一个社会经济运行的基本特点和具体形态。由于经济体制不反映该社会经济制度的性质，作为一种同时受生产力与经济制度制约的具体组织形式，它要根据二者要求及时作出变革和调整，以保持其合理性和先进性。在基本的所有权关系保持不变的前提下，其所有权对占有权的控制方式、占有权的地位与作用、占有权对使用权（经营权）的控制等，都会有所变化。因此，不同的社会经济制度可以实行类似的经济体制，相同的社会经济制度也可以实行不同的经济体制。

少数民族经济体制，就是指少数民族经济（包括生产、分配、交换和流通）在所有权对占有权掌控的前提下，占有权行使者和机构的权限划分、以及对经营权和使用权的管理方式与机构设置的体系。少数民族经济制度是少数民族经济体制建立的前提，少数民族经济体制是少数民族经济制度的阶段性的表现形式或存在形式，同时也反作用于少数民族经济制度。符合生产力发展要求的少数民族经济体制会巩固和完善少数民族经济制度，反之，则不利于少数民族经济制度的巩固与完善。

经济体制是所有制的展开和具体存在形式，相对于作为根本经济制度的所有制来说，经济体制带有阶段性，或者说，经济体制就是经济制度的阶段性存在形式。[①] 一种社会形态的经济制度，会有一个稳定的所有制，如奴隶社会的奴隶主所有制，封建领主制社会的封建领主所有制和集权官僚制社会的官僚地主所有制，资本主义社会的资本家私有制。但在不同的发展阶段，这些所有制的具体存在

---

① 刘永佶：《政治经济学方法论纲要》，第653页，石家庄：河北人民出版社，2000。

形式会有所变化，从而引起经济制度的量变，这种量变就表现在经济体制的变革上。以资本主义经济制度为例，在几百年的演变过程中，大体经历了三个阶段，并可表示为三种经济体制：

一是统制经济阶段。这是资本主义经济制度在封建领主制的政治制度下形成的经济体制。其特点是国家政权对经济活动的直接参与和控制，突出的表现是重商主义政策，此时资本主义私有制已经确立，并在国家的统一制约下表现出其在国际和国内经济活动中的强大生命力，为后来的资本全面统治奠定了基础。

二是自由竞争阶段。资产阶级的经济势力已经壮大到足以与封建专制对抗，乃至推翻其政治统治的程度，前期表现为针对封建政治制度的革命性变革，中期则以个体资本的自由竞争和积累为主，后期则开始出现以兼并、股份公司等形式的联合。其理论基础就是斯密、李嘉图、萨伊等人的自由竞争学说。自由竞争体制的主要特征是突出资本主义私有制及其在经济活动中的主体地位，否定封建政治统治，并要求新的资本主义政治制度为经济制度服务。

三是市场经济阶段。在自由竞争阶段的后期，由于个体资本的自由竞争受到挑战并开始联合，形成垄断资本，资本主义私有制与其发展的形式之间尖锐冲突，迫切需要改变其经济体制。

二战后，市场经济体制确立并得以发展，国家对经济的干预和调控成为经济的内在机制。在资本主义经济制度演化的三个阶段中，其私有制形式虽然在变化，但资本雇佣劳动的本质丝毫未变。因此，统制经济体制、自由竞争体制和市场经济体制都是资本主义经济制度在不同历史阶段的具体存在形式。在中国，特别是少数民族地区，则体现出不同的社会经济制度实行类似经济体制的特点。

在我国，中国共产党领导全国各族人民进行了新民主主义革命和社会主义革命，确立了社会主义政治制度和经济制度，实现了少数民族经济制度与国家经济制度的统一。与此相适应，少数民族经济体制也与国家经济体制得以统一，即在全国范围内建立起了统制经济体制。新中国成立初期所建立的经济体制并非"计划经济体制"，而是统制经济体制。① 众所周知，苏联、东欧和中国等社会主义经济制度的建立并不是在资本主义已经充分发展的基础上形成的，而是针对封建领主和官僚地主的宗法统治进行以社会主义为目标的革命的结果。在这种特殊的历史条件下，它所建立的能够体现社会主义公有制的经济体制，只能是统制经济体制。统制经济体制的基本点在于，高度集权的国家政权对经济生活的全面控制，并以行政方式指挥和管理经济生活。

然而，我国所建立的统制经济体制与资本主义制度早期，即重商主义时期的统制经济体制虽有形式和手段上的相似，但在内容上大相径庭。首先是经济主体的不同。我国的统制经济体制体现的是公有制经济的主体，即劳动者，以行政集权控制经济，是劳动者主体性的一种特殊表现方式；而重商主义时期的统制经济，是封建主的集权，主体是达成妥协的国王和资本所有者。其次，经济发展的目标不同。西方重商主义的统制体制的目标，是企图保持和恢复封建领主专制；而公有制条件下的统制经济体制的目标，则是集合全国人力和财物资源实现工业化，建立更为完善的公有制，更好地提高和发挥劳动者的素质技能。再次，集权和统制的程度不同。重商主义的统制经济体制，所集之权是总体性的监督权和管理权，但所有权仍掌握在私人手中，其统制也是总体性的；而公有制条件下的统制经济体制，所集之权已经包括所有权，从而其统制更为彻底，不仅是总体性的，还包括对企业经营权的控制。最后，体制变革的方向不同。重商主义的统制经济体制，只能向自由竞争体制转变；

---

① 参见刘永佶：《中国经济矛盾论——中国政治经济学大纲》，第379页，北京：中国经济出版社，2004。

而公有制条件下的统制经济体制改革,则应是计划市场体制。

　　同时,我国建立的统制经济体制与苏联的统制经济体制也有区别。中国建立统制经济体制,受到当时"社会主义阵营"主导者苏联的很大影响。因此,中国统制经济体制建立的过程中,随时随处都可以看到苏联模式的影子。但这并不意味着中国的统制经济体制是苏联模式的翻版。苏联的统制经济体制,是以俄国"十月"革命为基础建立的,而俄国革命虽然也采取武装斗争的形式,但它与中国革命在内容和方式上都有很大差别。俄国没有中国历史中漫长的集权官僚制和小农经济,虽然它在 1860 年曾由沙皇主导了"解放农奴",即对封建领主制的变革,但并未能建立系统的集权官僚制就参与了世界资本主义体系。"十月"革命前的俄国,有些类似英法两国在 18 世纪由国王专制统制经济,但又有区别,当它以自己几乎全部的国力参与第一次世界大战的过程中,国内矛盾激化,由资本主导的革命不仅不能建立资本统治,反而加深了社会政治、经济危机。在这种情况下,以产业工人为主体的武装起义直接夺取中央政权,从而建立了与社会主义的政治制度与经济制度相适应的政治、经济体制。因此,苏联建立的统制经济体制,必然具有更强的中央集权性质。同时,苏联又是由若干加盟共和国所组成的,其民族关系和各加盟共和国之间的特殊利益,又使之具有相对的地方自治性。这些,都是中国所不具备的。历史上的大一统和自下而上的革命,以及以农民为主体的庞大而严密的革命队伍,是中国建立统制经济体制的依据和出发点。这也决定了中国在效法苏联时,只能学习其中可以借鉴的成分,而不能照搬其全部体制——在这个过程中,也出现了局部照搬的状况,以致中国统制经济体制的缺陷更加明显。

六、根据各少数民族特点进行经济体制改革

经济体制是经济制度的阶段性展开，是一种社会形态中阶段性经济矛盾的集中体现。随着经济矛盾的演化，经济体制会发生阶段性变化，以此推进同一经济制度从初级阶段向高级阶段演进。

中国少数民族经济不是孤立的，它作为中国经济矛盾的一部分，既受中国总体经济矛盾的制约，又受本民族独特的历史、现实影响。因此，探讨少数民族经济体制改革问题，必须统筹其一般性与特殊性。

新中国成立后建立的经济体制，是基于行政集权体制的统制经济体制。它的本质内容在于高度集权的国家政权以行政方式对经济生活的全面控制，并以行政方式指挥和管理经济生活。这一本质内容，在国家以行政手段调拨人力和各种资源发展少数民族经济，并沿用党、政、军的方式管理经济方面表现得淋漓尽致。这种经济体制，在民主法制不健全、资金和生产资料的积累不足，以及各民族劳动者素质技能不高的情况下，具有其历史合理性，并且在中国共产党的正确领导下迅速有效地推动了少数民族经济的工业化进程。然而，由于这种体制以弱化劳动者的主体权利、将各项公共权利集中于行政机构为前提，它的长期推行不仅使劳动者的社会主体意识淡化，劳动力所有权受到漠视，劳动者对公有资产的所有权及其民主权不能充分落实，从而其素质技能的提高受到限制；而且存在着掌握公共权力的行政官员将公共权利个人化、资本化，导致官僚资本复生的危险。随着中国工业化的发展、劳动者素质技能的提高，必须以民主法制改造行政集权体制，并相应地进行经济体制改革，改革传统的统制经济体制。

从 20 世纪 70 年代末、80 年代初，中国经济走上了改革之路。

但是，由于对传统经济体制认识不准确，将其称为"计划经济"，并将批判的焦点集中于"计划"而非"行政集权"。由此，我国采取了以市场代替计划，在原有体制中加入一些市场化成分的方式进行改革，并参照现代资本主义国家的经济体制，将我国经济体制改革的目标定为"社会主义市场经济体制"。其实，这一称谓极不准确。计划，是具有理性的人在经济活动中的重要特征，从人类开始以其劳动来满足需要时起，计划就已成为经济生活中的因素了。在传统经济体制中，计划仅仅是其中的一个要素。显然，计划并不是那个时期经济体制本质的规定。更应明确的是，"市场经济体制"是20世纪30年代以来，西方私有资本制度所表现的阶段性的经济体制。它以资本雇佣劳动制度为基础，在保留自由竞争原则的前提下，突出并强化国家对经济的参与和干预，其手段主要为财政政策和货币政策，并以国办企业和国家工程等来扩大就业，拉动需求，由此来调节就业和资本与雇佣劳动的关系。因此，市场经济体制是资本主义私有制的阶段性的经济体制形式，它虽然在强调市场作用方面与我国经济体制改革的目标具有一般性，但其本身是与社会主义公有制的制度基础相矛盾的。

社会主义制度下所进行的经济体制改革，应该以坚持社会主义公有制为基本原则，以切实落实和强化各民族劳动者的社会主体地位、促进劳动者素质技能的提高为前提条件。在这个原则和前提的指导及制约下，中国各民族经济体制改革的目标应该是"计划市场经济体制"。

计划市场经济体制，是对统制经济体制的否定，将使公有制摆脱初级阶段的局限，上升到一个新阶段。其基本内容，就是通过完善民主法制，在切实落实和保障全体劳动者的劳动力所有权、对公有资产的个人所有权和民主权的基础上，形成对国家公共权利机构，包括行政机构的有效制约，以此为基础，实现计划对市场的规范。

在计划市场经济体制中，计划和市场作为体制的两个内容，并不是平等的，计划是主导，市场则应是计划作用的对象。但市场也不是被动的，它的规则与机制，对计划是必要的制约，或者说，计划要以市场为基础，要根据市场的矛盾与关系，来制订、执行、修正计划。因此，计划与市场又是内在统一的，二者通过纵横交错的制约关系相互促进。一方面，计划以市场为依据，通过集合全体劳动者的个人权利形成的总体经济控制力进行纵向调节使经济运行趋向合理；另一方面，市场通过横向竞争，保证经济生活的活力，并在计划的指导下形成以人的发展为核心的竞争格局。计划市场经济体制下的竞争，与私有资本制度下的自由竞争和市场经济体制中的竞争有本质区别，它不是以弱肉强食、优胜劣汰的"丛林法则"，也不以打败、吞并对手为目标，而是以提高劳动者素质技能和经营管理水平为主要内容，在竞争中相互促进，并在社会主义法制的规范和保证下运行。

可见，中国经济体制改革的过程，应当从改革行政集权体制入手，通过变统制经济体制为计划市场经济体制，巩固和完善以公有制经济为主体的多种经济成分并存的基本经济制度，促进劳动者素质技能的不断提高。

中国少数民族经济作为中国经济的重要组成部分，当然也体现着中国经济体制的一般矛盾，这也是中国少数民族经济矛盾的共性。少数民族地区的传统经济体制也是统制经济体制，其变革与发展，也在于变统制经济体制为计划市场经济体制，以此促进少数民族劳动者素质技能的提高，从而促进少数民族经济的发展。与此同时，由于各少数民族和少数民族地区经济社会发展存在诸多特殊矛盾，这就要求充分重视少数民族经济体制改革的特殊性。

少数民族经济由于自主发展能力不强，国家为支持少数民族经济发展和保证民族团结、稳定，更加注重运用行政力量扶植少数民族经济和进行经济管理，由此导致少数民族经济体制中政治对经济的控制力度更强。20世纪80年代，东部地区开始在原有经济体制中增加市场化成分的时候，西部少数民族地区却依然保持原有经济体制，经济的市场化程度低，政府的行政控制力度强。在这种背景下，一方面，传统经济体制的惯性作用力强大，行政配置资源和管理经济的方式方法已经作为一种意识存在并作用于少数民族的经济发展中，计划市场经济体制所要求的在横向经济层面发挥作用的市场竞争的意识和能力相对薄弱，经济体制改革的难度更大；另一方面，在长期的行政控制和管理下，传统经济体制所制约的各个方面形成的相对稳定的利益传导和分配格局，也导致一些利益集团的出现，改革将因触动既得利益者的利益而形成一股强大的阻挠经济体制改革的势力。从既得利益者保持和扩大自身利益的角度考虑，这些利益集团所主张的"改革"将更趋向于保持和巩固原有的统制经济体制，并将之进一步转化为利益集团牟利的工具，这将与以少数民族劳动者的利益和意志为依据、以行政集权体制为切入点的计划市场经济体制改革发生严重冲突，并由此形成改革的巨大阻力。这些进一步加大了少数民族经济体制改革的难度。

少数民族经济体制改革，也有其有利的一面。少数民族的经济体制改革，是以少数民族劳动者素质技能的提高为出发点和归宿点的。在现有体制下，高度的行政控制压抑了少数民族劳动者的生产积极性，劳动者作为计划中的一个成分在行政管理下发挥作用，其主动性和创造性都难以充分发挥，劳动者缺乏一个合理有效的宏观环境促进自身的自由发展。在少数民族经济体制改革过程中，少数民族劳动者追求自身发展，必然要求改革行政集权体制和与之相适应的统制经济体制，从而形成改革的强大动力源。同时，少数民族地区统制经济体制下的计划，由于是由不受劳动者控制的公共机构中的个别人作出的，计划制定者是否根据市场状况制定计划，计划制定者的主观性较强；而且，受计划者自身利益、知识、技能的限制，制定出的计划往往无助于经济发展，反而会妨害正常的经济秩序。

少数民族的经济体制改革在以上两种势力的斗争性和统一性共同影响下，其经济体制改革会更为艰难，改革过程也将更加复杂、漫长。在少数民族推进其经济体制改革的过程中，对此要有充分准备并给予足够重视。同时，由于各少数民族的历史和文化、政治条件的差异，以及自然资源禀赋差异，各少数民族的经济体制改革绝不能强求一致，要避免"一刀切"的统制经济作风，要根据少数民族的经济发展现况，在宪法和民族区域自治法等法律的保障下，通过落实少数民族劳动者的社会主体地位与权利，平衡地推进经济体制改革。

第 六 章
少数民族经济结构

经济结构是经济体制在总体经济运动过程中的具体化。经济结构是一个系统,包括劳动者素质技能结构、投资结构、就业结构、产业结构和产品结构、分配结构、流通结构、消费结构和区域结构等子结构。各子结构又有自己的系统性。少数民族经济的发展,是以经济结构及其运行机制作用为导引的。少数民族经济结构的合理与否,以能否适应少数民族经济发展为标志。

一、少数民族经济结构及其特殊性

少数民族经济结构是各少数民族之间和内部的经济关系的具体形式,是经济体制的展开。经济结构体现于生产、流通、分配、消费全过程。少数民族经济结构是作为主体的各少数民族人民在其相互的社会关系中按一定的法权构成相应的组织形式,运用自身的劳动力使用物质(自然的和人为的)条件,在生产产品、提供服务并按法权关系流通于社会、分配于不同的少数民族群体乃至个体进行消费的过程中,所形成的有相应法律和政治保证的经济关系。

少数民族经济结构是包含着制度规定的经济体制在总体经济过

程中的具体化。对此，我们可以从纵向和横向两个方面来考察其特殊性。从纵向看，少数民族经济结构具有历史性和动态性；从横向看，同一历史时期的少数民族经济结构则可分为不同层次的具体结构。

从纵向看，随着劳动者素质技能的提高，由素质技能形成的劳动力社会总体形式的生产力不断发展，各少数民族人们的经济意识也在发生变化，其交往和社会关系中的基本点，即权利也在矛盾斗争中不断改变，这样，少数民族经济结构也会不断变化。因此，少数民族经济结构是历史的，必须从动态来规定，并以动态的发展来预测其变化。

少数民族经济结构在其历史发展中表现为阶段性，这是经济制度和经济体制的体现。在一种社会经济形态中，贯穿着经济结构的一般原则，这主要表现于阶级社会的阶级结构和无阶级社会中的所有权结构。但在其各个阶段，即表现经济体制特殊性的少数民族劳动者素质技能、投资、产业等结构上，却表现出相当大的差异。这种差异正是经济体制存在的具体形式。

少数民族经济结构的动态性，与少数民族生产方式的变化相伴随。到目前为止，少数民族生产方式经历了采集和渔猎生产方式、畜牧生产方式、农业生产方式以及工业生产方式。其中，在采集和渔猎生产方式下，谈不上什么经济结构，只能说当时大体上存在着性别之间的分工，即男人从事渔猎，女人从事采集。之后，一些少数民族经历了第一次、第二次和第三次社会大分工，畜牧业、手工业和商业作为单独的产业从农业中分离出来，农业生产方式确立。农业生产方式虽然以农业为主，但从经济结构上看，并非只有农业，而是包括了为之服务的手工业和商业。农业生产方式下有两种情况，一是以种植业为主，中国少数民族中的大部分民族以种植业为主，如朝鲜族、壮族、哈尼族、部分藏族等；二是以畜牧业为主，如中国的蒙古族。所谓农耕民族和游牧民族的区分即在于此。

新中国成立后，中国开始大规模的工业化，分别处于采集、渔猎、畜牧和农业生产方式下的各少数民族也逐步被卷入到工业化进程中，开始了向工业生产方式的转变。工业化，代表了现代各少数民族生产方式发展的方向。当我们讨论现代少数民族经济结构时，实际上就是在讨论工业生产方式下的经济结构。

作为历史的、动态的少数民族经济结构，是不断发展的。从少数民族经济结构发展的历史可以看出以下变化规律和发展趋势：第一，社会分工越来越细，组成经济体系的经济部门越来越多，经济结构由简单变得日益复杂，经济关系更加错综；第二，生产力水平的提高是分工得以发展的前提条件，而分工的发展，又大大推动着生产力的进一步发展，二者相互促进，互为条件；第三，分工不断发展、经济结构不断复杂化的过程，同时也是资源利用效益与效率逐渐提高，即经济效益不断提高的过程；第四，经济结构的演变过程，是社会生产各部门、各地区、企业之间经济联系更加紧密化的过程，也是它们之间互相依赖关系加深的过程；第五，经济结构的变化呈现出越到后来越快的趋势。①

从横向看，少数民族经济结构又分为若干层次。少数民族经济结构中的基本层次，是所有权结构，它在阶级社会表现为阶级结构，在无阶级社会可能表现为阶层或群体结构。它涉及劳动力所有权和生产资料所有权，以及生产物的所有权（即收益权）。这个基本层次，正是少数民族经济制度的体现。因此，经济制度在结构上，体现为所有权结构。

经济体制是经济制度的具体化，相应地，所有权结构也要具体

---

① 参见龙远蔚等：《中国少数民族经济研究导论》，第 252 - 253 页，北京：民族出版社，2004。

化。在所有权结构的基础上，有劳动者素质技能结构（也可以说劳动力结构）和生产资料结构，这是对立统一的层次。其中，生产资料结构在现代社会表现为投资结构。这个层次展开，为就业结构和产业结构；再展开，就是产品结构、流通（市场）结构、分配结构、积累和消费结构。区域结构是上述各经济结构的综合、具体存在。

这是一个从抽象到具体的系统，同时也是从具体到抽象的系统。其中各层次，都不是孤立存在的，而是在相互制约中发挥作用的。也可以说，少数民族经济结构本来就是一个，之所以将它分为若干层次，是为了在逻辑上如实地再现它、规定它、改造它，进而促使它有效地发挥作用，并在适当的时候，对其进行战略性的总体调整。

二、中国少数民族经济结构的核心：劳动力结构

少数民族经济结构所包含的各子系统不是并列的，其中有一个子系统作为核心存在并主导其他子系统的运行。正是由于这个核心子系统的存在与作用，其他子系统在围绕核心的运行中，也形成了相互的秩序和制约。

现代少数民族经济结构系统是以工业生产方式为前提的，其核心子系统的差异，缘于各少数民族的主义不同，具体说，就是社会主义和资本主义的不同。资本主义社会以资产阶级为主体，其经济结构以资本结构（投资结构）为核心。社会主义社会以劳动者为主体，以劳动者的自由发展为内容，因此，劳动者素质技能结构是社会主义制度下少数民族经济结构的核心。

少数民族经济结构基本的、首要的环节是阶级结构，这是阶级社会中经济结构的特点所在。而随着新中国的成立和社会主义改造的完成，阶级被消灭，劳动者素质技能结构就成为中国少数民族经济结构中的首要结构。

在少数民族经济结构中的劳动者素质技能,包含三层:第一层为身体素质,第二层为技能素质,第三层为精神文化素质,三者互为一体,缺一不可。但是在工业生产方式下,劳动者的素质技能主要是指第二层——技能素质。

社会主义制度下少数民族经济结构的合理与否,标准在于能否有效地发挥其功能,即其运行机制是否促进了少数民族经济结构的内生与发展。而内生之"内",核心就在劳动者素质技能,其"生",则是劳动者素质技能的提高,进而为提高了的劳动者素质技能创造发挥的条件。这是调整少数民族经济结构,完善其运行机制的基本和主要内容。为此,就要优先、突出劳动者素质技能结构的核心地位,并使之与其他结构有机统一,在保证劳动者素质技能的发挥和持续提高的进程中,导引以公有制为主体的现代少数民族经济健康发展。

在以劳动者素质技能结构为核心的社会主义现代少数民族经济结构中,投资、就业、产业,乃至流通、分配、消费、区域结构,其主体都是少数民族劳动者,而相应的生产资料和产品等物质要素,都是由劳动创造的,是劳动者素质技能结构的表现和条件。各环节的结构,其主体,都是少数民族劳动者,其要素,也都是劳动者素质技能发挥的产物和条件,是劳动者素质技能的作用形成的。

资金、生产资料,是劳动者劳动的产物,投资结构和产业结构等,都是劳动者以其创造的价值和改造的物质资料来进行再生产的条件,其结构的依据仍然是劳动者的素质技能。产品结构,是劳动者素质技能的物化形式。流通、分配、消费等结构,则是对这种物化了的劳动者素质技能结构的展开、实现和再构成。区域结构是对上述各结构的总体规定,同时体现着不同自然条件和文化传统所造成的差异。

劳动者素质技能结构是一个动态结构。尤其是在制度和体制发生变化的时候,劳动者素质技能结构的优化是十分明显的。在社会主义制度建立以前,中国少数民族劳动者与汉族劳动者在素质技能上差距较大。这主要是因为汉族劳动者基本上处于相对先进的集权官僚制下,而部分少数民族则处于封建领主制、奴隶制甚至原始公社制度下。

在社会主义制度建立后,中国少数民族经过几十年的发展,素质技能显著提高。1990年人口普查少数民族人口资料显示,在人口自然增长率、妇女总和生育率、婴儿死亡率、平均寿命、成人文盲比率、文化教育水平总和均值、城镇化水平、第三产业、生活质量等22项指标中,有26个少数民族,分别有一项或十几项指标超过了汉族。其中,朝鲜族20项,满族18项,锡伯族和俄罗斯族分别为14项和13项,高山族和乌孜别克族各10项,达斡尔族9项,蒙古族、塔塔尔族、赫哲族、裕固族和鄂温克族各8项,京族和回族各7项,哈萨克族5项,土家族和仫佬族各4项,毛南族3项,壮族和畲族各2项,哈尼族、纳西族、仡佬族、藏族和布依族各1项。人口普查资料证明,再也不能笼统地说少数民族落后了。[1]

三、中国少数民族经济的投资结构

以劳动者素质技能结构为核心的中国少数民族经济结构,应将投资结构从属于劳动者素质技能结构,将生产资料服务于劳动者素质技能的发挥和提高。

投资是将货币转化为生产经营的资金,这是工业化过程的必要环节,为劳动力的发挥创造物质条件。劳动力和投资相结合,展开

---

[1] 保罗·巴兰:《增长的政治经济学》,第378页,北京:商务印书馆,2000。

企业的生产经营。自然条件、技术水平、对外开放度、历史传统、人们的思维方式、思想观念等都对投资结构有所影响。投资结构是指投资在经济各行业、各地区、各企业、各类项目上的分布比例关系。

农业生产方式下也有投资，但作为工业生产方式之前的先进形式——小农经济，其劳动形式是建立在个体劳动基础上的家庭内部分工协作体系，以体力劳动为主，所需要的生产工具和生产资料都粗糙而简陋，且有一部分是农民自己生产或修理的，因此，其投资量不大，甚至很少投资或没有投资，也可以进行生产。工业生产则不同，它以机械化大生产为特征，需要购置机器设备，具备一定规模的其他生产资料和原材料。只有拥有相应货币的人，才有可能进行这种投资。西方国家的工业化，就是由拥有足够投资办工业企业的商人、贵族等主导，并且采取了资本制度。对这些投资者来说，他们所投入的货币资本，要购买劳动力和生产资料这两种商品，再指挥劳动者使用其劳动力运用机器、设备等生产资料，进行创造新产品或提供服务的生产经营。因而，资本主义经济结构的起始点和核心均为投资结构，这是特定经济制度所要求并支撑的经济结构与运行机制，不可盲目照搬。

社会主义少数民族经济以劳动者作为经济的主体，他们必须有相应的生产资料和自然物质才能进行生产，才有进一步的交换、分配、消费等一系列经济活动。在现代经济条件下，劳动者所需要的这些生产手段和资源，又有相当一部分以货币投资的方式予以配置，这就是投资结构。投资结构合理与否——即与劳动者素质技能结构的适应程度，制约着经济结构其他各环节的构造及其运行机制。

少数民族经济结构中，劳动者素质技能结构和投资结构是两个基本要素，其他任何环节，都是这两个要素的组合。调整经济结构的基本点，就在处理劳动者素质技能与投资的关系。投资结构并非独立于劳动者素质技能结构，而是要与劳动者素质技能结构相适应，随劳动者素质技能结构的变动而变动。

投资结构首先针对的，就是少数民族劳动者的素质技能结构。较之素质技能结构，投资结构更有灵活机动性。劳动者素质技能结构提高需要一定的时间，且会涉及人员的调动和组合。投资则具有流动性，可以在时间和空间上有效地进行，从而能够作为调整劳动者素质技能结构的有效手段。当产业和产品结构不利于劳动者素质技能的发挥，或者劳动者素质技能的提高，要求改变产业和产品结构时，在从劳动者素质技能结构上进行调整的同时，必须辅之以投资结构的调整，从而使经济结构调整顺利进行。此外，在决定投资结构，形成投资政策时，必须综合考虑工业和农业的发展，投资政策必须把重点放在工业发展上，同时发展农业使之支持工业发展——以使工业最终能够转而以更多的工业生产资料，给农业以巨大的推动力。从而，通过最充分地利用工业、运输和农业部门的设备，使资本产出比率达到最有利的水平。

在劳动者素质技能结构相对低下的少数民族经济结构优化的进程中，投资的作用是相当重要的。根据2000年人口普查数据，在全国55个少数民族中，东乡族文盲人口占15岁以上人口的比例最高，成人文盲率高达48%，而全国水平为7.7%，东乡族整体的人均受教育年限仅为2.64年。虽然政府一直致力于提高东乡族人口的受教育程度，因为在现代社会接受教育是提高劳动者素质技能最重要的手段，但是东乡族人的积极性并不高，一个重要原因就在于投资结构没有做出相应的调整。东乡族聚居的东乡族自治县和积石山保安族东乡族撒拉族自治县，都是农业县，很少有工业企业，即便农业也是靠天吃饭的粗放型旱作农业，由于缺水无法精耕细作。东乡族人外出打工基本上为季节性零工，大多在临时组成的工程队干体力活儿或者在小饭店当服务员，无论是从事传统的农业生产还是从事这些没有技术含量的体力劳动，都不需要多少知识，他们从未被卷入到真正的工业化生产过程中，因而素质技能的提升缓慢，素质技能结构的改变也相对迟缓。要想加快提升东乡族人的素质技能结构，仅仅靠倡导九年制义务教育是不够的，必须改变东乡族聚居区的投资结构，建立现代工业组织，并将东乡族人吸纳进去，同时通过水利设施的修建改善当地的农业生产条件，将粗放的小农生产改变为高效的现代农业生产，当具备必要的知识成为其生产生活的必要条件时，东乡族人的素质技能结构将很快提升。

投资结构贯穿于经济结构的各个环节和层面，既有总体的投资结构，又有各行业、产业的投资结构，还有地区性投资结构，以至企业的投资结构。对于各层次的决策者和经营者、管理者来说，投资结构都必须充分考虑，并要及时调整。

各产业、行业，乃至企业的投资结构和其资金构成，都有各自的特殊性，这既受劳动者科学技术及文化观念等的制约，又受生产资料，特别是机器设备中的技术含量，以及自然物的形态、性质、地理位置等的制约。

投资的科学性是经济发展的关键之一。投资的目的，是要取得效益。效益包含两部分，一是社会效益，主要体现于劳动者素质技能的提高，这包括为此必需的社会福利、公共设施、环境保护，特别是教育和科学的发展；二是经济效益，主要体现于劳动者的收入水平和利润、税收等指标上。在中国少数民族经济发展中，要特别注意避免一种思路，就是把社会效益与经济效益对立起来，片面突出经济效益，尤其是将经济效益集中于利润这项指标，为了增加利润而不愿吸收少数民族劳动者，将少数民族劳动者排斥在工业化大生产之外。这种情况，严重破坏了少数民族经济结构的正常运行，不仅阻滞了少数民族劳动者素质技能的提高，而且造成经济效益的畸形增长，其后果则是经济效益增长的短期化，各民族劳动者技能的差异化,经济发展水平在民族之间差距的扩大化,最终威胁到整个中华民族的发展和进步。

少数民族经济的投资结构在资金来源上,要充分考虑少数民族经济的特点和基础,其投资来源应更加多样化和小型化。其中以专项的少数民族发展资金为主,以少数民族个人或集体的股份参与为辅,不在投资的规模上对最广泛的群众的参与设置障碍,并且把这些投资的风险和收益毫无保留地赋予劳动者。[1]

少数民族经济的投资结构构建中,投资环境是基础。投资环境是一国或地区影响投资主体进入和经营并取得预期收益的诸多因素总和。根据因素的形态差异,投资环境可以划分为"硬环境"和"软环境"。其中硬环境主要指自然条件、地理区位、基础设施及相关产业配套能力等有形因素,软环境主要是指与投资开发相关的政策、政务、法制、文化、教育以及市场秩序和社会服务等无形的人文因素。[2] 闵建蜀教授在等级尺度法基础上提出了多因素及关键因素评估法,他把投资环境因素分为11个大类29个小类,并根据外商投资动机划分了6种关键因素:包括降低成本、开拓当地市场、获得原料和组件供应、分散风险、追随竞争者、获得当地的生产和管理技术。[3] 这一研究成果同样适用于外部投资于少数民族地区时对环境的评估。

投资环境是动态的,对投资环境的要求和评价也随经济的发展阶段而不同。在市场经济较为成熟的民族地区,投资环境主要涉及

---

[1] 马丽娟:《多型论:民族经济在云南》,第3页,北京:民族出版社,2002。

[2] 魏后凯、陈耀:《中国西部工业化与软环境建设》,第140页,北京:中国财政经济出版社,2003。

[3] 王慧炯等:《中国投资环境》,国务院发展研究中心,京港学术交流中心,1987年汇编资料。

人力成本和土地成本较高、市政环境容量受限、基础设施负荷过重等硬环境问题;而在非市场经济或正在转型的民族地区,投资环境更多地涉及政府行为的规范、政策法规的完备、社会观念的转变等软环境问题。① 少数民族地区大多属于第二种情形,因此,更应重视软环境的建设。2000 年,全国投资硬环境最好的北京与最差的地区综合分值相差 0.4695,而软环境最好的上海与最差的地区综合分值相差 0.6422,地区之间软环境的差距是硬环境的 1.4 倍。②

四、中国少数民族经济的就业结构

少数民族劳动者素质技能结构与投资结构相结合,形成就业结构。就业结构是劳动力结构与投资结构在社会生产总体过程中的不同区域和不同行业的分布与关系。劳动力结构是就业结构的根据,投资结构是就业结构的条件。

工业化的进行,加快了劳动者素质技能提高的速度,也加快了就业结构的变化,相应地,带来产业结构的快速变化。因此,就业结构和产业结构的变化趋势是一致的。

纵观不同发展水平国家,低收入和中等收入国家在就业结构和产业结构上有着相同的变化趋势,即第一产业所占比重逐渐降低,第二和第三产业比重上升。而高收入国家在第一产业比重降低和第三产业比重上升上,与低收入和中等收入国家相同,但其第二产业比重则呈现逐渐下降趋势。这是因为,低收入和中等收入国家还处

---

① 魏后凯、陈耀:《中国西部工业化与软环境建设》,第 142 页,北京:中国财政经济出版社,2003。

② 张长春:中西部地区亟待改善投资环境,《中国经济导报》,2002/08/01。

于工业化中,而高收入国家则已经完成工业化,步入信息化的阶段。如果我们抛开这种差异,从三类国家就业结构和产业结构的变化来观察,则其就业结构和产业结构的变化趋同。

上述趋势,也体现在中国就业结构和产业结构变化上。我国第一产业的从业人员从1952年的83.5%,下降到1978年的70.5%,再到2001年的50%。第二产业的从业人员由1952年的7.4%,上升到1978年的17.3%,2001年的22.3%。第三产业的从业人员则由1952年的9.1%,上升到1978年的12.2%,2001年的27.7%。同期,中国产业结构呈现下述变化:第一产业产值从1952年占GDP的50.5%,下降到1978年占GDP的29.1%,2001年的15.2%;同期,第二产业由20.9%上升到47.9%,再上升到51.1%;第三产业由28.6%下降到23.0%,后上升到33.6%。

从大的趋势看,中国就业结构和产业结构都反映着工业化所带来的变化,即劳动者的就业从第一产业向第二和第三产业转移,在GDP中,第二和第三产业所占比重上升,第一产业所占比重下降。就业结构和产业结构变化趋同。

但从中国就业结构和产业结构内部看,存在第一产业就业人口多,第一产业产值在GDP中所占比重低的状况。与之相反的是,第二产业就业人口少,产值在GDP中所占比重高。第三产业在其发展中,就业结构和产业结构上的差异逐渐减小,趋向持平。

少数民族的不同地区,在就业结构上存在着差异。例如,少数民族地区和汉族地区在就业—资本系数上的比较即可说明地区差异的存在(见表6-1)。

表6-1　西部少数民族地区就业-资本系数比较

省份	劳动密集型产业	资源密集型产业	资本密集型产业	知识密集型产业	其他产业
内蒙古	4.3306	0.1775	0.3623	0.998	0.4339
广西	5.9655	0.0626	0.1931	0.686	0.4061
西藏	1.8196	0.0489	0.3196	0.467	0.526
宁夏	4.0923	0.2815	0.234	1.1901	0.5982
新疆	2.9215	0.1277	0.355	1.9006	0.5556
云南	4.5255	0.0836	0.1602	0.6229	0.3244
贵州	6.2369	0.0569	0.1494	0.9222	0.5498
青海	4.3684	0.0474	0.3878	1.5431	0.7452
甘肃	4.5934	0.0921	0.2596	0.7757	0.8831
四川	5.5501	0.0604	0.2017	0.7174	0.7333
重庆	5.7927	0.0946	0.1958	0.9488	0.8636
西部少数民族地区	4.7154	0.0801	0.2119	0.8066	0.6149
东部地区	4.62	0.1269	0.3163	0.8747	0.6581
全国	4.6172	0.1172	0.3191	0.9061	0.6546

说明：1. 就业—资本系数＝某一产业就业比重/某一产业投资比重。某一产业就业—资本系数越大，表示某一产业单位资本容纳劳动力相对较多、就业容量相对较大；反之，表示该产业单位资本容纳劳动力相对较少、就业容量相对较小。2. 表中劳动密集型产业是指农林牧渔业、建筑业、地质勘查业、水利管理业、批发和零售贸易、餐饮业、社会服务业、金融与保险业等，资源密集型产业是指采掘工业及电力、煤气、水的生产和供应业，资本密集型产业指制造业、房地产业、交通运输、仓储及邮电通信业，知识密集型产业指教育、文化艺术、广播电视、卫生、体育、社会福利、科学研究和综合技术服务业，其他产业则是指国家机关、政党机关、社会团体和其他产业。

资料来源：胡鞍钢、温军：《社会优先发展：西部民族地区新的追赶战略》，《民族研究》，2002（3）。

长期以来，中国少数民族地区的资本投资，主要倾向于发展资源密集型产业和资本密集型产业，而对知识密集型产业、劳动密集型产业的资本投资严重不足。据计算，西部少数民族地区资源密集型产业、资本密集型产业的就业—资本系数为 0.0801 和 0.2119，分别相当于东部地区的 63.12%、68.35% 和全国平均水平的 66.99%、66.41%；劳动密集型产业、知识密集型产业的就业—资本系数为 4.7154 和 0.8066，劳动密集型产业就业—资本系数高于东部地区和全国平均水平，知识密集型产业就业—资本系数略低于东部地区和全国平均水平。这表明西部少数民族地区对易于造成少数民族文化多样性丧失、资源环境被破坏的资源密集型产业和资本密集型产业发展的资本投入较高、吸纳劳动力相对较少，而能够促进带动少数民族自身变革与繁荣进步、可容纳较多劳动力、有利于保护少数民族文化的劳动密集型产业和知识密集型产业投资却相对较少。[①]

在少数民族经济就业结构的优化中，农村剩余劳动力的转移是关键。少数民族地区农业落后，农村剩余劳动力大量存在，现代工业部门相对少，城乡差距明显，大量人口滞留于土地，找不到出路。这不仅影响农业的发展，也不利于经济结构的优化。

从表 6-2 可以看出，2003 年中国少数民族地区按三次产业分的少数民族就业人员数，第一产业的就业比例仍比较高，其中最高的是云南，达 77%，重庆、四川、甘肃、青海都在 70% 以上；最低的是宁夏，也超过 50%。第二产业的就业比例，除了宁夏（21.75%）之外，都在 20% 以下；其中，四川、贵州、云南、西藏、青海在 10% 以下。第三产业较第二产业为高，一般是在 20% 上下；最高的是新疆，达 31.66%，内蒙古、广西、贵州、西藏、青海、宁夏也都

[①] 温军：《民族与发展——新的现代化追赶战略》，第 186 页，北京：清华大学出版社，2004。

在 20% 以上。

表 6-2　少数民族地区按三次产业分的年末少数民族就业人员数（2003 年）

地区	第一产业 人数（万人）	第一产业 比例（%）	第二产业 人数（万人）	第二产业 比例（%）	第三产业 人数（万人）	第三产业 比例（%）
内蒙古	548.7	54.59	152.6	15.18	303.9	30.23
广西	1556.6	59.84	279.3	10.74	765.5	29.13
重庆	109.95	75.79	15.72	10.84	19.4	13.37
四川	285.17	76.26	22.4	5.99	66.39	17.75
贵州	602.24	64.72	77.28	8.3	251.07	26.98
云南	888.9	77	92.63	8.02	172.89	14.98
西藏	85	65.03	11.9	9.1	33.8	25.86
甘肃	105.88	70.17	15.21	10.08	29.81	19.75
青海	101.6	70.97	10.55	7.37	31.01	21.66
宁夏	150.6	51.82	63.2	21.75	76.8	26.43
新疆	397.2	55.07	95.69	13.27	228.38	31.66

资料来源：国家民族事务委员会经济发展司、国家统计局国民经济综合统计司：《中国民族统计年鉴（2004）》，北京，民族出版社，2004 年，第 288 页。

总体而言，少数民族地区按三次产业分的少数民族就业人员数，第一产业就业比例最高，其次是第三产业，第二产业比例最低。第三产业的就业比重较高，在很大程度上是因为第二产业的比重较低造成的。可以这样说，在第一产业就业比重居高不下的情况下，越是经济欠发达的地方，由于工业发展水平低，第三产业所占比重反而越高。这种现象在青海、西藏表现得非常突出。

就业结构的矛盾，源于劳动者素质技能结构与投资结构的矛盾。其中，劳动者素质技能结构是矛盾的主要方面，投资结构是矛盾的次要方面。就业结构矛盾的解决，基本点还在于劳动者素质技能的提升及其结构的优化，并形成有利于提高劳动者素质技能结构的投资结构。

就业结构的调整，首先是劳动者素质技能结构的调整。在这个过程中，提高劳动者素质技能的途径，包括强化学校教育、拓宽职业培训、加强科学研究和技术引进与技术创新有机结合等，这些都是解决就业矛盾的基本措施。此外，投资结构也需相应调整。少数民族经济发展的主体是劳动者，目的是劳动者的自由发展，而非单纯经济指标的增长。投资结构要服从和服务于劳动者素质技能的发展。在投资上，表现为一方面通过投资，建立新产业、行业和企业，引领劳动者素质技能的提升；另一方面，则要结合劳动者素质技能的实际水平，进行投资，不能以投资排斥劳动者，避免就业结构矛盾的恶化。

优化少数民族就业结构，基础和难点都是农业剩余劳动力的转移问题。也就是说，只有第一产业就业比重降下来，第二和第三产业就业比重提高，才能实现三次产业就业结构的优化。发展经济学认为，农业剩余劳动力就是潜在的失业者。这一部分剩余劳动力如果不能及时转移，就会产生以下几方面后果：一是剩余劳动力拥挤在有限的土地上，导致进入市场的剩余农产品增长缓慢，农副产品的商品率低，造成了农业部门中自给和半自给经济占很大比重；二是剩余劳动力在日益减少的土地上进行强制性劳动投入，其边际生产率势必递减，这样，农业劳动者的收入必然很低；三是大量的剩余劳动力拥挤在土地上，会阻碍农业的技术改造，阻碍新的生产要素投入农业，从而阻碍农业向集约化方向发展。因此，不进行农业剩余人口的转移，就难以从根本上改变农业的传统性和落后性。少数民族经济结构优化中,不可避免地会遇到农业剩余劳动力的转移问题。必须通过多种途径,实行农业产业化经营,减少农业人口,减轻农业负担,降低农业生产成本。

在城市中,同样可能存在失业和就业不足的现象。如果把大量农村剩余劳动力转移到城市,势必加剧城市就业的矛盾。较为可行的办法是,在适当发展大中城市的基础上,把工业化过程引入农村,以农村城镇为中心,发展以当地资源为基础并面向当地市场的中小型加工工业,通过农村工业化和现代化来实现农村剩余劳动力的就地转化。

在此过程中,还要打破旧的户籍管理制度。使得人口在部门间、城乡间、地域间合理、有序流动。

首先,农业剩余劳动力向非农产业转移必须是多渠道的。包括:第一,离土不离乡,到小城镇就业;第二,既不离土也不离乡,在经营农业的同时兼营家庭工业等;第三,离土离乡,到城市和工业中心就业。其中,前两种形式是农村剩余劳动力转移的主渠道,有赖于城镇和乡镇经济的发展。伴随着乡镇经济的发展而崛起和繁荣的城镇,不仅是容纳农村剩余劳动力的重要场所,还是改造传统农业的中心。以城镇为依托,一方面联结农村各业;另一方面联结城市各业和农村各业。同时,乡镇经济的发展还可以为农业积累资金,加快传统农业改造的进程。由于很多少数民族有独特的风俗习惯、文化传统和语言文字,离土离乡到城市和工业中心就业困难很大,因此,前两种转移农业剩余劳动力的方式更适用于少数民族地区。政府应该通过引导大企业在这些地区投资、建立"企业+农户(牧户)"、当地少数民族群众成立合作企业,合作农场(牧场)等形式,转移农村剩余劳动力,改造传统低效的农业生产方式。

其次,农业剩余劳动力的转移必须是多层次的。大部分发达国家农业剩余劳动力转移的顺序,首先是向第二产业转移,然后是向第三产业转移。这一过程,也伴随着其国民经济结构的转变过程。从中国情况看,少数民族地区农业剩余劳动力可以同时向第二产业和第三产业转移。现阶段,向第二产业转移的主要场所是农村的乡镇工业,向第三产业转移的主要场所在城市,城市商业、运输业、生活服务业目前能提供较多的就业机会。第三产业发展到一定阶段后,剩余劳动力向第三产业转移的主要场所将转到农村。

再次,人口流动的方式可以是多样的。对于少数民族地区而言,吸引优秀人才是当务之急。此外,稳定当地人才,防止外流也具有重要意义。

五、中国少数民族经济的产业结构和产品结构

产业结构是就业结构的具体化。产业是指按劳动内容与劳动社会职能的相似性划分的国民经济各个行业的总体区别。少数民族经济中的产业结构是由产业之间的相互关系而结成的结构,由各行业结构组成,是就业结构的反映,也是经济结构的主干。少数民族经济的产业结构决定了少数民族经济的产品结构,有什么样的产业结构,就有什么样的产品结构。二者的一致性,实际上体现了产业结构和产品结构的同一性,即少数民族经济的产业结构表现为产品时,就是其产品结构。

产业结构建立在产业划分的基础上。目前国际上通用的产业分类是三分法,中国从20世纪80年代中期开始采用三次产业划分法。划分情况是:第一产业包括农、林、牧、渔;第二产业包括采掘业、制造业、自来水、电力蒸汽、热水与煤气的生产以及建筑业;第三产业包括所有其他部门。第三产业又分为两大部门:流通部门(包括交通通讯、商业、饮食、物资供销和仓储业)和服务部门(包括金融、保险、地质普查、房地产、公用事业、居民服务和各种生产

性服务、公共服务、教育、文化、广播电视、科学技术研究、卫生、体育和社会福利事业等)。

对产业间结构变动的研究，可以追溯到17世纪的威廉·配第。配第主要从收入的角度来考察产业之间的差异。他的结论是：工业的收入比农业高，商业的收入又比工业高。这也是以制造业和商业为主的荷兰比其他国家人均收入高的原因。①

科林·克拉克继承了配第的研究思路，克拉克认为，随着工业化的推进，由于部门间生产率的差异，一条不可避免的道路是劳动力的较大部分由第一产业进入第二产业，而随着国民收入的增加，对第三产业的需求会增大，就出现沿着这个方向的相应变化。这一转移趋势，被称为"配第—克拉克定理"。克拉克注意到产业结构和就业结构的密切关系，采用了劳动力这一指标来分析产业结构的演变，他考察了经济发展进程中劳动力在各个产业中分布状况的变化。

库兹涅茨研究了工业化和产业结构变动的关系。根据库兹涅茨实证研究得出的一般模式，从三次产业GDP结构的变动看，在工业化的起点，第一产业的比重较高，第二产业的比重较低；由于市场经济国家在工业化开始时市场化得到较大进展，以商业、服务业为基础的第三产业的比重较高。随着工业化的推进，第一产业的比重持续下降，第二产业的比重迅速上升，而第三产业的比重只是缓慢升高。当第一产业的比重降低到20%以下，第二产业的比重上升到高于第三产业而在GDP结构中占最大比重时，工业化进入中期阶段；当第一产业的比重再降低到10%左右，第二产业的比重上升到最高水平时，工业化就到了结束阶段。之后，以制造业为发展核心的工业化逐渐被第三产业的发展所取代，即产业结构由物质生产部门为主向非物质生产部门为主转移。

---

① 威廉·配第：《政治算术》，第19-20页，北京：商务印书馆，1978。

从历史发展看,少数民族经济的产业结构从以第一产业为主干发展到以第二产业为主干,再发展到以第三产业为主干的过程,就是产业结构升级。产业结构的升级,实际上是劳动者素质技能的提升。只有劳动者的素质技能结构变化,产业结构才会相应变化。这既体现在第一、二、三次产业的产生过程中,也体现在三次产业的主干地位的发展变化上。劳动者素质技能结构与投资结构结合形成就业结构,就业结构是产业结构的基本,同时,产业结构也会制约就业结构,原因在于既有的产业结构,会对劳动者的就业结构产生导引作用,从而对劳动者的素质技能结构产生影响。

对于产业结构演进的动因,有学者将之归结为科学技术进步、社会供给结构、社会需求结构和国际影响因素等方面。[1] 诚然,这些因素的变化,都会引致产业结构的演进。但这些因素与其说是产业结构演进的动因,不如说是产业结构演进的表现。产业结构的优化,从根本上说,就是劳动者素质技能的提高。当劳动者的素质技能还以农业劳动为主时,不可能出现现代产业结构。因此,少数民族经济产业结构的变化,反映了劳动者素质技能结构的变化。另一方面,产业结构也对劳动者素质技能的提高起到促进作用。劳动者的知识结构和技能结构可以直接与较高层次的产业结构相适应,并在较高的基础上实现累积和发展。

少数民族经济的产业结构要适应劳动者素质技能结构,脱离了劳动者素质技能结构,产业结构就成为了空中楼阁,即使建立起来,也不能稳固。因此,产业结构的调整要以劳动者技能素质结构的调整为先行,同时要借助于投资结构的调整,引导劳动者自身提高素质技能的方向。具体说来,就是以劳动者素质技能为基础,通过投

---

[1] 顾海:《高技术产业化论》,第 24-28 页,天津:河海大学出版社,2000。

资结构引导产业结构，实现产业结构与劳动者素质技能结构的统一，并相互促进提升。

由于难以进行中国少数民族产业结构的调查和统计，同时在各民族融为一体的情况下，这种调查和统计并不具有现实意义，因而，我们对少数民族地区的产业结构进行分析。当前，中国少数民族地区的产业结构是以工业为主干；在更具体层面，工业中的制造业又起主干作用；制造业本身根据其产品结构的不同，分化出若干行业，其中，机械、电子、石油化工等为主干性行业。这些行业布局在工业中起主干作用，也在产业结构的总体上起主导作用。少数民族经济的产业结构合理与否，其经济的发展程度，往往取决于这些主干行业的比重及其技术水平。

主干行业不是抽象的，它与时间、地点、经济状态等因素紧密相关。从历史的角度看，被作为主干行业的有纺织、煤炭、钢铁、汽车、造船、建筑、重化工、电子等。

少数民族经济发展的历史已经证明，主干行业的落后，将导致工业乃至全部产业的落后。因此，优先发展和强化主干行业，是少数民族经济发展中的重要环节，也是优化少数民族经济产业结构的重要内容。

少数民族经济产业结构的优化，不是完全的"无中生有"，从零开始，应注重对少数民族传统产业的继承和发展。

表6-3   部分少数民族传统产业与行业优势

少数民族	传统产业及行业优势	现代经济潜力
维吾尔族	传统绿洲农业和干旱草原畜牧业	棉业及名优特农产品
回族	商业、传统手工业	第三产业及特色工艺品制造业

续表

少数民族	传统产业及行业优势	现代经济潜力
藏族	草场畜牧业、畜产品手工加工业	草场畜牧业及畜产品
保安族	传统铁器制造业	铁器手工艺品制造业
撒拉族	传统商业服务业	第三产业

资料来源:《民族与发展——我国中西部民族地区社会经济发展研究》(中国科学院国情分析研究小组2000)。转引自温军:《民族与发展:新的现代化追赶战略》,北京,清华大学出版社,2004年,第98页。

在长期历史发展中,少数民族形成了独具特色的建筑、服饰、食品、手工业品、医药等传统产业,这些产业由于凝聚了各民族的文化传统而显得特色鲜明,不仅具有独特的现代经济价值,而且还是未来最具发展潜力和市场竞争力的产业部门(见表6-3)。甘肃省阿克塞哈萨克族自治县创立的阿克塞模式对此有充分的说明意义。阿克塞模式以传统产业——畜牧业为突破口,在保持传统产业连续性和传承性的基础上,巩固和推动传统产业升级,并在推进传统产业发展的基础上,以县域搬迁为契机,带动第二、三产业发展,使阿克塞走上全面发展和城镇化建设的轨道,实现了社会发展意义上的制度安排的收益递增目的。2001年,阿克塞哈萨克族自治县在甘肃省86个县、市、区经济综合实力排名中列第五位,而在全省22个少数民族县、市中排名第一。[1]

少数民族经济的产品结构,作为产业结构的结果,充分表现出产业结构的矛盾状况。这里所说的产品是广义的,不仅包括有形产

---

[1] 玉苏甫江:经济文化类型与少数民族经济发展,《新疆社会科学》,2005(2)。

品,还包括"第三产业"即服务业提供的服务。它们虽然不表现为物质产品,但却因其服务是通过交换提供并表现为价值的,所以在产业结构中,服务业是一个以价值形态出现的重要"产业",其服务劳动创造的价值也要在流通、分配、消费结构中表现出来,进而由消费、分配、流通结构的"逆向"反馈,作用并制约产业结构。

在产品结构的优化中,要突出考虑少数民族特色,并予以适当支持,将少数民族产品特色转变为产品优势。从特色到优势的过程,可走品牌化的发展道路。而品牌本身,就是少数民族特色在少数民族产品中的显性化。

现代少数民族经济体绝大部分已经开始工业化,因此,除个体农民的农产品基本自给外,城市居民的生活用品都要通过流通而购买,而农村中的非农消费品、生产工具和机械,也都要从流通中交换而得。产品结构中的矛盾直接体现于市场,在市场流通中以市场价格得以展示。

产品结构中的矛盾,只能通过改进产业结构解决。从消费到分配到流通结构性矛盾的反馈性分析,不仅能发现产品结构的矛盾,而且给产业结构的改进提供依据。

六、中国少数民族经济的流通、分配、消费结构

少数民族经济结构是个统一体,产业结构是其主体框架,与产业结构同时存在并作为产业结构发展条件的,是流通、分配、消费结构,注重它们的有机联系,是调整经济结构,发挥其运行机制功能的重要方面。

流通、分配、消费是生产的转化,也是生产的必要条件,并与生产一起构成经济过程的基本环节。马克思指出:"我们得到的结论并不是说,生产、分配、交换、消费是同一的东西,而是说,它们

构成一个总体的各个环节、一个统一体内部的差别,生产既支配着与其他要素相对而言的生产自身,也支配着其他要素。过程总是从生产开始。交换和消费不能是起支配作用的东西,这是不言而喻的。分配,作为产品的分配,也是这样。而作为生产要素的分配,它本身就是生产的一个要素。因此,一定的生产决定一定的消费、分配、交换和这些不同要素相互间的一定关系。"①

作为少数民族经济过程的基本环节,流通(交换)、分配、消费,也有自己的结构,这些结构是生产(产业和产品)结构的转化形式,但又有其特点。

按三次产业划分法,流通业已被划入产业,即第三产业,其结构是产业结构中的一部分。分析产业结构时,已涉及第三产业——服务业,但第三产业的外延比流通更大,这里从与生产相统一的角度,对之进行探讨。

流通作为"交换的总和",是生产的前提条件和产品的实现形式,流通结构是流通行业内外部各种经济技术关系的总和。流通以外的产业所需要的生产资料主要是从流通得来,职工的生活资料也要通过流通才能满足,进而,这些产品及部分服务,都要从流通得以实现。这样,流通结构是从属于产业结构的,它包括以下层次:一是为产业提供原料,二是为产业提供生产资料,特别是机器设备,三是进行技术贸易,四是销售产品或作为服务的中介,五是通过银行进行融资,六是通过证券市场筹集资金。五、六两个层次与投资结构是交织在一起的,从投资的角度,它们属于投资结构的一部分,但又借助流通形式实现。

流通结构直接关系着产业和全部经济的发展。流通结构服从产

---

① 马克思:《1857—1858年经济学手稿》,《马克思恩格斯全集》第46卷,第36-37页,北京:人民出版社,1979。

业结构,特别是要为主干行业的发展服务。流通结构除上述几个横切面的层次外,还有批发、零售两个纵向层次,涉及若干环节,也就是说,一个企业从购买原料和生产资料,到销售其产品,都要经过若干环节。纵向流通结构通过流通时间影响流通质量制约着整体经济结构。流通时间包括商品转化为货币所需要的售卖时间和货币转化为商品所需要的购买时间。流通费用主要包括买卖、仓储和运输费用。流通质量主要通过缩短流通时间和节约流通费用而得以提高。因此,流通结构实际是指产品流通系统各要素在流通层次和流通环节的相互联系、相互作用中推动产品及其产业的结合方式与比例关系。

由于受到地理环境的影响,中国部分少数民族长期处于封闭自守状态,大多从事单一的农牧业生产,进行以物易物的简单商品交换,重农轻商思想严重,不少少数民族历史上没有形成真正的商品经济;少数民族民风纯朴,与世无争,竞争意识不强,无法在激烈的市场竞争中获得更多的发展机会;多满足于"有饭吃、有衣穿、常年油盐不缺"的简单生活状态,这种低层次的生活需求心理,使得他们对引进新产品,创建名牌产品和发展商品经济缺乏积极性。流通结构中的内容也相对简单,例如,全国最大的彝族聚居县四川昭觉县共有农贸市场26个,除县城2个市场外,其余都是10天赶一次场,一般农户单程到最近的赶场地要3个小时,市场交易品主要是牲畜和粮食。① 要改变这种状况,根本还在于通过工业化实现产业升级。也唯有产业升级,才能带动流通结构的改革。没有产业结构的优化,流通结构是不可能改变的。

分配结构是产业结构和流通结构运行的结果,也是进一步运行

---

① 参见朱明熙等:从扶贫看民族地区"新农村建设"的艰巨性和复杂性,《经济研究参考》,2008(4)。

的前提。从一般意义上说，分配包括两大层次，一是再生产和消费的分配比例，二是消费品的分配。第一个层次对于所有产业都是适用的，任何企业只要还在经营，就必须从其总收益中分出折旧、购买原料和生产资料或商品的那部分价值（以货币表示）；再分出利润，用于缴税和再投资（私有企业还要拿出一部分用于资本所有者的生活资料）；再就是扩大再生产的资金和用于职工的消费资料。第二个层次的消费，是针对劳动者消费资料的，这里又包括几个方面，一是公有制企业或单位的职工，他们的消费资料是"按劳分配"，二是私有制企业的职工，他们的消费资料是按劳动力价格分配（这又在一定程度上与流通结构相重合，即"劳动力市场"的交换），三是个体工商户和农民，他们的消费资料是从其总收益中扣除。这三个方面中，只有第一方面是典型的消费资料"分配"；第二方面涉及劳动力的买卖，与流通结构有关；第三方面是个体行为，与第一层次中资本所有者从其利润中提取消费资料有相似处。

分配结构的关键，在于确定用于再生产的积累和用于职工个人消费的比例，它既直接影响劳动者的生活水平及素质技能的提高，又影响投资结构。从这个意义上说，分配结构又是劳动者素质技能结构和投资结构的展开和必要前提。

消费结构是产业结构通过流通、分配结构的最终实现，又是产业结构的前提，它直接受分配结构的制约。消费源自人的需要，但需要受生产制约，需要的无限性与生产的有限性就构成消费。而流通和分配结构又使人的消费形成差异，由此构成消费结构。

消费结构上的差异，是经济矛盾和社会矛盾的集中体现，不同的阶级、阶层、个人，在消费结构中所处的位置，恰是消费导向制约生产发展和流通的集合点。消费结构也是社会经济权利的表现，消费结构的调整，实质是经济权利关系的变革。

对于少数民族经济的消费结构，我们可从静态和动态两个角度进行考察。从静态看,消费结构从总体上分为生产性消费、生活性消费和奢侈性消费三个层次。生产性消费是指直接用于劳动者再生产其劳动力的消费;生活性消费为维持和延续生命的消费,这是最普遍意义上的消费,其中有相当部分可以转化为劳动者素质技能;奢侈性消费主要集中于少数统治者,这是一种显示其社会地位和满足非生产性偏好,甚至是与人性升华相悖的消费,它消耗的社会劳动量很多,但不对提高劳动者素质技能及发展生产力起积极作用。

从动态看,消费结构体现了产业结构的状态,其变化又会带动产业结构升级。从历史上看,在劳动者素质技能较低,生产的产品首先用于满足基本的生活消费,消费结构以衣食为主,这时的产业结构就以第一产业为主。当劳动者素质技能提高时,就不仅仅满足于食物和衣服等基本生活消费,这时第一产业就不再能满足劳动者的消费需要,相应地,第二产业出现,并渐渐取代第一产业成为产业结构的主干,在这一过程中,第二产业也对第一产业进行改造。劳动者素质技能的进一步提升,又会对服务产生大量消费需要,第三产业成为产业结构的主干,并对第一和第二产业进行改造。

少数民族经济的消费结构受少数民族文化的制约。少数民族文化的丰富性和复杂性在消费结构上充分表现出来。少数民族文化是以消费意识来影响少数民族的消费结构的。不同少数民族在不同环境条件下形成的民族文化特征,通过语言文字、社会习俗、饮食习惯、节日庆典、少数民族意识、宗教信仰等文化形式表现,深刻影响着消费意识,也影响经济发展。[①] 少数民族大多民风淳朴,与世无争,知足长乐,但是其中一些陈规陋习,如送礼、喝酒、奢办婚丧嫁娶等活动,过多地消耗了并不丰富甚至稀缺的社会财富,制约了

---

① 龙远蔚:民族地区农村商品经济发展中的非经济障碍问题,《民族研究》,1994(3)。

扩大再生产能力，严重影响了人们生活水平的提高，阻碍了社会经济的发展。一些少数民族用于宗教信仰和多神崇拜的消费一般占年均收入的10%～15%，杀牲祭鬼现象仍很盛行；一些少数民族的丧葬礼仪之多，耗资之大，令人瞠目，如苗族丧礼请客80～90桌甚至100多桌是常事，而且大量宰杀牲畜；景颇族丧葬要大摆酒宴3～5天甚至7～8天，耗费酒、肉、粮食达数百斤之多；裕固族丧礼一般要花上千元甚至上万元钱，购置丧葬用品、请喇嘛念经、布施寺院，这往往使丧家轻者负债，重者倾家荡产。① 四川昭觉县彝区尽管贫困，但是畸形消费问题却非常突出，大致可用两句话概括："为人情而吃，为信仰而闹"，"吃在酒上，闹在鬼上"；酒精滥用已经成为彝区脱贫的障碍，此外，彝区的宗教性消费也颇多。②

七、少数民族经济的区域结构

区域结构是上述结构的综合、具体存在。经济区域是经济活动的主客体要素在地域分工过程中形成的地域经济综合体。区域经济结构是区域内各种经济活动在特定区域内的排列组合方式及相互作用关系。区域经济结构，不同于地理上的区域分布，而是以行政区域为主的区域经济关系。它既受经济地理的影响，又由其劳动者素质技能决定。

在斯大林规定的民族概念中，"共同地域"是其四个特征之一，并认为四个特征只要缺少一个，民族就不成其为民族。据此，他不

---

① 温军：《民族与发展：新的现代化追赶战略》，第100页，北京：清华大学出版社，2004。
② 朱明熙等：从扶贫看民族地区"新农村建设"的艰巨性和复杂性，《经济研究参考》，2008（4）。

同意分散于世界各地而生活在不同地域、操着不同语言的犹太人是一个民族。可见，民族、民族经济与区域问题是相互纠缠的。尽管斯大林的规定仍值得商榷，但至少提示我们，要注意少数民族的区域特征。当研究少数民族经济结构时，有必要探讨少数民族经济的区域结构。

少数民族是在具体的区域环境中生存的，少数民族经济发展也总是离不开具体区域。各少数民族经济在具有共性的同时，又有地域特点。少数民族经济的区域结构是少数民族经济结构在不同区域的具体化，是劳动者素质技能结构、投资结构、就业结构、产业结构和产品结构、流通、分配、消费结构等各经济结构的综合、具体存在。

少数民族经济结构优化，既是总体性的，也是区域性的，从劳动者素质技能结构和投资结构，到就业、产业、产品结构，以至流通、分配、消费结构的调整，都要集合于区域结构的调整。少数民族经济各层次的区域结构调整，既要改革区域经济在产业、产品结构上的缺失，更要避免重复性建设，以求少数民族经济各区域的经济结构有机统一，达到互助促进的目的，不能自行其是，引发恶性竞争。

区域经济结构调整的主体，是区域内的劳动者。劳动者的劳动力和生产资料所有权的集合，构成地区经济自主权，它是保证并调动劳动者的主动性，提高并发挥其素质技能的基本依据。前面所论到的调整经济结构的几个环节，都涉及经济自主权问题。只有强化少数民族地区的经济自主权，才能对经济结构总体和各环节进行调整，从而提高劳动者素质技能，完善投资结构，促进主干行业发展，形成合理的产业、产品结构，密切流通、分配、消费结构的内在联系。区域结构是经济结构的综合性环节，强化区域经济自主权，实质上就是调整区域经济结构。通过调整区域经济结构，经济结构的各环节得以内在统一,进而形成合理的运行机制。

中国的民族区域自治制度为少数民族的区域经济自主权提供了保障。民族区域自治制度赋予了少数民族地区在经济上享有比其他地区更大的自主权利,从法律和制度上为少数民族从本区域利益出发,根据少数民族的地区特点、少数民族的特点制定制度规则、组织和安排经济活动提供了保障,在此基础上,少数民族的区域经济自主权得以确立。但是,长期强大的中央集权式管理体制及其惯性作用,极易使法律赋予少数民族自治地方的自主权,遭到上级国家机关统一的一般政策的强力冲击,使作用于少数民族经济肌体的实际政策供给与全国统一的政策供给高度一致,严重影响到少数民族经济活动的正常运行。

这一点,在少数民族经济的产业结构中得到反映。根据产业结构相似系数公式计算,1980—1998 年西部少数民族地区与东部地区年平均农业产业结构相似系数、工业产业结构相似系数,分别高达 0.9959 和 0.9999。相似系数几乎为 1,说明其产业结构和东部地区的产业结构已基本上完全一致,长此以往,发展的结果只能是少数民族经济特色的丧失。经济结构与东部地区的不断趋同化,究其原因与国家的产业政策密切相关。[①] 中国少数民族地区产业发展政策,除以少数民族贸易和少数民族特需用品生产企业政策为主的第三产业政策较充分地体现出了少数民族的特点以外,农业、工业等第一、第二产业发展政策基本上与国家宏观产业政策一脉相承,缺乏符合少数民族特点而又能将少数民族经济纳入少数民族地区经济发展轨道的产业政策,更缺乏切实可行、具有少数民族特色的导向性产业政策,这是导致少数民族地区与东部地区产业结构趋同化程度加剧

[①] 参见胡鞍钢、温军:社会优先发展:西部民族地区新的追赶战略,《民族研究》,2002 (3)。

的一个重要原因。① 这也从反面显示出少数民族自治地区经济自主权并未真正得到保证。

调整经济结构是少数民族经济体制改革的具体层次，对它各个环节的调整，是有机统一的，强化区域经济自主权，作为调整区域结构的核心内容，包含并体现着前面各环节的调整。为此，应实行中央与地方的分级管理体制。将经济管理权力在中央和地方之间进行分割，并相应地将经济管理权限在地方各级经济管理层次上进行分解，以充分发挥地方各级政府更直接地面对当地实际，更了解区域状况的优势，调动各级地方政府的积极性，制订和实施有效的区域经济发展计划，并对区域经济活动进行有效管理，促进区域经济的发展和国民经济整体效率的提高。中央政府和民族自治地方政府经济管理合理分权的新体制的核心，实质上就是进一步巩固和完善民族区域自治制度。

对民族自治地方而言，在享有自主管理本地区经济发展事务的权利的同时，担负着维护祖国统一，积极行使自治权，促进民族自治地方经济社会全面发展，不断提高民族自治地方人民生活水平的义务。② 从这个角度讲，就是要强化民族自治地方的经济自治权。只有强化经济自治权，才能对经济结构总体和各环节进行调整，从而提高劳动者素质技能，完善投资结构，促进主导行业发展，形成合理的产业、产品结构，密切流通、分配、消费结构的内在联系。

区域不是封闭的，区域结构也不是铁板一块。各区域是相互影响的，区域结构也在互动中不断调整，因为任何少数民族都有自己

---

① 参见温军：中国少数民族经济政策的形成、演变与评价，《民族研究》，1998（6）。

② 参见匡爱民：民族自治地方经济自治权及其行使探讨，《中央民族大学学报》，2005（2）。

内部的经济联系或共同经济生活,而同时不同民族之间又相互发生经济交往。少数民族内部与外部的这种经济联系或交往方式,不仅是产生少数民族经济的基础,而且也是所有少数民族生存、发展和共同繁荣的基础[①]。

八、少数民族经济结构的合理化

少数民族经济的问题,归根结底是发展的问题,而少数民族经济的发展需建立在合理的经济结构基础上。调整经济结构,是中国经济改革的具体层面,也是制度和体制改革的必要环节。在其实施过程中,需要借助运行机制的优化,或者说,运行机制是经济结构调整的着力点,由此,才能促进少数民族经济发展。

经济发展的基本涵义是指一个民族经济体由不发达转入发达状态。与经济发展相关的,是经济增长,即生产总值的增加或人均生产总值的增加。最初,人们对经济发展和经济增长是不加区分的。20世纪70年代以后,经济学者越来越强调二者的差别,认为经济发展不仅是一个经济增长的过程,而且是一个经济结构变化、收入分配和社会福利改善以及经济体制变迁的过程。经济增长是经济发展的前提和必要条件,但有经济增长却不意味着一定是经济发展。[②]

对于中国少数民族经济发展而言,少数民族经济结构的优化至关重要。少数民族经济结构是形式,其内容,则是具有主体地位的

---

① 参见施正一:民族经济学导论,第4页,北京:中央民族大学出版社,1997。

② 有代表性的案例是罗伯特·克劳尔(R. Clower)在《没有发展的增长》中对利比亚经济的分析。克劳尔指出,利比亚的经济增长依靠外国厂商拥有橡胶种植园的初级产品出口的增长,而本国的经济结构及经济体制缺少变革,因而是没有发展的增长。

劳动者的相互关系。少数民族经济结构的合理化,是在劳动者提高素质技能的基础上,运用其所有权和民主权为自己创造提升和发挥技能的条件,由此形成的相应关系。调整经济结构,并非只是调整投资结构,将劳动者作为资源进行配置。只有真正以劳动者素质技能结构为核心的经济结构调整,才能带来少数民族经济发展,才能实现少数民族经济结构的合理化。

劳动者素质技能结构的优化是一个长期的过程,要从不同层次着手。对其调整,首先是要引导少数民族改变其生活和交际方式。例如,四川凉山彝区山高谷深,农户在这样的环境下从事着一家一户个体经营,虽然有"家支"成员间的农活互助,但彼此间没有形成分工协作的业缘关系,人们的社会交往主要以血缘、亲缘和地缘为纽带,是一种纵向的内宿关系。人们交往范围限于族内、村内的人际互动。这样的村寨社区文化,无法建立起自我革新的机制,从而致使贫困人口眼界更加狭窄、观念更加守旧。因此,以血缘、亲缘和地缘为纽带的人际交往方式不利于彝区贫困人口素质提高。其次,是发展各区域作为公有制实现形式的国有企业、合作企业、合作股份制企业,还有私有企业的内部调整。少数民族劳动者的素质技能结构,包括其技能的产业、行业,以及专业、工种的分类和特征,在本行业、专业、工种中的等级,对专门技术管理人才能力的特殊评定及其作用的分析等。此外,还应包括性别、年龄的构成。在调整劳动者素质技能结构时,有的需要调整劳动者在不同职业的工作岗位,有的需要加强某一方面的技能培训,有的需要吸纳新的专业人才。这种调整,要充分考虑技术的发展和市场状况,以保证职工素质技能得以充分发挥。合作企业、合作股份制企业和私有资本企业的职工素质技能结构调整,原则也与此相同,但因规模较小,故有许多灵活性,但必须有区域内国家机构的指导性计划和行政协调。

提高劳动者素质技能，优化劳动者素质技能结构，并非一个口号，而是若干的、主要的社会经济活动。其内容包括强化学校教育，拓宽职业教育和职业培训，加强科学研究，技术引进与技术创新有机结合。

（一）优化劳动者素质技能结构

劳动者的素质技能是动态的，其结构也会随劳动者素质技能的变化而变化。因此，对劳动者素质技能结构的调整，要随劳动者素质技能发展的状况而进行。劳动者素质技能的发展，具有不可逆性，体现在历史中，就是劳动者的素质技能不断提高。这一过程，虽然会因战乱、自然灾害等原因中断，甚至出现倒退的情况。但从趋势上看，是不断发展的。劳动者素质技能的提高，构成历史的动力，也成为少数民族经济发展的根据。劳动者素质技能的提高的途径包括：

1. 强化学校教育

作为提高劳动者素质技能的首要途径，教育应成为第一事业。强化学校教育应从以下方面进行：①在少数民族教育投入的问题上，首先要转变"教育投入是消费性投入"的思想，确立教育投入是最有效投入的观念。②加大教育投入是从教育的外部为之提供良好的发展条件，就教育自身而言，则要提高针对性，真正从受教育对象的实际出发。少数民族学校教育要考虑区域环境、少数民族文化传统、地区经济状况等综合因素，因地制宜地进行。

2. 拓宽职业教育和职业培训

发展职业教育，要唤起人们对职业教育的重视，改变人们轻视、鄙薄职业教育，将其视为普通教育的补充的观念，扭转将接受职业教育看做不得已而为之的观念，认识到职业教育是将科学技术转化为现实生产力的最直接有效的途径，是教育与技术密切结合的纽带，关系经济发展、少数民族兴衰。职业教育水平提高了，生产第一线的劳动者的素质技能才能提高,各种技术效用才能得到充分发挥和放大。

发展现代少数民族职业教育,其办学模式应当具备三大特点:一是应成为沟通现代科学技术与各少数民族传统生产技术的教育体系;二是应成为促进各少数民族社区职业分层和行业分化的社会实体,具有引导社会变革的额外职能;三是必须着眼于未来,成为独立运行的教育体系。[①] 其根本,在于树立正确的教育观念,使"学以致用"在职业教育中得到充分体现。把职业学校办成职业教育中心、科技培训中心、示范种养中心和技术辐射中心。

职业教育之外,应大力推进职业培训。职业培训要遵照以下原则进行:首先,要有针对性,即根据工作的实际需要与职位特点、被培养劳动者的年龄和知识结构,与企业的实际发展情况紧密结合,有计划地进行。其次,在职业培训中发挥考核与选拔的作用,鼓励上进。再次,理论教育与专业训练要结合,专业培训与基础教育结合。在培训内容上,应广泛吸收新知识、新技术、新工艺和新方法。最后,形式要多样。采取如学徒培训、现场示范和短期轮训、对部分需要的劳动者进行长期培养等形式。

把职业培训作为教育体系的重要组成部分,形成职业培训与学校教育的有机结合,满足学习社会化、终身化、个性化的需要。

3. 加强科学研究

教育和培训的基础,是科学研究,这不仅包括对自然界的研究,还包括对社会的研究,以及对工艺的研究。科学研究是劳动者素质技能提高的前导,它为教育和培训提供基础知识,又将实践中的新

---

① 参见罗康隆:关于民族地区职业教育与其社会经济发展接轨的思考,滕星、胡鞍钢主编:《西部开发与教育发展博士论坛》,第146页,北京:民族出版社,2001。

经验和新问题加以概括，提升为理论知识，进一步通过教育和培训，应用于实践。

科学研究的推动主体主要是政府和大企业，这是由科学研究的特点决定的。一般说来，科学研究具有投入多、风险大、产生成果时间长且成果不具有直接经济效益的特点。能够资助和进行科学研究的，多是实力非常雄厚的大企业，一般企业则无力或者不愿资助科学研究。这种状况在短时间内不容易改变。

4. 技术引进与技术创新有机结合

技术是人类在社会生产实践中运用科学知识所形成的物质改造能力。在科学、技术、生产三者中，技术处于中介状态。技术引进与技术创新作为两种途径，其有机结合有助于技术进步。

技术引进不同于设备引进，它是一种系统知识的获得，通过对这些系统知识的吸收、消化、改进、创新，可以提高科学技术水平和经营管理水平。

技术引进是手段，技术创新才是目的。技术创新是技术进步的真正源泉。要获得持久、稳定的技术进步，就必须具备独立的技术创新能力。要进行技术创新，除了以技术引进作为导引外，基础性的还是技术能力的培养。而技术能力的培养，主要依赖于对研发活动和教育事业的投入。在对这两方面的投入中，技术引进，主要是其中的技术交流活动，也依然起作用。因此，技术引进和技术创新有机结合非常必要，有助于克服"引进—落后—再引进"的恶性循环。

（二）围绕劳动者素质技能结构优化其他结构

围绕劳动者素质技能结构优化其他结构，就是要求建立与劳动者素质技能结构相适应的投资结构、就业结构、产业结构、产品结构、流通结构、分配结构和消费结构等。

投资结构要保证劳动者素质技能结构的优化。这包括两方面内容：一方面，围绕劳动者素质技能结构进行生产投资，这个方面的投资结构又会通过就业结构、产业结构、产品结构、流通结构、分配结构和消费结构等表现出来。另一方面，使得投资结构直接服务于劳动者素质技能的提升，投资于包括学校教育、职业培训、科学研究和技术发展等方面，以此促进劳动者素质技能的提升。可见，这里的投资结构是广义的，是针对劳动者素质技能在社会范围内的投资所形成的结构。此外，投资结构要实现以点带面。例如，中国西部欠发达少数民族地区，由于受地理位置偏僻、技术水平低、劳动力素质差等因素的限制，乘数效应、扩散效应很难发生，增长极开发模式最初必然遇到困难。在这种情况下，首要的问题是如何创造一种增长极能发挥作用的条件和启动机制，如基础设施建设、市场机制的发育、劳动力素质的提高等"面"式经济的发展。当"面"式经济发展到一定程度，再寻找"点"的突破。

就业结构作为劳动者素质技能结构与投资结构的直接体现，是与提高了的劳动者素质技能相统一的，又是投资结构导引的结果。就业结构的优化，会反作用于劳动者素质技能结构，对于提高劳动者素质技能起到积极作用。而提高了的劳动者素质技能和优化了的劳动者素质技能结构又构成了少数民族经济结构优化和少数民族经济发展的基础。调整少数民族经济结构以促进少数民族经济发展，要求优化少数民族产业结构，并形成相应的产品结构。流通、分配和消费结构也要服从劳动者素质技能结构优化的要求，并最终促进少数民族经济发展。其中，流通结构要服从产业结构，特别是要为主干行业的发展服务。分配结构的关键，在于确定用于再生产的积累和用于职工个人消费的比例，它既直接影响劳动者的生活水平及素质技能的提高，又影响投资结构。消费结构的优化，则要求在满足生活性消费的基础上，加大生产性消费，减少奢侈性消费。

总之，以劳动者素质技能结构为核心，围绕劳动者素质技能结构形成少数民族投资结构，建立少数民族就业结构和产业结构，由此调整少数民族经济的产品结构、流通结构、分配结构和消费结构的过程，就是少数民族经济结构的合理化。少数民族经济发展在此过程中实现。

第七章
少数民族经济的运行机制

少数民族经济结构作为经济总体过程的有机结构,不是静止的,而是在少数民族经济矛盾的动态发展中发挥着对经济总体的制约和调节功能。这个功能,就表现为少数民族经济的运行机制。经济结构是运行机制的根据,运行机制是经济结构功能的动态发挥。随着少数民族经济结构向现代经济结构转化,即向工业生产方式下的经济结构转化,社会化大生产出现与发展(特别是近年来创新知识和信息传播的作用日益突出),经济结构内各子系统的联系更加密切,其运行机制的作用也更加明显。

一、经济运行机制是经济结构功能的动态体现

少数民族经济运行机制的内容主要是所有权控制的占有权如何支配劳动力和生产资料的使用权(经营权)的应用。

斯密曾用"看不见的手"来比喻资本主义经济运行机制,这是相当形象的。从一定意义上说,运行机制是无形的,它作为经济结构的功能,对于个体的"经济人"来说,确实是看不见的,但又是实实在在的、强有力的,它操纵着、指挥着每个个体的行为。资本

雇佣劳动制下的"看不见的手",主要表现为竞争机制,即调动和指挥个体,特别是资本所有者为占有更多的物质财富而去自由竞争。在竞争中,每个人都有自由,但个体的自由又受众多其他个体自由的限制。"看不见的手"既是这种限制的表现,又是突破这种限制的导引。实际上,斯密所论,就是在资本雇佣劳动制的自由竞争体制中,经济结构各个层次的矛盾对个体经济行为的制约。但他并没有对经济体制和经济结构作出系统规定,因此,他只能以"看不见的手"来表示运行机制的作用。

到20世纪初,资本雇佣劳动制自由竞争阶段的经济结构已经因其尖锐的矛盾,危及制度的存在。在这种情况下,如果不从体制层面进行改革,那么,失灵了的运行机制和不可调和的经济结构层面的矛盾,就会导致资本统治的灭亡。罗斯福和凯恩斯分别从实践和理论上对自由竞争体制进行了改革,由此而调整了总体的经济结构,即在体制层面强化了国家的作用,并使之贯彻于经济结构之中,投资结构、就业结构、产业结构,以及分配、流通、消费结构等,都因注入国家这个因素,而发生了重大改变。

这种改变引发了运行机制作用的改变。在资本制的市场经济阶段,由于国家的作用,有一只"看得见的手"作为运行机制的重要内容在发挥作用,这就是由国家以货币和财政两大政策,以及计划,从总体上对经济过程的制约和调控。

"看得见的手"不过是对"看不见的手"的一种认知及将这种认知的自觉运用。从这里,我们可以看到经济运行机制的发挥要有一个集合点。这个集合点也正是经济结构矛盾系统的内在联系。在资本雇佣劳动制的自由竞争阶段,这个集合点是竞争,在市场经济阶段,则是国家。

少数民族经济结构是一个矛盾运动的机体,经济结构是这个机体总的构造形式,运行机制是这个构造形式的功能和作用。很明显,这种功能及其作用取决于少数民族经济结构本身的构造，但它又会以其作用而改变具体的少数民族经济关系，促进少数民族经济的发展，由此反作用于少数民族经济结构，久而久之就会引起少数民族经济结构的改变。少数民族经济结构的改变又必然体现于其功能，引起运行机制的变化。这样看，少数民族经济结构和运行机制就是一对矛盾，它们内在地决定并制约着，且以不断的量变积累导致质变。

少数民族经济结构相对于运行机制来说，是静态；运行机制则是少数民族经济结构的动态。少数民族经济结构中包含着多个子系统，其中各族劳动者素质技能结构是整个系统的动力结构，如何发挥这个动力结构的功能，是运行机制的关键，其他各结构，都是以此动力结构为基础，并针对它而发挥功能的。投资结构、就业结构、产业结构等，并不是被动地在各族劳动者素质技能结构所发挥动力的带动下运作的，而是在这种带动的同时，对之形成制约，或是更有效地发挥或是抑制其动力，这样，就在总体上形成动力与功能的内在统一。少数民族经济结构，其运行机制的合理与否，就在于能不能有效地发挥少数民族劳动者素质技能结构的动力，并以此为基础发挥各结构的功能。进而，又在运行机制的作用下，不断提高和改善各族劳动者素质技能结构，由此而带动全部经济结构的演进。

少数民族经济结构的演进，不可能靠外力推动，只能由其运行机制在发挥功能时对各经济因素的具体作用，再反作用于少数民族经济结构，才能实现。运行机制作为少数民族经济结构功能的动态发挥，也是对少数民族经济结构的检验过程，通过运行机制发现结构中的问题，并探讨解决问题、改进少数民族经济结构的途径。

对于少数民族经济的具体结构而言，它内在的各层次及其系统的矛盾，往往从产品、产量、产值、效益（利润）等各个范畴表现出来，而对这些范畴及其指标的不同追求，又是运行机制的特点所在。任何社会的经济结构,都要以产品、产量、产值、效益(利润)等指标作为衡量、检验的标准,但是,不同历史阶段的少数民族经济结构对它们的追求,又有很大区别。比如,封建领主制社会以农业手工劳动为主,其经济结构所注重的产品,主要是农产品,并力求更高一些的产量,至于产值、利润,则因商品交换不发达,特别是没有资本关系的主导,因而显得不重要。但到了资本雇佣劳动制社会,虽然也注重产品和产量,但它们只是产值和利润的手段,进而产值也是利润的手段。追求利润最大化,也就成了资本制度下运行机制的目标。

  少数民族经济结构的改进,是一个有意识的进程。这里有个体意识在其权利和能力范围内的改进,又有总体意识所指导的局部或总体的改进。个体权利所支配的,是各族劳动者的劳动力或生产资料,它可以体现于就业和投资上,但不是全部就业和投资结构。总体性的改进,必须通过法律和政策的调控与指导。法律和政策作为总体性的调控手段,又要体现于个体企业或个人的权利与行为。

  运行机制在发挥其作用时,表现为一种动态性的势能,它体现于相关的法律、政策、理论、舆论,乃至道德和价值观上,从总体到个体,都受此势能的支配。我们也可以用物理学中的"场",来比喻少数民族经济结构与运行机制的关系。"场"是多种因素的一个均衡态,正是在这种均衡中,表现出由各种因素制衡所形成的态势,这个态势制约着各种因素的运动。少数民族经济结构从总体而论,就是一个"场",其中各种因素的制衡,形成了运行机制,运行机制再作用于少数民族经济结构中的各因素。但是与物理学意义上的"场"不同,少数民族经济结构的主体是各族劳动者,运行机制的作用也只能针对各族劳动者,因此,可以对各族劳动者发生影响的法律、政策、理论、舆论、道德和价值观等,都是少数民族经济运行机制发挥作用的必要方式。当然,不是说法律等只表现少数民族经济运行机制,而是说少数民族经济运行机制是其中重要的内容。与之相应,社会的政治与文化,也要充分体现少数民族经济运行机制的存在与作用。

二、历史上少数民族经济运行机制的类型

少数民族的经济运行机制作为经济结构的动态发挥,其类型的转换是与各少数民族生产方式的变化相伴随的。中国55个少数民族尽管在发展水平上存在较大差异,但其所经历的社会历史阶段大体上可以归于三种生产方式:以采集渔猎为主要生产方式的少数民族,典型的如鄂伦春族、赫哲族等;以畜牧业为主进行农业生产的有蒙古族、藏族、维吾尔族等;其他绝大部分的少数民族则与历史上的汉族一样,以种植农业为主,如壮族、苗族、回族、白族、土家族等。由此,也就形成了历史上中国少数民族经济运行机制的三种类型。

其一,以采集渔猎为主的少数民族经济运行机制。

直到新中国成立前夕,鄂伦春、鄂温克、赫哲、独龙、布朗、怒、德昂、阿昌、景颇、拉祜、纳西、黎、佤、基诺、珞巴等少数民族或其分支中,依然保持着产生于旧石器时代的采集渔猎生产方式,其中赫哲族是非常典型的渔猎民族。在这一时期,由于社会生产力极其低下,并未出现劳动力和生产资料所有权、占有权、使用权等各权利层次的分化,劳动力的所有权、占有权、使用权统一于每一个氏族公社成员,生产资料则实行原始公有制,即一切土地、森林、江河湖海等资源都归氏族公社集体所有,氏族公社成员进行集体劳动,大家互相协作、互相帮助,生产成果在氏族成员内实行平均分配,大家过着平等的生活。

在采集渔猎生产劳动中,人类与自然界直接接触,直接面对各

种自然物体和自然现象。这种劳动在相当大程度上是利用性别和年龄上的差异进行自然分工,如狩猎和捕鱼主要靠男人从事;妇女则通常负责采集野生植物果实和照料儿童等。渔猎和采集是原始社会形态下的主要生产方式,但为了把自然界的物质资源转化成食物和其他生活必需品,各少数民族劳动者还需进行一些简单的手工生产,制造工具、修筑房屋和围栏,以至烧制陶器、冶炼金属等。手工生产过程中依然只是男女性别上的分工,男人参与修建房屋、制造坚硬的石器、快轮制陶和采掘、冶炼、铸造青铜器等,而女人们则从事纺线、织布、缝制衣物、手工制陶和编篮、炊煮等。

其二,以畜牧为主的少数民族经济运行机制。

畜牧业是从原始农业中分离出来的,早期的畜牧业与原始农业相伴而生。原始社会后期,人类因在狩猎中常和动物接触,懂得了动物的驯养,开始养犬、豕、鸡等,后又养牛、马等。早期的畜牧业属于放养型,驯养的牲畜数量较少,主要集中在各部落聚居点的周围区域。随着社会生产力和畜牧业的发展,尤其是牲畜数量增加到原有定居环境周围的草场难以容纳时,为了解决牲畜与草场、人与自然的矛盾,人们就不得不去寻找新的草场,于是形成了逐水草而迁徙的游牧型经济,中国的蒙古族、藏族等少数民族是典型的游牧民族。游牧型畜牧业中,牲畜获取食物的空间范围很广,因而牲畜的蓄养规模很大,且基本上跳出了农耕区,成为与草原环境相伴随的生产方式。

"逐水草迁徙"是蒙古族等游牧民族生产生活的主要特点,草原生态的自然特征决定了草原载畜量的有限性,没有任何一片草场经得起长期放牧。为了寻找水草丰美的草场,游牧民族人民不得不带着他们驯养的牲畜作定期迁移,这种迁移既有冬夏之间季节性牧场的变更,也有同一季节内水草营地的选择。从表面上看,游牧民族的"逐水草迁徙"仿佛是空间上的无序行为,但实际上在长期的游牧生活中，各家庭、部族间已形成共同的习惯和利益认同，有着固定的牧场分割，即"各有分地"。① 正如《汉书·匈奴传》中所记载的：匈奴"逐水草迁徙，无城郭常居耕田之业，然亦各有分地"。另有研究表明，少数民族中的游牧民族，其迁徙频率不仅与牲畜的种类有关，同时还受各民族社会生活习俗的影响。如藏族和蒙古族同属游牧民族，但由于两者的社会家庭组织不同，移动的便利程度也不一样。藏人的帐篷相对比较简陋，架设简单，容积也小，便于移动；而蒙古包组织精致，架设复杂且容积较大，因而不便移动。②

总的来说，游牧型畜牧业这种生产方式，在外界自然环境没有发生根本变化，没有受到他族文化强烈冲击的情况下，具有相当强的稳定性。

至新中国成立，处于游牧型畜牧业生产方式下的少数民族基本处于奴隶制和封建领主制的社会形态，在这一时期，劳动力和生产资料的权力都出现了多层次的分化。在奴隶制下，由于出现了阶级的分化，奴隶主成为奴隶的劳动力所有权和生产资料所有权的所有者，奴隶的劳动力被奴隶主统一起来分派、使用于生产资料，由此产生的收益也完全归奴隶主所有。在封建领主制下，农奴拥有了部分劳动力和生产资料的使用权，封建领主将少量的土地、牲畜、生产资料交给农奴自行经营，农奴在料理完领主分派的工作后，可以有少量的时间自行运用劳动力安排生产。

其三，以农耕为主的少数民族经济运行机制。

原始农业是从采集经济向种植经济发展而来的，最早在黄河和长江流域形成规模。中国 55 个少数民族中，有 30 多个少数民族从

---

① 韩茂莉：历史时期草原民族游牧方式初探，《中国经济史研究》2003 (4)：92-103。

② 高长柱编著：《边疆问题论文集》，第 28-29 页，正中书局，1941。

事或主要从事种植农业生产。中国历史上，农业文明的最辉煌时期是自秦汉以后所建立的集权官僚制社会，大体说来，到明清时期，中国少数民族中已有壮、白、回、满、土家等30多个少数民族进入集权官僚制社会。因此，探讨农耕生产方式下的少数民族经济运行机制，不得不重点关注集权官僚制下的小农经济。

总体而言，少数民族在集权官僚制下的主体经济运行方式，与汉族以小农经济为主的经济运行机制基本相同，只在辅助性的手工业、商业领域显示出其民族特殊性。集权官僚制社会，土地归以皇帝为名义的国家所有，国家将一部分土地占有权以勋田、禄田等名义分给官僚，形成官僚地主阶级；另一部分土地占有权则以"均配"方式分给农民。由于土地占有权可以买卖，一部分商人和富裕农民在购买较多土地占有权后成为地主，相当一部分农民因失去土地而变成佃农，佃农只能向地主租用土地使用权。地主和拥有土地占有权的农民要向国家交税，佃农则向地主交租。农民有相对的人身自由，其劳动力除为国家服役外，基本上可以自由支配，如出卖其劳动力使用权给地主或商人。

小农经济是集权官僚制下的主要经济形式，与之相辅相成的是手工业和商业。少数民族特殊的宗教信仰和生活习俗等民族文化内容，充分体现在其手工业的兴起和发展上。少数民族人民因地制宜，充分发挥自己的聪明智慧，开创和发展了具有各种民族特色的手工制造业，如黎族的棉纺织、壮族的麻纺织和冶铁、瑶族的印染等各领风骚，甚至有些行业如棉织业的工艺水平，为后来中国棉纺织业的发展，打下了相当坚实的基础。不过，当时的少数民族手工业基本上都采取家庭作坊的形式，且其销售范围仅限于周边村寨。此外，中国少数民族大都地处边疆，与不少周边国家接壤，有的民族甚至跨国而居，这一地理人文条件使得过境贸易成为民族地区经济体系的重要内容，由此推动了少数民族商业的发展。

但无论是民族手工业还是商业,都处在集权国家的控制之下。如汉武帝时期,曾为了增加财政收入而大力发展工商业,但将重要的商品都纳入国家垄断的范围,先是榷盐铁。盐、铁是市场流通量大而又关系国计民生的重要商品,于是"笼天下盐铁"。对盐实行民制、官收、官运、官销,控制流通过程的专卖。对铁更是由官府直接组织开矿、冶炼、铸造器物,以至运输销售,实行控制生产与流通全过程的专卖。还通过均输、平准发展官商业。西汉政府用"齐劳逸而便贡输"和平抑物价的名义,将各地贡赋收入作底本,对某些大宗商品进行地区间贩运贸易。又控制商品的批发和零售环节,吞吐物资,以调节供需,稳定物价,于是"置均输以通货物","置平准于京师,都受天下委输",乃"尽笼天下之货物,贵即卖之,贱则买之"。为推行上述政令,在郡县设置铁官、盐官、铜官等,分别管理各类工商业。

总之,集权官僚制下的少数民族经济结构是大一统专制控制下的个体小生产,集权的国与分散的家经济,构成对立统一体。手工劳动者的素质技能与以土地为主要生产资料,是其基本的结构。由此而生的就业结构是以家为单位的,产业结构是农业为主,工商业辅之,分配、流通、消费结构也都充分体现小农经济的特点。这样的经济结构所体现的少数民族经济运行机制,是追求产量的自给自足,并达到社会总体和家庭的稳定与简单再生产。两千余年来,各少数民族经济,乃至整个中国经济就是在这样的运行机制制约下,缓慢地存续和发展着。

三、政治主导式运行机制对少数民族经济的作用

新中国成立后,在半个多世纪的时间内,中国的经济结构与运行机制发生了两次重大变化:一是20世纪50年代对旧有的官僚资

本和小农经济的二重结构的改变，进入集约转化型结构，与之相对应的是政治主导式运行机制；二是20世纪80年代以来对集约转化型结构的变革，在恢复小农经济基础上的集权开放型经济结构，与之对应的，则是非均衡趋利式运行机制。在此大的经济结构和运行机制的演变中，少数民族经济作为中国经济的组成部分，也经历了上述过程。

集约转化型经济结构是中国初级公有制建立后，统制经济体制的具体存在形式，它的特点是以行政集权体制集合劳动力和生产资料的所有权和占有权，由国家机构按一定的计划统一支配劳动力和生产资料，在短期内加速度实现从个体手工农业生产方式向协作工业生产方式转化。这是特殊历史条件的产物，也是对官僚资本的对外依附与个体小农经济二重结构进行变革的唯一方式。

集约转化型经济结构的运行机制是政治主导式的，这是统制经济体制的体现和要求。对于刚刚推翻官僚资本主义统治，摆脱外国资本财团控制的中国而言，要在短期内加速度从农业生产方式转向工业生产方式，这不仅是投资建几个企业的问题，而是全方位的社会转化。在没有自由资本主义的发展，经济、政治、文化仍处于集权官僚制严重束缚的情况下，劳动者素质技能结构与生产资料结构依然处于农业生产方式，要自主自力地生发工业生产方式，不可能采取自由竞争的机制——既没有自由竞争的主体，也没有相应的文化与法制，为此，只能通过改造利用中国已有的行政集权官僚体制，并以此来主导经济结构的建立与运行。

政治主导式的运行机制，是与集约转化型的经济结构同时形成的，是这个结构内在系统性的体现与发挥，它的作用也主要在制约本系统中各层次、各要素的关系。这种制约本身，就是经济结构的形成和运行机制。

政治主导式运行机制对少数民族经济的作用体现在以下几个

方面：

第一，将少数民族的经济结构纳入到全国统一的发展规划中。

新中国成立后，建立起了自主自力型的经济结构，这是新中国经济结构的总体特点，其原因在于，中国革命是以推翻官僚资本，摆脱对外国大资本的依附为目标的，革命政权不仅不可能依靠外国资本来发展工业，而且受到以美国为首的帝国主义集团的严密封锁，甚至武力威胁。抗美援朝战争更加剧了这种外力压迫。虽然有苏联东欧诸国的短期援助，但中国的工业化是自主自力的，是以革命精神和民族精神为主导的奋发图强的体现。在此背景下，原先处于边缘化的少数民族经济结构被纳入到自主自立型经济结构的统一规划和构建中，与其他地区形成分工协作关系。

第二，经济结构具有防卫性。

从全国看，这先是由美国为首的帝国主义集团的武装威胁造成的，后来苏联又以武力施压，中国要应对这两个超级大国随时可能的侵略，在经济结构上的表现就是防卫性。其具体表现为：一是侧重重工业，特别是军事工业；二是主干工业企业避开北部边疆和东部沿海，形成所谓"三线"企业；三是在经济组织中注入了军事防卫功能，由此保存并加重了经济体制的半军事化性质。这是一个刚刚以革命的方式争得民族解放的在工业上落后的大国，在受到最严厉的外部威胁时，为了避免对任何强权大国的依附，而坚持独立自主发展，所不得不采取的经济结构。对全国来讲，防卫性的经济结构是特定历史时期的"不得已而为之"，但因为"三线"地区大部分是少数民族地区，这种"不得已而为之"一定程度上在工业几乎一片空白的少数民族地区迅速建立起了工业基础，促进了少数民族经济的快速发展。到 1975 年止，"三线"地区的工业总产值占全国工业总产值的比重从 1965 年的 22.3% 提高到 25%，全国近 1500 多家大型企业约 40% 分布在"三线"地区，"三线"地区的工业产生产能力占全国的30%以上,并形成了以45个重大产品为主的专业生产科研基地和30个各具特色的新兴工业城市。① 遗憾的是,受统制经济体制的制约,"三线"企业在生产经营上大多孤立而封闭,虽然一些企业地处少数民族地区,但是并没有对当地少数民族的生产和生活方式产生大的影响。

第三,形成高积累、低消费和趋于平均主义的分配结构。

因为处于从农业生产方式向工业生产方式的加速转化期,所以在积累与消费结构上,明显地侧重积累,忽视消费。强化产业结构中生产资料产业的比重,弱化了消费资料产业。在积累和消费结构上,又不注重产值和效益,而把产量作为首先考虑的内容。

政治主导式运行机制下,形成平均主义的分配倾向,工人中的八级工资制,技术人员按行政级别领取工资,以及农村中的工分制,都表现出这一点。分配结构制约着消费结构。虽然初起时矛盾并不突出,但随着劳动者素质技能的不断提高,其劳动质的差别明显扩大,依然坚持(而且有强化的趋势)平均主义的分配结构,不仅会扩大其与消费结构的矛盾,更会影响少数民族劳动者素质技能的提高与发挥,由此妨碍少数民族劳动者素质技能结构主体地位的确立。

第四,流通结构起着制约产业结构、分配结构、消费结构的作用。

在集约转化型经济结构中,流通结构处于一个相当特殊的地位,它是政治主导式运行机制调控各层结构间关系的重要手段。流通结构所起的作用,不仅是联系、沟通各产业间关系,协调分配与消费,而且利用它的特殊地位,传达政治主导的意图。集约转化型结构中的流通结构,有相当一部分是不按等价交换原则的流通,包括国有

---

① 上海财经大学区域经济研究中心:《2003中国区域经济发展报告——国内及国际区域合作》,第8-9页,上海:上海财经大学出版社,2003。

企业间的生产资料产品的调拨,以及由政策硬性规定的工农业产品的"剪刀差",即压低农产品价格,提高工业产品价格,由此压低农民的收入,以增加积累,同时也拉大了城乡之间、工农之间的差别。

统制经济体制并未取消商品流通,而是在严格管束下的流通。商业企业以国有为主,辅之以供销合作社。正是这样的流通结构,才使产量相对少的轻工业产品和农产品得以平均地分配于城乡居民,并以供给制的方式支撑着消费结构,由此保证低消费和高积累的结构,并促进劳动者素质技能结构提高,改进产业和产品结构,加速向工业生产方式的转化。

第五,不注重经济效益,突出政治目标。

经济效益与政治目标,在一定程度上是统一的,但也有明显差异。集约转化型经济结构以政治主导式机制的运行,势必将政治目标作为第一位,经济效益服从政治目标,有时甚至会为了政治目标而牺牲经济效益。在这种情况下,国有企业和集体经济单位的经营管理,虽也有经济核算,但往往要受到政治目标的冲击,特别是在政治运动期间,这种冲击更为明显。除企业和经济单位外,国家在总体计划及产业结构的调整等方面,也不得不从巩固政权,防御外敌的角度考虑,比如"大三线"建设等,这无疑都会加大成本,缩减经济效益。而在经济计划中,以产品产量作为主要指标,很少考虑产值与效益,由此而形成相当大的浪费。

在少数民族劳动者素质技能相对低下,生产资料仍以土地为主,资金和工业机器设备严重缺乏的情况下,政治主导式运行机制以国家机构集权来集合劳动者及资金和机器设备,强力调整产业结构,建立主干性工业企业,并使农业和手工业、商业配合工业发展,促进了少数民族经济从农业生产方式向工业生产方式的过渡。在经济结构的各个环节与层次,以及经济生活的多个方面,政治主导的作用是相当明显的。政治主导式运行机制的关键在于"政治主导",政治主导的特征可从少数民族地区农业合作制变为集体制的发展历程中明显看出。

少数民族地区农业合作化的初期阶段，采取的是"慎重稳进"的方针，并以自愿互利为原则，因而得以健康发展。以贵州省为例，1953年11月20日开始试办第一个初级农业生产合作社——贵筑县白云区尖山农业生产合作社，在土地入社等问题上，对少数民族做了一些特殊照顾，规定少数民族的特殊用地一律不入社；土地分红比例高于汉族地区；少数民族的虎牛、龙牛、祭祀牛、牯牛、斗牛、养老牛（马）等一般不入社；少数民族林、坟林、风水林等一般不入社；民族联合社可划出一定数量土地经营本民族所需的产品等。①

有些少数民族地区在1952年就已试办农业生产合作社，到1955年，入社农户已占少数民族地区总农户的15.5%。在1955年全国农业合作化高潮的推动下，少数民族地区的农业合作化运动在1956年进一步迅速发展起来。到1956年上半年，全国已经在有大约2000万人口的少数民族地区基本上实现了农业社会主义改造，其中内蒙古自治区、延边朝鲜族自治州和青海省的农业区等地区，参加高级社的农户已经占当地总农户数的70%至90%以上，河北省大厂回族自治县参加高级社的农户则已占全县总农户的99.6%。②

高级社与初级社的一个重要区别，就是土地和其他生产资料转为集体所有，取消土地报酬。从此，少数民族地区农业走上了集体化的道路。集体制经济不同于合作制经济，其特点就是参加者没有自愿加入和退出的权利，表现为劳动力个人所有权、土地占有权、

---

① 参见廖光珍：建国以来贵州少数民族地区农村土地制度变迁及其历史意义，《贵州民族研究》，2004（2）。
② 参见《民族政策文件汇编》第二编，第26页，北京：人民出版社，1988。

农具耕畜等生产资料个人所有权都归集体所有。在推行过程中，农业集体化采取了强迫命令的政治运动方式，将全体农户都按行政区划（乡）归入高级社。到 1957 年 6 月，全国在有 3000 万人口的少数民族地区基本上实现了农业集体化。居住在这些民族地区的少数民族有：壮、回、维吾尔、苗、布依、朝鲜、蒙、满、侗、纳西、瑶、黎、东乡、保安、土、撒拉、俄罗斯、毛南等 20 多个民族。这些地区入社农户大都在 90% 以上。①

对畜牧业进行社会主义改造也充分体现了政治主导的特征。1955 年，少数民族地区入社牧户还不过占牧户数的 0.1%，到 1956 年，入社牧户增加到总牧户数的 16.9%。1958 年掀起了畜牧业社会主义改造的高潮，到 1958 年 7 月，全国少数民族牧业区入社牧户已达总牧户数的 85%。

在统制经济体制下，经济运行是以指令性计划的形式进行的，体现为政治主导式运行机制，似乎具有很强的约束力。但事实上，由于权利主体的不明确和权利体系的缺失，经济运行中主要依靠的是命令－服从的行政权力和经济活动主体的政治信仰、政治热情和觉悟等精神动力。而行政命令和精神动力机制只能在特定历史阶段发挥作用，不可能从总体上调动起劳动者的积极性和创造性，也不可能长久地维持劳动者的劳动热情。

在政治主导式运行机制下，少数民族文化在其社会发展中的导向功能大大削弱了。政治目标、政治制度以及由政治目标决定的经济发展政策、发展规划，对少数民族经济社会的发展产生了更为直接和深刻的影响，无论是在牧区还是在农区，少数民族农牧民几乎丧失了选择的自由。何时劳动、出工或收工均听生产队长的钟声或哨声；如何劳动，由生产队长安排，或犁田或收割，不能自己做主；

---

① 参见《人民日报》，1957/07/09。

生产什么，包括种什么、养什么，种多少、养多少，则由县政府和公社决定，生产队长无权做主；农时安排，包括何时春耕，何时收割，何时冬翻，何时修水利，完全由县政府或公社统一部署；吃多少，由政府规定统一标准。显然，在这种体制下，农牧民个人的一切行为，包括经济行为，都必须服从于集体及其政治目标的要求。

综上所述，少数民族经济的集约转化型经济结构及其政治主导式运行机制，是在特殊历史条件下建立的初级公有制及统制经济体制的具体存在形式。它的合理性，就在于以政治的权威来集合素质技能相对低下的劳动力，统一使用数量不大的资金，购置和生产工业所必要的生产资料，利用全部的资源，加速从农业生产方式向工业生产方式转化。但其矛盾和缺陷也是相当明显的，政治主导式的优势，同时也是它的劣势。其优势和劣势，都作用于少数民族经济发展中。

四、非均衡趋利式运行机制在少数民族经济中的体现

集约转化型结构及政治主导式机制的合理性是短暂的，到20世纪80年代初，其缺陷已经显现。政治主导式运行机制造就了改革开放前中国的区域垂直分工格局，具体说，就是中、西部地区工业集中于原材料、能源等工业部门，东部地区集中于加工工业。这种垂直分工格局带来了不少问题：其一，由于中西部少数民族地区原有工业基础差，没有经历一般工业化进程中以轻工业为先导的发展阶段，致使中西部地区一开始就带有重化工业主导型的特点，重工业自成体系、自我服务，生产生活资料的轻工业相对薄弱，产业关联度低，这就使传统的农业与现代工业长期并存。少数民族人口基本滞留于传统农业生产方式中，无法融入现代工业生产方式。其二，国家的工业投资重点过于向中西部地区倾斜，一方面，影响了对东

部地区原有的生产能力、技术存量优势的充分利用；另一方面，过于强调地区之间的均衡发展，忽视了区域发展条件对区域产业结构类型选择的约束，造成中西部少数民族地区投资水平与实际增长水平不对称。1952—1978 年，中西部地区固定资产原值占全国的比重上升了28%，而工业产值占全国的比重只上升了9%，影响了全国工业总体经济效益的提高。其三，强调区域自成体系，导致区域产业结构趋同化，丧失了区域分工效益，[1] 也使民族地区丧失了经济特色。

由于政治主导式运行机制是受政治主导的，因此，对它的改变也受政治形势的主导。取代政治主导式运行机制的，是集权开放型结构下的非均衡趋利式运行机制。非均衡，是指在各层结构中，都通行二重或多重标准，由此造成不平衡。这种不平衡是由政治造成的，或要求的、导引的，而非均衡趋利式经济发展中由于劳动者素质技能和投资、产业等结构造成的不均衡。非均衡趋利式运行机制依然是一种政治主导式机制，但它不再以维护和发展单一的公有制经济为目的，而是以追求利润（效益）为目的。将对利润的追求，作为政治目的之一；以政治手段来导引对利润的追求，甚至直接以政治方式来追求利润。

非均衡趋利机制，首先作用于经济结构的改变上，在这个过程中，充分体现着结构与机制的内在统一。所有权层次上的集权与开放，是非均衡趋利机制作用的第一个环节。根据效益原则，或曰"生产力标准"，打破了原来只有两种公有制的所有权结构，开放了对私有资本、个体小农经济及个体工商户的限制，以及开放了外国及中国港澳台地区资本进入中国。进而，以非均衡的机制，改造投资和产业结构，在区域结构上进行大的改变，对"外资"、"合资"

---

[1] 参见江世银：《区域产业结构调整与主导产业选择研究》，第 43 - 44 页，上海：上海三联书店、上海人民出版社，2004。

等企业的优惠政策,经济特区的设立等,都突破了旧有的结构。在此基础上,又以趋利原则,改变了流通、分配、积累与消费等结构。更为重要的是,改造并利用了金融在经济生活中的地位,股票、债券、期货市场的设立,使非均衡趋利机制的作用更为明显。

在非均衡趋利式运行机制的导引下,20世纪80年代初,国家对地区经济发展战略和生产力布局作了较大调整,就是将原来的沿海——内地划分,调整为东、中、西部三大地带。一方面,按东、中、西三大地区有重点、分阶段、求效益、有步骤地开展布局,向东部地区适度倾斜,并采取优惠政策,鼓励沿海地区走向国际市场,参与国际交换和国际竞争,发展外向型经济,进而带动中、西部地区经济发展;另一方面,逐步将能源、原材料建设的重点转移到西部地区,并积极开发西部地区,鼓励东部地区先富起来,从而对中、西部地区产生激励和示范效应,利用东部地区的区位优势和较雄厚的经济发展基础,开始实施"非均衡发展战略",即"向东倾斜,梯度推进"战略,逐步形成了以东部沿海地区为主的对外开放格局,以及沿海经济特区——沿海开放城市——沿海经济技术开发区——内地的梯度开放格局。

"六五"计划以来,中央向地方下放了一些管理经济的权限。如国家逐步下放了建设项目的投资审批权,简化了建设项目的投资审批程序,扩大了地方政府的投资权限,使地方政府可以在国家核定的投资范围内,自主地调整投资方向和结构,各地方政府在计划、财政、信贷、外贸和投资等方面的权限不断扩大,预算资金、银行贷款和利用外资等渠道不断增加。随着财政包干体制自20世纪80年代初的实行,地方政府逐渐成为相对独立的投资主体和利益主体,提高了地方发展经济的积极性,形成了以地方利益为核心的地区经济增长的动因。

财政体制改革的核心是扩大地方的权限和实力。1980年开始实行的"划分收支、分级包干"的财政体制,是地方财权扩大的开始。1985年在第二步利改税的基础上,实行"划分税种、核定收支,分级包干"的财政管理体制,主要表现在以税种作为划分收入的依据,重新确定了收支范围和包干基数。财政收入按新税种划分为中央固定收入、地方固定收入和中央、地方共享收入,提高了地方征税开辟财源的积极性。1988—1989年,为稳定中央与地方的财政关系,进一步调动地方的积极性,国务院决定对不同地区实行六种包干体制,包括收入递增包干、上解额递增包干、定额上解总额分成、总额分成加增长分成、定额补助等形式。这其中,以收入递增包干最为典型。这种包干办法的具体操作是:首先,确定各地方财政的收入和支出基数,并确定中央与地方之间的收入分成比例;然后,参照各地方的收入增长情况确定一个收入递增率(环比),在递增率以内的收入,按既定的分成比例实行分成,超过递增率的收入,全部归地方支配。

地方财政包干体制的实行,使中央与地方间的财政关系发生了重大变化。它改变了过去统收统支的办法,明确规定了地方财政的责任和权利;扩大了地方财政的支配权,地方可以在一定时期内以收定支,量入为出,对于调动地方增收节支积极性、促进地方经济的发展起到过积极的作用。但是,随着经济体制改革的深入,这种体制的弊端日益明显。

从区域上看,财政体制的改革使东部经济发达地区的财力大大增强,投资规模迅速扩大,经济高速增长;而西部少数民族地区原有经济基础薄弱,财源极其有限,再加上失去了中央财政的支持,财力相对减弱,财政赤字县大量出现,导致经济发展缓慢,居民实际收入相对下降。东、西部地区经济发展差距和居民收入差距急剧扩大。特别是"向东倾斜"的发展战略,使少数民族地区发展资金严重短缺,失去了发展经济的良好机遇。

与区域布局政策相对应,国家投资的重点也大幅度向东部沿海地区倾斜。"六五"计划期间,东、中、西部基本建设投资总额分别占全国的47.7%、29.3%、17.2%,东部地区首先超过中西部之和,比"五五"计划时期上升了5.5个百分点。"七五"、"八五"计划时期继续提高。相应的,中西部地区国有企业投资的比重逐年下降,由"五五"计划时期的57.8%下降到"七五"计划时期的47.7%,1995年的44.6%。[①] 向东部倾斜的投资政策严重影响了少数民族经济的发展,导致其与东部地区经济发展差距急剧扩大。

国家鼓励东部地区将重化工及一般加工性产业向中、西部转移,集中力量从事高新技术产业以及金融服务业等第三产业的发展。从1978—2000年,东部地区固定资产投资额占全部投资额的60%以上,各经济特区、经济开发区及各种技术开发区等享受优惠政策的支持,成为吸引外资的主要地区。1978—2000年年底,全国外资投资近90%集中在东部地区,而中西部地区仅占到10%左右。巨大的资金注入及其间接与乘数效应,再加上在此基础上形成的人才、技术、管理等要素的积累与集聚,东部地区开始了良性的自我发展。此外,不合理的价格体系导致产业倾斜,东部地区从工农业产品的"剪刀差"中获得了双重利润,又进一步强化东部地区的资金基础。

综上所述,非均衡趋利运行机制下的"向东倾斜,梯度推进"的战略弱化了少数民族经济的发展。非均衡趋利运行机制对少数民族经济的作用表现在:

第一,扩大了少数民族劳动者素质技能结构与投资结构之间的矛盾。

在集约转化型结构中,特别是其建构十几年后,已经努力在使

[①] 上海财经大学区域经济研究中心:《2003中国区域经济发展报告——国内及国际区域合作》,第28页,上海:上海财经大学出版社,2003。

这两个结构有计划地协调，而且培养了一批与工业化生产相适应的专业技术人才，特别是工人的技术水平得到了明显提高。非均衡趋利机制则打破了这两个结构间刚刚形成的协调关系，进一步拉大了差距。由于以趋利为导向，因此，原来作为重点的重工业因其效益相对低下，减少了投资，这样，原有的在重工业中的劳动者，虽然有较高的素质技能，但其中仍有相当一部分失业、下岗，其素质技能得不到发挥。这方面的浪费远远大于重工业投资。

与之相对应的是，投资结构日益趋利化。国家对国有企业采取"拨改贷"以后，作为现代工业主干行业的投资逐步减少，而私有资本更不会将资本投入没有短期效益的行业。这样，就使大量的投资集中于房地产、证券，以及各种低技术、低成本的轻工、服务业中，此外，金融的作用又因行政集权的干预而畸形化。一方面是巨额储蓄，另一方面是银行惊人的不良贷款。银行不仅没能起到辅助投资的作用，反而成为高度危险的行业。与此同时，证券市场的无序膨胀，进一步增加了金融风险。

第二，就业结构的矛盾激化。

由于少数民族劳动者素质技能低下和投资结构的趋利化，使本来就已相当严重的就业问题更为突出，就业结构矛盾的主要表现是：一是大量原国有企业和集体企业职工失业、下岗；二是城镇劳动者就业不足；三是农村巨大的半失业劳动人口；四是社会保障体系不健全。就业结构的矛盾，当然与人口基数大有关，但更重要的原因，还在少数民族劳动者素质技能的相对低下。虽然大量劳动人口失业或就业不足，可是还有一些高新技术行业缺乏合格的劳动者。而趋利式的投资结构，又不能为少数民族劳动者提高素质技能和充分就业提供必要条件。

第三，产业结构呈现非优化的特征。

总的看，非均衡趋利机制下的少数民族产业结构具有如下非优化的特征：

1. **初级性**。从整体看，少数民族经济已经跨越传统的农业经济形态，产业结构处于初步工业化阶段，非农产业 GDP 份额已占经济的主导地位，但非农产业就业人口所占比重仍然相对较低，经济发展仍处于待开发时期。少数民族经济产业结构的初级性特征，还体现为无论是农业产出构成还是工业产出构成，资源密集型都较非资源密集型产出所占比重高。这是历史发展的结果；而这一结果本身，又是基于少数民族经济的资源优势的。少数民族地区最大的优势，是拥有农牧、水能、矿产、旅游等丰富的自然资源，资源优势曾在少数民族地区乃至中国经济发展中起过重要作用。但从现实情况看，尤其是中国加入 WTO 后，这种初级的以资源开发为主所形成的产业结构的劣势也相当明显。这是因为资源型产品需求弹性低，易受外部市场需求变化的冲击影响，加之资源开发易造成严重的环境污染，使其经济增长存在着诸多不稳定性，同时也有损于其他产业部门的出口竞争能力。[①]

2. **与东部地区经济和全国产业结构呈现相似性**。如在第五章中所述，产业结构相似系数可以用来衡量某地区产业结构与全国产业结构或其他地区产业结构的相似程度。根据产业结构相似系数公式计算，1980—1998 年少数民族地区与东部汉族地区年平均农业产业结构相似系数、工业产业结构相似系数，分别高达 0.9959 和 0.9999。相似系数几乎为 1，说明少数民族地区产业结构和东部汉族地区的产业结构已基本上完全一致，长此以往，发展的结果只能是

---

① 参见亚洲开发银行：《亚洲的崛起》，北京：中国财政经济出版社，1997 年。

少数民族经济特色的丧失。①

3. 产业结构发展政策性强。少数民族经济的产业结构发展中，国家发展政策发挥了重要的作用。产业结构发展政策性强，充分体现了国家对少数民族经济的产业结构优化的关注。但也带来相应的弊端，即政策是外生的，而并非基于少数民族经济发展的实际水平，因此，少数民族经济依据比较利益原则基础所构筑的区域产业发展政策，推动形成的产业结构体系与当地少数民族经济活动关联程度甚微，使少数民族经济与民族地区现代化发展进程相互隔离、自成体系，难以真正带动促进各少数民族自身的变革与发展。②

4. 产业间经济关联度低。少数民族经济产业结构政策性强的特征，造就了其产业结构的第四个特征，即产业间经济关联度低。产业间的经济关联是指产业结构中各个不同产业之间存在的互相吸引、互相促进、交替发展的内在机制，以及由于这一机制的作用而在不同产业间产生的包括产品、劳动力、资金技术、信息等方面在内的整体联系。产业间的经济关联集中体现为产业的前向关联、后向关联和旁侧关联。一般来说，初级产品的前后向关联都低，中间初级

---

① 事实上，区域产业结构趋同是中国20世纪80年代产业结构变动的一个重要特征。其后果主要有：①区域分工不明显，结构贡献低甚至为负值。②盲目引进，盲目布局，生产分散。③区域产业结构"虚高度化"，即区域产业结构演变的方向是合理的，但与之相随的是整体效益不高。④区域产业结构趋同造成区域之间的市场分割，不利于全国统一市场的形成。中国区域产业结构趋同是在历史上逐步形成和在经济体制转轨过程中加深的，具有深刻复杂的原因，主要有：①市场价格误导原因。②产业组织结构原因。③体制不合理及其不完善是区域产业结构趋同产生的关键性原因。④历史原因。参见江世银：《区域产业结构调整与主导产业选择研究》，上海：上海三联书店、上海人民出版社2004年，第63－72页。

② 参见中国科学院国情分析研究小组：《民族与发展》，第258页，沈阳：辽宁人民出版社，2000。

产品的前向关联高而后向关联低，中间制造品的前后向关联都高，最终制造品的前向关联低而后向关联高。如前所述，少数民族经济的产业结构具有初级性特征，在理论上应当产生前向关联效果。但由于少数民族经济在很长时期内并不具备利用这种关联发展更高级工业的能力和自主权，资源产品在少数民族地区的加工层次很低，产业链条短，导致了采掘业、原材料产业应有的前向关联效应在少数民族地区并不能充分显现。另外，现代工业在其建设和扩张过程中，被认为能通过旁侧关联刺激地方经济发展各种基础设施、商业服务业和日用品加工业，由此形成的外资经济可以降低现代工业企业的运营成本，进而又会吸引更多的厂商为利用这种外在经济而纷纷投资建厂，进一步刺激地方经济的发展，这样的良性循环将引起人口和产业的逐渐聚集。然而，少数民族经济的现代工业成长的"外嵌"方式、重型化的结构特征、僵化的企业运行机制，以及经济的二元结构，都在离散着现代工业与当地农业、商业服务业以及其他相应工业部门的关系。[①]

第四，分配结构的多元化及由之引起的矛盾。

由于所有权结构的变化，分配结构也势必多元化。人们获取生活资料的渠道多样化，收入的差距悬殊，劳动者的收入水平与非劳动者相差巨大，即令是在劳动者之间，也并非能体现因素质技能的差别有不同收入。这不仅影响了劳动者生活水平的提高，还直接影响到其素质技能的提高与发挥，影响到社会产品价值的实现，当前严重的产品过剩现象，与此密切相关。投资于低技术行业的产品，其销售对象主要是劳动群众，而占人口 4/5 的工人、农民收入水平很低，也就不能形成相应的购买力。一方是产品大量过剩，一方是

[①] 参见谢丽霜：《西部开发中的金融支持与金融发展》，第 22－23 页，沈阳：东北财经大学出版社，2003。

生活资料的匮乏。分配结构的矛盾，又通过流通结构而作用于产业结构和劳动者素质技能结构。特别是在偏远的少数民族地区，自然条件恶劣加上劳动者的技能素质相对较低，大量人口仍以相对粗放的方式从事传统农业，其收入水平更低。

第五，流通结构的矛盾。

非均衡趋利机制打破了原来集约转化型结构中对流通的严格管制，在这个过程中，曾有价格二元结构造成的矛盾，迄今这个问题似乎已经解决。但价格放开和流通的市场化，又产生了新的矛盾。在"国退民进"的洪流中，公有制企业几乎彻底退出了流通领域，国家对流通总体调控能力下降，由此而造成商品的流通不畅，以至短缺和积压并存。流通企业的私有化，更使趋利机制成为流通的主导，这一方面有助于提升商业企业的积极性；另一方面又滋长了商业企业在价格、经营等方面的欺诈现象。特别是为某些走私物品，以及假冒伪劣产品的销售提供了方便。尤其是在处于长销售渠道终端的广大少数民族农牧区，商品价格高、假冒伪劣现象更为显著，严重损害了少数民族消费者的利益。

第六，积累和消费结构的矛盾。

对于少数民族经济来说，积累就是加大再生产的力度，包括资金的积累，机器设备层次的提升，更重要的是劳动者素质技能的提高。积累来自前一阶段生产的成果，这个成果中扣除消费部分，就是积累量。与集约转化型结构相比，集权开放型结构中的积累比重明显下降，用于消费，特别是与提高劳动者素质技能和提升机器设备无关的"纯消费"，甚至浪费的比重加大。"纯消费"的比例大，而用于积累部分的资金，势必降低比例，在中国，突出表现为教育投资和技术创新投资的额度都非常小。因此，我们可以说，在短期的表面繁荣背后，存在着长远发展中的大危机。

总之，集权开放型经济结构及其非均衡趋利运行机制，是在中国特殊条件下形成的，它突破了集约转化型结构，但并未完全克服其缺陷，而非均衡趋利机制的作用，又集中表现出旧结构与机制的矛盾。因此，这个结构及其机制，依然是过渡性的，它朝哪个方向发展，取决于其自身的矛盾与斗争。非均衡趋利运行机制下的少数民族经济也体现出过渡性的特征。从促进少数民族经济发展的角度讲，应结束这种过渡性，优化少数民族经济运行机制。

五、少数民族经济运行机制的优化

少数民族经济结构基础上形成的经济机体中各种因素互相联系、互相制约，统一发挥功能的过程就是少数民族经济运行机制。少数民族经济运行机制是少数民族经济结构的功能，而少数民族经济结构是经济体制的具体存在。只有调整少数民族经济结构和改革经济体制才能使少数民族经济运行机制更趋合理。因此，少数民族经济结构的合理性是少数民族经济运行机制优化的根据。

经济运行机制作为经济结构的功能，在经济发展和经济研究中的意义是明显的：一是表现经济结构的状态，通过对经济运行机制的研究，可以进一步发现经济结构乃至经济体制中的矛盾；二是经济运行机制具有机动性，调整和改善运行机制，是经济过程的重要层面。可以这样说，在经济体制改革和经济结构调整的基础上，经济活动中的具体矛盾，都要在这个层面上加以解决，日常的经济策划、规划、经营管理，也都是在运行机制这个层面的努力和活动。

经济运行机制的恶化将加剧经济结构的不合理。随着中国经济的持续发展，东部的经济优势更加明显，落后的少数民族地区在经济发展的过程中，积极实践西方市场经济条件下的自由竞争。在20世纪末，中国流行的"竞争万能论"或"竞争崇拜论"，对少数民族地区产生了较大的影响。当时很多人认为只要有了竞争机制，各行各业都可以搞活，少数民族经济自然而然就可以大发展。

事实上，少数民族经济发展需要竞争机制，但并不是将西方通行的竞争机制引进来，而是在调整经济结构的过程中，形成适合于少数民族经济发展的竞争机制。当然，西方竞争机制的一般性因素和调控方法，是可以经过分析而借鉴的，但不能照搬。这种"竞争"方式注入改革中的经济后，不仅严重影响到体制改革和结构调整，而且直接导致假冒伪劣、不讲信用、乱采滥挖、偷税漏税、股市黑幕等现象的产生，这些都是生搬硬套西方竞争机制的必然结果。

因此，少数民族经济要发展，必须引进竞争机制，但与资本主义自由竞争阶段的竞争应当有所区别。社会主义初级阶段的竞争机制表述为，有总体调控的、受法律约束的竞争。所以，民族地区竞争机制的形成，不仅要有各族劳动者素质技能的提高和投资结构的合理，以及相应的产业（产品）结构与流通、分配、消费结构，还需要地区的经济自主权，遵循社会主义市场经济的一般规律，从而达到市场主体的多元化，在多元的主体间展开竞争，由此形成具有活力的灵活的国家总体调控的运行机制。

调整少数民族经济结构，是经济改革的具体层面，也是制度和体制改革的必要环节。在起始过程中，需要借助运行机制的优化，或者说，运行机制是少数民族经济结构调整的着力点，由此，才能促进少数民族经济发展。调整少数民族经济结构，优化少数民族经济运行机制的模式不是单一的，应是多维的。

模式一：以劳动者素质技能结构的提升为动力，优化少数民族经济运行机制。

对少数民族地区来说，当前各族劳动者素质结构提升主要包括两方面的内容，一是整体受教育水平的提高，这主要通过普及九年制义务教育，增加少数民族接受高等教育的机会来实现，这一过程需要几十年的时间才能根本改变；二是增加当前经济发展所需的各种人才，对于这些急需的人才可以通过各种优惠政策从外部吸引，也可以从本地区、本企业成员当中培养。

模式二：加强少数民族地区的经济自主权，优化少数民族经济运行机制。

从本区域实际出发，制定符合本区域特点的经济发展战略，并将之具体化为本区域的投资规划、就业规划、产业规划等。加强少数民族地区的经济自主权，从法律和制度上为少数民族地区从民族利益、区域利益出发，根据少数民族地区的区域特点、民族特点制定制度规章、组织和安排经济活动提供保障。少数民族地区只有强化经济自主权，才能对经济结构总体和各环节进行调整，从而提高劳动者素质技能，完善投资结构，促进主导行业发展，形成合理的产业、产品结构，密切流通、分配、消费结构的内在联系。

模式三：着力调整少数民族地区的产业结构，优化少数民族经济运行机制。

少数民族第一产业比例过高，其产值比重和就业人口远远高于全国平均水平。而第二产业比重过低，第三产业产值比例虽然高于全国平均水平，但吸纳的就业人口却低于全国平均水平。首先，从第一产业内部来看，种植业和畜牧业在民族省区占的份量比较重，但基本处于效率低、收益低的状态。因此，可以通过农牧业经营产业化、大力发展特色农牧业、大力发展非农产业实现第一产业内部结构的优化。其次，少数民族经济发展主要体现于工业化，通过第二产业的发展，使第一产业的产值和就业人口大幅下降，使作为少数民族主体的农牧民转化为采用现代化生产方式进行劳动的工业工人和农（牧）业工人。从总体上说，优化少数民族经济结构的大方向是，通过合作，用大规模、机械化的工业生产方式改造传统以家庭为单位的小农经济生产方式，使小农经济转化为现代农业，使农民（牧民）转化为农（牧）业工人；加大工业投资，提高工业产值和第二产业就业人口的比重。再次,加快第三产业的发展,使第三产业不局限在餐饮、商业等传统领域,而是扩展到促进经济发展和吸纳劳动力的新兴领域中。

模式四:大力发展在国际市场上具有比较优势的民族产业,优化少数民族经济运行机制。

经济全球化过程中,国际市场之间的界限越来越模糊,少数民族地区不仅面临国内市场的激烈竞争,而且将直接面对国际市场,这既为少数民族经济的发展提供了充分利用国内、国际两个市场的机遇,同时也使少数民族地区调整产业结构,构筑产业优势时,不能将眼光局限在国内,而是要放眼世界,发展在国际市场上具有比较优势的民族产业。当前少数民族地区已经成为中国能源、棉花、花卉、药材、奶业、牛羊肉等产品的主要生产基地,这些具有本土化特色的区域农牧产品在比较优势上处于上升趋势。因此,少数民族地区产业发展必须因地制宜搞好多种经营,宜林则林、宜牧则牧、宜渔则渔,着力培育具有比较优势的民族特色产业,提高在国际市场上的竞争力。

第八章
少数民族经济的经营管理

经营是指个体或经济组织通过使用各种资源，包括劳动力，向社会提供产品和服务所进行的牟利行为。它包括个体经营和企业经营。管理是指如何有效地调动相关人员利用物质资源实现组织目标的活动。管理有两个层面，一是个体或企业的管理，二是由政府从总体上的管理。由于政府的宏观管理主要体现在经济运行机制中，本章中探讨的主要是作为经济活动主体的个人和企业的经营管理。

经营管理关系是民族经济最为具体的，也是个体性的关系，它在总体上受经济结构及其运行机制的制约。少数民族经济中的经营管理既体现出一定历史阶段和一定政治、经济大环境下的一般性，也表现出特定地域和特殊文化传统下的特殊性。企业和个人是民族经济有机体的细胞，其经营管理方式和水平直接制约民族经济发展。

一、历史上少数民族经济的经营管理形态

在经济发展水平上，中国 55 个少数民族处于差距很大的多层次状态，因而，在经营管理方面也表现出多种形态。

至新中国成立初期，仍处于原始公社制度残余下的各少数民族，

生产力水平极为低下，生产工具十分原始简陋，由于剩余产品很少，只有偶尔的物物交换，人们的行为主要是为生存而奋斗，因而其经营性并不存在。但是，自从人类社会产生，在人们组织起来实现共同目标的过程中，管理就出现了。对于原始社会的管理我们可以概括为：生产资料公有，集体决策，共同劳动，自然分工，简单协作，平均分配。

在原始社会，土地归氏族、家族和村寨公有，由于生产力不同，土地公有制形式也不一样，一种是氏族、家族公社血缘共同体公有制，另一种是公社地缘共同体公有制。

在氏族、家族公社血缘共同体公有制中，氏族是基本的经济组织。每一个氏族严格按血缘关系由同一祖先的男性子孙构成。在独龙族中，每个家族公社都是由同一父系祖先所生的子孙和他们的妻子组成。属于同一家族的成员共同居住在一座称为"皆木玛"的大长屋中，屋内每个小家庭有一个自家的火塘。家族长"卡珊"带领家族公社全体成员共同劳动，男女老幼按照力所能及和各自擅长形成自然分工，产品平均分配，不分男女老幼每人一份。云南拉祜族中的一支——苦聪人通常是由同一父系后裔的若干家庭成员合成一个"卡"，即家族公社，由男性长者担当家族长，行使管理者的权能，组织整个家族公社的生产和公共事务。每个卡的居住地并不固定，随着耕地的迁移而迁徙。而生活在内蒙古呼伦贝尔额尔古纳河流域的鄂温克族形成的家族公社称为"乌力楞"，每个"乌力楞"可包括五六个或十几个"柱"，即小家庭。家族公社的家族长由选举产生，在集体出猎等主要生产活动中，家族长负责分配任务，具体狩猎活动由各狩猎小组完成。

在公社地缘共同体公有制中，血缘共同体并未消失，但地缘共同体的村社却发展起来并逐步成为主导成分。如云南布朗山和西定、巴达的布朗族，有家族公有、村社公有和私有三种土地所有制形式。

少数村寨一村一个家族，地界内的土地、森林、水源均属家族所有，每年春播时，家族长按每户需要分配土地，收获物归各户所有；多数村寨是由许多不同的家族组成，土地以村社公有为主，大部分土地由村内各家族长期使用，并在家族内定期分配，由各户单独生产。居住在西双版纳基诺山里的基诺族，其管理方式除了家族公社公有共耕外，还有分属于不同家族的几个家庭公有共耕的情况，劳动力强、生产工具好的家庭也可以私耕。当使用者迁出村寨时，土地要全部交还寨子。虽然土地为公有，但是日常用品已属私有，牲畜由小家庭私养或几户共养。

至新中国成立，大约100万人口的民族地区，主要是大小凉山的彝族，仍处于比较典型的奴隶制社会。在奴隶制社会中，经营的观念仍比较淡漠，管理上的特征是：奴隶主占有绝大部分的生产资料和奴隶人身，将奴隶视为"会说话的生产工具和牲畜"，奴隶主对奴隶严密监督、任意责罚，按照奴隶们的体力和能力实行简单分工，给予奴隶们仅够维持生命延续和劳动力简单再生产的生活资料。在彝族奴隶制社会中，人们按照生产资料占有情况和在生产中的地位以及血缘关系，严格划分为兹莫、诺火、曲诺、阿加和呷西五个等级。兹莫，彝语有"权力"之意，主要是由集权官僚制社会中的皇帝册封的土司、土目、土舍。诺火，彝族语有"主体"之意，是统治阶级的主要成份。兹莫和诺火，汉语称"黑彝"，他们的地位世代因袭，从数量来看，他们只占凉山彝族人口的7%，但是却占有60%～70%的耕地和大量其他生产资料，统治着全部的曲诺并占有80%的阿加和将近50%的呷西。曲诺，彝语有"被统治者中的最高者"之意，汉语称"白彝"或"百姓"。曲诺在人身上隶属于一定的诺火、兹莫奴隶主。他们占有少量土地和部分牲畜、农具等生产资料，有自己相对独立的经济生活，但是他们只能居住在主子管辖范围内，无迁徙自由。阿加，彝族语"阿图阿加"，意为"主人门里门外的人",汉语称为"安家娃子",阿加分别被兹莫、诺火和曲诺占有,有的还被本等级中的富有者所占有,无人身权利,也无婚权和对自己子女的亲权。他们一般向主子领取一小块"耕食地",住在主子家旁边的小屋里,为奴隶主负担田间劳动和名目繁多的家务劳动,是生产奴隶,属于半奴隶阶级。呷西,彝族语叫"呷西呷洛",意为"主子锅庄旁边的手足",汉语称"锅庄娃子",是彝族奴隶制社会的最底层。呷西基本上是单身奴隶,居住在奴隶主家中阴暗潮湿的角落里,在主人监督下终年从事繁重的家务劳动和田间劳动,没有丝毫人身自由,稍有疏忽就遭奴隶主鞭打、买卖、处死。

至新中国成立初期,大约有 400 万人口的民族地区保持着较为典型的封建领主制,主要是西藏、云南西双版纳的傣族和哈尼族地区,以及新疆玉县的维吾尔族地区和部分蒙古族牧区。

在封建领主制社会中,领主也叫农奴主。领主依血缘或功绩得到一块领土的所有权,并拥有在该领土上农奴的人身所有权,此外,领主还通过战争掠夺土地和人口,以及用某些优惠政策从邻邦"招徕"人口。领主还可将其领地和农奴再细分给其子孙或功臣,但分的不是所有权,而是占有权。实际生产过程由行使占有权的小领主进行。小领主留出一块土地,再将余下土地使用权按农奴人口分配。农奴较奴隶多些自由,有对其劳动力和狭小土地的使用权及相应的收益权。农奴首先到小领主土地上劳作,其收获归领主;在保证土地农时后再回到自己土地上劳作,收获物中一部分要作为贡赋交领主,余者自家消费。小领主再向大领主交纳贡赋。在封建领主制下,无论是农奴主还是农奴,都开始有了一定的经营意识,尤其是农奴主往往也是当地的商业垄断者,他们用残酷剥削农奴得来的财富与外界交换,维持自己奢侈的生活,但此时,他们的牟利特征尚不突出,主要是为了满足奢侈生活的需要。在管理上则表现为通过繁重的租役提高对农奴的剥削程度,同时又通过使农奴拥有自己相对独立的经济生活和交租后的剩余产品来提高农奴们的劳动积极性。农奴们的经营管理则体现在家庭内部通过合理分工、辛勤劳作、提高农牧业技能等方式,获得更多的剩余产品。

在西藏的领主庄园制中有官家(封建地方政府)、贵族和寺庙三大领主,这三大领主是农奴主阶级,而差巴和堆穷构成农奴,朗生则是农奴制度下的奴隶。差巴领种官家的差岗地,受政府和所属的农奴主支差。堆穷主要耕种农奴主和其代理人分配的少量土地,并为之服役。领主庄园的基本经营形式是把耕地分成两部分,一部分留作领主及其代理人经营,另一部分作为份地,分给农奴经营。农奴必须每年将 2/3 的劳作时间用于在农奴主自营的土地上进行无偿劳动,并且自带农具、牲畜和口粮,同时,还要为农奴主服家内劳役。农奴使用的份地又分两种情况,一种是由堆穷向农奴主庄园自营地支差的份地,称为"内差"份地,内差是典型的劳役地租;另一种是由差巴向官家(政府)支差的份地,称为"外差"份地,外差是以劳役地租为主,兼有实物和货币的混合地租。在庄园制度下,农奴不仅被束缚在土地上,而且通过超经济强制,使农奴的人身完全依附于农奴主[1]。

至新中国成立初期,中国大约有 3000 万人口的少数民族地区是集权官僚制社会,主要有壮、回、满、苗、白、布依、蒙、维吾尔、土家、裕固、保安、朝鲜、撒拉等 30 多个民族。这些民族是中国少数民族社会经济的主要部分,人口多,社会生产力较高,与汉族在历史上和地域上有较多的交流,受汉族社会和经济形态的影响较大。少数民族的集权官僚制与汉族集权官僚制极为相似。在集权官僚制社会中,土地归少数民族当地的最高统治者所有(在汉族地区表现

---

[1] 参见宋蜀华,陈克进:《中国民族概论》,第 79 页,北京:中央民族大学出版社,2001。

为以皇帝为名义的国家所有），由最高统治者以朝廷的名义将土地分给勋臣以及各层官吏，同时也均配给在身份上同是最高统治者子民的农民。对于农民来说，他们以家庭为单位，在自有的土地上进行耕种，形成自主决策、自行管理、自负盈亏的自耕农。最高统治者、勋臣及其后代、官吏和地主们，由于占有大量土地，他们的土地分为两部分，一部分作为租赁土地，经营方式主要是把土地租给没有或仅有少量土地的佃农。佃农和地主之间形成租赁关系，对地主没有人身依附关系，佃农只有对土地的使用权和部分收益权，他们以产品或货币形式的地租作为使用土地的回报，其劳动产品要拿出1/3～2/3交租。因此佃农们无需直接付出劳役在地主的私营田中劳动，能够自由支配自己的劳动力和生产工具等生产资料，在经营决策上是自主的。地主从收来的地租中再拿出一部分交付国家的税。地主的另一部分土地留作私营，形成地主庄园，地主自营的庄园主要由雇农耕作。雇农是以出卖劳动力为生的农民，包括长工和短工。长工是以年为雇佣期的，有的甚至是终生雇佣，短工是农忙时节到庄园出卖劳动力的，其中大多是佃农，他们打短工多为挣取一些粮食或货币，补充家用或缴纳地租。雇农虽然因为缺乏生产资料难以自行从事生产经营活动，但是有相对的人身自由，并可以出卖自己的劳动力。

中国各民族经济发展不平衡，经营管理方式层次多差别大，这是不同的历史条件和社会环境造成的，其中起着决定作用的是社会生产方式。前资本主义生产方式主要是采集渔猎、游牧和农业生产方式。这些生产方式的共同点是：作为目的设定的劳动在生产中起着微弱作用，人还受到自然力的支配，而不是支配自然；生产目的是追求使用价值，交换还没有成为社会物质变换的普遍形式，贡品经济在民族间经济交往中占相当大比重；交换的不发达使得社会分工难以得到充分发展；直接生产中的劳动者接受人对人的支配，而不是物对人的支配，因而人身依附成为劳动者的普遍社会形式。

二、少数民族地区民主改革与社会主义改造时期的经营管理

新中国成立后，3600多万少数民族人口从各自所处的社会经济形态中进入社会主义社会，这种巨大的变革不仅是政治和文化领域的，更深刻的变革体现在经济上实行的社会主义改造。除少部分还保存有原始公社制残余的民族外，少数民族地区的社会主义改造过程大多分为两步进行：第一步是民主改革（对应于汉族地区的土地改革）；第二步是实行社会主义改造。

民主改革是新民主主义革命在少数民族地区的继续。民主改革的性质是废除前资本主义即奴隶制、封建农奴制及集权官僚制的剥削制度，建立劳动者个体私有制，实现"耕者有其田"，让全体农民都成为自耕农，耕种自己占有的土地，通过使劳动者自己掌握土地这种最重要的农业生产资料来提高劳动者的社会地位，促进农业增产。由于少数民族地区情况复杂，各具特点，党和国家在民主改革中区别不同地区、不同民族，采取不同方式慎重稳进地推动改革，把强力改革与"和平改革"、农区改革与牧区改革相区别。

在少数民族的农业区中，其经济发展水平和汉族地区相近，主要经济矛盾类似，因此，民主改革的主要内容就是土地改革。

土地改革在19世纪20年代末30年代初的苏区就已经展开，抗日战争期间在解放区主要进行的是减租减息运动。与新中国成立之初土地改革紧密相关的是解放战争爆发后开展的土改运动，其指导性文件是1947年中国共产党颁布的《中国土地法大纲》。按照《中国土地法大纲》的规定，一切地主的土地所有权被废除，乡村农会接收地主的牲畜、农具、房屋、粮食以及其他财产，并没收富农上述财产的多余部分。另外，平均分配耕地，在数量上抽多补少，在

质量上抽肥补瘦，使全村人获得同等的土地，并归个人所有。土改运动后，农村中各阶层所占有的土地大体平均，贫雇农基本上得到相当于平均数的一份土地和其他生产资料，实现了千百年来中国农民梦寐以求的"耕者有其田"的生活。

中华人民共和国成立后，约有26400多万人口的新解放区尚未实行土改，1950年6月，中国共产党举行七届三中全会，同时颁布了《中华人民共和国土地改革法》，在该法中提出保护富农所有的自耕和雇人耕种的土地及其他财产，同时，也不再使用"平分土地"的口号，而是明确规定保护中农的土地及其他财产不受侵犯。但在实际的土地分配中，仍然在一定程度上实行了地权平均。比如，根据费孝通及以后的学者对江村的调查，江村的土改最后依旧是按人口统一分配的，但是照顾了原耕户的利益，凡是抽出田地的农户，按每人两亩一分留足，凡是分进田地的农户，按每人一亩六分分田，地主家按每人一亩六分留田，富农家按两亩一分留田。在田地质量上，依然是好坏平均搭配。①

在少数民族农区，民主改革基本上采取了和汉族地区土地改革类似的做法，改革的步骤一般是先发动群众，按照经济标准划分阶级成份，开展诉苦斗争，征收或没收地主的土地和其他生产资料，分配给无地少地的贫农雇农。大部分少数民族地区的民主改革是于1950—1952年间和汉族地区同时进行的，一部分是在1955—1958年迟于汉族地区进行的。

在少数民族牧区，情况与农区不同，牧业的主要生产资料包括两大类，一类是牧场，另一类是牲畜。而牲畜既是生产资料又是生活资料，一旦大量牲畜作为生活资料消费掉，生产水平就会急剧下

---

① 参见丛树海、张橹：《新中国经济发展史1949－1998》（上），第184－186页，上海：上海财经大学出版社，1999。

降，并在一定时期内难以恢复。此外，民主改革时分布在内蒙古、新疆、甘肃、青海和西藏的少数民族采用的基本是游牧方式，具有分散、流动、生产不稳定的特点。基于牧区的特殊性，民主改革采取了较农区更为缓和的措施，除了坚决废除牧主的残酷压迫和剥削特权以外，主要实行牧场共有、合理利用和自由放牧的政策。对于牲畜，采取不分不杀，坚决保护和发展的政策；对于牧主、头人等，除极少数恶霸分子和叛乱头子之外，多数人采取"不分、不斗、不划阶级"的政策，并实行限制牧主剥削，保护牧工利益，"牧工、牧主两利"，以及大力帮助牧民发展牧业生产的政策，使广大牧民的生产积极性空前高涨。

1957—1958年，少数民族地区在民主改革中还废除了新疆、青海、甘肃、宁夏和云南等地区的宗教寺庙对人民的剥削压迫和特权，没收和征收了寺庙占有的大部分土地、牲畜和其他生产资料，解放了寺庙直接占有的农奴、牧奴和奴隶。由于宗教的特殊性和在少数民族地区特殊的影响力，在改革中，党和政府一方面坚决废除寺庙对少数民族民众的剥削和压迫制度，另一方面坚决执行宗教信仰自由政策，大力保护寺庙建筑和历史文物，不干涉宗教人士的正常宗教活动，团结宗教界一切爱国守法的上层人士。

对于一部分处于奴隶制度和封建领主制度的少数民族地区，前者如大小凉山的彝族，约100万人，后者如藏族、傣族、部分景颇族和哈尼族等，约400万人，在民主改革中采取了"和平协商"的方式和赎买政策。"和平协商"是指把自下而上地发动群众和自上而下地同民族上层人士协商相结合，达成对各种剥削制度和特权的废除。在四川大凉山地区，对奴隶主的土地、耕畜、农具、房屋、粮食分别采取了没收、征收和征购，其他财产予以保留。对奴隶主没有采取激烈的斗争形式，并根据不同情况给予一定的政治地位，妥善安置。在西藏的民主改革中，对于没有参加叛乱和不抗拒改革的上层人士的土地和其他生产资料采取了赎买政策,由政府发给正式的赎买凭证,按年支付赎买金,并使他们的代表人物具有适当的政治地位。①民主改革使少数民族地区的奴隶、农奴和原始公社社员变成了农民。

少数民族地区的民主改革和汉族地区的土地改革共同奠定了新中国重要的经济基础。民主改革和土地改革的性质一样,是中国社会主义运动针对中国特殊矛盾进行的经济变革,它实现了两千多年来农民和其他劳动者的基本要求——耕者有其田。从形式上看,新中国的土地改革和唐朝以前的"均配土田"基本一致,不过主持均配土田的不再是皇帝名义下的集权官僚王朝,而是人民政府,而且废除了勋田、禄田、职田等,将全部土地的占有权都分给农民。但从目的看,如果土地改革只是为了重新均配土地占有权,并继续小农经济,那么便不具有推动社会进步的作用,而且由于各家各户的农业技术水平不同、经营技巧不同、所投入的劳动力多少不同,均分土地、自有自耕的局面也很快会随着农民的世代更替以及买卖兼并土地而破坏。土地改革和民主改革之所以能够成为一场社会变革,成为社会主义进程的一个组成部分,关键在于其长远目的在于改造乃至消灭小农经济,使各族劳动者在具有土地占有权的同时,确立公民权、经济权、民主权的权利意识,提高技能素质,联合起来建立合作组织,形成统一的社会势力,通过各种渠道进入工业化的社会大生产,转变生产方式和生活方式,完成自身的革命。②

民主改革后,少数民族地区除了工业中有一定比例的国营经济

---

① 参见宋蜀华,陈克进:《中国民族概论》,第 128-130 页,北京:中央民族大学出版社,2001。

② 参见刘永佶:《农民权利论》,第 144-145 页,北京:中国经济出版社,2007。

外，在农业和牧业中个体小农（牧）经济占据绝对优势。在民主改革的基础上，少数民族地区开展了社会主义改造。由于少数民族地区经济比较落后，资本主义工商业数量很少，个体手工业和商业也为数不多，因此，少数民族地区的社会主义改造主要是对农业和牧业进行改造。

农业的社会主义改造就是引导和领导少数民族农民开展农业合作化运动，用社会主义的集体所有制代替个体劳动者私人所有制，将经营单位从家庭变为合作社。合作社在管理上用集体成员间的专业化分工和相互协作来提高劳动生产效率，通过合作产生的集体力来创造更多的产品，通过按劳分配和按资分配来提高农民的积极性。合作组和初级合作社对提高当时农民的生活水平和生产力水平都起到了良好的促进作用。少数民族地区农业合作化发展的基本过程同汉族地区一样，首先是组织互助组，然后是初级社，最后是高级社和人民公社，但是在推进的速度、时间和形式上都注意了少数民族的特殊情况。一般来说，在时间上晚一些，速度上慢一些，形式上多一些。比如，在有的民族中建立了共耕生产组；在多个民族杂居的村寨，为了兼顾配备民族干部，搞好民族关系，建立了民族联合社。在凉山彝族地区，由于人们刚获得解放不久，土地私有观念并不深入，加上生产水平比较低，单个家庭组织生产比较困难，因此，不仅办农业合作社，还办起了集体农场。在组织规模上，根据少数民族大多聚居在边远山区，村寨小、人口稀、距离远、土地散等特点，合作社的规模也比较小，一般多是十几户或二十几户人家组成。

在党和国家的统一领导下，少数民族地区于1956年基本上实现了半社会主义性质的初级社，1957年绝大部分少数民族地区又建立了完全社会主义性质的高级社。

牧区的社会主义改造从1954年个别试点开始，到1958年基本完成。牧区社会主义改造，包括对牧民个体经济的改造和对牧主私有经济改造两个方面。前者是引导牧民通过互助合作建立牧业生产互助组和牧业生产合作社；后者是消灭牧主经济剥削制度，变牧主私有制为社会主义公有制。在改造形式上，主要是建立公私合营牧场，实行牧主牧工两利政策，牧主可以分红，并担任一定的管理工作，在税收上也得到合理照顾，并可以保留较多的自留畜；而牧工则扩大了获得劳动产品的比例，获得了一定的管理参与权，因而提高了劳动热情。在一些牧区甚至几年后出现牧工拥有的牲畜数量超过了原来的牧主的现象。可见，牧区社会主义改造的成效是相当明显的。

在通过社会主义改造建立的合作制中，"合"是联合、集合，通过权利关系的集合，使权利主体联合起来，个体权利成为总体权利，不论人力和物力都可以大大增加；"作"是劳动、协作，通过民主改革得到土地占有权和生产资料所有权的少数民族农民，其个体和家庭的力量仍然是微弱的，只有通过合作，将劳动力所有权派生并集合占有权，其生产力才能得到大幅度的提高。并在合作化的基础上为上述民族劳动者通过工业化来提高素质技能和社会地位打下基础。

通过合作制，少数民族劳动者成为农业（牧业）生产合作社的社员，成为组织中的一份子。1955年11月9日，全国人民代表大会常务委员会通过了《农业生产合作社示范章程草案》，对合作社中的权利关系以及组织和管理做出了基本规定。

《章程草案》规定：凡年满16岁的男女劳动农民，或者能够参加合作社的其他劳动者（如手工业和会计人员），自愿申请参加农业合作社的，经社员大会通过，就成为社员。每个社员在社内都有以下权利：

（一）参加社内的劳动，取得应得的报酬。

（二）参加社务活动，提出对有关社务的建议和批评，对社务进行监督。选举合作社的领导人员和被选为合作社的领导人员。担任合作社的职务。

（三）在不妨碍参加合作社劳动的条件下，经营家庭副业。

（四）享受合作社举办的各项公共事业的利益。

每个社员在社内都有以下义务：

（一）遵守社章。执行社员大会和管理委员会的决议。

（二）遵守合作社的劳动纪律。按时完成分配给他的工作任务。

（三）爱护国家的财产、全社共有的财产和社员私有而交给合作社公用的财产。

（四）巩固全社的团结，同一切破坏合作社的活动做坚决的斗争。①

合作社社员通过社员大会参与合作社的经营管理。社员大会是合作社的最高管理机构，社员大会选出管理委员会管理社务，选出监察委员会监察社务，选出合作社主任领导日常工作。管理委员会一般由 5~15 名委员组成，分工管理农业生产、技术、副业生产、财务、政治工作、文化福利事业等。生产队长和直属的生产组长由管理委员会委派，但要争得社员同意，生产队以下的生产组长，由生产队长指定。

农业生产合作社为了进行有组织的共同劳动，按照生产的需要和社员的条件实行劳动分工，并且建立了一定的劳动组织，把社员编成多个生产队，以生产队作为劳动组织的基本形式，各生产队在全社的生产计划指导下，自行安排一个时期内每天的生产。生产队按照临时的生产需要再分成生产组。一些规模比较小的合作社不设生产队，只分生产组。

根据《章程草案》的规定，农业生产合作社根据"按劳计酬、

---

① 参见《农业生产合作社示范章程草案》，《建国以来重要文献选编》第 7 册，第 363-264 页，北京：中央文献出版社，1993。

多劳多得"的原则分配社员的劳动报酬,男女同工同酬。对于社员通过民主改革占有的土地,必须交给农业生产合作社统一使用,当社员退社的时候,可以带走他的土地(或相当数量和质量的土地),而且规定了土地报酬。"在农业生产合作社的初级阶段,合作社按照社员入社土地的数量和质量,从每年的收入中付给社员以适当的报酬。农业生产合作社的收入是由社员的劳动创造出来的,不是由社员的土地所有权创造出来的,因此,土地报酬必须低于农业劳动报酬,以便鼓励全体社员积极地参加合作社的劳动。但是在农业生产合作社发展的初期,土地报酬也不要过低,以便吸收土地较多较好的农民入社,并且使有土地而缺少劳动力的社员能够得到适当的收入。"① 这种规定符合当时的社会实际和农民的思想水平,也符合社会主义的分配原则,同时有利于人们思想意识的社会主义改造。

与原先农业生产完全凭借经验,依靠粗略估计的管理水平相比,合作社在管理水平上得到了很大的提高。

第一,在对定额的制定中,充分体现了科学管理中有关定额标准、目标激励等原理。第二,将社员的绩效水平和劳动报酬挂起钩来,"按劳计酬、多劳多得",完全符合强化理论关于"行为是结果的函数"这一论断,可以有效引导社员的行为,激发了社员的劳动积极性。第三,将社员按照体力和技能进行分工,使人们能够扬长避短,相互补益,同时通过长期从事某一类活动而提高劳动技能,相比于以家庭为单位的小农经济中,每一个劳动者都要成为样样拿得起的能手,劳动效率更高。第四,合作社减少了单个农户作为经营单位的风险,为每个社员提供了生产和生活保障。第五,让孤立的个体农民第一次成为了组织成员,享有了各种政治和经济权利,

---

① 《农业生产合作社示范章程草案》,《建国以来重要文献选编》第7册,第365-366页,北京:中央文献出版社,1993。

有了组织生活和归属感，心理满足感大大增强，生产士气高涨。

合作化是保证各族农牧民走上社会主义道路，进而实现工业化，改善生产和生活方式的必由之路，对新中国成立初期农牧业的增产和小农意识以及各族劳动者其他落后意识的改造都起到了极大的促进作用。但是，《农业生产合作社示范章程草案》颁布不久，就于 1956 年 3 月 5 日出台了《中共中央关于在农业生产合作社扩大合并和升级中有关生产资料的若干问题的处理办法的规定》，并于 1956 年 6 月 30 日由第一届全国人民代表大会第三次会议通过了《高级农业生产合作社示范章程》，农业合作化运动转入高级社阶段，这标志着其经营管理从合作制下的经营管理转变为集体制下的经营管理。

三、集体制时期的行政式经营管理

从 1956 年年底高级社起至 1983 年年底，27 年间，少数民族地区的农牧业集体制经历了由全面建立到全面解体的过程。在集体制时期，少数民族经济的经营管理方式和汉族经济没有显著差异。

少数民族地区农业集体制的实质，是通过社队掌握的土地所有权，对农村社会经济进行统一控制的权利系统，人民公社是最基层的行政机构，又是最高层的集体单位，"政社合一"，融政治与经济为一体。这种权利系统，无疑有益于社会稳定，也有利于初级阶段农业的机械化及大规模的农田水利建设。然而，与合作制相区别，在集体制下，少数民族社员没有对土地的占有权、生产资料的所有权和劳动力所有权，而是要按居住地归属于某公社某大队某生产队。劳动者的所有权主体地位被虚置，不能控制行使占有权和经营权的机构与个人，严重损害了少数民族群众对集体经济的责任心和义务感。

人民公社是由行政集权体制按地域对全部农村人口进行总体控制和管理的基本单位,人民公社的社员及其家庭人口并不是作为权利主体自愿加入,而是因居住和出生地划归某公社某生产大队某生产队。他们只有服从集体行政机构的指挥和管理的义务,没有参加或退出行政集权机构的权利。

作为政社合一的社会组织,人民公社的管理权不仅包括经济,还包括政治和文化。人民公社的管理权是以国家对土地的所有权和行政集权为根据的,从中共中央经各级党委、政府到达公社这个"基层单位",因而,其管理权中还多了一层行政管理的内容。公社下面有管理区或生产大队作为公社的派生机构,撤销管理区后,设立生产队和生产小队,随后将原生产队改称生产大队,生产小队改称生产队。公社的管理权通过管理区、生产(大)队再达生产(小)队。

人民公社的管理机构由党委领导,公社党委和党总支部、党支部是农村工作的领导核心。中共中央直接发布关于人民公社成立、调整的指示或工作条例,由公社党委贯彻,并通过党总支部、党支部执行。这是人民公社管理权和管理机制中的核心,也是其特点所在。

农牧业集体制的经营核算单位分为两个阶段,第一阶段是以生产大队为基本核算单位,第二阶段是以生产队为基本核算单位。

在以生产大队为基本核算单位的阶段,公社、生产大队、生产队的管理权的分配如下。

公社管理委员会受县人民委员会领导,行使管理生产建设、财政、贸易、民政、文教卫生、治安、民兵和民事纠纷调解等政府职权;领导组织各方面力量发展农业、畜牧业和林业生产;向各生产大队提出关于生产计划的建议,并可对各大队的生产计划进行调整;检查各大队的生产情况,帮助解决生产中存在的问题,改进经营管理,推行增产措施、改良工具和先进经验;组织各生产大队间的协作,调剂种子,供应农具、肥料和农药,管好用好大型农业机械;兴办全公社范围的或者各级生产大队共同的水利建设和农业基本建设,举办社办企业;从各生产大队提取公积金和社办企业的利润中进行积累,用于扩大再生产和福利事业,并扶助生产上有困难的生产大队和生产队。

生产大队管理委员会统一管理各生产队的生产、统一分配归大队所有的产品和收入;根据国家计划任务和各生产队的实际情况,对各生产队的生产计划提出要求,在各生产队制定的生产计划基础上,订出全大队的生产计划;对生产队实行包产、包工、包成本和超产奖励,督促检查生产队的生产工作,帮助生产队总结经验、解决困难和问题;经营管理大队企业;扣留公积金(总收入5%以内),用于基本建设和扩大再生产;扣留公益金(总收入的3%~5%)用于社会保险和集体福利事业。

生产队管理委员会在生产上有一定自主权,安排农活,决定增产措施,选留和管理本队的种子,调整本队的劳动定额,开垦荒地、经营荒山,在农闲时经营副业;在生产管理上可以实行以作业小组为单位的包工生产责任制,奖励超额完成生产任务的小组和个人;组织一切有劳动能力的人参加劳动,并按其劳动的数量和质量付给报酬。①

在以生产队为基本核算单位的阶段,生产大队因不再是基本核算单位,其管理权变化很大。生产大队管理委员会在公社管理委员会的领导下,管理本大队范围内各生产队的生产工作和执行工作。具体权力为:帮助生产队做好生产计划;对生产队的生产工作、财

---

① 参见《农村人民公社工作条例(修正草案)》,《建国以来重要文献选编》第14册,第385-411页,北京:中央文献出版社,1997。

务管理工作和分配工作，进行正确的指导、检查和督促，帮助他们改善经营管理；领导兴办和管理全队的或者几个生产队共同的水利建设和其他农田基本建设；根据生产的需要，按照自愿互利和等价交换的原则，组织各生产队之间必要的协作；管好、用好大队所有的大、中型农业机具和运输工具；经营好大队所有的山林和企业，领导好生产队联营的企业，督促和帮助生产队经营好山林和企业；在全大队范围内，督促生产队完成国家规定的粮食和其他农副产品的征购、派购任务，帮助生产队安排好社员生活；管理全大队的民政、民兵、治安、文教卫生等项工作；进行思想政治工作，贯彻执行中央的政策、法令。①

生产队由于成为基本核算单位而权力有所增加。生产队的管理权主要集中在对生产的计划和执行上，表现在以下几个方面：生产队是人民公社中的基本核算单位。它实行独立核算，自负盈亏，直接组织生产，组织收益的分配；生产队对生产的经营管理和收益分配有自主权；制定本队的生产计划；积极开展多种经营，生产队的多种经营实行严格的经济核算和民主管理，账目定期公布；管理、保护、繁殖耕畜，管理、保护和添置农具；生产队组织一切有劳动能力的人，参加劳动。对一切有劳动能力的人的生产劳动都要进行管理，划分作业小组，制定劳动定额，按劳动的质和量付给报酬；留公积金（总收入的3%～5%），并由公积金开支基本建设和扩大再生产的投资；扣留和支配公益金（总收入的2%～3%）；负责完成国家征购粮食、棉花、油料和派购的农副产品。

概括说来，人民公社的管理机制不过是行政集权体制的延伸和具体化。集体制时期经营管理方式的主要弊端在于：

---

① 参见《农村人民公社工作条例（修正草案）》，《建国以来重要文献选编》第15册，第624页，北京：中央文献出版社，1997。

第一，生产经营权高度集中，各生产队不能因地制宜地根据具体情况享有适当的决策权。生产队的生产经营活动都纳入国家计划，公社党委和管理委员会是管理权的主要负责机构，但其负责人并不是公社社员，而是上级派来的"国家干部"，对其上级负责；生产大队的主要负责人党支部书记、大队长实际上是由公社党委任命，对公社党委负责；生产队虽然作为"三级所有，队为基础"的基本核算单位，实际上没有多少管理权，主要是执行公社的指令和计划。队长由社员担任，但权力过小，主要是落实上级命令。

第二，对社员们缺乏经济激励，分配中平均主义严重。虽然制定了严格和详细的工分核算表，但是工分核算表普遍考察的是劳动数量，对于劳动质量难以准确衡量。但是，在农活中，精心与否导致的产量差别很大。由于"干好干坏一个样"，造成出工不出力、消极怠工的情况很常见。

生产队在分配中采取按劳分配和按需分配（即按人口分配）并存的分配方式，而按劳分配所占的比重小，多为四成或三成，大部分劳动产品则按照人头分配，这样多劳者和少劳者之间的差别不明显，"干多干少一个样"严重降低了人们的劳动积极性。

和全国其他地区一样，在实行集体制的二十多年中，尽管少数民族地区的农田水利设施得到了大发展，化肥、良种开始得到推广应用，农业机械也开始逐步引入到生产当中，农业产量与解放初期相比大幅度提高，但是总体而言，由于权利关系没有理顺，管理高度集权，行政色彩浓厚，导致少数民族劳动者素质技能提高缓慢，生产力发展也很缓慢。

四、家庭联产承包制时期的个体经营管理

从 1984 年起，随着家庭联产承包责任制的推行，少数民族地区

和全国其他地区一样结束了集体制时代,开始了土地国家所有、集体占有并组织发包,农户(牧户)承包经营的家庭联产承包责任制。

家庭联产承包责任制是集体制的一种特殊形式,从形式上来看,家庭承包制所形成的小农经济状态似乎与建国初期民主改革后所形成的小农经济状态相同,但在农(牧)民的权利关系上却存在着差异。新中国成立后,通过民主改革,少数民族农牧民获得了土地的占有权和部分生产资料的所有权,根据土地占有权,可以进行土地买卖。在合作化运动的初级阶段,农民有入社和退社的自由,在退社时可以带走自己的土地,也显示了农牧民有土地占有权和劳动力所有权。在集体制时期,土地归公社集体占有,农牧民的劳动力占有权也归集体,由集体统一调配农牧民的劳动力。而在家庭联产承包责任制当中,土地归集体占有,农牧民通过承包获得的是土地的使用权,无权买卖土地,但可以转让土地的使用权和经营权,但是,农牧民的劳动力所有权获得了充分体现,农牧民可以按照自己的意愿使用劳动力,安排劳动时间,由于小块土地对劳动力的吸纳非常有限,大量农村劳动力外出务工,成为农(牧)民工,靠出卖自己的劳动力使用权获得货币收入。

在农牧业生产中最重要的生产资料是土地,家庭联产承包责任制中所表现出来的中国农村土地的管理权,其第一层是国家的行政管理权,第二层是从土地所有权派生出来的管理权,也是属于国家的,由县级以上政府的土地行政主管机构行使(中央为国土资源部,省、市、直辖市、自治区为国土资源厅,市县两级为国土资源局)。国家对土地的管理权是基本的、主要的和主导的,从国家对土地的管理权派生并支配了农民集体对土地的第三层管理权,即名为土地的集体所有权实为占有权对使用权的管理。在家庭联产承包责任制下,农民集体的管理权,主要就是对土地使用权的发包和相关经营管理权。这样的三层结构的土地管理权,其运作机制必然是行政性的,即国家以行政权和土地所有权派生的管理权为主导,并以行政方式,通过层层行政机构,自上而下地进行管理。①

家庭联产承包责任制的推行在一些少数民族地区遇到了某些特殊情况,对于那些新中国成立初期尚处于原始社会残余的民族,他们在观念上和技能水平上难以适应分田到户各自经营。由于民主改革后很快就经由合作制进入高级社,集体制下土地集体所有、集体耕种的农业生产方式与他们原始公有制的生产生活方式有相似之处,因而他们愿意接受,但是家庭联产承包责任制却改变了他们的土地大家庭共有,生产资料公有,共同劳动,生活资料平均分配的生产生活方式,导致拉祜族、独龙族、鄂伦春族等少数民族在实行家庭联产承包责任制后出现放弃土地,重返山林的情况,直至 20 世纪 90 年代,这种情况仍在拉祜族多次发生。② 此外,一些民族出于宗教仪式和文化习俗,不顾生产的需要,对于分配给个人的耕牛,大量宰杀,全村分食,热闹过后,则是生产资料的极度贫乏和生活的困顿。

家庭联产承包责任制的推行,使原来属于集体所有的农业生产资料,包括农具和耕畜等,基本上以各种方式平分或转归个人所有。目前农村集体所有的生产资料,主要是乡镇集体企业的生产资料和资金,其管理权与农牧民无关。实行承包制的乡镇企业有两种情况,一是指从人民公社时期保留下来的社会企业,其资产属于原来社或队特定范围的全体社员,即公社解散后的全体农民;二是由乡或村发动农民集资兴办的企业,其资产属于全体出资人。

根据 1990 年 5 月 11 日国务院第五十九次常务会议通过的《中

---

① 刘永佶:《农民权利论》,第 342–345 页,北京:中国经济出版社,2007。

② 龙远蔚主编:《中国少数民族经济研究导论》,第 76–80 页,北京:民族出版社,2004。

华人民共和国乡村集体所有制企业条例》规定，"企业所有者依法决定企业的经营方向、经营形式、厂长（经理）人选或者选聘方式，依法决定企业税后利润在其余企业之间的具体分配比例，有权作出关于企业分立、合并、迁移、停业、终止、申请破产等决议。企业所有者应当为企业的生产、供应、销售提供服务，并尊重企业的自主权。"企业经营者是企业的厂长（经理），企业实行厂长（经理）负责制，厂长（经理）对企业全面负责，代表企业行使职权。

家庭联产承包责任制释放了农民的劳动力所有权和占有权，解决了集体制中分配上的严重平均主义，激发了各族农牧民的生产热情，在短期内显著提高了农业产量。但是"集体所有，家庭经营"的经营管理模式又导致了一些新问题。

问题一：农村剩余劳动力难以真正转变为工人。家庭联产承包责任制保留了集体对土地的占有权，释放了对农民个人劳动力的占有权，使他们以家庭为单位自行安排劳动力的使用，由于科技的进步，以及人口增长造成的人均耕地的减少，导致农民的个体劳动很难在每家每户狭小的土地上增加多少效益，由此形成大量的剩余劳动力。此时农村基本没有了集体经济实体，这些剩余劳动力很难在当地找到与生产资料相结合的机会，大量农民只能外出向私有企业廉价出卖其劳动力使用权，由于受到户籍等其他行政管理手段的限制，这些农民工却始终无法真正转变为工人，仅仅成为廉价劳动力提供者。

对于少数民族农牧民来说，他们遇到的问题更为复杂，与汉族农民相比，少数民族农牧民外出务工更加困难。他们素质技能较单一，很多人不会农牧业以外的其他技能，此外，由于语言的限制、文化习俗的限制、宗教信仰的限制等，很多少数民族农牧民只能局限在当地，在承包地上消磨自己的劳动力。

问题二：家庭承包的小农经济不利于农业生产的现代化。其一，一家一户的小农经济与现代化农业生产所要求的大规模机械化生产相矛盾。个体小农经济并不是完全排斥农业科学技术，比如对杂交良种、化肥、农药，以及中小型农业机械等，但是农业生产的现代化并不是单纯的农业技术推广，而是要求农业生产方式和经营管理方式的变革，归结起来就是社会化的集约生产和经营，为此，必须改变个体小农经济的生产方式和经营方式。其二，在承包制下，农田水利基本建设很难展开，除了在承包地上的小规模改良外，大规模的农田水利建设既无主体，也无法组织实施，而农田水利建设是农业利用工业技术规模发展的主要环节。

问题三：承包经营在牧业生产中带来了一系列问题。人民公社时期，草场归集体所有，牲畜也归集体所有，牧民根据牲畜增膘需要，采用大区轮牧的生产方式，在夏季和冬季草场之间进行游牧，牧民按工分分配所得。1984年，由于在农区的成功，家庭联产承包责任制被推广到了牧区。家庭联产承包实行二十多年来，"小牧经济"已经使牧民的生产生活状况发生了翻天覆地的变化：辽阔的草原被纵横的铁丝网分割为小片草场，羊群终年在狭小的范围内啃食有限的青草；牧民摆脱了迁徙不定的辛苦，从随时准备拆迁的毡房搬到了砖瓦房中，打井通电，生活水平大幅度提高；牧民们疏远了马背鞍鞯，开上了汽车摩托。但是，草场承包在改变了牧民的生产生活方式的同时也带来了一些问题，草场沙化、牲畜品种退化、牧民贫富分化等负面影响日益显露。

其一，小片草场下的定牧生产方式严重破坏了草场的生态环境。草原的生态环境极其脆弱，生产承受力极其有限，不同放牧方式对草场的影响大相径庭。游牧是千百年来草原民族摸索出来的适应草原生态环境的一种可持续的生产方式，牲畜的转迁有利于草场休养恢复；但是承包后各家各户的小草场无法支持游牧甚至是轮牧的生产方式，特别是随着人口的增加，人均草场面积不断缩小，在一些地区现在人均只有几百亩草场，牛羊四季在草场上啃食，土地和植被得不到恢复，草场逐渐沙化。

其二，各家各户为了增加收益，不断扩大生产规模，超载严重。在大多数牧区，实际放养规模远远超出草场可承载力。牲畜不仅持续啃食牧草的叶茎，而且反复践踏踢断植被的根系，除非休牧，否则草场植被难以恢复。过度放养、采食导致草场日益严重的退化、沙化。虽然政府为了保护草场从2003年开始控制草场载畜量，并推广轮牧、休牧等方式，但是狭小的草场限制了这些措施的实施效果。

其三，草原生态的破坏造成草场产草量的急剧下降和牧草品种的锐减，其直接结果是草场产出的下降。牲畜是草原生态的重要一环，由于牲畜不能长距游走，不能将花粉传播开来而造成牧草种类减少。同时，草场沙化也使得多年生优良牧草减少、一年生牧草增加，植物梯度整体东移。牧草数量和质量的下降直接造成了牲畜品质的退化。以东乌旗驰名品牌乌珠穆沁肥尾羊为例，20世纪60年代，最大的白条乌羊能达到100斤以上，仅尾重就能达到30斤，因其肥美而在中东阿拉伯地区享有盛誉。进入21世纪，60斤的白条乌羊已属罕见。承包后，固定区域放牧适应不了牲畜对多种营养和微量元素的需要，随着牧草数量和质量的下降，以及牧草品种的单一化，牛羊生长所需营养不全，羊绒、羊毛和肉质也都有退化趋势，现在不得不进行提纯复壮。

其四，小片草场、分户经营导致承包后牧民中的贫富分化。牧业经营受自然因素的影响远远大于农业生产。承包前，牧民能够在辽阔的草原上转迁，某处受灾不会对集体经济产生严重的影响，牧民的生产生活有一定保障。承包后，各家草场的使用权受法律保护，由于草场面积小，遭受蝗灾、旱灾、黑灾、白灾等自然灾害时牲畜无处觅食，只能购买草料并大量出栏，造成经营成本上升且基础母畜数量大减,牧民灾后往往无力恢复生产,或需要多年才能恢复规模。因自然灾害致贫的牧户比草场承包前不是减少了,而是增加了。

由于畜产品商品率很高,牧民必须作为经营者进入市场,但是以家庭为单位的经济组织很难应对市场风险,牧民因种种市场因素而出现了贫富分化。

1. 市场变化。当前,畜产品市场需求的重点集中在牛羊肉上,而个体牛羊重量如上所述因草场退化而下降,因此,牧民收入的增加只能依赖牛羊数量的增长,这就与草场载畜量的限制形成矛盾。只有那些草场面积大的牧户才可能扩大畜群规模,逐步富裕起来,而草场面积小的牧户仅够维持温饱。

2. 经营成本上升。草场承包后,为了围圈自家草场,牧民必须大量购买和安装铁丝网,数千亩草场,一般耗资 4~5 万元,每年还有维修支出数千元。定居生活要求砖房代替毡房、打井、发电、修建棚圈,购置打草机、降氟设备、汽车、拖拉机等农用、日用机械,为了维持生产还需要玉米、饲草等饲料储备。随着价格上升,各家各户的生产投资越来越大,而经营规模狭小使这些投资不能充分发挥作用,也不能及时回收,造成一些牧民因投资过大限于贫困。草场承包后,由于每户草场和牲畜达不到经济规模,造成的基础设施和人力资源浪费是惊人的。

3. 经营管理能力相差悬殊。草场承包后,家庭成为生产经营单位。多数牧民文化水平低,没有市场意识,经营管理能力差,不懂得经济核算。有的牧民不顾一次性巨额投入生产在不能正常运转时,数年内无法收回成本的风险,因故往往造成其个人和家庭经济的巨额负债。一些牧民由于经营不善,承包后牲畜很快死光。而与此同时,一些勤恳能干,经营能力强的牧民却局限于承包草场的面积,无法扩大生产规模。①

总之，联产承包责任制作为特殊历史条件下形成的权利体制充满矛盾，并且是和商品经济发展以及公民社会的构建不相适应的，必须加以改革。在社会主义原则的导引下实行农民"自由联合"，才能使全国各族农牧民走向现代化。

五、公有制企业经营管理的变化

少数民族地区公有制经济的基本形式是国有企业。新中国成立前，少数民族地区基本上是单一的农牧业经济，有限的工业则是适应帝国主义掠夺少数民族地区资源的需要而畸形发展起来的。新中国成立后，少数民族地区的国有企业主要依靠国家财政投资建立起来。"一五"和"二五"期间，国家根据国民经济结构调整和西部地区的资源状况，按照"交通先行、基础配套、集中布局、渐次推进"的原则对西部少数民族地区进行了密集的资金投入，使其工业化建设步入快轨道，建立了大量国有性质的企业。1965年开始经过十多年的"三线"建设重点投资（先后投资2000亿元），有力地推动了西部少数民族地区的工业发展，在这些地区形成了相对完整的工业体系和基础设施网络，建立了众多的重工业基地和一大批国有大中型企业。改革开放，特别是实施西部大开发战略以来，少数民族地区国有企业又一次迎来快速发展的新的历史性机遇，在发展的同时也进行了结构调整，当前仍然作为民族地区的经济支柱发挥着重要作用。

在经营管理方面，少数民族地区国有企业的经营管理模式与全

---

① 杨思远，刘建利，乌日陶克套胡：《从草场承包到草场整合》，《民族经济》（第三辑），第152-169页，北京：中央民族大学出版社，2007。

国其他地区没有本质的区别。

（一）改革开放前公有制企业的经营管理

1956年年底，随着对资本主义工商业改造的基本完成，中国工业总产值中私营经济仅余0.4%，此后，所有制升级，社会主义一大二公，使中国企业的所有制结构形成了公有制大一统的局面。

中国公有制企业先是以前苏联为榜样，建立起一套仿照斯大林时期的"马钢宪法"的管理制度。在与苏联关系破裂后，我们提出了以"鞍钢宪法"为代表的管理方式，20世纪六七十年代提出"老中青三结合"，80年代逐步完善职工代表大会制度，这些管理方式是中国国有企业管理独创的特色与经验，在公有制企业今后的经营管理中仍然应该继承、发扬和光大。

在统制经济体制下所建立的初级公有制企业中，采取的是行政式管理。国有企业作为行政机构的附属，仅仅是完成上级指令性计划任务的生产或销售组织。国有企业行政式管理主要表现在以下几个方面：第一，对国有企业规定行政级别，企业内部也按照党政机关的模式，设立相关的处、科，各级管理人员也有行政级别。第二，企业内部的管理活动按照行政方式运作，各个企业都有相应的行政主管部门，企业最高领导由上级党组织考察，党委任命。其生产经营，由政府的计划委员会和主管部、局下达任务，并调拨生产资料。企业依照国家计划下达任务制订本企业的生产计划，并组织生产，产品交付指定企业加工或销售。主管部门按任务完成情况考察企业领导的业绩。第三，政治思想工作是管理的重要内容，这既是革命传统，也是初级公有制企业职工管理中的特色所在。所有企业，一律设立党委或党支部，负责全体职工的政治思想工作，甚至一度由党组织对企业的各项活动进行统一领导。党小组以及工青妇等组织也都承担一定的思想政治工作。思想政治工作对于低工资、高积累情况下团结职工，提高其工作积极性，提升其精神文化素质都是非常必要的。但是作为特殊历史条件的产物,尤其是以党的管理代替企业管理是有一定局限性的。第四,片面注重规模和产量,不注重经济效益。这既与短缺经济下产品始终供不应求有关,也与和资本主义国家竞比增长速度有关。第五,经营管理者大都是"外行"转来。由于缺乏经营管理人才,国有企业的管理者大都是军政干部"转业"而来,多出身工人或农民,受过高等教育的人很少。尽管他们认真负责,但受自身素质技能的限制,经营管理水平不高,恰好和严密控制的统制经济体制相适应。第六,实行半军事化的经营管理,并带有浓重的政治色彩。从军政部门转来的干部,继续将其在军政部门的管理作风和传统带入企业中,在管理中以政治思想工作带动工商业的生产和销售。[①] 可以说,在统制经济体制下,企业不是真正的生产经营单位,由于不独立核算,不自负盈亏,因而并没有经营活动。

(二)改革开放后国有企业经营管理的转变

国企改革是以强化国有企业的经济功能,提高其经营效率和营利能力为宗旨的,少数民族地区的国有企业也和其他国有企业一样经历了各个阶段。二十多年的改革可以划分为四个阶段:在第一阶段中,将国有企业效率低下的原因归于经营者权利不足,以放权让利为主题;第二阶段认为国企的症结在于政企不分,必须将企业的所有权和经营权分开,以推行承包经营责任制为主题;第三阶段认为国有企业的根本症结在于所有权关系不明晰,以推行现代企业制度(其实质为股份制)为主题;第四阶段认为国有企业只应存在于关系国计民生的非竞争性行业中,且应以大中型企业为主,以结构调整为主题。1999年《中共中央关于国有企业改革和发展若干重大

---

① 参见刘建利:《中国国有企业人本管理》,第175-176页,北京:中国经济出版社,2008。

问题的决定》中提出了国有企业"有进有退"、"抓大放小"等战略调整措施,相当多的中小型国有企业被一卖了之。

新中国成立60年来,少数民族地区国有企业的发展取得了前所未有的成就,并成为少数民族劳动者未来素质技能提高和社会主体地位的主要经济基础。概括起来,少数民族地区国有企业有如下几个特点:

其一,国有企业在少数民族工业经济中占的比重非常高。以青海省为例,青海大型国有工业企业的比重占整个工业的80%。截止到2003年底,全国民族自治地方国有及国有控股企业4720个,占企业总数的45%。[1] 这是典型的统制经济体制和集约转化型经济运行机制的产物,虽然在短期内有利于西部少数民族地区工业化基础的形成,但以财政投资为主导甚至是唯一主体,极易导致少数民族劳动者在国有企业中主体地位的丧失。

其二,西部少数民族国有企业大多属于资源型企业,因而与东部地区企业形成较强的互补关系。这既是因为西部少数民族地区是中国矿产资源和能源的主要分布地,也是国家工业布局的产物。就统一的国民经济来说,地区分工和工业合理布局是非常必要的,但在统制经济体制下,少数民族劳动者不能有效地确立和保证其在国有企业中的主体地位,在计划价格不利于基础工业品和资源型企业的条件下,少数民族劳动者创造的价值很难得到相应的回报。

其三,少数民族劳动者在国有企业中的就业比重较小。经济的发展总是从历史的既有基础开始的,新中国成立前,少数民族地区经济整体上停留在前资本主义时期,少数民族劳动者的素质技能水平很低,而工业化对劳动者素质技能的要求在质上不同于农牧业生

---

[1] 葛忠兴主编:《中国少数民族地区发展报告》,第14页,北京:民族出版社,2005。

产的要求。中国少数民族地区国有企业在建设和发展初期所需要的劳动者，不是通过从当地少数民族劳动者中进行选拔和培训得来的，而是直接从汉族地区调集具有一定素质技能的劳动者来满足的，回顾20世纪五六十年代动员全国工程技术人员和劳动者开展的各种大会战就不难理解这一点。可以说，不同民族劳动者素质技能的高低成为他们进入工业生产方式先后的条件。这样一来，少数民族劳动者在少数民族地区国有企业中的就业比例就偏低，影响到少数民族劳动者素质技能向工业生产的提升，也影响到少数民族劳动者在国有企业中主体地位的确立。

但是20世纪80年代初开始改革开放后，由于国家奉行了梯度发展战略，首先在东部地区引入了市场竞争机制，而主要处于西部的少数民族地区国有企业却仍处于统治经济体制下的行政管理模式中，按照低廉的计划价格向东部地区输送各种资源，而东部地区的产成品却按照市场价格销售到西部地区。在随后的西部开发战略中，由于西部地区软硬件环境发展的滞后，西部开发最紧缺的人才和资金却未能在少数民族聚居区发挥作用，反而从西部向东部集聚。西部地区大量的国有企业由于未能在改革开放初期随着市场的逐步发育而转换经营机制并改变经营管理方式，当改革推进到西部国有企业时，遭遇的却是已经发育到一定水平的市场经济，不善在竞争大潮中游泳的西部国企在市场竞争中处于劣势。

六、私有制企业的经营管理方式

新中国成立后，非公有制经济存在于两个时期，即20世纪50年代和80年代后。在20世纪50年代，少数民族地区的私有工商企业非常稀少，主要是一些资源开采型企业和一些商帮。而20世纪80年代后，随着改革开放的深入和思想观念的更新，少数民族地区的私有制企业逐步发展起来。但是受体制改革滞后、传统习俗影响，以及自身素质技能较低等因素的制约，少数民族地区的私有制企业发展较慢，在经济总量中所占的比重较低。私有制企业"从区域分布上，东部地区占65%，中部地区占23%，西部地区仅占12%。西部地区的私营企业数量仅为中部地区的一半，为东部地区的20%。"[①]

20世纪50年代和80年代后出现的私有制企业在管理上有显著的不同。

50年代私有制企业在国家总体监督、工会参与管理的情况下，基本能够做到合法经营。"新中国成立后，实行多种经济成分并存，容许私有资本企业存在，并强化政府的监督、管理，更重要的是有了工会的制约，这促使私有企业的经营管理发生了重大变化。经过'三反''五反'，成立各级工商联（工商业联合会），加强工会组织，实行'工人监督生产'，以及政府在税收、利率、价格、加工订货等方面的总体调控，私有企业的经营管理得到明显的改进，特别是工会的作用，使私营企业在国家的总体监督、管理之下，大多数都能合法经营，而且其劳资关系也得到妥善处理。职工的劳动力所有权得到确认，并成立了集中行使劳动力占有权的工会，工会不仅代表职工利益，而且承担监督经营的职责。这可以说是中国历史上仅有的几年确立了劳动力所有权的时期，由工会代表职工与资方的'劳动协商会议'制度，对于解决劳资纠纷，改进职工管理，起到了明显作用。"[②]

20世纪80年代形成的非公有制企业和50年代的私营企业相比，其数量、规模、技术、产品、效益等都有了很大发展，但是，其经

---

① 李忠斌：《民族经济发展新论》，第319页，北京：民族出版社，2004。
② 刘永佶：《中国经济矛盾论》，第461页，北京：经济出版社，2004。

营管理水平参差不齐,差距很大,除了少数企业外,大多数私营企业的经营管理水平并不比50年代有所提高。

当前的私有制企业中,私营企业主都是在改革开放以后,通过各种途径聚积资本而成为企业资产所有者的。大部分为中小企业,由所有者亲自进行经营管理,他们一般都缺少现代经营管理的经验和训练,最直接的目的就是抓住各种机遇赚钱。和早期资本主义社会中资本家的观念类似,在他们眼中劳动者不过是用来赚钱的工具,对工人采取严厉的剥削手段,最主要的途径是通过延长劳动时间获得绝对剩余价值,甚至采取包括人身限制等非法管理方式。许多工厂生活及工作条件极其简陋,没有任何劳动保护措施,工伤事故频繁。在超强度的劳动中,工人被榨取黄金年龄的劳动力之后,只获得微薄的工资收入,并无任何社会保障,当劳动力衰退,他们便退回到乡村,依靠那份承包地维持生计。在这方面,少数民族地区的私营企业和汉族地区基本一致。

在少数民族经济中,私有制企业发展中一个突出的负面影响是对资源的掠夺式开发和对环境的巨大破坏。民族地区幅员辽阔,矿产和各种生物资源丰富,国有企业能够按照国家的统一规划和部署科学合理地开发利用各种资源,并为环境保护投入大量资金。但是私有制企业的经营原则是以最低成本获得尽可能大的收益,由于技术水平比较低、资金实力比较弱,经营意识落后、社会责任观念不强,所以众多的"五小企业"高能耗、高污染、低效益,使原本脆弱的生态环境急剧恶化。如在矿产资源开采中采主弃副、采富弃贫、采易弃难、乱采滥挖现象普遍存在,管理水平低下,生产安全条件差,开采回采率低、选矿回收率和综合利用率低,不考虑共、伴生矿产的回收,矿产资源浪费和破坏严重,由矿山开发活动诱发、扩大的次生地质灾害越来越严重,局部地区水源、大气、土壤受到污染。

在中国现阶段乃至今后相当长的时间内，非公有制企业存在的重大意义就在于它们比小农经济更为进步，在改造小农经济这个历史性变革中能够发挥重要的辅助作用。毋庸讳言，在私有制企业中，雇佣劳动者是受剥削的，有些雇佣劳动者甚至遭受着极其严重的剥削，但不可否认的是，私营企业主在迫使雇佣工人创造剩余价值的过程中，也使他们的能力片面地发展起来，这样就为劳动者的全面发展准备了条件。现阶段私有资本是改造小农经济的一种形式，私有制企业是农民通过农民工这一过渡形态提高素质技能的重要组织，在中国存在巨大小农经济的时代，私有制企业是发展生产力，创造经济繁荣的积极力量。

在少数民族经济发展的过程中，必须正确认识私有制企业的积极作用和消极影响，制定法律、采取措施规范和约束其经营行为，使私有制企业充分发挥提升少数民族劳动者素质技能，加速少数民族地区工业化的作用，同时，通过严格监督、严格执法约束私有制企业的行为，使其依法经营。

七、改进经营管理是少数民族经济发展的必要环节

任何经济发展都必然依赖于经济主体对资源利用范围的扩展和使用效率的提高，这便是经营管理水平的提高。经济发展是各经济细胞经营管理水平提升的总体表现。在经营管理这一层次上，中国少数民族经济的经营管理既有中国经济的一般性矛盾，又有少数民族的特殊性矛盾。在行政集权体制和统制经济体制下，少数民族经济中的经营管理，包括几个环节：一是公有制企业，其经营管理的基本方式是行政式的，后来补充了承包经营，但行政式的基本框架未变，对职工的"责任制"、"合同制"管理，改变了职工的身份，由原来不很明确的"企业主人"变成雇佣劳动者，但并未充分明确

国企职工的劳动力所有权。二是私有制企业，由于起步晚、规模小、结构简单，少数民族经济中的私有制企业在经营管理上水平相当低，大体与西方国家19世纪的情况相似。延长劳动时间、加大劳动强度，压低并拖欠工资，劳动保护和工作环境差，没有真正代表工人利益的工会组织等，充分表现出劳动力所有权没有法制保证的"野蛮剥削"。对于资源进行掠夺式开采，肆意破坏环境，所造成的损害，几倍、几十倍于私有企业所缴纳的税收。这样的经营管理，虽可短期内获取一些利润，但不能提高少数民族劳动者的素质技能，更不利于企业的发展，因而私有制企业屡屡破产、倒闭。三是在联产承包名义下的小农（牧）经济的个体生产经营，与旧时的小农经济并无实质区别，虽说对那些新中国成立前尚处于封建领主制、奴隶制、原始氏族公社制的民族来说，是新的生产经营方式，但总体上已经不适应从农（牧）业生产方式向工业生产方式的转化。

少数民族经济在经营管理层次上的变革，应在以发挥和提高职工及个体生产经营者的素质技能为中心，探索并创造以公有制为主干的中国式经营管理的过程中展开，并根据少数民族经济的特殊性，有所创新。

对于由家庭联产承包责任制形成的小农（牧）经济来说，必须走合作化道路。对于个体小农经济，一是承认它的存在是现实的，是少数民族经济的一个重要成分；二是要明确它对于提高少数民族劳动者素质技能的限制；三是要明确农牧民向往工业化和城市文明的内在要求，这是克服小农经济的内在动因；四是农牧民必须有组织，才能成为增强社会主义势力的重要力量。当前，应以科学发展观为指导，在少数民族地区鼓励和发展合作经济。社会主义新农村（新牧区）靠单打独斗的个体经营是无法实现的，必须发展合作经济，这不仅是可行的，而且具有充分的条件。首要的条件就是中国坚持走社会主义道路，党和政府有真诚建设社会主义新农村的愿望和政策；其次是当今农村和城镇对合作制有普遍的需要；再次是农村和牧区劳动者的素质技能有所提高，能够组织起合作制的经济组织，并对其进行有效的经营管理；最后是承包后的农牧民获得了劳动力的个人所有权，具备了合作的权利基础。

在市场经济条件下，政府退出了市场主体的位置，农牧民个人能力有限，难以承担市场风险，不借助于企业这种现代社会生产的基本组织形式，少数民族地区丰富的资源与物产要么自生自灭，要么无人知晓，不能转化为提高少数民族物质文化生活水平的货币价值。因此，少数民族经济的发展必然表现为涌现出一大批有核心竞争力，能长期保持市场优势的企业。通过组织合作经济，或通过"公司＋农（牧）户"的方式，改变其效益低、抗风险能力差的小农生产方式，用现代的经营管理理念和经营管理方式，使其进入工业化的农牧业生产中。

对于少数民族地区的国有企业来说，建立现代企业制度只是改革的一个阶段性成果，改革的继续深化应当是权利体系的重新构造，建立起全新的国有企业权利体系：以明确全民个体对生产资料的个人所有权和企业员工对劳动力的个人所有权为基础，劳动者个人享有所有权；在人民代表大会下设立国有资产和资源管理委员会享有生产资料占有权，由国企员工选举产生国有企业员工代表大会，享有劳动力占有权，两个占有权行使单位共同组成占有权行使委员会；由占有权行使委员会选聘各个国有企业的经营者行使企业经营权，组织国企员工运用企业的物质资源进行生产经营活动，创造价值，以质优适销的产品和服务获得公共价值。

对于国有企业来说，需要在两方面不断探索和创新，一是在企业制度方面，探索如何实现劳动者权利的企业组织形式；二是改进企业内部的经营管理。

在企业制度创新方面，只注重生产资料所有者的权利并由政府机构代行生产资料占有权的尝试显然是远远不够的。从理论上讲，国企员工作为企业的主人，以主人的身份和心态关心企业、热爱企业、为企业经营努力作出贡献，这本应是国有企业相对于非公有制企业的最大的竞争优势，是生产资料所有权和劳动力所有权相互分离的非公有制企业无法比拟的竞争优势，但是，这一优势却在改革过程中越来越弱化了，现代企业制度的推行实际上否认了国企员工的主人地位，使他们成为被雇佣劳动者。当前西方国家企业管理的发展趋势之一就是通过员工持股计划等方式，增强员工的主人翁责任感，提高他们的劳动积极性。而国有企业现代企业制度的改革却使员工丧失了主人翁地位，丧失了国有企业相对于私有制企业的根本的制度性优势。因此，要建立少数民族地区国有企业的优势，出路在于继续深化改革，明确和落实劳动者权利，重新确立国有企业员工作为企业主体的地位，充分发挥企业员工的积极性。

提升国企竞争力的另一方面是加强企业内部的经营管理。在权力关系理顺之后，企业内部管理的核心在于人本管理，即通过参与管理、文化管理、激励管理、培训与开发管理等，创造出适合员工能力发挥和潜力提升的企业环境，使员工高效劳动，不断创新。

相对于其他企业来说，少数民族地区的企业中因为有多民族成员的加入，所在地有浓厚的民族风情，因此，企业文化中蕴含了多元文化色彩，有更多样的文化基因。如果能在企业文化中体现更多的民族文化特色，更容易彰显企业个性和塑造企业吸引力。首先，体现在企业的经营理念和企业文化中。各民族都有自己的文化传统、道德观念和信守的行为准则，在少数民族聚居地的企业，或者以少数民族员工为主的企业中，这些文化内涵一方面体现在企业的规章制度、经营理念中，另一方面也表现在不成文的惯例和传统中。其次，体现在产品特色中。①产品的开发及原材料的选择。例如在藏药、蒙药的开发和生产中，充分体现了藏传佛教的思想，其选用的材料中也包含大量当地特有的动植物成分。②富有浓郁地方和民族特色的产品。这主要表现为民族特色食品及手工艺品，这是民族特色最显露、最直接的表现，也是易于被市场接受的产品，主要以旅游产品的形式体现，但是，有些特色产品经过工业化生产和市场推广，也可以成为被大家普遍接受的日常消费品，一个成功的例子是新疆"买买提"牌馕已经成功地打入多个城市的连锁超市中销售。③产品的包装。包装是产品无声的推销员，其浓郁的民族特色能够对消费者造成最强烈的视觉冲击和吸引力。④营销推广活动。营销推广活动在媒体上形成一定的宣传声势，在各销售终端也有相应的交流与沟通活动，能够形成立体的传播，富含民族特色的推广活动既能给人留下深刻的印象，也能对人产生强烈的吸引。⑤文化产品。文化产品对民族特色的传播能够产生久远的影响，文化特色可以体现在旅游项目的开发、各种形式的文学、艺术和文化产品中。

培训与开发对于少数民族地区的企业具有特别重要的意义。一方面由于少数民族地区劳动者素质技能水平较低，缺乏科技人员和研究开发人员，缺乏高水平的技术工人，同时难以吸引到足够的高素质人才。所以，员工的现实状况要求企业通过培训开发活动满足企业研发新产品、提高产品质量、开拓市场的要求。另一方面，持续的培训开发是留住人才的重要方式。少数民族地区的企业要想留住人才，就必须在人才上不断投资，提升其素质技能，并为其创造发挥素质技能的良好条件。

对于少数民族地区的私有制企业来说，它们虽然不能在国民经济中取代国有企业成为主导力量，但其在经济总量中的比重仍处于上升趋势。私有制企业对于少数民族经济发展的必要性和重要性在于，非公有制企业在少数民族工业化的进程中，对于改造小农经济，将农民提升成为工人具有重大作用。

私有制经济的发展在于提高企业主和经营管理者的能力，学习西方国家先进的管理理念和管理方式，突破家族式、小作坊式的管理局限，实现企业规模的扩展和实力的增强。少数民族地区在鼓励和支持私有制企业发展的同时，必须依照法律严格规范企业行为，支持和帮助企业职工成立工会以维护其自身的合法权益。

　　无论是少数民族地区的国有制企业还是私有制企业，在其经营过程中，都面临着资金短缺和技术落后、营销能力差等不利局面，在努力增强自身实力的同时，少数民族地区企业必须学会在竞争中合作，首先找到自己的劣势所在，然后通过合作借助于外部企业的力量，弥补短处，发挥长处。在选择合作伙伴时，一定要选择那些有实力，技术先进，产品开发、推广能力强，有成熟的市场运作经验的企业，借助于这些企业的资金实力、市场研发能力和市场渠道，少数民族地区的企业就能消除市场经验的不足和创新能力差的不足，更顺利地登上市场经济的列车。

第九章
各民族间的经济关系与交往

经济是人类在有意识的交往中不断满足需要的过程。少数民族经济是各个民族总体及其个人在有意识的交往中产生并实现的,是主权国家内部的经济相互联系和相互依存的产物,是在分工和市场的基础上,通过商品交往、劳务交往、资本流动、技术转让、经济一体化等多种形式和渠道把各民族的生产、生活和其他方面有机地联系起来。

一、密切经济关系是民族经济发展的重要原则

经济是人类在交往中有意识地以劳动来满足需要的过程。当人的劳动不是按照他本人的需要而是按别人的需要来设定劳动目的时,人们之间的交往就是必然的,经济活动也就成为人与人之间相互满足需要的过程。在民族经济活动中,这种人与人的利益关系就表现为民族内部人与人之间的关系和民族与民族之间人与人的关系。经济的发展绝不是单纯的财富增长,而是经济关系的复杂化。经济关系即经济矛盾是经济学的主要内容,民族经济学也应该把民族经济关系及其矛盾作为主要内容,民族间经济关系则是民族经济关系的

主要部分。

民族间经济关系是以相关民族内部各民族劳动者的素质技能与社会地位决定的,或民族间经济关系取决于民族内部的经济关系。民族内部经济关系的发展程度主要以该民族共同体内部劳动者素质技能与社会地位的高低来衡量。当两个民族或多个民族之间发生经济关系时,民族内部经济关系的先进程度将决定民族间经济关系中该民族的地位和作用。

马克思曾谈到不同生产方式如何决定民族间分配关系:"所有的征服有三种可能。征服民族把自己的生产方式强加于被征服的民族(例如,英国人本世纪在爱尔兰所做的,部分地在印度所做的);或者是征服民族让旧生产方式维持下去,自己满足于征服贡赋(如土耳其人和罗马人);或者是发生一种相互作用,产生一种新的综合的生产方式(日尔曼人的征服中一部分就是如此)。在所有的情况下,生产方式,不论是征服民族的,被征服民族的,还是两者混合形成的,总是决定新出现的分配"。①

近代资本主义先进民族在全球扩张,之所以能够将落后民族作为商品销售地、原材料产地和资本投资场所,建立起殖民关系,根源于宗主国民族的资本主义制度优越于殖民地民族的前资本主义制度。

同样,民族间经济关系对民族内部经济关系也起着制约作用。民族经济的发展正是民族内部经济矛盾和民族间经济矛盾交织展开的过程。在古代,被征服民族的经济发展不仅受到内部落后经济关系的阻碍,而且在被征服后因要向征服民族朝贡而益加受损,内外矛盾焦点集中到被征服民族身上。在近代,随着殖民体系的建立,

---

① 马克思:《1857 – 1858 年经济学手稿》,《马克思恩格斯全集》,第 46 卷上册,第 34 – 35 页,北京:人民出版社,1979。

宗主国的资本不仅从本民族内部剥削劳动群众，并且能剥夺外族劳动群众。而作为殖民地的民族经济则内外交困，出路不仅在于内部反封建主义，也在于外部反帝国主义和殖民主义。在今天全球化时代，所有民族经济都被以这样或那样的方式卷入资本主导的全球化。民族间经济关系比过去更为深刻地支配着一个民族经济体的发展。在这种条件下，民族经济学不研究民族间经济关系，是不可能得出关于民族经济发展的正确结论的。

民族间经济关系，也就是民族间经济矛盾，是不同民族在交往中形成的利益关系。这种关系和矛盾不是一成不变的，而是历史形成并不断发展的。民族经济学在考察民族间经济关系时，不仅要关注特定的民族间经济关系形式、特点及其对相关民族经济发展的作用，也要关注民族间经济关系的演变，探求其发生和发展的规律。

在中国历史上，绝大多数少数民族经济主要是以狩猎、游牧和山地农业为主。每个少数民族的生存地理环境基本一样，从而生产方式基本一样，生产的产品基本一样，故同周围民族之间的经济交往更为重要。就像马克思指出的那样："如果这些物品不是不同质的实用价值，从而不是不同质的有用劳动产品，它们就根本不能作为商品来互相交换。上衣不会与上衣交换，一种实用价值不会与同种的实用价值交换"。①

在工业革命以前，各民族基本上是劳动产品自给为主，但自给不一定能自足，生产资料或是生活资料，总有一部分依赖交往来实现。如农耕民族与游牧经济经常进行经济交往。游牧民族以马匹、皮革、玉器等产品，交换农耕民族的粮食、丝绸、茶叶、铁器等生产生活用品。交换产品就是交换劳动。在中国历史上各支民族之间除了商品交换以外，也有特殊的交换形式，如贡品、赐品、战利品

---

① 马克思：《资本论》第一卷，第55页，北京：人民出版社，1975。

等就是中国农耕民族与游牧民族之间交往的特殊形式。通过经济上的交往互通有无，繁荣市场，改善生产技术和生活质量，同时也是了解对方的生产技术，学习对方的生产工艺，提高本部族、本民族劳动者劳动技能的过程。这个过程中各部族、各支民族互相学习，互相影响，共同进步。在中国历史进程中，半农半牧、半猎半牧、半农半商等经济形态的形成，就是各支民族经济长期交往的结果。各支民族不仅同周围的民族进行经济交往，也要走出国门，同世界各民族国家进行经济交往，学习世界上科学技术发达民族的进步理念和先进技术，提高本民族的创新能力和生产技术。各民族之间经济交往的发展，必然带动少数民族经济的发展。如果哪一个民族闭关自守，拒绝同其他民族之间经济交往，那么该民族的经济发展就停滞不前。

二、少数民族与汉族的经济交往

（一）历史上少数民族与汉族的经济交往和关系

中国是一个统一的多民族国家，其中汉族处于主体民族地位，少数民族则对于统一的多民族国家的形成，为中华文明的缔造作出了巨大贡献。黄河流域和长江流域的文明与发展构成了中华文明的主线，但边疆地区及各区域少数民族与汉族共同推动中华文明向前演进。

就民族的分布特点来看，中国 55 个少数民族人口相对较少，但分布地区占全国总面积的一半以上，内蒙古、新疆、宁夏、广西、西藏、云南、贵州、青海等省区，是少数民族比较集中的地区。随着不同民族之间的经济、政治等多种形式的往来以及民族迁徙、融合进程推进，形成了汉族以内地为中心，遍布全国的或大或小的聚居区，边疆地区则由各少数民族形成各自大小不等的聚居区，汉族和少数民族交错居住的分布格局,总体上形成汉族与少数民族水乳交融的民族关系。

这种民族关系包括两个方面,一是汉族与少数民族之间的关系,二是各少数民族之间的关系。理解中国当代民族关系,必须从历史进程中寻找民族关系的演进脉络,尤其是汉族与少数民族的经济关系与交往已经成为民族关系演进的主干脉络。经济关系决定民族关系的状态和演进方向,这一原理同样适用于少数民族之间的关系。因此,把握了民族间的历史经济交往脉络,也就掌控了民族关系发展的主要线条和主要影响因素。

历史悠久的汉民族形成于西汉,正式名称始于东汉。魏晋南北朝时期,北方汉族共同体的壮大,主要是通过与之相邻的各部落联盟政权推行"汉化"政策实现的,这些政策中政治和文化的方式比战争的方式效果更好,更利于经济文化交往的发展。南方各部族的汉化则大多与汉族统治阶级的征讨、掳掠、招抚相关联。隋唐盛世,突厥、铁勒、契丹、党项、吐谷浑等部族纷纷内属,与汉族杂居,与汉族拥有着同样的经济和社会生活。宋金时,部分汉族居于契丹、女真、党项等部族联盟建立的辽、西夏和金国之中。为了统治征服的汉人,这些政权也常效仿中原汉制,宣讲儒、道、释等思想,推行汉族的经济生活方式。其结果,部分契丹人、女真人、高丽人、渤海人走上了汉化的道路。元代和清代,蒙古部族联盟、满部族联盟入主中原,初期政治和军事占据上风,但为了统治的需要逐渐接受汉族政治、经济和文化。

少数民族历史上与汉族的经济关系大体分为以下几个阶段:

秦汉时期。秦汉时期是中国汉民族形成并与周边各氏族、部族关系初步繁荣的时期。两汉同西域开始发生密切的贸易关系和文化交流。张骞和班超先后出使西域,沟通了西域部族和部族联盟与汉族的往来,密切了西域和内地的联系,促进了部族和部族联盟的经济文化交流和西域的开发，丰富了汉族和西域人民的生活。张骞通西域后，开辟了一条从中国通往欧、非大陆的陆路通道——"丝绸之路"。秦汉时期还是中国古代对南方部族和部族联盟进行初步开发和管辖的阶段。秦征服珠江流域的越族，设三郡，迁移中原人民到那里戍守，开凿灵渠，沟通了长江流域和珠江流域。汉武帝则在四川西南、贵州、云南等地建立郡县，为西南地区少数民族祖先同内地各族人民经济联系和交往创造了条件。

两汉中央政府还采取了一些开发西域的直接措施，主要是屯田和维护丝绸之路的畅通。汉在西域的屯田首先是直接促进了西域边疆的经济开发，因为士卒屯田需要房屋，开垦荒地，兴修水利，创建相关配套措施。农田开发对少数民族地区意义重大，意味着标志中原文明根基的农业生产方式开始有规模的输出，这对西域一些地区以畜牧业为主的经济结构产生了根本性的影响，而兴修沟渠在干旱的西域是不可或缺的，屯卒引进了内地先进的水利设施，扩大了屯田的范围，事实证明屯田措施对西域地区产生了深远影响，对丝绸之路的维护也发挥着同样的历史作用。

西汉时，对匈奴、南越都设有关市，前者又称"胡市"。对匈奴的贸易系以内地的缯絮、金、钱、米、蘖酒等交换匈奴的牛马、裘革。对南越的贸易系以内地的金银、田器、马牛羊等交换南方的土产和珍宝异物。东汉时，与边疆各部族、氏族及外国的陆路贸易仍相当发达。东汉政府还曾长期在上谷宁城（今河北万全）开胡市与鲜卑、乌桓交易。西域方面，也出现"胡商贩客，日款于塞下"的盛况。以后历代王朝，在边境平安无战事时，都在边关设市，与周边各部族、氏族从事贸易，互通有无。汉族政府设立正规的交换场所，以及边疆地区贸易的兴盛，都说明商品经济在经济交往中的作用得以初步显现。

魏晋南北朝时期。在北方，史称"五胡"的匈奴、鲜卑、羯、氐、羌等塞外部族联盟纷至沓来，在黄河流域建立政权。这些政权，大都与汉族仕族阶层相联合，在政权的组合上又往往采取多种形式的联合。此后逐渐形成了这样的局面：在中原地区形成了胡汉杂居的局面，在与汉族的长期杂居相处与通婚中，互相依存、互相吸收，建立了千丝万缕的联系。渐渐地，他们与汉族在经济、文化、语言、服饰、姓氏、习俗乃至宗教信仰上的差异逐渐缩小甚至消失，在不断交流中相融合形成共同的经济生活。

随着民族间经济关系和交往日益频繁，民族融合呈加速趋势，它是经济、文化以及生活习惯密切联系的结果，经济交往的增加是民族融合的根本原因。民族融合是中国历史的重要内容，对于中华民族的形成和发展，对于各支民族共同走向繁荣都有重要的作用。由于中国古代历史上汉族的经济规模和文化的影响力明显占主导，如绝大多数北方游牧部族在同中原汉族的经济交往过程中，逐渐改变以前的游牧生活，学习汉族农业生产技术，从事农业生产，成为农业人口；而汉族也学到了各部族的畜牧业经济，扩大了农业生产。从整体社会发展角度讲，民族融合就是各部族及部族联盟纳入集权官僚制的过程；从人的发展角度讲，民族融合是人本质要素劳动、需要、交往、意识不断交流互动的过程。

隋唐时期。隋唐时期是中国民族国家的重要发展阶段，特别是唐朝前期，因其政治制度先进，经济发达，科技文化昌盛，这对边疆各部族具有强大的吸引力，使他们迫切要求吸收唐朝文化和社会制度，主动和唐朝政府发展关系。唐朝与各部族的经济文化交往十分频繁。而唐朝中央政府的民族政策开明，积极采用直接管辖、册封和平等交往等多种方式主动发展同周边各部族的关系。

宋元时期。宋朝，在与辽、金、夏等国的边境上，兴起了"榷场"贸易，是历史上"边市"、"互市"贸易的延续。元代全国政治上的统一，加强了南北之间、内地与边疆之间的经济文化交流，促进了民族融合。最重要的是,元朝时波斯人、阿拉伯人大批迁入中国,与汉、蒙、畏兀儿等民众长期杂居相处,互通婚姻,融合成一个新的共同体——回人。

明清时期。俺答汗与明朝修好,边境开设互市,修规划城(现呼和浩特市),此城在后来发展成为北方贸易重镇和商品的主要集散地。清朝,实现了满洲人与汉族和其他民族之间的大融合。清初,今天中国境内的55个少数民族已基本上形成,他们主要分布在边疆地区,呈大杂居、小聚居、普遍散居的状态。清代在对北部边疆的经营与管理中,先是把散布在黑龙江、乌苏里江流域的赫哲、达斡尔、鄂伦春、鄂温克等迁入东北腹地。接着,又经过多年的征战,控制了蒙古高原及以西地区,推行"盟旗制度",以统治归附的蒙古各部。同时,内地汉族人民因战乱、灾荒、饥馑等诸多原因,亦大量流入北部边疆,这种不同民族成分之间的辗转流动与交错杂居,在北方广阔地区掀起了以汉、满、蒙古的融合为核心,维吾尔、壮、苗、白等部落也纷纷卷入的民族融合高潮。

民国时期。中华民国的建立,使满、蒙、回、藏等得到法律上的"民族"地位。至此才有准确意义上的汉族与少数民族的经济关系。民国时期汉族与少数民族的关系受到社会政治动荡的影响,原有民间自发的汉族与少数民族的经济往来继续深入,但政府推动的经济交往关系处于残缺状态,因此政治主导的民族经济关系没有明显发展。举两个有代表性的例子:其一,在民间自发的民族经济交往方面,民国时期蒙古族与汉族之间的经济关系和交往,在本质上是游牧和农耕两种文明的对接与交锋。汉族在蒙古族地区的经济活动是农耕对游牧的经济补充,这一点实际成为联结蒙汉关系的内在基础。其二,在政府主导的民族经济关系方面,民国政府在西藏统治的基点是在不从根本上改变西藏社会制度的前提下与西藏地方政府打交道,用单纯政治手段维持中央与地方的关系,并一再允诺不改变西藏现行的政教合一制。但是，西藏政教合一制度中存在着与现代政治不和谐的部分，这制约着西藏农牧业和对外贸易的发展，这种做法忽视了汉藏之间由政府推动经济关系和交往的必要性，成为当时处理汉藏关系的一大缺陷。

中华人民共和国成立以来的新型民族关系。《中华人民共和国宪法》及《民族区域自治法》的颁布，明确了少数民族的法律地位，并进行了民族识别，对新型民族关系的形成提供了法律保障，民族平等在政治意义上完全实现，汉族与少数民族在民族大家庭中扩大经济交往，不断促进互利共赢，实现共同发展。同时，各少数民族之间的关系，在总体上，是相互尊重，平等共处，共同发展的关系。在社会主义指导下，通过明确各民族劳动者一致的社会主体地位，并落实平等的政治经济权利，民族之间的经济交往获得了实质性的发展，经济交往的规模越来越深、程度越来越高，各民族之间的经济已经内在地整合为一个有机整体。

现阶段任何一个民族的生存与发展都必须通过各民族共同发展来实现，民族之间的利益休戚相关。少数民族与汉族都是中华民族不可缺少的成员，共同生活在中国疆域之内，共同参与整体经济过程，生产方式同质性很高，同时劳动者处在共同的社会制度、文化传统、政治体制、总体经济发展背景之中，经济生活的同一性已经成为主导民族关系和谐发展的最有利因素。然而，由于各民族在发展过程中逐渐形成各具特色的文化传统、生活习惯，并具有不同的经济发展起点、地理分布区域，又使得少数民族经济具有很多与汉族经济不同的特征，这种差别在少数民族内部有时也会很大。同一性与差别性共存，少数民族经济与汉族经济处于对立统一的辩证关系之中。因此，少数民族经济与汉族经济是一对辩证矛盾，他们之间的关系和交往在经济总体发展过程中不断提升完善。

新中国成立以来，少数民族经济与汉族经济之间的联系发生了根本变化。少数民族经济并非只处于被动地位，少数民族经济正在全方位地影响着总体经济的发展进程。与此同时，汉族作为目前发展中国经济的主体民族，对少数民族经济社会发展的带动作用也是非常突出的。在趋同的经济过程中，汉族经济与少数民族经济之间的联系逐步强化，双方的界线正在变得模糊，这是社会主义制度的优越性在民族关系层面的体现。特别是在改革开放以来，在崭新的社会制度和经济体制之下，少数民族与汉族之间的经济交往关系释放出空前活力，双方经济联系水平和层次得到前所未有的发展。

社会主义商品货币关系下，少数民族与汉族的经济关系与交往具有时代赋予的新的内容。处于社会主义市场经济轨道的中国经济中，少数民族与汉族的经济关系与交往必然要面对双方作为平等经济主体存在而形成的新型的民族间社会主义商品货币关系。商品货币关系显然成为各民族之间经济交往的桥梁，成为民族间经济关系和交往的主要平台，它使得民族之间的经济关系和交往得以高效实现，并促使双方最终实现互利共赢。交易的最终结果使得不同民族、区域的人、财、物等资源得到了在广阔空间的最优配置。商品货币关系在经济行为上，必然表现为交易关系和交易契约关系，其实质是产权关系，即对财产的权利关系。权利关系的内容包括所有权、占有权、经营权、使用权等等。少数民族与汉族在市场轨道上进行经济关系和交往需要做的基础工作就是建立少数民族平等完善的权利关系体系，由此才能真正促动商品货币关系的有效运行，最终推动双方共同发展进步。

商品货币关系使得原来欠发达的少数民族获得了最缺乏的资金，而相对发达的汉族地区同时得到了发展急需的资源要素。该过程中，交换尽管不是完全平等的，但这种不平等是在经济和社会进步过程中逐渐缩小的不平等，这种不平等没有逾越商品货币关系确立条件下交换关系发生的底线——权利对等。在少数民族与汉族经济交往中存在的不完整的价格体系就是这种不平等关系在机制层面的体现。比如，从少数民族地区输出的一般是初级产品或者自然资源，其附加值很低，用这样的资源来与汉族地区输入的高附加值的产品进行交换，显然形成了表面上的等价交换所掩盖下的事实上的不等价交换。近年来，随着国家政策的调整，少数民族经济独立性和自主性的增强，少数民族与汉族之间的商品货币关系正朝着合理和平等方向发展。

在少数民族经济与汉族经济的关系当中，汉族对少数民族经济的影响是主要方面。新中国成立初期，中国民族地区工业化水平很低，受到生产力发展和社会发育程度的限制，民族地区内部根本不具有自我组织和发动工业化的物质基础和社会条件。民族地区的工业化组织与运行，主要是依靠区域外部力量，其主要形式是国家推动的东部相对发达地区的经济技术援助和政策补贴。外部力量发动的工业化，使落后的民族地区能够通过利用外部力量获取资金、技术、人才、设备等工业发展所需要的各种生产要素，在民族区域内部迅速建立起现代工业体系，提高本地的生产水平和社会发育水平。民族地区工业化基本上属于政府发动的工业化类型，政府投资是少数民族工业化的主导力量。政府通过工农业产品价格"剪刀差"积累工业化资金，由中央政府通过财政渠道将各省区的"剪刀差价"中的大部分集中于财政，再由财政在民族区域进行工业化投资。改革开放后，投资主体多元化，然而民族地区受到改革滞后，地理位置偏僻，投资环境一般，投资回报率低等因素的制约，内部投资仍然不能充分满足少数民族区域发展的需要，对外部资金的需求缺口依然很大。少数民族地区工业化的资本缺口成为制约民族经济发展的"瓶颈"。所以，在资金方面对政府和发达地区的依赖程度很高。总而言之，外部力量对少数民族工业化进程的影响是深刻且全方位的。

商品经济发展推动了少数民族地区文化、教育和科学技术的发展。少数民族地区原有的科教文卫事业长期相对落后,其根本原因在于经济、社会和基础条件的落后。经济发展对公共事业需求强度很大,然而社会公共事业的发展不可能一蹴而就,必须经历一定过程。这就形成了少数民族经济发展链条上的一个最为薄弱而又难以迅速弥补的缺口,高素质技能的少数民族劳动者缺乏,少数民族自主发展能力严重不足成为少数民族经济发展的软肋。在经济发展的进程中,逐步把社会事业加以补充和完善,逐步提高少数民族经济的自力更生能力。充分调动一切内外积极因素,迅速发展少数民族地区的商品经济,逐步完善经济发展所需要的社会环境,打造完整的经济链条,形成良性循环的经济体系,这样少数民族经济发展才能走上可持续的轨道。

社会主义民族大家庭中,少数民族的利益与汉族的利益不是矛盾的,而是一致的。少数民族与汉族的利益,一荣俱荣,一损俱损。应该摒弃地方民族主义和大汉族主义,树立正确的社会主义民族观念,正确认识当代民族经济关系与往来,形成大局意识和整体观念,深化各民族对民族整体利益一致性的认识。在提升经济关系和交往规模及层次的过程中培育经济的整体性和一致性,为双方利益平等实现提供可靠的思想保证,最终促进少数民族与汉族利益在交往中的共同发展。

民族的兴衰取决于经济发展,民族经济关系是民族之间在交往中形成的,交往成为少数民族与汉族经济关系赖以维系的载体。劳动、需要、交往、意识这人本质的四要素,在民族经济运行中的逻辑是:民族经济关系发端于对非本民族的劳动产品的需要,以民族互相认同为前提,通过交往实现不同民族劳动产品的交换,进而实现不同民族产品和价值的交换与转移,双方需求得到满足,经济利益在交往中实现。这样民族交往成为民族间经济行为得以实现的主要路径，每个民族创造的价值和财富以及民族意识观念在经济交往过程中实现，同时民族自身的素质技能在交往过程中得到大幅扩展与提升，这才是经济关系与交往的最高价值所在。

三、各少数民族之间的经济关系与交往

密切交往是民族经济发展的重要条件，也是民族与民族发生联系的必然选择。所谓交往，是人类特有的存在方式和活动方式，是人与人之间发生社会关系的一种中介，是以物质交往为基础的全部经济、政治、思想文化交往的总和。[①]

少数民族之间的经济联系与交往随着历史演进逐渐增多，交往的形式不断丰富，层次也在不断提高。与汉族和少数民族之间的经济关系和交往有许多不同，少数民族之间的经济交往有自身特点，但两种类型民族经济关系与交往在本质上是相同的。在少数民族之间经济交往的过程中，生产方式、生活方式、生产工具和技术互相渗透，生产水平不断提高。以经济交往为载体的多内容叠加的民族交往过程，促进了少数民族的彼此了解与认同。随着历史的演进逐渐朝着相互渗透、相互融合、稳定发展的方向演进，并且逐渐成为少数民族关系发展的主流。

少数民族之间的经济关系和交往与汉族和少数民族交往的差异主要在于，这种差异是由各少数民族自身的经济、政治、文化等构成的综合实力对比关系形成的。综合实力的对比是影响少数民族之间经济关系和交往状态的决定性因素，各种各样综合实力的对比造就了少数民族之间经济关系的复杂性和多样性。少数民族之间的经

---

① 刘永佶：《民族经济学大纲》，第330页，北京：中央民族大学出版社，2004。

济关系受到时代和各自综合实力的规定,并形成特点鲜明的少数民族之间的关系格局。

各个少数民族在形成和发展中,呈现多源多流,源流交错,纷繁复杂的局面,现在的55个少数民族是长期民族融合的结果,历史上各氏族、部族之间经济关系和往来造就了中国当代民族格局。在东北地区,历史上出现过东胡、肃慎等几大族系。各族系先后出现了不同的部族,东胡族系有乌桓、鲜卑、室韦、契丹、库莫奚等;肃慎族系有挹娄、勿吉、靺鞨、女真、满洲等。这些称谓,并不是简单的名称更迭,它反映的是各群体之间的离散、聚合与融合的过程。在西北地区,吐谷浑和党项羌的融合最为典型。吐谷浑源于辽东的慕容鲜卑,西迁后兼并各部族,建立了一个广土众民的政权。经过二三百年的融合,其统治下的鲜卑、氐、羌、匈奴、高车、突厥、西域胡人和汉人,逐渐聚合成吐谷浑部族联盟。吐谷浑解体后,西北又形成以党项诸部为核心,聚合吐蕃各部,包括汉、回鹘等在内的民族融合,其结果又形成党项羌。在南方地区,百越族群支系繁多,历史上有句吴、于越、东瓯、闽越、南越、西瓯、骆越、滇越等。秦汉以后,其一部分逐渐与汉族融合,一部分经过长期分化、聚合和演变,形成今日壮侗语族的壮、傣、侗、布依、水、毛南、黎等民族。

汉族与汉族之间、少数民族之间、少数民族与汉族之间多源多流、源流交错的复杂关系,构成了中国历史上源远流长、差异显著却又相互同化和融合的民族关系格局。

先秦时期,诸多部族、氏族在不断的交往中,形成夏、商、周三个历史相继的部族联盟,至汉而确立集权官僚制国家,发展成汉族,西域各部族、氏族开始发生密切的贸易关系和文化交流;魏晋南北朝时期的民族融合,部族、氏族之间在经济、文化、语言、服饰、姓氏、习俗乃至宗教信仰上的差异逐渐缩小;隋唐时期各非汉族部族之间经济关系得到了空前发展；辽宋夏金元时期的民族融合，以党项羌为主体，吸收氐、羌、吐蕃以及西北地区其他部族而形成一个共同体；各大政治实体之间，在冲突与纷争的同时，还通过遣使、朝贡、互市、联姻等方式进行频繁交往，进行更为广泛的经济文化交流，这些无疑都是经济交往推动下的民族融合；清代在北方广阔地区，掀起了以汉、满、蒙古的融合为核心的民族融合高潮，奠定了当代民族关系的历史格局。

这里主要探讨唐朝、明清、民国时期的少数民族之间的经济关系。

唐代各部族的经济交往主要有：

中南地区：岭南地区（相当今广东、广西、海南、越南北部）的商业贸易异常活跃，各部族之间的经济交往频繁。商业贸易的发展，促使桂、柳、邕州、合浦、苍梧、贵县、阳朔等城市成为货物交往的集散地。至于广州，是当时南方的国际市场，也是南方各部族商品吐纳的中心。

五溪地区：活动于今湖南、湖北南部、四川东部的蛮人原有两支，一支在汉代称为长沙武陵蛮，居于五溪，故又称之为五溪蛮；另一支是廪君巴蛮之后。这两支蛮人逐渐接近和混处，形成了共同的经济和社会生活。

西南地区：南诏各部民众与四川、广西都有密切的经济交往，特别是与中原的盐、茶、马匹的互市。唐朝政府在邕州（今广西南宁）置市马场，后来又在泸州（今四川泸州市）置市马场，前去市马的主要是彝、白民众。市马时还带去大量白毡、茶、麻、药材、麝香、鹿皮、豹皮、毡、漆器、甲胄等土特产品，以供应内地各族人民生产、生活的需要。内地输入南诏的商品主要是铁器、瓷器、沉香、药材、丝织品、棉织品等手工业产品及书籍等。商品生产的发展，逐渐形成一批商品集散地，如阳苴咩、大理、拓东（昆明）、永昌（保山）、银生（景谷至西双版纳附近）等。贸易或朝贡的频繁往来，产品互通有无，更加密切了南诏各部族与内地汉族及其他部族的依存关系。

西北地区：青藏高原是藏文化的发祥地和主要分布地区，随着伊斯兰教的兴起和东传，青藏高原周围逐渐成为穆斯林分布的主要区域，伊斯兰文化和藏文化之间不可避免地发生接触和交流，藏回之间的经济关系十分密切。"教门经济"作为回、藏民众所共有的一种经济模式，为回、藏间经济、文化交往提供了一种新的途径。

藏人经济是以畜牧业为主、兼营农业的自然经济，农牧业是其立身之本。藏人轻视商业但不完全排斥商贸活动。西藏自古以来就是连接欧亚国际贸易丝绸之路的一部分。隋唐时期，吐蕃王国的建立，在东起川西、云南，南至不丹、尼泊尔，西从拉达克、巴基斯坦，北到甘青、西域的广大区域内，为从事游牧、农耕、狩猎及商业的人们提供了一个相互了解、交往的舞台。生活在这一地区的人们，超越了方言、文化乃至人种的差异，互通有无，往来频繁。随着对外交通的延伸，西藏不仅成为麝香、金银、宝石、药材、牦牛尾、羊马、皮毛等土特产品的输出地，而且汲取各种先进文化，接受外来商品，成为当时民族经济关系与交往的重要组成部分。

明清时期，海上贸易衰落，但在西北回、藏地区，汉、藏"茶马贸易"、回藏民间贸易仍然得到了巩固和发展，并且在农、牧交界区形成了河州、洮州、西宁、丹噶尔、肃州、西康等许多贸易中心，贸易规模不断扩大。

在国民党统治时期，甘肃、青海是多民族杂居的地区，因而具有复杂的民族关系。回藏民族关系成为这一地区的主导性力量。回藏民族关系的内容：一是经济关系，回藏之间的贸易；二是宗教文化关系，它深刻影响着回藏的经济关系。回藏民族性格的差异以及经济结构的多层次性，为回藏民族间的交往提供了契机，并形成了丰富的社会内容。

新中国成立后，逐步形成的社会主义民族关系是各族劳动人民之间平等、互助、合作的关系。社会主义民族关系中的主体关系，是汉族和少数民族之间的关系。① 少数民族之间的关系是左右民族关系整体走向的重要因素。边疆多是少数民族聚居地区，少数民族之间的关系状况直接关系到边疆地区的稳定。少数民族之间的经济交往，代表的是各少数民族成员在以社会主义劳动者关系为基础的多种文明的交汇与互动，是社会主义商品货币关系在少数民族之间的演绎。虽然少数民族之间经济交往在社会经济总体中的比重较小，但是对于社会主义完善、和谐民族关系的构建至关重要。

根据中国各少数民族的经济和社会发展状况，在制定少数民族经济政策时，尤其需要注意下列问题：

第一，注意对生产生活方式类似民族政策的一致性。少数民族之间，尤其是在生产、生活方式有许多共同或相通之处，生活环境和文化背景基本一致，生产力发展水平、社会发育程度相差无几，彼此间认同程度较高的民族之间，在相互交往中彼此比较平等，比如同处西南地区的壮族与瑶族，他们在长期的历史交往中，平等相处与融合成为民族生存发展的主流。此外，中国的塔吉克、哈萨克、乌兹别克、柯尔克孜等民族除基本的自然特征类似之外，其所从事的经济活动也基本相似，他们之间的相似程度也很高。因此，政府在制定政策和措施时应该注意到少数民族中生产和生活方式类似的民族，予以通盘考虑，以整合盘活相似民族的经济。

---

① 金炳镐：《民族理论研究二十年》，第283页，北京：中央民族大学出版社，2000。

第二,28个人口较少民族的存在,需要与人数较多少数民族区别对待,研究人口较少民族的生存发展状况,切实维护这些民族的平等权益。人口较少民族往往具有以下特征:生存条件较差,社会发育程度滞后,基础设施极不完善,人口少、整体力量弱小。这些少数民族相对于汉族处于弱势地位,相对于那些人数较多且较为发达的民族其劣势也显而易见。这就需要在处理少数民族与少数民族之间关系的时候,注意较发达少数民族与人口较少民族之间的关系,注重维护人口较少民族的利益及其长远发展。

第三,注意区分区域自治少数民族与非自治少数民族,认真考虑少数民族之间的公平问题。需要从政策上引导自治地区的主导民族在制定地区发展规划的时候,充分考虑同区域内人口较少民族的需求和利益。为人口较少民族提供利益诉求的途径和通道,使其能够充分表达本民族的意愿,争取平等的政治权利,寻求民族长远可持续发展。在经济上,应该充分考虑这些民族的实际情况,让他们自主选择适合本民族的生产和发展模式,这对他们来说,才是经济上的真正公平,当然必要的优惠和扶持必不可少。

第四,注意处理散居杂居少数民族在政策落实、利益分配等方面的一系列问题。回族在全国绝大多数省区市都有分布,并且分布相对均匀,这种情况需要针对实际分布格局和民族特征来考虑回族的发展问题。所以,对于散杂居少数民族对其他少数民族的经济关系与权利问题必须认真考察,具体问题具体分析。

少数民族之间的关系同样会受到商品货币关系、工业化发展模式的影响。每个民族应该根据自己的生存和发展需要,选择适合自己的生存和发展模式。同时,不同的发展模式之下,民族之间的交流将会一直进行下去。因为这是人本质交往要素所决定的,在承认多种文明发展模式的基础上,加大少数民族之间的经济关系和交往,会使参与其中的每个少数民族受益,每个民族在与其他民族的交往中，发展和壮大自身，少数民族之间的经济关系与交往在宏观上促进了边疆和民族地区的稳定，有利于少数民族自身利益的实现。

社会主义新中国，创立了比较完善的制度和外在条件以保障少数民族经济利益的实现，关键的问题是少数民族劳动者的内在素质和技能与外在条件是否能够匹配，匹配的程度怎样。现在看来，受到少数民族社会发育程度以及生产力演进水平的限制，有些民族实现自身经济利益的主体能力不强，这就要求一方面加快少数民族自身的发展；另一方面则需要以国家的名义创造一个少数民族利益的相对公正的天平，在制度、政策、物质、文化等多方面予以帮助和扶持。维护少数民族利益必须兼顾这两个方面，同时必须以客观和务实态度看待少数民族多层次利益诉求。在相互认同的前提下，少数民族之间应该相互扶持，提升当前少数民族之间的合作水平，扩展合作领域，促进不同少数民族在竞争与合作中共同进步，实现少数民族经济和社会的全面进步。差异较大的少数民族之间，由于受到空间地理位置的限制，语言以及存在的文化心理差异，这些因素会造成他们之间的经济联系相对匮乏。然而，就少数民族经济交往的益处和人本质四要素的要求来看，差异显著的少数民族之间的经济关系同样需要开发和重视。

少数民族之间的经济联系和往来，无论是历史上的还是现实中的，对增强区域经济活力，融洽民族关系，发扬少数民族光辉灿烂的文化，创造中华民族的多样文明都具有重要意义。少数民族之间经济交往的历史和现实就像一颗颗灿烂的宝石镶嵌在中国边疆的大地上，闪耀着熠熠光辉，推动着中华文明向前迈进。总之，各少数民族的共同利益在不断密切的民族经济关系与交往过程中逐步实现。

四、少数民族经济在密切民族关系中发展

民族之间的经济关系要通过交往以商品货币关系实现。交往的内容包括劳动产品的交换，劳动服务的交换，以及劳动者之间与非劳动者的交换，甚至包括生产资料的占有，劳动活动的支配等各种复杂的社会关系。劳动成果的分享和消费，也要由交往来完成。[①] 所以交往连接着人们的生产和消费，沟通人们的经济往来，创造着现代经济社会，民族之间的一切关系都要通过交往来完成。民族关系的产生、发展与变化也都必须通过民族间的交往活动实现。

民族之间经济联系与发展过程既存在互相依赖、互相渗透的一面，又存在各自经济利益相互独立、自成体系的一面。所有的民族关系的发展状况都受到背后的不同民族间的交往状况左右，尤其是其中的经济交往关系至关重要。实践证明，民族交往是各民族经济关系存续的前提与基础，民族经济的发展在民族交往的过程中实现；反过来，民族与民族之间的交往状态已经成为影响民族经济互动和民族经济发展的主动因素。

在当前的市场经济中，商品交换关系是最基本的经济关系。商品是天生的平等派，它打破了人格从属关系，冲破了原有的权利不对等状况，使人们获得了彼此平等的权利。市场交换活动只能在协作关系中实现，在平等关系中进行竞争，平等交换成为市场经济得以正常运行的关键要素，以平等权利为核心的人与人之间的交换关系成为市场经济运行的基石。社会主义市场经济平等关系包括丰富的内涵：自主性、平等性、开放性、竞争性，以及保障平等关系实

---

① 刘永佶：《中国经济矛盾论》，第48页，北京：中国经济出版社，2004。

现的社会主义制度安排。这些内容的核心是建立在商品货币关系基础上的人与人之间的平等性,这种平等性主要发生在经济主体之间的交换关系中,平等交换成为社会主义市场经济的核心运行模式。民族之间的经济交往实现的必要条件也是建立在民族平等基础上的平等交换关系。

市场经济依赖的人类最基本的经济行为就是交换,交换实现的前提条件即交换双方地位平等、权利对等,因此,市场经济所体现的基本精神即平等。要想使市场这一交换关系和交换行为的集合,真正发挥民族间经济交往的中介作用,平等地实现交往双方利益,必须强化平等的制度基础,这样才能促使交换行为高效实现,促进全民福祉的提升。赋予交换双方以平等的主体条件,并保证平等的外部制度环境,这些同时构成了市场经济形成并发展不可或缺的基本要素。历史上出现的"互市"或"边境互市"、"合市"、"和市"、"通市"、"榷场"等贸易形式,其成立的基本要素是交易者之间的平等,以平等为前提的交换关系成为市场经济存在的基础和发展的核心。

当代以商品货币关系为基础的民族经济关系要求更高层次的平等与之适应。社会主义市场经济体制,能发挥经济交往中平等交换的核心作用,为不同民族的全面发展提供了坚实的条件和可能性。不同民族间进行以商品货币关系为载体的全面交往的时候,商品货币关系已经深深镌刻到民族关系之上,它不能涵盖民族关系的所有内容,然而商品货币关系已经成为主导民族关系发展潮流和演进方向的基础性制度安排。民族交往必然要接受商品货币关系的规定,形成一系列以商品货币关系为基础的行为准则和行为模式,以此促使平等交换关系正规化、制度化、法制化。总之,平等交换关系已经深深烙印在民族交往中,成为主导市场经济运行的核心模式,平等交换已经成为当前发展市场经济的最基本要求。

由于民族发展的差距导致部分少数民族接纳市场经济体系的困难。只有提升这些少数民族对市场经济的接受、适应和掌控能力，才能搭建少数民族发展市场经济的基础条件。与此同时，市场经济建立和运行所必须的配套措施和制度安排也必须视少数民族的接受能力而定。总之，在少数民族地区实施社会主义市场经济体制，必须考虑少数民族对市场经济的适应和接受能力，尊重少数民族的发展意愿和他们对发展模式的选择。随着少数民族与汉族之间，少数民族之间的经济联系和交往层次逐步深化，交往领域不断扩展，只要是民族之间发生了经济交往关系，就意味着民族各自的生产方式和生活方式得到了某种程度的交流与共享，多样文明形态在交往中扩大了自身的影响力，逐步为不同民族认同和接受，在这个过程中各民族同时也吸收着来源于其他民族的文明形态。对文明的传承而言，民族间的经济关系和交往已经远远超出了经济的范围，它深刻影响着人类文明传承和民族整体进步。伴随着以物易物的简单交换关系，商品货币关系，以及制度体制交流，民族间的经济关系与交往，带来的是不同民族在经济交往基础之上的社会全面进步，最终的结果是交往民族的全面互利共赢。

谋求本民族经济利益的实现是各民族经济交往的根本动机。对于每个民族来说，尽力发展本民族经济，在民族经济交往中争取占据主动地位，是维护自身利益的主要方式。由于交换平等与否，往往取决于本民族以经济实力为核心的综合实力，所以各民族都会尽力发展本民族经济，在民族经济交往中掌握主动权，获得交往的最佳利益。经济交往作为民族关系产生和发展的必要条件和必经途径，体现的不仅仅是经济产品交换本身，它往往体现出一个民族整体的意识形态、文化特色、技能素质、生产水平等诸多方面。少数民族对经济交往的渴求及其经济交往的不断实现，有利于促进民族成员的素质和技能水平的提升。由此，经济交往成为促进民族经济实力提升，促进少数民族劳动者素质技能提升的主要手段。劳动者在经济交往中汲取外来营养，这对本民族整体素质技能提升大有裨益，经济交往的过程成为锻造提升少数民族劳动者素质技能的充分和必要条件。

人的全面发展随着生产扩大和交往方式发展而逐渐实现。在商品关系结成的全部民族及其社会，每个民族都应该主动地认识和驾驭民族交往关系，从而在广泛交往活动中得到充分发展。由此，经济交往关系拓展也必然促进民族素质的全面提升与进步。

市场经济条件下民族之间的经济交往能够促进少数民族的发展。毋庸置疑，经济交往中的双赢是建立在双方实力基本相等的基础上的。然而，现实中少数民族与汉族之间，各少数民族之间存在着相当大的差距。这种差距是由多方面原因造成的，其中带根本性的原因是各民族不同的社会发育程度和生产力发展水平，由此形成了不同民族和地区之间在经济发展速度与经济发展水平上的不均衡。如何能够使差异显著的不同民族之间建立密切的、平等的经济交往关系，成为当前经济的一个重点，也是难点问题。破解这个问题的关键在于经济交往的主体条件，也就是说，能否形成具备相当价值创造能力的、能够主导民族经济交往的少数民族经济主体，即少数民族劳动者的素质技能成为左右民族经济交往状态的决定性因素。劳动者素质技能的提升，即少数民族经济交往中民族主体能力的提升，一方面是历史积淀的结果；另一方面是在经济发展过程中，在不同经济主体的经济交往过程中，在各种内外部经济社会矛盾解决的过程中造就。劳动者素质技能与民族间的交往程度密切相关，密切民族经济交往，即加大民族之间经济交往的同时，更应该在深化和扩展民族经济交往的层次上下工夫，将少数民族经济交往向高水平、纵深推进，全面促进少数民族经济发展。

可以建立这样的逻辑，以促进少数民族素质技能为基础，逐步建立和密切民族经济交往关系，从而在经济交往中推动和促进少数民族经济和社会的全面进步。在民族经济交往活动中，加快本民族经济运行与其他民族甚至全国统一市场的接轨，促进有民族属性的社会主义市场经济的拓展和民族成员主体地位的提升。通过密切民族经济交往关系，促进民族成员的主体性的发展，从根本上促进少数民族经济的实质性发展。

不可否认，改革进程中民族之间的关系同时也变得错综复杂，新情况、新问题不断出现。这种情况在民族经济和社会交往过程中表现突出：资源的"争夺"，短期利益，文化和意识的差异，不同民族发展差距拉大，发展与成果分享的公平性等问题不容回避。承载民族经济和社会交往使命的民族贸易必然受到这些因素的影响和制约。民族交往范围扩大、频次提高、层次加深。民族利益表达常态化、各种利益具体化和民族意识强化，使小范围民族矛盾和冲突增加。利益表达与利益追求常态化，民族之间在经济要素的竞争的加剧，加上相关调节制度、机制的缺位或不完善是产生冲突和矛盾的重要原因。

然而，更加值得珍惜的是，在改革的过程中，民族之间交往的水平和层次逐步加深，涉及范围和领域更加广泛。民族与民族在利益及其诉求和表达上正在逐步走上民主、法制、市场的轨道，民族之间的经济关系与交往水平必定大幅度提升。负载着"民族和谐、民族发展、利益协调、各民族共同繁荣"内涵和使命的民族贸易，作为民族之间经济和社会交往的主要渠道，在社会主义市场经济条件下，必将扮演更加重要的角色，民族贸易在促进各民族经济和社会发展过程的作用也将更加突出。民族经济关系与交往处于提升和拓展的进程之中。

五、民族贸易是民族经济交往的主要渠道

自古以来各民族由于自然环境、生产生活方式、民族传统习俗习惯，以及经济、政治、社会甚至战争等多方面因素，形成了民族发展水平的巨大差异，各个民族的存在方式和发展方式大相径庭。民族之间的差异体现在民族成员（自然和社会的集合体）——承载各类活动的经济主体，并内化成为不同民族成员赖以生存、发展的生产生活方式。由于民族经济结构及其产品结构的差异，以及民族成员对各类产品需求的多元化、丰富化为内在驱动，不同民族之间的互通有无成为必然。一般来说，这种民族之间互通有无的交换活动都可以称为民族贸易。

中国是一个幅员辽阔的多民族国家，自古以来各民族由于自然环境、生产生活方式、民族传统习惯等方面的因素，彼此在社会生产方式和文化习俗方面存在明显差异，形成了不同的民族经济。不同经济文化类型区域生产的产品品种、类别、功能等有较大的差异，互通有无是普遍需求，而满足这种需求的只能是贸易形式。所以彼此间进行贸易自然成为丰富民族生活，提高生产和生活质量的重要保障，也是民族间经济联系交往的内在要求和主要手段。所以，民族之间和民族地区之间的"互市"种类很多，尤其是中原与周边民族地区之间的贸易尤为兴盛。中原农耕民族用于民族互市的商品，主要是中原盛产而周边游牧民族比较匮乏的布匹、绸缎、铁器、茶叶及精细手工业品，当然不同时期有不同的侧重点，而少数民族用来交换的主要是自己盛产的马匹、畜产品及其土特产等。这种民族间的商品贸易不仅促进了各民族生产和生活的进步与改善，也是民族发展内在要求逐步实现的过程。

历史上，中国各民族都在自己的区域内，通过对各自区域的开

发，为经济发展作出了卓越贡献。中国少数民族聚居地区，多为环境恶劣，生活资料匮乏，生产条件极其艰苦的偏远地区。各少数民族世代生活在相对封闭的条件下，形成了极具民族特征、地域特点，富有独特魅力和内涵，而又封闭的经济文化系统，在这样的系统之内，各个少数民族以民族为单位组织富有民族特征的经济和社会生活。越是封闭，在封闭经济社会系统的民族特征愈加独特，民族特征更加鲜明。自古以来，北方各民族基本上选择了游牧经济方式，同时，发展畜牧业经济；东北少数民族在严寒的气候条件下，根据区域优势条件，选择了渔业、狩猎、牧业、农业，以及其他的生产生活方式。位于东南、西南、西北的少数民族，根据地理、气候条件，选择了绿洲农业、山林稻作、牧业、手工业等生产生活方式。"一方水土，一方人"生动诠释了不同民族生产生活方式的多样性。各民族具体的生产生活方式，构成了本民族生存，并与外界发生经济和社会联系的基本条件。然而，各民族选择的单一生产和生活方式并不能够全面满足其全面发展的需要，这就需要在自有生产方式的基础上，与外界（不同民族、不同经济形态）发生各种形式的交往关系，民族贸易成为民族经济、社会交往的主要渠道。

  边疆少数民族的经济开发，及其经济形态的民族属性和地域特征，与中原或者其他地区的民族经济形态，实际上形成了多边互动、相互渗透的内在关系，逐步形成不同民族生产、生活方式基础上，交互式的网络联系状态。形成在地域分布上，少数民族围绕汉族，汉族依靠少数民族的民族分布及其经济形态的分布特征。交往的形式主要可以分为汉族与少数民族、少数民族之间的经济和社会交往关系。民族经济交往——民族贸易正是在互通有无、和谐共生，逐步推进各民族发展进程，推进统一多民族国家的形成、巩固和发展。当不同民族成员根据双方需要和实际状况进行民族间商品或劳务交换时，就形成了民族与民族之间的交换行为，即民族贸易。在民间经济交往活动中,民族贸易的地位举足轻重,是民族之间互通有无的主要渠道。

然而,在民族经济交往过程当中,外部因素或者势力的影响、冲击也成为影响民族经济交往的重要因素,甚至在某种意义和特殊条件下,起到了决定性的作用。近代以来,外国资本的入侵,军事和政治势力的干涉,以及国内外政治、经济及其他因素的重大变化,对原有民族经济交往产生了重大的影响,民族经济交往的整体态势也受到了巨大冲击,传统的民族贸易已经不再适应时代变迁,不再适应动态发展的民族需要。在这种情况下,民族经济交往关系必须根据具体条件,作出与外部环境相应的调整。经济交往秩序的恢复需要特定过程,在此基础上,民族经济交往(民族贸易)才能创造性承载民族创造的价值,实现价值的交换,在民族贸易的基础上,既实现了本民族发展,也推动了其他民族进步。

新中国成立以后,在中国共产党的领导下,通过民主改革和社会主义改造,逐步废除了民族压迫和剥削制度,逐步建立起平等、团结、互助和共同繁荣的社会主义新型民族关系。坚持从实际出发,发展民族地区商品生产,积极组织商品购销活动,广泛增设商业网点,为各民族提供特需商品,对发展生产,满足人民生产生活需要,加强民族团结,巩固祖国边疆,推进和谐、融洽民族关系发展进程产生根本性影响。政治制度的改革与完善,中国共产党的领导及其施行的经济政治制度和政策为各少数民族独立发展民族经济,为民族贸易的恢复与发展创造了前提。

在中国特色社会主义市场经济条件下,民族贸易,既是商业工作的一部分,又是民族工作的一部分;既体现党和国家的商业政策,又体现党和国家的民族政策。通过发展民族贸易活动,发展各民族内部和各民族之间的经济联系,促进少数民族地区生产的发展,加强民族团结,是一个长期而重要的经济任务和政治任务。在民族贸易发展的长河中,民族贸易承载着不同民族的智慧和创造,凝聚着民族之间经济和超经济关系,谱写着民族繁荣发展、共同进步、和谐共处的历史画卷。民族经济及民族贸易的发展,归根结底,需要各民族按照时代要求,努力提高自身素质,发展商品经济,健全经济结构,发展优势特色经济,努力发挥各少数民族自主发展经济,参与市场经济,扩大商品生产,提升产品附加值等方面付出艰苦努力。民族贸易实际上使得不同民族之间形成互为市场的局面。民族贸易作为商品流通的主要途径和民族商品价值实现的主要渠道,增进了以商品为媒介,文化为内涵,少数民族创造的价值为本质的现代意义上的商品交换活动,形成独具特色,规模可观,经济社会效益多元的发展模式。在民族贸易的基础上,各民族逐步实现共同发展与民族成员的共同发展,经济、社会全面进步。

（一）民族贸易的一般性

民族贸易是民族关系的主要渠道和组成部分。作为民族关系的一种特殊形式,民族贸易的展开和发展必然受到民族关系状况的深刻影响。因此,分析民族贸易必须对现阶段社会主义民族关系的本质问题有一个清醒、科学的认识。

新中国成立后,党和政府根据不同民族地区的实际情况,采取有针对性的方式、步骤和措施,进行了民主改革和社会主义改造,结束了民族内部的阶级对立,民族关系中相互对抗、冲突、缺乏了解的状况逐步得到改善。各民族内部及不同民族之间,在社会主义制度下,民族关系总体上表现为各族劳动人民之间的关系。政治地位的平等基本实现,这也是现阶段中国社会主义民族关系的本质所在,是民族贸易关系得以恢复发展的政治前提,政治上平等得以实现,为形成平等经济往来关系铺平道路。

民族自主的权利深刻影响着各少数民族的经济和社会生活,民族自主发展实际上符合市场经济的一般特征或者基本条件,即平等性、竞争性、法制性、开放性等方面的要求。各个民族成为市场经济平等的参与主体，在法治环境不断完善的条件下，使得民族经济以民族贸易为主要渠道逐渐与外部市场接轨，实现民族经济的全面发展。

（二）中国民族贸易的特殊性

新中国成立以后，在中国共产党的领导下，坚持从实际出发，发展民族地区的商品生产、积极组织商品购销活动，广泛增设商业网点对发展生产，满足人民生活方面的需要，加强民族团结，巩固祖国边疆起到了积极作用。党的十一届三中全会以来，党的民族政策得到进一步落实，民族贸易又有了新的发展，改革开放、加入世界贸易组织，对民族贸易的繁荣发展提供了更好的平台，使民族贸易的发展面向全国，走向世界，为推动民族地区的经济社会发展作出了贡献。

1. 民族贸易的民族特征

民族贸易主体的特定性。民族贸易的主体，即各民族有意识的劳动者。这里的意识指的是阶级意识、民族意识、发展意识。三者必须同时具备才能成为民族经济的主体，从宽泛的角度来看，依靠自己的勤劳和汗水的各个民族成员都是民族贸易的主体。因为，他们必定处于民族产业的特定环节或特定生产过程之中，为民族贸易产品的生产作出各种各样的贡献。然而，在新的时代条件下，民族贸易产品的生产依然富有民族色彩，同时时代也赋予了各少数民族发展本民族经济，以及提高民族素质的使命。因此，民族贸易产品的民族特征或属性是民族贸易过程中必不可少的。民族贸易商品的民族属性是民族生产方式和生活方式在生产产品或提供服务的民族内涵的体现。

民族贸易中商品消费需求的特定性。在中国少数民族中，每个民族都有自己不可或缺的特需用品，代表着这个民族的历史和文化内涵。民族特需品的生产和贸易是民族地区的重要经济支柱，也是民族贸易的重要内容。

民族贸易产品多样性，表现为规格多、批量小，工艺复杂。规格多是指同一种用品因不同民族或同一民族的不同居住环境而要求有不同的规格；批量小是指因少数民族人口相对较少，或同一种用品的使用对象较少，因而产品的生产供应批量也小；工艺复杂是由于每一种民族用品都凝结了该民族传统的工艺技术要求。从民族贸易产品的类别来看，大体上分为生产工具，民族服装、靴帽、装饰品，民族传统饮食、民族日常生活用品和宗教用品、民族住宅和运输工具。民族文化特征鲜明的民族贸易产品，其需求量相对稳定，市场基本上固定，其需求具有较大稳定性。少数民族形成了各自不同的历史文化传统、风俗习惯、生产生活方式上的差异。这些差异性体现在日常生产生活中，必然表现为某些具有特定的用途、规格和款式并浓缩了本民族历史文化传统特色的用品，有着特殊的需求偏好。民族贸易产品的设计、生产必须符合民族商品需求的多样性。

民族贸易的文化交流与共享功能。民族性，表现为这些产品只是某个或某几个少数民族在生产生活中必需使用而其他民族并非必需使用，具有明显的历史传统性和民族特性。这是民族贸易产品区别于其他一般用品的主要特征。这些产品蕴涵了本民族特有的生产生活内涵，本民族的文化、习惯、传统。民族贸易必须尊重少数民族地区特点及风俗习惯。时代性，表现为民族贸易商品的内涵和外延随时代变迁而发展变化。随着少数民族地区经济社会的发展，人民物质文化生活水平的提高，一些不适应现代生产、生活的生产工具和生活用品逐渐被淘汰，或在传统的基础上不断进行改进和替代更新。在优势和特色方面进行开发和凝结，创出品牌，借助国家和各少数民族地方出台的民族贸易优惠政策，使民族贸易商品走向国内外市场，实现其经济和社会价值。

2. 民族贸易的地域特征

民族贸易是社会主义商品流通在少数民族地区的特殊形式，是党的民族政策和商业政策相结合的产物。中国社会主义民族贸易的政治和经济统一性特征，是以坚持各民族平等、团结、互助和共同繁荣，公平交易、平等交换为原则；以民族贸易的民族和地区为客观认识依据，所以民族贸易既是商业工作的一部分，又是党的民族工作的一部分。地域性，表现为数个少数民族由于居住的区域环境相同或相似而使用类似的生产生活用品，或同一民族由于居住的区域环境不同而使用不同的用品。

3. 民族贸易的互补性

全国有 30 多个民族跨境而居，其中绝大多数分布于民族地区。跨境民族虽分属不同国家，但他们"同宗同源"，有相近的风俗习惯，语言相通、宗教信仰相同，相互之间具有人文、历史、习俗和血缘等方面千丝万缕的联系。不仅如此，许多相邻的国家与中国还有相近的国情。例如，蒙古及独联体国家都是转轨国家，与中国国情相近，技术水平相适应，近年来彼此之间扩大经济技术交流的要求和发展趋势日益明显。中东地区和中国宁夏、新疆、甘肃、青海等省区有着共同的伊斯兰教信仰，充分利用中国的穆斯林优势，完全可能在伊斯兰文化圈各国拓展广阔的国际市场。南亚及东南亚各国受佛教文化的影响甚深，与中国青藏高原有着共同的文化背景，易于沟通。从开放和发展的角度来说，这种海外联系具有其他因素无法比拟的优势。

4. 民族贸易的政治与政策导向性

在社会主义市场经济条件下，国家在民族贸易方面形成逐步完善科学的政策体系。从政策内容上，包含了财政政策、金融政策、税收政策、产业政策；从支持手段上，包括了财政专项拨款、贷款贴息、税收减免、利率优惠和产业指导；从受益对象上，包括了民贸县的民贸企业、承担民贸任务的省州级民贸公司、民族特需商品生产定点企业；从受益行业分布上，包括商业、供销、服装鞋帽、纺织针织、工艺美术品、少数民族成药、清真食品、边销茶、民族语言文字出版物（含音像、软件）、民族乐器、民族体育用品、家具和日用杂品、生产工具等，几乎涉及少数民族群众生产生活的各个方面。

（三）民族贸易的形式

1. 边境贸易

边境贸易是指边境地区，在一定范围内边民或企业与邻国边境地区的边民或企业之间的货物贸易。有两种形式：一是边民互市贸易。它是基于边民个人之间买卖行为的一种贸易方式，两国双方边境居民在规定的开放点或指定的集市上，以不超过规定的金额，买卖准许交换的商品。二是边境小额贸易。指边境地区的外贸公司，与邻国边境地区的贸易机构或企业之间进行的小额贸易。边境贸易包括边民互市贸易、边境小额贸易和边境地区对外经济技术合作。其中边民互市贸易指边境地区边民在边境线20公里以内、经政府批准的开放点或指定的集市上，在不超过规定的金额或者数量范围内进行的商品交换活动。

2. 国内民族贸易

国内民族贸易，指的是在中华人民共和国之内，56个民族之间进行的，基于经济和社会发展需求，根据本民族发展需要，而进行的不同民族之间的经济要素的交换活动。在社会主义市场经济条件下，国内民族贸易主要体现为不同民族地区之间包括劳动力、资源、社会等方面的商品交换活动。包括有形的资源、物产、服饰、用品、经济产品等，同时，也包括大量的非物质产品，如文学、歌曲、曲艺。随着国内市场化进程不断推进，实际上，民族之间的经济和社会交往活动，已经内隐到普通的商品经济及其商品交换活动当中。

如中国不同省份之间的经济和合作，跨区域的大型基础设施项目，全国范围的统一工程等。所以，国内民族贸易体现出的内涵和外延与社会主义条件下的商品流通和商品交换基本等同。由于经济的民族属性存在，所以，国内商品经济及商品交换，实施上也可以看作民族贸易，因此，国内民族贸易是涉及全方位、全领域立体式、高度密切的民族经济和社会交往关系。

（四）民族贸易价值分析

加快民族贸易发展，是执行党和国家民族政策的重要内容。民族贸易既是经济工作又是政治工作，扶持民族贸易发展，是党中央、国务院的一贯政策。在党和国家各项照顾政策扶持下，民族贸易为促进民族地区经济社会发展作出了重要贡献。但是，当前民族贸易工作出现了一些新情况，传统民族贸易企业业务萎缩，民族地区流通现代化进程滞后，民族特色商品生产经营发展缓慢。加快民族贸易发展，搞活民族地区商品流通，保障少数民族群众生产生活需要，维护各民族共同的根本利益。

1. 民族贸易的经济价值

（1）现实价值

加快民族贸易发展，是贯彻落实科学发展观的必然要求。由于自然和历史的因素，一些少数民族地区特别是边远山区、牧区，交通不便，信息闭塞，流通规模小，商品周转慢，市场经济不发达。目前，民族贸易工作仍是民族经济工作的薄弱环节。加快民族贸易发展，是在民族工作中贯彻落实科学发展观的必然要求，有利于促进民族地区经济发展和社会进步，有利于促进中国区域经济协调发展，进一步缩小城乡差距，有利于经济和社会公平目标实现。

（2）潜在价值

随着地区经济集团化和世界经济一体化进程逐步加快，以及中国社会主义市场经济进程逐步推进。中国民族地区逐渐成为国内民族贸易和对外民族经济交往的主要地区。中国边境地区除少数城市和口岸城镇外，绝大部分地区属于开发程度很低的民族贫困地区，然而这些地区恰恰是有着深厚文化底蕴及人文资源，同时蕴藏丰富资源的重要地区，再加上各民族共同发展进步基础上的，劳动力综合素质提升为主要动力，地缘上的劣势正在逐步成为地缘优势，成为对外开发以及民族经济交往的主要地区。动态来看，各少数民族及其所处地区极具发展潜力。

2. 民族贸易的政治价值

党中央、国务院高度重视民族贸易。新中国成立以来，党和政府为了体现中国民族地区商品物流形式的特殊性，结合各少数民族不同的社会形态，给予了一些特殊的政策扶持，逐渐形成了一整套民族贸易的政策体系。发展民族贸易，既是中国经济工作的重要内容，也是民族工作的重要任务，是党的民族政策的具体体现。中央民族工作会议强调，要完善民族贸易优惠政策，扶持民族特色产业发展。这对于满足少数民族群众生产生活需要，促进民族团结和社会稳定，促进不同民族的全方位交流，建立的坚实的政治基础。

3. 民族贸易的文化、社会价值

民族文化是民族经济交往的结晶。中国以汉文化为主线，各民族文化共同延续，文化上相互学习、借鉴、吸收，然而，文化之间又保持着相对独立的特性，各民族文化通过交互、互相促进，而文化的交流与融通必须以民族经济交往，特别是民族贸易为主要渠道和平台。民族贸易为文化的交流与传承创造了物质条件，以及交流的载体或渠道。民族贸易本身就具有民族文化的内涵和属性。民族贸易促进了民族交往，密切了民族关系。民族贸易也不断创造和衍生新的文化，只有在不同文化相互交流、互动、碰撞的过程中，民族贸易的文化价值才能彰显。民族贸易的文化价值主要体现在文化的传承、交流、创造、演进等方面。

文化的平等交流与文化互动，繁荣社会主义文化。各个民族在历史长河中，在逐步发展和变化着，其内涵与外延不断发生着变化，汉族的形成是由华夏族吸纳"蛮、夷、狄、戎"等民族，经过复杂经济和社会过程而逐步形成。另外，许多少数民族的形成，离不开汉族，如回族的族源就有汉族一支。少数民族之间的相互吸纳更是普遍现象。羌族和藏族之间，蒙古族与东乡族、保安族在族源上也有密切联系。中华民族的族体是由各个民族相互吸纳逐步演化而成，可以说，各民族你中有我，我中有你。这个过程，明显体现出民族经济交往的巨大社会价值，逐步趋同的社会经济生活，使得各民族更加紧密地团结在以一起，共同的经济和利益使得各民族内在的结合在一起，共同创造着民族共同的未来。[①]

　　综上所述，发展民族贸易能够更好地使汉族和各少数民族紧密联系在一起。民族贸易的交流是促进民族和谐的重要组成部分，是实现胡锦涛总书记提出的"不断巩固和发展平等、团结、互助、和谐的社会主义民族关系，促进各民族共同团结奋斗、共同繁荣发展"要求的具体工作，做好民族工作，实现民族和谐，为构建社会主义和谐社会奠定坚实的基础。加快民族贸易发展，是全面建设小康社会和构建社会主义和谐社会的客观需要。加快民族贸易发展，大力发展商品经济，扩大民族地区对内对外开放，有利于改善贫穷落后地区少数民族群众的生产生活条件，增加少数民族群众收入，提高少数民族群众生活水平和质量，是全面建设小康社会和构建社会主义和谐社会的客观需要。民族经济交往以民族贸易为渠道，逐步扩展，民族贸易的发展关乎各个民族自身以及民族之间的全面发展与进步，应逐步推进现代意义上的民族贸易快速发展。

---

　　① 杨建新：《中国少数民族通论》，第157－159页，北京：民族出版社，2005。

第十章
民族区域自治与少数民族经济发展

　　中国的民族区域自治是政治因素和经济因素的交互,是民族因素和区域因素的融合,也是历史和现实的接轨与结合,少数民族经济是多元因素复合而成的经济和社会系统。
　　中国是一个幅员辽阔、民族众多的国家,形成各民族相互支持、相互帮助、共同团结奋斗、共同繁荣发展的社会主义新型民族关系是国家一贯重视的大事。中国根据国情,采用的是民族区域自治,即在国家统一领导下,各少数民族聚居的地方实行区域自治,设立自治机关,行使自治权。民族平等和民族团结作为解决民族问题的政策,在中国的宪法和有关法律中得到明确规定。各少数民族完整充分的权利受到制度规范和保障。《中华人民共和国宪法》规定:"中华人民共和国各民族一律平等。国家保障各少数民族的合法权利和利益,维护和发展各民族的平等、团结、互助关系。禁止对任何民族的歧视和压迫。"

一、民族区域自治的理论根据

　　民族区域自治是在国家统一领导下,各少数民族聚居的地方设立自治机关,行使自治权,实行区域自治。民族区域自治是我们党解决民族问题的基本政策,是国家的一项基本政治制度。实行民族区域自治,体现了国家充分尊重和保障各少数民族管理本民族内部事务权利的精神,体现了国家坚持实行各民族平等、团结和共同繁荣的原则,体现了民族因素与区域因素、政治因素与经济因素、历史因素与现实因素的统一。

民族区域自治是与中国的国家利益和各民族人民的根本利益相一致的。实行民族区域自治,保障了少数民族在政治上的平等地位和平等权利,极大地满足了各少数民族积极参与国家政治生活的愿望。实行民族区域自治,既保障了少数民族当家作主的自治权利,又维护了国家的统一;实行民族区域自治,有利于把国家的方针、政策和少数民族地区的具体实际结合起来,有利于把国家的发展和少数民族的发展结合起来,统一认识,采取行动,加速民族地区的经济和社会发展,加速民族主体发展。

民族区域自治是马克思主义解决民族问题的重要理论原则。马列主义从社会发展和无产阶级利益出发,结合世界民族分布特点,以及经济的民族属性等因素,认为民族区域自治是建立现代真正民主国家的条件,是解决民族问题的正确途径。党和国家的民族政策正是依据马列主义关于民族问题的基本理论,结合中国社会历史条件,特别是结合中国民族问题的实际,产生的理论和政策体系。[①] 发展中的实践证明,民族区域自治的理论、政策及其实践是符合中国实际情况的。

马克思列宁主义认为,无产阶级在取得革命胜利以后,必须建立无产阶级专政的国家政权。这种政权可以因历史条件、阶级状况和具体国情的不同而有所不同,但走社会主义道路则是共同的。无

---

① 《中华人民共和国民族区域自治法》序言。

产阶级专政的历史任务就是利用无产阶级政权来镇压剥削者,保卫国家,促进世界各国革命的胜利;巩固无产阶级和世界群众的联盟,共同完成社会主义建设事业,为消灭阶级,过渡到共产主义社会创造条件。

为此,马克思列宁主义一贯主张坚持民主集中制,坚持建立统一而不可分的共和国,坚持建立尽可能大的国家的原则。早在1849年,马克思、恩格斯考察了德国革命以后认识到,革命活动只有在集中的条件下,才能发挥出自己的全部力量。针对德国革命,他们指出:"不仅要坚持建立统一而不可分割的德意志共和国,而且还要坚决使这个共和国的一切权利集中于国家政权掌握之下。""在德国实行最严格的中央集权制是真正革命党的任务。"① 1891年,恩格斯在《一八九一年社会民主党纲领草案批判》一文中,再次讲到德国的政权建设问题,强调无产阶级必须坚持"单一而不可分割的共和国"的原则。1913年,列宁在《关于民族问题的批评意见》中写到,"只要各个不同的民族组成统一的国家,马克思主义者决不主张实行任何联邦原则,也不主张实行任何分权制。中央集权制的大国是从中世纪的分散状态走向将来全世界社会主义的统一的一个巨大的历史步骤,除了通过这种国家(同资本主义有密切联系的国家)以外,没有也不可能有其他走向社会主义的道路","在其他条件相同的情况下,觉悟的无产阶级总是坚持建立更大的国家。它总是反对中世纪的部落制度,总是欢迎各个大地域在经济上尽可能达到紧密的团结"。②

马列主义之所以坚持以上原则,这是因为:

---

① 马克思、恩格斯:《马克思恩格斯选集》第1卷,第390页,北京:人民出版社,1972。

② 列宁:《列宁全集》第20卷,第29页,北京:人民出版社,1963。

第一，"集中统一大国"符合整个社会发展的客观要求。人类社会总是不断地由分散、孤立状态走向集中统一的。封建社会的割据、分散状态必然让位于资本主义的集中统一；资本主义的相互倾轧、无政府状态必然让位于社会主义的国际统一。建立"集中统一大国"，则是适应这一趋势的必要步骤。

第二，"集中统一大国"有利于社会主义建设。随着社会生产力的发展和生产规模的扩大，不同经济区域之间的经济联系不断加强，集中统一的大国更有利于经济的发展。

第三，"集中统一大国"有利于无产阶级的阶级斗争。在较大的国家里，无产阶级可以在比小国中更大的规模、更大的范围内组织自己的阶级力量和阶级队伍，可以得到比小国更加广阔的活动场所，使自己在同资产阶级的斗争中有更大的回旋余地。

中国共产党根据马克思列宁主义关于无产阶级专政理论，结合国内具体情况，建立了人民民主专政国家，即工人阶级领导的，以工农联盟为基础的，人民民主与对敌人专政相结合的国家政权。中国少数民族聚居区的民族区域自治政权，是人民民主专政在民族地区的具体形式，它一方面具有地方国家机关的职权，另一方面又有民族自治地方的自治权。民族区域自治实质上是广大少数民族人民的自治，是占少数民族人口大多数的工人、农民、牧民和其他劳动人民享有的民主权利。因此，无产阶级专政理论是中国民族区域自治理论的基础。

马克思主义认为，民族平等是无产阶级解决民族问题的根本原则。民族平等的口号，最初由资产阶级提出来，在反对封建主义的革命斗争中起过一定的积极作用。但是，资产阶级在个人平等的名义下，宣布本来极不平等的有产者和无产者，剥削者和被剥削者之间的形式上或法律上的平等，完全是欺骗被压迫阶级的手段。无产阶级主张的"民族平等"和资产阶级主张的"民族平等"有本质的区别，它必须建立在消灭剥削、消灭阶级的基础之上，即"人对人的剥削一消灭，民族对民族的剥削就会随之消灭。民族内部的阶级对立一消灭，民族之间的敌对关系就会随之消失"。

马克思主义主张，一切民族都有自己的长处，民族只有大小之分，绝无优劣之别，每个民族一律平等。绝不能说这个民族是优越的，那个民族是劣等的，这种想法是完全错误的种族主义的想法。其实所有的民族都是优秀的、勤劳的、有智慧的，只要给他们发展的机会；所有的民族都是勇敢的、有力量的，只要给他们锻炼的机会。

民族区域自治是实现民族平等原则的最好形式，是民族平等的重要标志。民族区域自治充分体现了各少数民族在国家中的平等地位，保障各少数民族在政治、经济、文化、语言及风俗习惯、宗教信仰等方面的平等，使少数民族不仅具有同汉族相同的平等权利，而且有保护自己的利益、解决其特殊问题的权利。

马克思、恩格斯在一些著作中早就论述了国家统一和民族自治、中央集权和地方分权的关系问题，认为地方的和省区的自治并不与政治和民族的中央集权制相抵触，也不一定与狭义的县区的或乡镇的利己主义联系在一起，而由人民选举的地方自治机关是革命的最强有力的杠杆。列宁在新的历史条件下，进一步把地方自治看做是真正民主国家的前提，同时，还把自治问题和民族问题直接联系起来，并把民族的区域自治作为无产阶级在国家建设和政权建设问题上解决民族问题的一般普遍原则，论述了在多民族国家实行民族区域自治的必要性。指出："民主集中制不仅不排斥地方自治和具有特殊的经济和生活条件、特殊的民族成分等的区域自治，相反的，它必须既要求地方自治,也要求区域自治。"① 而且,"非常明显,如果不保证每一个在经济和生活上具有比较大的特点以及具有特殊的民族成分等的区域享受这种自治,那就不可能设想有现代的真正的民主的国家。"② 同时,"建立拥有完整的、统一的民族成分的自治州,哪怕是最小的自治州,对于消灭任何民族压迫都有极其重要的意义"。③

斯大林进一步指出:"正确解决问题的唯一办法就是区域自治……区域自治的优点首先在于实行的时候所遇到的不是没有地域的空中楼阁,而是居住于一定地域上的一定居民。其次,区域自治不是把人们按民族划分的,不是巩固民族壁垒的,相反的,是打破这种壁垒,把居民统一起来,以便为实现另一种划分即按阶级划分开辟道路的。最后,它使大家不必等待总的中央机关决议而能最适当地利用本地区天然富源并发展生产力……总之,区域自治是解决民族问题的一个必要条件。"④

从列宁、斯大林关于民族区域自治的论述可以看出:

第一,民族区域自治的实施,只有在无产阶级取得革命斗争的胜利,建立无产阶级专政政权和社会主义制度以后,才有可能。

第二,民族区域自治是无产阶级解决民族问题的一个重要条件,是社会主义国家解决民族问题的一般普遍原则。

第三,民族区域自治是社会主义国家民主的重要标志。如果少

---

① 列宁:《列宁全集》第 20 卷,第 29 - 30 页,北京:人民出版社,1963。
② 列宁:《列宁全集》第 20 卷,第 30 - 31 页,北京:人民出版社,1963。
③ 列宁:《列宁全集》第 20 卷,第 33 页,北京:人民出版社,1963。
④ 斯大林:《斯大林全集》第 2 卷,第 353 - 354 页,北京:人民出版社,1955。

数民族不能实行民族区域自治，就不能建立起真正民主的国家。

民族区域自治是实现马列主义民族平等原则的重要形式，对于消灭民族压迫具有重要意义。民族区域自治本质上是占少数民族的绝大多数的工人、农民的自治。民族区域自治的目的是使少数民族人民自己管理自己的事务。

二、中国实行民族区域自治的条件

在中国，对少数民族的管理，只能采用民族区域自治的形式，这是由中国的历史条件和现实国情形成的。

回眸历史，各民族都在自己的区域内，通过对各自区域的开发，各个少数民族根据所处区域的特点，选择了适合本民族发展的具有民族属性的经济和社会发展模式。然而，各少数民族面临的不利的外部环境，却是各民族发展经济和社会所面临的具有共性的问题。在中国，少数民族聚居的地区，大多数地理环境恶劣，生活资料匮乏，生产生活条件极端艰苦，与外界隔绝、信息闭塞，文化意识形态基本处于停滞状态。然而，在这样的条件下，各少数民族都在自己的区域内发展特有的民族经济模式，创造各具特色的经济和社会生活，创造着独具魅力的民族文化。北方民族开发了草原，拓展了游牧畜牧业经济；东北地区各民族在极端严寒的气候条件下，开发了白山黑水广大地区，发展了渔业、狩猎、牧业、农业以及其他类型的经济模式。东南、西南各少数民族，适应和改造各种复杂地理条件，在空气稀薄的世界屋脊、莽莽密林、高原丘陵、热带雨林开发出了独具特色的民族发展模式及其经济社会形式。在祖国西北边陲，各民族选择了绿洲农业、牧业、独具特色的手工业，以及商业经济等一种或多种发展模式。

各民族经济的地域特征鲜明，同时，各民族选择的生存和发展的方式，都是各少数民族结合特定内外部条件，自主作出的选择。原有的经济发展模式具有很大程度的独立性，同时也具有历史传承的特征。可以说，各自的经济发展模式是集少数民族的自主性、区域自然地理气候条件、民族经济的主体性于一身的有机区域经济、社会与自然系统。同时，该系统具有稳定性，是各少数民族世代延续的生产和生活方式，民族区域自治政策真正契合了这种经济发展的历史传承特征，同时，赋予了先进社会制度，现代社会的发展内涵，实施的民族区域自治制度符合少数民族发展的过去、现在和未来，符合少数民族自主发展本民族经济、社会、民族成员的多元要求。

民族区域自治制度是对中国政治历史文化传统的维系，是对自然的尊重与接受，同时也是对民族关系总体上密切、和谐趋势的遵循。几千年来，各民族共同发展，形成了汉族为主流，各民族文化相互吸收，族体相互融合，丰富的民族关系模式及其经济交往方式；形成了民族关系不断密切，相互交叉，相互吸纳、各具特点，共同发展的独特历史传统，百花齐放的发展局面，以及内容丰富、程度深化的民族经济社会交往模式。政治机构、政治体制、法律制度体系，社会组织的基本特征、基本格局、基本内容构造，统一的多民族国家对少数民族的基本政策、方针及具体方式方法的持续性，以及各民族重视统一、追求统一的意识流等，这些宝贵的财富都是长期民族经济发展、各民族之间交流、民族关系沉淀形成的财富，并逐步内化为各民族共有的价值观和社会主流意识形态，也是中国各民族长期民族交往过程中形成的共识，表达了各民族利益的一致性。民族共同意识的传承是民族区域自治制度的顺畅推行和效果快速显现的内在动因，民族区域自治制度的顺利推行，民族关系的和谐，水到而渠成。

统一的中央集权国家的长期存在是实行民族区域自治的条件。

中国自古以来就是一个统一的多民族国家，在历史长河中，虽有分有合，但统一的多民族的中央集权制国家的发展趋势始终没有改变。如中原封建王朝多数是以汉族统治阶级为主体，但也有以蒙古族和以满族统治者为中心建立的元朝和清朝政权，还有某些少数民族建立的地方政权，如鲜卑族建立的北魏、契丹族建立的辽、女真族建立的金、白族建立的南诏国、西藏的吐蕃等。这些地方政权，或者当时就承认中央政府的主权，或者随后即加入封建王朝的版图，成为统一国家的一部分。总的来讲，中国历史上分裂时间短些，统一时间长些。

自秦王朝起中国就是一个中央集权的国家，直到近代，也没有出现过联邦制的国家结构。虽然在近代历史上曾经有过地方自治，但仍不是完全独立的，而是服从或者承认中央政府管辖权的。在历史上，封建统治阶级对少数民族人民的统治，多采用任用少数民族统治者如土司、土官、王公等来进行；中央对少数民族地区进行减征或免征赋税徭役；在承认中央管辖权的前提下，少数民族事务由中央任命的少数民族首领管理。各个王朝都采用这种"以夷制夷"的统治方式，给予少数民族许多管理特权。但无论特权有多大，都必须以承认中央政府的管辖权为前提。

总之，历史上分裂与统一的局面是交替出现的。凡是统一的时期，国力强盛、民族团结、人民生活安定；在分裂时期，国力衰败、民族纷争、人民困苦。因此，国家的统一，有利于国家的进步和各民族的发展。全国解放后，中国仍然保留了单一制国家，保持了国家的统一，这符合中国历史传统，也符合各民族人民的利益。

在长期的历史发展中，中国各个民族经历了频繁的迁徙流动，形成了既有聚居又有杂居、散居，既有大聚居又有小聚居的复杂状况。在全国形成了以汉族为主体的各民族的大杂居、小聚居的分布格局。比如西藏是中国藏族的重要聚居区。但是，一方面，居住于西藏的除藏族外，还有门巴、珞巴等其他少数民族；另一方面，居住在西藏的藏民也只是整个藏族的一部分，其他藏族人民有的在青海，有的在四川，有的在甘肃。中国只有实行民族区域自治，在各少数民族聚居区建立与其经济、政治条件相称的不同规模的自治地方，才能适应中国民族分布的特点和最大限度地满足少数民族人民的各种要求。

近代中国的社会性质属于半殖民地半封建社会，各族人民处于被压迫、被剥削的地位。虽然国内仍存在民族压迫制度，但在帝国主义侵略面前，国内民族矛盾已成为次要矛盾，反对帝国主义的殖民统治已成为中国近代社会的主要矛盾。为此，国内各族人民在民族危亡的关键时刻，结成了同生死、共命运的关系。

在中国共产党领导的新民主主义革命时期，各少数民族人民同汉族人民一道进行了英勇、顽强的斗争。少数民族地区开展了武装斗争，建立了革命根据地，成为中国革命不可或缺的组成部分。在共同的革命斗争中，不但建立了工人阶级同农民以及小资产阶级的革命联盟，也使中国各族人民进一步团结起来，结成了兄弟般的情谊。

中国革命的胜利，是中国各族人民共同斗争的结果。因此，新中国建立后，不能把在革命斗争中形成的各民族大团结分开。总之，在统一的多民族国家内，采取民族区域自治的形式解决民族问题，是长期的革命斗争发展的必然结果。

实现各民族的共同繁荣，是我们进行社会主义建设的目标。但是，中国资源分布极不平衡，并且经济发展状况与资源分布状况严重错位，东部地区是中国经济水平发展较高的地区，资源却异常贫乏，而西部民族地区经济发展相对较慢，资源却十分丰富。在这种情况下，少数民族地区进行经济建设，需要东部汉族地区在资金、技术、人力等方面给予帮助，需要国家的财政扶持；东部汉族分布地区乃至中国的经济建设事业，也急需开发少数民族地区的资源。因此，实现中国各民族共同繁荣的目标，不仅需要各民族的共同努力，还需要各民族地区之间、民族地区与汉族地区之间的合作和相互支持。为了更好地实现这种合作与支持，在中央集权之下实行民族区域自治是必要的。

在中国，汉族人口占绝大多数，政治、经济、文化发展水平较其他少数民族要高，工人阶级也主要产生在汉族当中。而各个少数民族由于经济发展落后，资本主义因素积累较少，绝大部分民族处于前资本主义各发展阶段，产业工人很少。因此，中国革命运动首先在汉族地区展开，然后逐步波及到少数民族地区。在中国革命运动过程中，中国共产党组织吸纳了汉族和少数民族中的先进分子，成为中国革命的核心力量。因此，中国共产党的领导，为中国实行民族区域自治准备了大批干部，提供了必要条件。

在处理国内民族问题方面，中国共产党接受和探索着马列主义在解决民族问题方面的主张。中国共产党成立之初，其中国革命和社会的认识视野尚未及于民族问题。因此，在中共"一大"党章里并没有关于中国民族问题的论述。到了"二大"的时候，中国共产党才提出了解决国内民族问题的主张。这当然不是中共已意识到了民族问题的重要性，而是完全源于共产国际的影响。中国共产党此时确立的解决中国民族问题的主张，集中表现为强调"民族自决"，"建立中华联邦共和国"。这显然带有苏联模式的痕迹，同时也是中国共产党尚处于幼年时期，对中国历史和国内民族情况的认知有限所致。随着革命实践不断深入，中国共产党逐渐扩大了在中国民族问题上的认知视野，提高了在这一问题上的认识层次，意识到了坚持"民族自决"可能导致的民族分裂的危险，尤其是在抗日战争时期，中国共产党亲历了日本帝国主义扶植傀儡政权，策划内蒙古独立的图谋。因此，随着革命形势的变化，中国共产党开始调整自己在民族问题上的纲领，不再强调"民族自决"和"独立自治"。取而代之的是主张民族区域自治的思想，毫无疑问在理念上实现了重大突破，也是认识上的巨大飞跃。

"正确解决问题的唯一办法就是区域自治，区域自治不是把人们按民族划分的，不是巩固民族壁垒的，相反的，是打破这种壁垒，把居民统一起来，以便为实现另一种划分即按阶级划分开辟道路的。区域自治是解决民族问题的一个必要条件。"这样，民族区域自治的地位和作用就得以明确。在少数民族地区革命和建设过程中，民族区域自治制度是制度保障，是民族经济和社会得以顺利发展，以及改革实践得以推行的必要条件。它创设了一种外部环境，使得各个少数民族在这一制度框架内，放手发展生产，发挥建设家园的自主性和积极性。真正能够推动民族地区经济和社会发展的是少数民族经济主体在素质和意识上的全面发展，这才是根本，是充分条件。

新中国成立 60 年，特别是改革开放 30 年来，中国的民族区域自治制度巩固了中华民族多元一体的基本格局，保证了中华民族大家庭的根本利益，促进了 56 个民族和睦相处。各民族和衷共济、和谐发展，维护了中国安定团结和繁荣发展的良好局面。60 年的实践充分证明，中国的民族区域自治制度具有巨大优越性和旺盛生命力。这是中国共产党对世界和平发展的贡献，是中华民族对人类解决民族问题的贡献。

三、民族区域自治的基本内容和实践历程

民族区域自治理论，是中国民族理论的重要组成部分，是马克思列宁主义民族理论在中国的应用和发展，也是中国制定民族区域自治政策的理论基础和指导思想。中国的民族区域自治制度有如下两个显著的特色：一是中国的民族区域自治，是在国家统一领导下

的自治，各民族自治地方都是中国不可分离的部分，各民族自治地方的自治机关都是中央政府领导下的一级地方政权，都必须服从中央集中统一的领导。上级国家机关在制定各项政策和计划、进行国家经济文化建设时，必须充分考虑各民族自治地方的具体情况和需要，动员各方面的力量予以帮助和支持。二是中国的民族区域自治，不只是单纯的民族自治或地方自治，而是民族因素与区域因素的结合，是政治因素和经济因素的结合。在中国，实行民族区域自治，既要有利于国家统一、社会稳定和民族团结，又要有利于实行自治的民族的发展和进步，有利于国家的建设。中国民族区域自治理论的基本内容包括：

第一，社会主义多民族国家的结构形式问题同民族问题密切相关。

国家结构形式是解决民族问题的一种手段，因此，无产阶级在夺取政权以后，在决定国家结构形式的时候，不仅要考虑到无产阶级的利益，同时还要考虑到国内的民族关系和历史情况。特别是，由于民族平等联合是马克思主义解决民族问题的根本原则，在无产阶级取得政权以后，应当实现各民族在平等基础上的自由联合，由于各国具体情况有差别，各个国家实现民族平等联合的具体道路和具体形式必然有差别。社会主义国家解决国内民族问题的具体形式有两种，一种是在平等的基础上建立单一制的统一国家；一种是先建立民族国家，然后建立联邦制国家。

在相同条件下，马克思主义主张建立集中统一的大国，原则上反对联邦制和分立制，只有在特定条件下，即因为国内民族关系的特点不允许建立单一制国家时，才能建立联邦制国家。这是因为，单一制的集中统一国家，可以更好地实现各民族的平等联合，加强民族间的平等合作，有利于无产阶级和其他劳动人民完成自己的历史任务，促进社会主义事业的发展和民族的共同繁荣。

第二，走各民族在一切权利平等的基础上建立统一的人民共和国的道路。

从中国的具体条件出发，实现中国各民族平等联合必须走各民族在一切权利平等的基础上建立统一的人民共和国的道路，而不能走民族分立和建立独立的民族国家的道路。

第三，民族自治地方是国家不可分离的部分。

中国民族区域自治是在中华人民共和国领土范围内，各个聚居的少数民族，以其聚居区为基础，建立民族自治地方。这是在国家的统一领导下，根据民族平等的原则，聚居的少数民族实行的自治，而不是独立自治。每个民族自治地方都是国家不可分离的部分，服从中央集中统一的领导，执行统一的宪法和法律。

民族区域自治是民族自治与区域自治的正确结合，是经济因素与政治因素的结合。实行民族区域自治的不仅应当是聚居的少数民族，同时还要有一定的聚居区域，两者的有机结合才构成民族区域自治。关于经济因素与政治因素的结合，体现在聚居的少数民族作为一个政治单位实行自治，同时民族自治地方区域的划分，既有利于实行自治民族的发展，也有利于其他民族的发展，把政治因素和经济因素紧密结合在一起，形成在政治上可以成为一级行政单位，在经济上可以成为发展的单位，这是中国民族区域自治的重要特点。

根据少数民族聚居区的人口与地域范围，分别设置自治区、自治州、自治县。同时，根据民族聚居情况的不同，既可建立单一民族的民族自治地方，也可以建立多个民族的民族自治地方。各民族自治地方设立自治机关，行使自治权，保证少数民族处理本民族事务的自主权利，其实质是在国家集中统一领导下，充分保证少数民族的自治权，保护少数民族的特殊利益。

第四，民族区域自治的核心是自治权利。

实行民族区域自治，就是要保障少数民族处理其内部事务的权利,即保障其自治权。自治权利实质上是国家赋予民族自治地方的自治机关根据法律规定的权限解决少数民族特殊问题的权力。自治机关行使自治权,既要保证国家的统一领导,又要有利于民族自治地方的社会主义建设事业,充分发挥少数民族人民的积极性和主动性。

自治机关民族化是保证自治权利行使的一个重要环节。自治机关民族化主要包括自治机关干部民族化和使用民族语言文字两个方面。自治机关干部民族化是实现自治权利的关键。只有实现自治机关民族化,才能更好地完成区域自治的历史任务,自治机关干部民族化就是自治机关以实行自治的民族干部为主组成。使用民族语言文字也是自治机关民族化的重要方面和民族权利的体现。

民族区域自治的实行取得显著成效,少数民族当家作主的权利得到切实尊重和保障。新中国成立后,党和国家通过消除历史遗留的民族歧视的一切有形痕迹、开展民族识别、确认民族成分、建立民族自治地方等,使少数民族以中华民族大家庭的平等一员身份登上历史舞台,成为共和国的真正主人。目前,中国已建立5个自治区、30个自治州、120个自治县(旗)。55个少数民族中,有44个民族实行了区域自治,实行区域自治的少数民族人口占少数民族总人口的71%,民族自治地方面积占全国总面积的64%。而且,各民族自治地方合理配备实行区域自治的民族和其他少数民族的人员,切实保障自治机关内各民族的代表性。国家还采取多项措施,大力培养少数民族各级干部和各类人才,少数民族干部和专业人才队伍的数量已由新中国初期的3万人发展到现在的290多万人,其中专业技术人才占到一半以上,少数民族管理本民族事务的能力不断提高。

第五,民族区域自治是中国人民民主专政在民族地区的具体形式。

民族区域自治政权是以工人阶级为领导、以工农联盟为基础,对人民实行民主，对敌人实行专政的人民民主专政即无产阶级专政的政权，这与国内一般政权机关也无差别。但是，由于历史条件的不同，"人民"、"敌人"这两个概念的内涵和外延都是变化的，因此，民族自治地方革命运动和经济建设过程中，必须采取某些特殊的政策。

第六，正确估计阶级、阶级斗争，认识阶级问题与民族问题的区别，对于保证民族区域自治的健康发展具有重要意义。

马列主义认为，民族问题和阶级问题是两个不同性质的问题，各有其发生、发展、消亡的规律，二者不能混淆。民族问题在不同的历史时期有不同的内容、性质和任务。因此，在考察民族问题和阶级问题的关系时，必须具体地、历史地分析。在阶级社会里，民族问题的实质是阶级问题；在中国社会主义建设时期，民族问题的实质就是要发展少数民族社会生产力，改善人民生活，促进民族团结，实现各民族的共同繁荣。

第七，民族区域自治必须坚持走社会主义道路。

社会主义是中国各民族人民共同选择的道路，是民族区域自治必须坚持的基本原则。没有社会主义，各民族就不能摆脱贫穷和落后，走向繁荣和富强。但是，各个民族走向社会主义道路的方式由于具体情况和历史条件的不同而有所不同。如，中国许多少数民族地方解放前夕社会生产力发展水平极低，在走向社会主义的过程中，必须首先完成民主改革的任务。

第八，民族区域自治的根本目的是各民族共同发展和共同繁荣。

各民族的共同发展和共同繁荣是中国民族政策的根本目的，也是民族区域自治的一项重要而艰巨的任务。民族的共同繁荣，包括经济、文化、科学、技术、语言文字和人口素质等方面都达到较高水平。它是各族人民的共同愿望，也是社会主义基本经济规律的要求。

马克思主义认为，民族问题将在今后相当长的一段时间内存在，相应地，解决民族问题的根本政治制度，即民族区域自治必将长期存在。对此，我们必须有清醒的认识。

中国共产党把民族区域自治作为解决国内民族问题的基本政策以后，1947年5月首先在蒙古族地区建立了内蒙古自治区，这是中国建立的第一个民族自治地方。1949年9月通过的《中国人民政治协商会议共同纲领》接受了这一政策，明确指出：各少数民族聚居的地区，应实行民族的区域自治，按照民族聚居的人口多少和区域大小，分别建立各民族自治机关。凡各民族杂居的地方及民族自治区内，各民族在这些政权机关中均应有相当名额的代表。以后的各部宪法都明确规定，民族区域自治为新中国的一项基本政治制度。

1952年8月，中央人民政府批准了国家民族事务委员会草拟的《中华人民共和国民族区域自治实施纲要》，《纲要》规定：各民族自治区都为中华人民共和国领土不可分割的部分；各民族自治区的自治机关为中央人民政府统一领导下的一级地方政权，并受上级人民政府的领导；各民族自治区自治机关的权限是管理本地区和本民族的内部事务；此外，还对自治机关的自治形式、语言文字的使用、少数民族干部的培养、民族自治地方的经济建设、教育发展等作了相应的规定。《纲领》的颁布标志着中国民族区域自治走上了法制化、规范化的道路。截至1958年，先后设立新疆、广西、宁夏3个自治区、28个自治州和53个自治县。"文革"期间，由于众所周知的原因，民族区域自治制度遭到了严重破坏。

1984年5月，颁布了《中华人民共和国民族区域自治法》，它是中国民族区域自治法制建设的一个重要成果，是在实施民族区域自治以来的民族立法经验和充分考虑中国少数民族具体情况的基础上制定的，是一部关于民族工作方面仅次于宪法的基本法。它的颁布标志着中国民族工作基本上进入了有法可依的状态。

四、民族区域自治是少数民族经济发展的政治保障

实施民族区域自治以来，中国民族地区社会稳定、经济发展，事实说明：民族区域自治是少数民族经济发展的政治保障。

中国民族理论与民族政策的核心是民族平等和民族团结。民族平等是指各民族不论人口多少，经济社会发展程度高低，风俗习惯和宗教信仰异同，都是中华民族的一部分，具有同等的地位，在国家和社会生活的一切方面，依法享有相同的权利，履行相同的义务，反对一切形式的民族压迫和民族歧视。而民族团结是指各民族在社会生活和交往中的和睦、友好和互助、联合的关系。民族团结要求在反对民族压迫和民族歧视的基础上，维护和促进各民族之间和民族内部的团结，各民族人民齐心协力，共同促进国家的发展繁荣，反对民族分裂，维护国家统一。中国政府历来认为，民族平等是民族团结的前提和基础，没有民族平等，就不会实现民族团结；民族团结则是民族平等的必然结果，是促进各民族真正平等的保障。民族区域自治进一步巩固了民族平等和民族团结。

第一，各民族平等参与国家事务的管理。在中国，各少数民族与汉族都以平等的地位参与国家大事和各级地方事务的管理，而且少数民族参与行使管理国家的权利受到特殊保障。在中国的最高权力机关全国人民代表大会的选举中，充分反映了对少数民族权利的尊重。中国各少数民族都依据《中华人民共和国全国人民代表大会和地方各级人民代表大会选举法》的规定，选出代表本民族的全国人民代表大会代表，人口特别少的民族，即使达不到规定的产生一名代表的人数，至少也有一名代表。从1954年第一届全国人民代表大会至今，历届全国人民代表大会中，少数民族代表在全国人民代表大会代表中所占名额的比例，均高于同期在全国人口中所占的

比例。

在地方各级人民代表大会中,少数民族聚居的地方,每一聚居的少数民族都有代表参加当地的人民代表大会。散居的少数民族也参加选举代表本民族的当地人民代表大会的代表,而且每一代表所代表的人口数可以少于当地人民代表大会每一代表所代表的人口数。

民族自治地方的建立只限定于少数民族聚居地区;自治地方的行政级别跟其他非自治地方一样,只是名称上有所不同,分别为自治区、自治州、自治县三级,相当于非自治地方的省、市、县三级;民族自治地方的名称,一般按照地方名称、民族名称、行政地位的顺序组成,如内蒙古自治区、凉山彝族自治州、昌江黎族自治县等;民族自治地方的建立、区域界线的划分、名称的组成,由上级国家机关会同有关地方的国家机关,和有关民族的代表充分协商拟定,按照法律规定的程序报请批准。

第二,反对任何形式的民族歧视和压迫。旧中国在民族歧视和民族压迫制度下,许多少数民族没有平等的、准确的称谓,有些少数民族地区的地名也带有民族歧视和压迫的含义。中华人民共和国成立以后,中央人民政府采取措施,于1951年发布了《关于处理带有歧视或侮辱少数民族性质的称谓、地名、碑碣、匾联的指示》,废除了带有侮辱性的称谓、地名等。有的少数民族称谓虽然没有侮辱性的含义,也根据少数民族自己的意愿进行了更改。

第三,尊重和保护少数民族宗教信仰自由。中国是一个有着多种宗教信仰的国家,主要有佛教、道教、伊斯兰教、天主教、基督教等。中国少数民族群众大多有宗教信仰,有的民族群众性地信仰某种宗教,如藏族群众信仰藏传佛教。中国政府根据《中华人民共和国宪法》关于公民有宗教信仰自由的规定,制定了具体政策,尊重和保护少数民族的宗教信仰自由,保障少数民族公民一切正常的宗教活动。在中国,不论是信仰藏传佛教的藏、蒙古、土、裕固、门巴等民族的群众,还是信仰伊斯兰教的回、维吾尔、哈萨克、东乡、撒拉、保安、柯尔克孜、塔吉克、乌孜别克、塔塔尔等民族的群众,以及部分信仰基督教的苗、瑶等民族的群众,他们正常的宗教活动都受到法律的保护。

第四,使用和发展少数民族语言文字。中国各民族都有使用和发展自己语言文字的自由和权利。国家在五十年代组织人员对少数民族语言文字情况进行了全面调查,建立专门的民族语文工作机构和研究机构,培养民族语文专门人才,帮助少数民族创制、改进或改革文字,推进少数民族语文在各个领域中的运用。

民族区域自治确立了民族自治地方的经济自主权。《中华人民共和国民族区域自治法》规定,上级国家机关保障民族自治地方的自治机关行使自治权。具体内容包括:

(一)**自主管理本民族、本地区的内部事务**。民族自治地方各族人民行使宪法和法律赋予的选举权和被选举权,通过选出人民代表大会代表,组成自治机关,行使管理本民族、本地区内部事务的民主权利。中国155个民族自治地方的人民代表大会常务委员会中都有实行区域自治的民族的公民担任主任或者副主任,自治区主席、自治州州长、自治县县长全部由实行区域自治的少数民族公民担任。

同时,各少数民族还通过选出本民族的全国人民代表大会代表,行使管理国家事务的权利。自第一届全国人民代表大会以来,历届全国人民代表大会少数民族代表的比例都高于少数民族人口的比例。

(二)**享有制定自治条例和单行条例的权力**。《民族区域自治法》规定:"民族自治地方的人民代表大会除享有一般地方国家权力机关的权力外,还有权依照当地民族的政治、经济和文化的特点,制定自治条例和单行条例"。《中华人民共和国立法法》规定:"自治条例和单行条例可以依照当地民族的特点,对法律和行政法规的规定作出变通规定","自治条例和单行条例依法对法律、行政法规、地方性法规作变通规定的，在本自治地方适用自治条例和单行条例的规定"。《民族区域自治法》还规定："上级国家机关的决议、决定、命令和指示，如有不适合民族自治地方实际情况的，自治机关可以报经该上级国家机关批准，变通执行或停止执行。"

（三）**自主安排、管理、发展经济建设事业**。民族自治地方的自治机关根据法律规定和本地方经济发展的特点，合理调整生产关系和经济结构；在国家计划的指导下，根据本地方的财力、物力和其他具体条件，自主地安排地方基本建设项目；自主地管理隶属于本地方的企业、事业。民族自治地方依照国家规定，可以开展对外经济贸易活动，经国务院批准，可以开辟对外贸易口岸；民族自治地方在对外经济贸易活动中，享受国家的优惠政策。根据国家的国民经济和社会发展的总体规划，各民族自治地方结合实际，都制定了经济社会发展的规划、目标和措施。

民族自治地方的自治机关保护和改善生活环境和生态环境，防治污染和其他公害。根据法律规定，确定本地方内草场和森林的所有权和使用权。依法管理和保护本地方的自然资源；根据法律规定和国家的统一规划，对可以由本地方开发的自然资源，优先合理开发利用。例如，四川阿坝藏族羌族自治州充分发挥世界自然遗产九寨沟、黄龙的优势，把旅游资源转换为旅游产业，在保护中开发，在开发中保护。

（四）**自主发展教育、科技、文化等社会事业**。民族自治地方的自治机关根据国家的教育方针，依照法律的规定，决定本地方的教育规划，各级各类学校的设置、学制、办学形式、教学内容、教学用语和招生办法。在少数民族牧区和经济困难、居住分散的少数民族山区，设立以寄宿为主和助学金为主的公办民族小学和民族中学，保障就读学生完成义务教育阶段的学业。招收少数民族学生为主的学校（班级）和其他教育机构，有条件的应当采用少数民族文字的课本,并用少数民族语言讲课;根据不同情况从小学低年级或者高年级起开设汉语文课程,推广全国通用的普通话和规范汉字。

民族区域自治制度确立了国家对民族自治地方的帮助义务。《中华人民共和国民族区域自治法》进一步把上级国家机关支持、帮助民族自治地方加快发展,明确规定为一项法律义务。为贯彻落实《民族区域自治法》的规定,采取了一系列举措。

民族区域自治提高了民族自治地方劳动者的素质技能。劳动者素质技能的提高对于民族自治地方经济发展具有重要作用。《民族区域自治法》规定:民族自治地方的自治机关根据国家的教育方针,依照法律规定,决定本地方的教育规划,各级各类学校的设置、学制、办学形式、教学内容、教学用语和招生办法;自主地发展民族教育、扫除文盲,举办各类学校,普及初等义务教育,发展中等教育;举办民族师范学校、民族中等专业学校、民族职业学校和民族学院,培养少数民族专业人才;可以为少数民族牧区和经济困难、居住分散的少数民族山区,设立以寄宿为主的公办民族小学和民族中学。在少数民族地区教育发展中,尤其注重民族干部的培养。

实践证明,坚持实行民族区域自治,必须切实保障民族自治地方根据本地实际情况贯彻执行国家的法律和政策;必须大量培养少数民族的各级干部、各种专业人才和技术工人;民族自治地方必须发扬自力更生、艰苦奋斗精神,自主发展少数民族经济社会;国家根据国民经济和社会发展计划,扶助民族自治地方加速发展进程。

民族区域自治是以领土完整、国家统一为前提和基础。民族自治地方的各族人民和其他各族人民携起手来,在中国共产党的领导下,在马克思列宁主义、毛泽东思想、邓小平理论的指引下,坚持人民民主专政,坚持改革开放,沿着建设有中国特色社会主义的道路,集中力量进行社会主义现代化建设,发展社会主义市场经济,加强社会主义民主与法制建设,加强社会主义精神文明建设,加速民族自治地方经济、文化的发展，建设团结、繁荣的民族自治地方，为各民族的共同繁荣不懈努力。

五、民族区域自治制度下的少数民族经济

民族区域自治制度不断发展完善，地位和作用不断巩固和加强。1949年，《共同纲领》确立民族区域自治为中国解决民族问题的一项基本政策。1952年，《民族区域自治实施纲要》发布，民族区域自治开始全面推行。1954年，中华人民共和国第一部宪法颁布，明确了民族区域自治的法律地位。1984年，《民族区域自治法》颁布实施，进一步以法律的形式把民族区域自治政策固定了下来，使民族区域自治进入法制化轨道。1997年党的十五大以来，民族区域自治制度被确立为中国必须长期坚持的一项基本政治制度。2001年，新修订的《民族区域自治法》颁布实施。2005年，国务院颁布《实施〈中华人民共和国民族区域自治法〉若干规定》。2007年，党的十七大强调，坚持中国特色社会主义政治发展道路，不断推进社会主义政治制度自我完善与发展，必须坚持和完善民族区域自治制度。

中国实行民族区域自治，是科学发展观在少数民族地区的具体运用和实践。确立实行民族区域自治，是党和国家针对中国少数民族地区经济社会发展状况和特点作出的正确选择，贯彻了因地制宜、统筹兼顾的科学发展理念。国家在建立民族自治地方时，统筹考虑比较各地少数民族聚居的人口多少、区域界线、地理环境、资源分布、经济结构等各种因素，合理确定各自治地方的区域，为自治地方经济社会发展和区域协调发展创造了良好条件。同时，国家赋予民族自治地方在经济社会发展中一系列自主权利，有助于民族自治地方采取适合本民族本地区实际的发展方式，更好地推进经济和各项社会事业的全面发展。而且，中国的民族区域自治通过国家帮助、

发达地区支援与民族地区自力更生相结合的方式,既努力缩小民族地区与发达地区的发展差距,又努力缩小民族地区内部的发展差距,使得少数民族平等完全地享受现代文明成果,在发展民族经济和社会的同时,发展了本民族成员的整体素质,人的发展才是根本。

(一)民族区域自治与少数民族经济发展的契合

首先,经济发展自主权与少数民族经济发展的民族主体性。民族区域自治制度创建了一个各少数民族自主发展、自主管理、自主建设本民族经济社会的框架体系,同时也刚性规定了各少数民族在发展过程中,享有的权利和必须履行的义务。总体来看,民族区域自治,激发了少数民族发展本民族经济的自主性和积极性。所谓民族经济发展的民族主体性,是指发展少数民族经济的核心力量是各民族有意识的劳动者。[①] 其中意识主要体现为各民族的阶级意识、民族意识、发展意识。社会主义制度下,各民族劳动者,也需要具备这样的基本意识。以此为内在素质,才能为少数民族经济和社会发展作出应有贡献。因此,民族经济发展的主体性,为少数民族经济与发展的自主权的掌控和实现奠定了社会、自然、经济等方面的基础。同时,民族经济主体是掌控和把握民族自治权利的实体。民族经济主体及其完善的权利体系,以及掌控和发挥权利的能力共同构成了少数民族经济和社会发展的基石。

第二,民族共同繁荣与少数民族经济发展的全局一体性。各民族共同繁荣既是民族经济发展的目的,同时也是民族区域自治制度的原则。这一目的或原则,是社会主义共同富裕本质在民族问题及其制度层面的具体化,并且统率着民族经济发展。少数民族经济与社会发展是各个民族共同利益所在。多元一体格局依然是目前民族分布及民族关系的基本态势,在发展过程中,各民族族体上相互吸

---

① 刘永佶:《民族经济学》,第1页,北京:中国经济出版社,2007。

纳，生产生活方式不断趋同，经济和文化生活上共享等因素，使得民族发展的问题不再是国内某一民族的问题，少数民族经济和社会的发展状况与其他民族休戚相关，更关系到全民族的整体利益，部分依赖总体，总体由部分组成，少数民族经济和社会发展与中华民族的整体利益密切相关。

第三，民族区域自治制度与少数民族经济发展的领导组织体系契合。同非自治地方一样，民族自治地方的自治机关是该级人民代表大会和人民政府。民族自治地方人民政府的工作权限和方式也与非自治地方无异，都要求对本级人民代表大会和上一级国家行政机关负责并报告工作，在本级人民代表大会闭会期间，对本级人民代表大会常务委员会负责并报告工作。这说明民族区域自治制度与组织形式上在人民代表大会制度本质上是一致的。

（二）民族区域自治制度促进了少数民族经济发展

在社会主义市场经济条件下，民族经济发展将集中于发展效率的竞争，民族的发展将以各民族经济主体自身素质提升为根基，民族的发展将全面体现在以市场为基础的民族内部与民族之间的经济交往关系当中，少数民族经济发展将是自主参与民族之间公平竞争的自主性发展，将是充分展现民族内聚力、民族发展能力、民族自身综合素质的提升与进步，同时也是彰显全民族共同进步发展，动态平等分享人类文明成果的过程。少数民族自主性的经济发展将成为一个民族发展壮大的前提，同时少数民族的发展进步也必将归功于少数民族经济发展，这是民族发展的动力核心。

中国少数民族，新中国成立前由于所处地理位置、自身经济社会发展阶段，加上遭受国内外反动统治阶级和本民族剥削阶级的压迫剥削，原有基础薄弱的社会生产力受到束缚甚至摧残，经济文化没有得到充分发展，这种状况严重影响民族自身发展，同时也严重干扰了民族之间的正常经济和贸易往来。近百年来，由于帝国主义列强侵略掠夺,特别是少数民族的社会经济发展停滞在前资本主义阶段,基本没有现代化工业,农业和牧业及其他产业也十分落后,现代化和工业化的基础基本为零,现代的科技、教育、文化、卫生等事业基本处于空白状态,民族文化发展缓慢。民族主体(各民族成员)在数量和质量上基本没有发展。这种状况一直持续到20世纪50年代初。

新中国成立后,党和国家在少数民族地区成功地进行了民主改革和社会主义改造,特别是在少数民族地区逐步推行了民族区域自治制度,少数民族的社会生产力得到极大解放。但是,国内相对落后的少数民族与发展较快民族之间的差距较大。在民族区域自治制度的保证之下,党和国家给予少数民族全方位、立体式的支持和帮扶,各少数民族经济逐步得到恢复和发展。少数民族经济在中国国民经济中地位越来越重,从趋势来看,甚至可能成为未来中国经济发展的前沿区域。

改革开放以来,不同少数民族先后走上了民族经济和社会发展的快车道,少数民族经济和社会发展取得的巨大成就得益于各少数民族完整经济权利的实现和履行。民族区域自治制度最大的成功也在于此,它赋予原处于不同经济、社会发展阶段的各族人民自主选择本民族经济发展方式及其生活方式,依照法律,通过选举,建立各级民族区域自治机关,自主管理本民族事务,管理民族地区经济和社会事务,充分调动少数民族群众积极主动参与民族地区经济和社会事业,自主发展本民族经济。完整的经济和政治权利的回归,使得各少数民族充分拥有了自主权利,激发出少数民族及民族地区经济和社会事业发展的巨大内在动能。按照自主权利,从实际出发,走具有本地特色加快发展的新路子。根据民族地区实际,切实搞好公有制经济,鼓励和支持非公有制经济发展,着力培育新的经济增长点。有效配置各种资源和生产要素,推进经济结构调整和经济增长方式转变,发展特色经济和优势产业,把民族地区的资源优势转化为经济优势。大力支持民族地区优先发展教育、科技事业,支持民族地区发展文化事业和文化产业,支持少数民族优秀文化的传承、发展和创新,丰富各族群众的文化生活,不断提高各族群众的思想道德素质和科学文化素质。加大对民族地区公共卫生体系和基本医疗服务的资金投入和技术支持,加强民族地区公共卫生设施建设,建立健全农村卫生服务体系、新型农村合作医疗制度和医疗救助制度。要突出抓好民族地区扶贫开发工作,坚持开发式扶贫,加大国家扶贫资金对民族地区贫困县的支持力度,切实解决好民族地区困难群众的生产生活问题。民族地区各族干部群众要坚持自力更生、艰苦奋斗,进一步解放思想、更新观念,充分发挥积极性、主动性、创造性,真正把各项优惠政策和各方面的扶持帮助转化为自我发展的能力。

第一,作为外部因素的国家的帮助和扶持政策,是坚实的推动力量。加快少数民族和民族地区经济社会发展的重要举措是加大国家的投入。既要支持他们把经济建设搞上去,又要支持他们把文化、教育、卫生等各项社会事业搞上去,实现全面协调发展,促进人的全面发展;既要投入更多的资金和物力,又要在投资、财政、税收、金融、产业、对内对外开放等方面实行更多切实可行的优惠政策。完善与民族区域自治制度相适应的政策性转移支付制度,加大对民族地区财政转移支付的力度。重点帮助民族地区建设一批对带动当地经济社会发展起重大作用的基础设施项目,优先安排同各族群众生产生活密切相关的中小型公益性项目。根据国民经济和社会发展规划,优先在民族地区安排资源开发和深加工项目,带动和促进当地经济社会发展,并充分考虑地方和群众的利益。扶持人口较少民族发展规划和兴边富民规划。发展较快民族和地区应把支援少数民族和民族地区作为自己应尽的义务,进一步扩大支援的力度和广度,并积极探索更加有效的支援途径和机制。

第二,少数民族在国家扶持下,自主改造传统产业,发挥区域特色优势。西部应加快资源型产业的发展,促进传统产业主要是老工业基地的调整和技术改造。提高重要农业、能源、原材料基地的经济发展水平,并规划建设一批新的能源、原材料基地。发展农业的规模经营和产业化。重点治理资源开发区、工业、城市聚集区的环境污染。调整改造、大力振兴原有"三线"地区的国防工业。西部地区在加强部分有优势的资源开发利用的同时,加强基础设施建设,以改善交通、通信、供水、居住条件和文化教育水平。促进地方资源的开发和农牧业的规模经营及产业化,通过富民以稳定边疆。着手进行大江大河源头地区的生态保护和生态恢复,严格遵循科学发展与可持续发展的指导思想。在制定边远少数民族地区开发方案时,要重新审视边远西部地区的资源优势问题。增强中心城市的功能,以机械电子和化学等具有较高技术含量的工业为主导,完善中心城市的高新技术产业和旅游业枢纽职能,形成具有较高水平服务业的现代化城市经济,形成西部经济核心区,并率先在西部地区实现现代化。积极培育具有一定经济基础的二级产业带和西部边境开放经济带,增强整体经济实力,以优势资源的加工利用为重点,发展地区特色经济,为长远区域开发格局的完善和区域经济的协调发展创造条件。

第三,由于历史和现实原因,少数民族经济发展并不在同一个起跑线上,发展存在全方位的差距,各少数民族之间的发展也存在巨大差异,总体来看,少数民族经济发展要明显落后于汉族经济发展水平。这种情况下,就需要走在发展前列的各民族要帮助和扶持发展靠后的民族。国家在总体上,也要通过建立各种政策和机制帮助和扶持少数民族经济和社会加速发展。这是缩小民族之间发展差异的重要方式。社会主义市场经济条件下,经济要素以价格为杠杆在市场上不断流通。少数民族所处区域往往是中国自然资源富集，开发利用程度低的地区。然而，市场这一机制，并不能照顾到社会的公平，以及少数民族自身享受资源带来的经济和社会效益。体现到现实当中，经济资源被不断以低价格，或者超市场力量低补偿所占有，形成了在自然资源交易上的不公平。为了纠正市场机制在公平领域的缺失，国家应建立相应机制，对少数民族成员给予应有补偿。目前效果比较好，并逐步机制化、经常化的辅助的主要有以下几个方面：一、实行自然资源有偿使用制度。资源开发必须对生态环境的维护和未来发展利益给予补偿，资源增值转移必须对当地居民优先受惠权给予补偿，补偿费计入资源价格。二、规范自然资源价格。自然资源价格应反映自然资源使用的成本。自然资源使用成本包括资源开发生产成本、资源消费成本、环境复原成本。资源品消费成本通过征收资源品消费税补偿。环境复原成本通过列支资源生产消费费用标准，对生态环境维护和未来发展利益的补偿，补偿费标准依据资源开发对环境影响和资源品消费情况而定。对生态环境的补偿应满足生态复原的要求，对未来发展的补偿应当为消费者所承担。三、设立不可再生资源未来发展补偿基金。把一部分从不可再生资源开发中获得的利益通过税收途径转为积累，用于支持形成未来发展长期效应的基础建设，未来发展基金的形成通过扣除不可再生资源总成本中的资源品消费成本来获得。四、建立生态破坏的补偿机制。首要的是建立资源输出地和资源受惠地之间的补偿机制。资源受惠地要对资源输出地因输出资源造成的环境破坏进行补偿，这样一方面可以限制资源受惠地对输出地资源的无限制浪费，同时也可以帮助输出地保护受破坏的生态环境。要在上游地区生态保护与下游地区资源开发之间建立补偿机制。即上游的生态保护使下游资源开发得到了好处，则下游地区要对上游地区的生态保护给予下游地区补偿，一方面分担上游地区生态保护的费用，提高上游地区进行生态保护的积极性，另一方面，提高资源的利用效率。五，条件成熟的情况下，对生态补偿机制立法，在资源利益的分享中实现公平。

六、民族区域自治制度下少数民族经济发展展望

（一）完整充分的民主权利是民族进步及其经济发展的内在驱动力保障各民族行使民主权利

民族区域自治制度中，一个重要内容就是少数民族依法民主地参与国家和社会事务的管理，保证中国各民族不论大小都享有平等的经济、政治、社会和文化权利。中国155个民族自治地方的人民代表大会常务委员会中，都有实行区域自治的民族的公民担任主任或副主任，自治区主席、自治州州长、自治县县长则全部由实行区域自治的民族的公民担任。民族自治地方的自治机关所属工作部门的其他组成人员中，依法合理配备实行区域自治的民族干部和其他少数民族干部。以内蒙古自治区为例，据统计到2007年底，内蒙古自治区党政机关少数民族干部接近5万人，占机关干部总数的30.35%，其中，蒙古族干部有4.19万人，占25.92%，大大高于民族比例（全区总人口2405万人，其中少数民族人口和蒙古族人口分别占21.88%、17.87%）。全区各级党政领导班子成员中，少数民族干部2684人，占总数的40.3%。

加速发展少数民族经济是少数民族人民的共同利益。加速发展少数民族经济，符合各民族人民的愿望和内在要求，能够充分发挥各少数民族的积极性和创造性，促进经济社会发展，加速缩小甚至消除民族间事实上存在的不平等。加强各民族共同的平等团结和互助合作，为逐步彻底解决民族问题逐步创造条件。

（二）民族区域自治制度逐步发展和完善

《中华人民共和国民族区域自治法》是实施宪法规定的民族区域

自治制度的基本法律。1984年5月31日第六届全国人民代表大会第二次会议通过，根据2001年2月28日第九届全国人民代表大会常务委员会第二十次会议《关于修改〈中华人民共和国民族区域自治法〉的决定》修正。确立实行民族区域自治，是对中国国情和民族问题实际的正确认识和深刻把握。第一，几千年来，中国各民族都把国家统一作为最高的价值追求，"大一统"理念深入人心。同时，历代王朝都对少数民族地区采取特殊的治理政策，"修其教不易其俗，齐其政不易其宜"，创建了带有自治色彩的管理制度。这样的历史文化传统，为民族区域自治提供了丰富的历史经验和依据。第二，中华民族在长期的历史发展中逐步形成了多元一体格局，各族人民共同开拓了祖国辽阔的疆域，共同创造了灿烂的中华文化，共同捍卫了祖国统一和民族团结，共同推动了社会发展和历史进步。特别是近代以来，在救亡图存的抗争中，各族人民结成了牢不可破的血肉联系，促进了中华民族的伟大觉醒和各民族的大团结。这样的民族关系格局，为实行民族区域自治提供了坚实的政治基础。第三，中国各民族大杂居、小聚居，你中有我、我中有你、密不可分，同时各地区资源条件和经济社会发展水平各不相同，存在着很强的互补性。这样的民族分布和发展状况，为实行民族区域自治提供了现实条件。①

中国的民族区域自治制度实施50多年来，有力地维护了各民族的平等、团结，也促进了民族地区的发展，中国并没有发生大的民族矛盾和冲突。这是有目共睹、无可辩驳的客观事实。但同时也应该看到，这一制度也存在着若干不足之处，有待进一步完善和修正。中国还将继续坚持和完善民族区域自治制度，其基本的方向主要包括以下几个方面：一是进一步加快民族自治地区的发展。民族自治

---

① 把民族区域自治制度坚持好完善好落实好，《人民日报》，2009/05/05。

地方这些年来发展很快,但是还需要进一步加快发展,因为民族自治地方和其他地方相比仍然存在一些发展方面的差距。二是进一步使少数民族的生活水平得到更大的提高。我们要通过民族区域自治制度的进一步完善、通过经济的发展,使改革开放的成果、使这项制度建设的成果进一步惠及所有的人。三是需要进一步加强民族自治地方的法制建设。没有制定民族区域自治条例的地方,要制定自治条例;有些自治条例需要完善的,还要加强完善;同时还要根据经济和社会的发展制定一些相应的单行法规。

(三) 民族区域自治制度为少数民族经济发展保驾护航

一方面,保障各民族经济发展。《中华人民共和国民族区域自治法》中,有十三条规定了上级国家机关帮助民族自治地方发展的义务。国家在制定国民经济和社会发展计划时,有计划地在少数民族地区安排一些重点工程,调整少数民族地区的经济结构,发展多种产业,提高综合经济实力。

另一方面,发展与群众休戚相关的事业。2000年,国家开始实施西部大开发战略,随着各种法规政策相继出台,全国5个自治区、30个自治州以及120个自治县均被纳入西部大开发范围或享受大开发优惠政策。国家制定的"八七扶贫攻坚计划"、"中国农村扶贫开发纲要",以及组织实施的东部沿海发达地区和西部地区对口支援行动、"贫困地区义务教育工程"、"少数民族贫困地区温饱基金"、"天然林保护工程"、广播电视"村村通工程"等,都将帮助民族地区加快发展作为重要内容。改革开放,全面建设小康社会,实现中华民族的伟大复兴,必须构建平等、团结、互助、和谐的民族关系,这是关系国家前途命运和各民族根本利益的重大问题。实现这一社会主义新型民族关系的前提是尊重和保障少数民族的权利和利益。只有把教育、医疗、卫生、住房、脱贫这些和少数民族群众密切相关的事情解决好,才能真正体现民族区域自治制度的优越性。因此,国家采取了多种特殊措施帮助民族自治地方发展教育和科技事业，加大对少数民族贫困地区的扶持力度，增加对民族自治地方社会事业的投入，扶持民族自治地方扩大对外开放，组织发达地区与民族自治地方开展对口支援，照顾少数民族特殊的生产生活需要，继续推动对加快少数民族和民族地区经济社会发展具有积极作用的光彩事业等活动。

总而言之，民族区域自治的实践已经并将继续证明，民族区域自治是我们党把马克思主义的民族理论与中国的具体实际相结合处理民族问题的基本政策，民族区域自治制度是中国的一项基本政治制度，是中国特色社会主义的一大政治优势，是发展社会主义民主政治、建设社会主义政治文明的重要内容。这项制度符合中国国情和各族人民的根本利益，必须长期坚持和不断完善，民族区域自治制度符合各民族的利益与发展要求。

第十一章
民族经济政策与民族经济发展

民族经济政策作为中国民族政策的重要组成部分，在民族地区经济建设、社会发展和消除民族间"事实上的不平等"中发挥了不可替代的作用。根据外部环境的变化和民族地区经济社会发展的需要，民族经济政策不断调整和完善，逐步形成了包括财政税收政策、民族贸易政策、扶贫开发政策、边境贸易政策、扶持人口较少民族发展政策等涉及少数民族和民族地区经济社会发展的政策体系，为少数民族及少数民族地区经济发展和社会进步做出了巨大贡献。

一、民族经济政策的发展和变迁

《宪法》规定："国家尽一切努力，促进全国各民族的共同繁荣。"《民族区域自治法》进一步把支持和帮助民族地区加快发展，规定为上级国家机关的法律义务。多年来，国家把支持少数民族和民族地区加快经济社会发展作为国家发展建设的重要内容，出台各项政策措施支持少数民族和民族地区发展。这些经济政策有些是宏观经济和区域经济发展政策，有些是针对少数民族和少数民族地区的政策，有些是针对特定民族和地区的政策。民族经济政策的演变与国家宏观经济环境和经济发展战略选择密切相关，少数民族经济作为中国经济的重要组成部分，其发展在具有特殊性的同时，又具有中国经济发展中的共性的矛盾和问题。中国少数民族经济政策的形成和发展经历了以下几个阶段，不同时期的民族经济政策受到当时宏观经济政策和环境的影响，但始终坚持对少数民族和民族地区的扶持和照顾的宗旨。

（一）国民经济恢复和"一五"计划建设时期（1949—1957年）

1949年至1957年是国民经济恢复时期和"一五"计划时期，这一时期主要根据国内外经济发展环境和政策，结合民族地区的实际，在实施民主改革和社会主义改造的同时，制定了针对少数民族地区的财政税收和民族贸易政策。1952年12月中央政府颁布《中央关于少数民族地区的五年计划的若干原则性意见》中明确指出："各省、自治区在制定经济发展计划时要全力推行民族区域自治，在制定计划时既要照顾到少数民族的要求和愿望，又必须充分估计各民族当前发展阶段特点和各种不同情况，必须根据可能实现的条件，切忌提空洞难以实现的计划"。国家为恢复和发展少数民族地区经济，采取了具有针对性的决策，首先基本完成了少数民族地区的社会主义改造（西藏除外），其中最重要的是逐步改变旧中国的经济建设布局，执行了重工业建设重点转向内地的方针，加快了经济建设。在"一五"计划（1953—1957年）期间，国家把156个大型建设项目中的40个项目安排在了民族地区，如内蒙古包头钢铁基地、新疆克拉玛依油田、云南个旧锡业公司等。国家新建8条铁路干线，其中有5条建在民族地区或直接与民族地区相联结，包括兰新铁路、包兰铁路等。闻名世界的康（川）藏公路和青藏公路，同时在1954年建成通车。

（二）"大跃进"和国民经济调整时期（1958—1965年）

受到国家经济发展战略和政策的影响，民族经济发展也带有明显的时代标志，同时还影响了民族经济政策的贯彻执行。这一时期民族经济政策的贯彻和执行受到影响,同时在很多方面忽视民族地区的特殊性,政策"一刀切",对民族地区生态环境和经济发展造成巨大损害。如在牧区放弃了"以牧为主"的方针,采取以农挤牧的政策,大面积开垦草地,使草场普遍沙化退化,载畜能力迅速下降;林业生产强调"以粮为纲",毁林开荒,乱砍滥伐现象严重,森林资源锐减、水土流失加剧。民族贸易机构撤销合并,民族贸易企业"三项照顾"政策停止执行,从而造成民族经济政策严重失误。针对"二五"前期出现的过激行为,"二五"后期国家及时提出"调整、巩固、充实、提高"的八字方针,并决定再用三年时间作为今后发展的调整过渡阶段,才逐步使少数民族地区和汉族地区的经济逐渐得到恢复调整,各项少数民族经济政策也相应得到了恢复和落实。[1] 民族贸易政策、财政税收政策在这一阶段形成,有些政策执行了几十年,为满足少数民族的特殊需要、民族地区的经济发展做出了重要贡献。

这一时期在民族地区建成了一批大、中、小型工业企业,如钢铁工业、机械工业和轻纺工业,修建了大批水利工程。西南、西的少数民族地区成为国家铁路建设的重点。[2] 修建了成昆铁路、湘黔铁路、枝柳铁路及滇藏公路等,1962年,兰新铁路铺轨到乌鲁木齐,结束了新疆没有铁路的历史。[3] 这些工业企业和交通设施改善了民族地区经济结构和基础设施状况,为以后的发展奠定了基础。

(三)"文化大革命"和两年徘徊时期(1966—1978年)

1966年开始的"文化大革命"打乱了国民经济发展的正常进程,民族经济政策的制定和实施也受到影响。民族特需用品被戴上

---

[1] 温军:中国少数民族经济政策的演变与启示,《贵州民族研究》2001年第2期。
[2] 红梅:中国少数民族经济政策50年,《广西民族研究》2000年第2期。
[3] 中华人民共和国国务院新闻办公室:《中国的民族政策与各民族共同繁荣发展》白皮书,中国民族宗教网,www.mzb.com.cn,2009/09/30。

"封、资、修"的帽子普遍停产,在牧区采取以农挤牧的错误措施,片面强调各省区粮食自给,大面积开垦草地、林地。同时也存在着不顾当地的特殊性,出现主观愿望与实际结果不符的情况,使少数民族地区的经济建设特别是农牧业生产受到了严重的损失。但是,这个时期的大、小三线建设,极大地改善了中国工业的布局,在少数民族地区建立了门类较全的工业经济体系,少数民族地区的中、小型工业也得到较快的发展,为以后的经济发展奠定了基础。这一时期的民族经济政策大多延续了前一时期的政策,对一些历史上处于较低社会发展阶段的民族给予特殊的生产生活补助。

(四) 改革开放到建立社会主义市场经济体制(1978—1992年)

十一届三中全会以后,随着改革开放的深入,民族经济政策在原有基础上不断发展和完善。这一时期先后出台了有关民族贸易、财政税收、边境贸易、扶贫开发等方面的政策。针对少数民族地区及少数民族自我发展水平能力低、基础设施不足、贫困地区面积大及商品经济落后的特点,提出了少数民族地区经济发展总的指导方针:"要在国家的帮助下,坚持改革开放,不断增强民族地区自我发展能力,充分发挥各民族人民的聪明才智,通过艰苦的、长期不懈的努力,促进各民族的全面发展,逐步与全国的发展相适应,逐步缩小民族地区与全国发展水平的差距"。在这一基本方针的指导下,少数民族地区发展经济实行4个结合,即国家帮助与自力更生相结合;开发资源与照顾利益相结合;少数民族地区的资源优势与沿海内地的人才、资金、技术优势相结合;经济开发与智力开发相结合。与此同时,国家还制定了一系列少数民族经济优惠政策,帮助少数民族发展经济。对内蒙古、新疆、西藏、广西、宁夏5个自治区和云南、贵州、青海3个多民族省份,实行有别于一般省市的财政体制,并设立了"少数民族地区补助费"、"边疆和少数民族地区教育补助费"、"边疆建设事业补助费"、"边境和少数民族聚居地区基本建设补助费"、"支持经济不发达地区的发展基金"、"少数民族贫困地区温饱基金"、"财政定额补贴"等少数民族补助专款。对生产、生活困难的少数民族地区,实行放宽政策、减免税收,以利于休养生息的发展政策;对各少数民族地区普遍调整提高了农、牧、副业和土特产品的收购价格,扩大了民族贸易实行"三项照顾"的地区,同时开放集市贸易和边境贸易,允许农牧民自由出售自己的产品;对一些与当地少数民族生产生活关系密切的生产资料、生活用品的价格给予补贴、实行限价政策,民族用品生产企业实行流动资金低息照顾、税收减免和专项投资政策,国内外合资工业企业则实行优惠照顾政策;组织经济发达省市对少数民族地区进行对口支援,选派有经验的管理人员和技术专家到少数民族地区开展"智力支边";在安排生产布局和制定长远经济发展规划时,从国家经济发展战略目标出发,密切结合少数民族地区实际,帮助少数民族地区制定经济社会发展规划,并在制定少数民族地区生产方针上采取因地制宜、分类指导、扬长避短、发挥资源优势的方针,宜农则农、宜牧则牧、宜林则林、宜工则工,以主业带动多种经营,全面发展。[①]

这一时期,随着国家经济体制改革的不断深入,国家进一步改革和调整民族经济政策,少数民族及民族地区经济快速发展。同时,国家调整了区域经济发展政策,实施从东向西的"梯度发展"战略,国家经济重心向东部地区的转移,在政策倾斜的同时,加大对东部地区的基本建设投入,中西部地区的投入相对减少,加大了区域经济发展差距。从"六五"时期开始,随着东西部差距的扩大,少数民族和民族地区与其他地区的差距扩大,表现在市场化改革、经济发展速度、居民收入、基础设施状况、社会发展等多个方面。差距

---

① 温军:中国少数民族经济政策的演变与启示,《贵州民族研究》2001年第2期。

的扩大引起理论界和民族地区的关注，提出了缩小差距和加快民族经济发展的对策思路。

(五) 建立社会主义市场经济体制时期（1992—）

1992年党的十四大提出建立社会主义市场经济体制，以及开始于1994年的财政分税制改革等，使原来制定的一些民族经济政策与新体制不相适应，政策的实施受到影响，包括财政政策、民族贸易政策等都急需改革和调整，以适应新的经济体制。根据民族经济政策实施中出现的问题，国家适时调整对民族地区的经济政策，如财政税收政策、民族贸易政策等。1999年提出西部大开发战略，从基础设施建设、生态环境保护、产业结构调整、人才培养等几个方面加大对民族地区基本建设投入力度，加快了民族地区经济发展。2000年出台的《关于实施西部大开发若干政策的通知》，详细制定了西部开发的优惠政策，包括国家基本建设投入、财政转移支付、税收优惠、金融支持、对外开放等。2000以后重点实施了扶持"人口较少民族"发展、"兴边富民"等政策措施，先后发布了《西部大开发"十一五"规划》、《少数民族事业"十一五"规划》、《扶持人口较少民族发展规划（2005—2010年）》和《兴边富民行动"十一五"规划》，这些规划在明确指导思想、目标的基础上，制定了系统的具有可操作性的政策措施。

根据市场经济发展的需要和民族经济发展的实际，国家在出台新政策的同时，不断对原有的民族经济政策进行调整，但政策的调整往往滞后于实践的需要，缺乏系统性和整体性，不仅影响民族经济的发展，也影响政策效应的发挥。大部分民族经济政策是在计划经济和有计划商品经济体制下制定的，在市场经济条件下，有些政策很难再实施下去，有些已经失灵，需要进行前面的调整和改革。如对民族贸易企业的优惠政策，很多无法执行，一些企业经营困难甚至倒闭，分税制的实施也带来一些新的问题和困难。有些政策已得到改革和调整,有些还处于完善之中。

二、民族经济政策的内容

经过 60 多年的探索和发展,中国形成了较系统的针对少数民族及民族地区生产生活的经济政策,并在逐步发展和完善。主要包括以下几个方面。

(一) 财政税收政策

1949 年以来,中央政府和各级地方政府通过一般性财政转移支付、专项财政转移支付、民族优惠政策财政转移支付以及国家确定的其他方式,增加对民族自治地方的资金投入。从 1955 年起,中央政府就设立"民族地区补助费",1964 年设立"民族地区机动金"等专项资金,并采取提高少数民族地区财政预备费的设置比例等优惠政策,帮助民族自治地方发展经济和提高人们生活水平。1980－1988 年,中央财政对内蒙古、新疆、广西、宁夏、西藏等 5 个自治区以及云南、贵州、青海等 3 个少数民族比较集中的省实行财政递增 10% 的定额补助制度。1994 年,国家实施以分税制为主的财政管理体制改革,原有对民族自治地区的补助和专项拨款政策全部保留下来。国家在 1995 年开始实行的过渡期转移支付办法中,对内蒙古、新疆、广西、宁夏、西藏等 5 个自治区以及云南、贵州、青海 3 个少数民族比较集中的省以及其他省的少数民族自治州,专门增设了针对少数民族地区的政策性转移支付内容,实行政策性倾斜。财政优惠和税收优惠是中央政府对少数民族地区财政支持的最主要方式。①

---

① 温军:《中国民族经济政策的形成、演变与评价》,《民族研究》,1998(6)。

1. 财政优惠政策

针对民族地区经济发展起点低、文化教育水平落后、人才极为匮乏的实际，政府既在财政税收等方面给予民族地区特殊优惠，又在与经济发展息息相关的人口发展、文化教育、人才培养等方面给予少数民族适当照顾，真心诚意地帮助少数民族发展经济文化。

自20世纪50年代开始就对民族地区实行财政优惠政策。除规定民族地区财政应有一定范围的自主权、收支结余上缴中央、不足部分由国家补助外，还发放生产补助费、卫生补助费、社会救济费以及无息贷款等补助专款。中华人民共和国成立初期在民族地区实行的"财政补助"政策，对于稳定社会经济、恢复促进生产，起到了极为重要的作用。60年代随着民族地区经济的逐步恢复，实行"财政适当照顾、必要补助"的照顾优惠政策；民族自治地方的上年结余资金和当年预算过程中超收分成收入，都留归民族自治地方安排使用。财政照顾优惠政策的实施缓解了民族地区的财政困难，然而却使民族地区从此进入了长期依赖国家财政拨款、大量输血，维持其低效能经济运转的依赖型经济发展时代。

20世纪80年代为适应改革开放的需要，国家财政体制改变了沿用多年的统一计划管理模式，实行"划分税种、核定收支、分级包干"的财政管理体制，但对民族地区仍采取"适当照顾"的政策，除对内蒙古、新疆、广西、宁夏、西藏等5个自治区和青海、云南、贵州3个多民族省实行定额补助额每年递增10%的定额补助制度外，还设立了"支援不发达地区发展基金"、"边境事业补助费"、"边疆建设专项补助投资"等专项补助资金。这一时期所实行的财政分级包干体制，使民族地区的财政自主程度大大提高。然而因物价上涨，却又使补助款项被大量抵消。

2000年起，除按照相关规定拨付一般性转移支付和专项转移支付外，还设立民族地区转移支付。据统计，1978年至2008年，中央财政向民族地区的财政转移支付累计达 20889.40 亿元，年均增长 15.6%。其中，2008 年为 4253 亿元，占全国转移支付总额的 23.8%。

表 11-1　　　　中国少数民族地区财政优惠政策

政　　策	起止时间
国家设置少数民族地区补助费	1955 年至今
国家实施少数民族地区财政三照顾政策	1964 年至今
国家规定民族自治地方财政超收分成全额留用	1964 年至 1988 年
国家对边疆民族地区设置补助专款	1972 年至 1975 年
国家设立边疆建设事业补助费	1977 年至今
国家设置边疆建设专项补助投资	1977 年至 1988 年
国家设立支援不发达地区发展资金	1980 年至今
国家规定对民族自治区补助数额每年递增 10%	1980 年至 1988 年
国家对贫困地区棉布提价实行补贴	1983 年至 1985 年
国家对少数民族聚居地区实施政策性财政转移支付	1995 年至今

资料来源：温军著：《民族与发展：新的现代化追赶战略》，清华大学出版社，2004 年。

2. 税收优惠政策

中国政府长期以来尤为重视通过税收优惠政策扶持少数民族地区发展，依据各民族地区特征以及不同的行业部门特点、社会和经济发展阶段，对民族地区采取不同的税收优惠政策，力求减轻少数民族地区经济负担，以维持民族地区农牧业、工业、交通以及其他各项建设事业的正常运转。

20 世纪 50 年代至今，国家为加快民族地区基础产业——农牧业的发展，对农业长期实行"依率计征、依法减免、增产不增税"的轻税政策；牧业采取轻于农区与城市的税收政策；生活困难、生产落后、交通不便的民族地区及贫困地区实行"轻灾少减、重灾多减、特重全免"的税收政策；边疆民族地区实行减免工商税及税收负担轻于内地的税收政策。这些政策尤其是农牧业轻税政策的实施，对于人口主要集中分布于农牧区、生活贫困的少数民族来说，非常有利于其休养生息、发展生产，但长期执行却易使广大少数民族自觉或不自觉地滋生强烈的依附心理，而且还更进一步加重了民族地区的财政负担。

20世纪70年代末，国家根据民族地区偏远落后的特点，对其实行税收减免和优惠税率的照顾政策，对边境县和自治县乡镇企业免除工商所得税5年；对内蒙古、新疆、广西、宁夏、西藏、青海、云南、贵州8个省区基建企业实现的降价成本，在扣除营业外支出和提取企业基金后，按降价成本额三七分成；对实行民族贸易三照顾地区的供销社减征税，并对民族贸易三照顾地区的民族用品手工业企业所得税实行定期减征。

80年代后，为增强民族地区经济发展活力，国家对民族地区实行进一步放宽的税收优惠政策，对"老、少、边、穷"地区新办的乡镇企业，经营确有困难的可以在一定期限内或者一定程度上减免所得税；对民族贸易三照顾县商业（含供销社）企业自筹商业设施建设投资，免征建设税3年，对其应上缴的能源交通建设资金，由省、自治区政府酌情减免；对实行民族贸易三照顾地区的医药商业比照民族贸易商业，免征建设税和能源税；对民族用品定点企业生产销售的民族用品，给予减免产品税、增值税及减半征收所得税；对由经贸部批准的边贸公司通过指定口岸进口的商品，除国家限制进口的机电产品和烟、酒、化妆品等，减半征收进口关税和产品增值税；边贸互市进口商品不超过人民币300元，免征进口关税和产品增值税；在国家确定的"老、少、边、穷"地区兴办企业，经主管税务机关批准后,可减半或者免征所得税 3 年。

进入 90 年代中期后,随着国家统一税收制度的实施,70 年代、80 年代甚至 90 年代初所实行的绝大部分税收优惠政策已基本停止执行,即使能够继续执行的税收政策,如"老、少、边、穷"地区新办企业减免 3 年等政策,所减免的税收也是地方所得收入。因此,现行的税收优惠政策应尽快加以调整补充,以确保民族地区切身的经济利益及其所应具有的发展权利。①

表 11-2 中国少数民族地区税收优惠政策

政　　策	起止时间
国家对边疆民族地区实行减免工商税	1950 至 1993 年
国家对少数民族聚居地区农牧业实行轻税照顾	1953 年至今
国家对生活困难的少数民族聚居地区减征农业税	1958 年至今
国家对边疆县和民族自治县乡镇企业免除工商所得税 5 年	1979 年至 1985 年
国家对少数民族 8 省区基建企业按降低成本额三七分成	1979 年至 1985 年
国家对"老、少、边、穷"地区减免所得税	1985 年至今
国家对民族贸易三照顾县商业企业免征建设税 3 年	1985 年至 1993 年
国家对边境贸易实行税收优惠政策	1991 年至 1994 年
国家规定减免少数民族聚居地区固定资产投资方向调节税	1992 年至今
国家对 12 大类 162 个品种的边贸进口商品免税及减税	1992 年至 1995 年
国家规定对"老、少、边、穷"地区新版企业减免所得税 3 年	1994 年至 1997 年

---

① 郑长德:《中国少数民族地区发展财政研究》,第 30—35 页,成都,四川人民出版社,2005。

续表

政　策	起止时间
国家对收购边销茶原料企业减按10%征收农业特产税	1994年至今
国家对设在中西部地区的外商投资企业给予3年减按15%税率征收企业所得税	2001年至2010年
国家对西部地区新办交通、水力、邮政、广播电视企业实行两年免征、三年减半征收所得税	2001年至2010年
国家对定点生产和经销边销茶免征增值税	2001年至2005年
国家对西部地区实行保护生态环境，退耕还生态林、草产出的农业特产品收入，在10年内免征农业特产税	2001年至2010年

资料来源：温军著：《民族与发展：新的现代化追赶战略》，清华大学出版社，2004。

（二）民族贸易政策

民族贸易，是少数民族地区贸易活动的简称。具体是指我国少数民族地区各民族内部、民族之间，以及少数民族地区同其他地区之间，所发生的商品交换活动的总和，是商品流通在少数民族地区的特殊表现形式。民族贸易一方面具有一般商业的本质，另一方面又具有显著的民族特点和地区特点。它既是我国社会主义商业的重要组成部分，又是我国民族工作的重要组成部分。

民族贸易企业"三项照顾"政策是国家在1963年开始对民族贸易企业实行利润留成照顾、自有资金照顾、价格补贴照顾的政策。1963年，商业部、财政部根据中共中央、国务院批转的商业部、对外贸易部、民族事务委员会党组《关于第五次民族贸易工作会议情况的报告》的精神，对广西、云南、四川、贵州、青海、甘肃等六省提出的三项照顾的地区和计划作了批复，其内容如下：

1. 关于实行三项照顾的地区问题。凡具备以下3项条件者均为照顾地区：

第一，少数民族聚居的边远山区、边远牧区，因交通不便，商品在途时间长，运输困难，从县到基层收购点、零售点，大部分要靠人背马驮解决商品运输的县。

第二，少数民族聚居的边远山区、边远牧区，其经济比较落后，商品经济不发达，少数民族群众生产、生活比较困难的县。

第三，少数民族聚居的边远山区、边远牧区，民族特点显著，民族生产、生活差别较大的县。

2. 关于照顾地区民族贸易企业利润留成问题。凡批准为照顾地区的国营民族贸易企业……按企业实际实现的利润提取20%作为企业利润留成。对利润留成的提取和使用范围，按照商业部、财政部下发的《商业部系统企业利润留成基金管理办法》的有关规定执行。

3. 关于照顾地区民族贸易企业自有资金问题。已批准的关于照顾地区民族贸易企业的自有资金，由各省、自治区根据商业部的核定资金办法核定资金，并按规定的比例拨给自有资金。如各省、自治区商业厅现有资金不足时，报请商业部审核后拨付。

4. 关于照顾地区工业品实行最高限价和农牧土特产品实行最低保护价的差额补贴问题。其原则是：

第一，实行保护价差额补贴的商品，只限于价值小，体积大，运输线长，中转环节多，进价大于销价，是当地少数民族人民生产、生活的必需品或是当地少数民族生活收入主要来源的产品，并且是国家工业生产需要的主要原料和出口需要的农牧土特产品。

第二，价格补贴只限于按正常商品加费用、税金计算的合理成本和保护价格之间的差额部分，经营管理不善所发生的亏损不得补贴。

第三，对国营民族贸易公司差额补贴的商品，不再计算利润，以不赔不赚为原则。

第四，只对国营民族贸易公司统一经营的属于实行保护价的商品进行补贴，不属国营民族贸易公司统一经营的商品不补贴，供销合作社经营的商品需要补贴时，由各省、自治区供销合作社报请总社解决。

随后，国务院批转了《全国民族贸易和民族用品生产工作会议纪要》，《纪要》重申发展民族贸易，对发展少数民族经济，改善少数民族人民生活，增强民族团结，有着重要的意义。

1981年7月25日，中国人民银行发出了《关于对民族贸易和民族用品生产企业给予低息贷款的通知》，《通知》规定，对经国务院主管部门和省、自治区人民政府批准，实行自有资金、利润留成、价格补贴"三项照顾"县（旗）的商业、中药材（或医药）公司、供销社的自有资金不足，经营困难，银行给予低息贷款照顾，按月息3.3‰计息。

表11-3 中国少数民族贸易和民族特需用品生产企业政策

起止时间	政　策
1951—1970	国家实行民族贸易政策
1951—1970	国家对民族贸易企业实行价格补贴照顾
1952—1983	国家对民族贸易企业自有资金给予照顾
1952—1983	国家对民族贸易企业利润留成给予照顾
1981—1995	国家对民族贸易企业实行优惠贷款
1991—至今	国家对民贸边销茶生产加工定点企业实行信贷贴息照顾
1991—1995	国家规定对民族贸易县商业企业流动资金贷款实行优惠
1991—1995	国家对民族用品定点生产企业流动资金贷款实行优惠
1992—1994	国家安排专项贷款用于扶持基层民族贸易网点和民族用品定点生产企业技术改造
1997至今	国家出台民族贸易和民族用品生产优惠政策

资料来源：温军：中国民族经济政策的形成、演变与评价，《民族研究》1998年第6期。

少数民族特需用品是指反映目前少数民族群众生产生活特殊需要的、具有一定历史文化传统特色的用品。我国关于少数民族特殊用品的生产与供应作了特殊规定。

1962年，商业部规定了少数民族用品生产和经营的基本原则，即对少数民族生产、生活必需品，要积极生产和供应；少数民族喜爱的商品只要无损于身心健康，也要安排生产和供应；使用习惯已经改变，可以由新产品代替旧产品，只要群众满意，不再恢复生产；不利于生产、有损于身心健康的用品，做好宣传解释后逐步予以淘汰，但不简单行事。

1972年，国务院批转了工业部、商业部《关于加强少数民族特需用品生产和供应工作的报告》，《报告》指出，少数民族特需用品具有鲜明的民族特色和地方特色，品种多，批量小，大部分是自产自销，它的恢复和发展，主要依靠地方。建议各省、自治区对本地区生产的少数民族特需用品，进行统筹规划，分别纳入省、地、县计划，切实安排好生产，防止挤掉。属于跨省、市、自治区供应的零星商品，销区和供区之间要固定协作关系，销区要定期提供需要情况，产区要根据销区情况，定点定量组织生产，保证供应。属于跨省、市、自治区之间供应的主要少数民族特需用品，约有80种，由轻工业部，商业部协同地方统一安排生产和组织供应。

为了促进少数民族特需用品的迅速恢复和发展，对于生产少数民族特需用品的原材料，建议各省、市、自治区纳入地方计划，优先安排供应。各地安排有困难的少数民族地方的部分运输汽车、锡和木工机械，请中央有关部门研究安排。各省、市、自治区安排有困难的黄金、白银，请人民银行给予安排，今后要积极研究，逐步使用一部分代用品。

少数民族特需用品，现在大部分在沿海城市生产，这是不合理的。从现在起，在呼和浩特、兰州、成都、昆明、乌鲁木齐、贵阳、西宁、延吉、海拉尔等 9 个城市，建立发展少数民族特需用品生产基地。凡是有条件在这 9 个城市生产的产品，尽量在这九个城市组织生产。

1979 年，商业部、国家民委发出了《关于回汉通婚后，汉族一方及其子女愿随回族生活习惯的，按回族标准供应副食品的通知》，《通知》规定，凡回族（包括禁猪的其他少数民族，下同）和汉族结婚后，汉族一方及其汉族成分的子女，愿意跟随回族习惯的，根据本人的要求，由所属粮油副食管理部门办理手续，按当地回族标准供应副食品（包括油、肉等）。反之，如愿随汉族生活习惯的，根据本人要求，也可以按汉族标准供应副食品。

1991 年，《全国民族贸易和民族用品生产工作会议纪要》指出，民族用品执行就地生产、就地供应的方针。对于已经发展起来的民族用品生产企业，要坚决搞好，不要轻易停产、转产。对于一些技术性较强，民族地区目前还没有条件生产的民族用品，应当继续发挥沿海老产区的作用。为解决民族丝绸有些品种长期供应不足的矛盾，如烂花乔其绒、金丝立绒、交织提花绸等，除传统产区进一步挖掘潜力外，拟在新疆、四川等地的丝绸厂扩大生产能力。

加强对特需用品生产的计划管理，把它分别纳入国家及地方计划之内。所需原材料，纳入各级物资分配部门的计划，按时、按质、按量保证供应。属于中央有关部门管理的金、银、人造丝、厂丝、棉丝、皮毛、玻璃、钢材、铜、铝、铅、锌及其加工材料等，根据需要及可能，继续专项安排下达。对于一些生产供应多地的产品，如民族礼帽等少数品种，所需原材料，中央有关部门要给予特殊照顾，专拨指标安排。当前供应比较紧缺的木材、皮张等，除了按计划供应当地之外，对少数民族特需的部分，适当增加指标，由有关部门联合下达。计划内和计划外增拨的原材料，都要保证用于民族用品生产，任何部门和个人不准克扣和挪用。

为了发展民族用品生产,1981年,中国人民银行决定给予民族用品生产企业低息贷款,并专门发出《通知》,《通知》规定,对于少数民族聚居省生产少数民族用品的企业,特别是对呼和浩特、兰州、成都、昆明、贵阳、西宁、延吉、海拉尔、湘西、乌鲁木齐、拉萨等少数民族用品生产基地,生产少数民族用品的企业发展所需要的流动资金和中短期设备贷款,银行要按照贷款条件优先给予支持。对其贷款给予低息照顾,按月息3.33‰计息。由于生产民族用品的企业情况比较复杂,对专长或主要生产民族用品,或兼产民族用品的企业要根据具体情况,由分行同主管部门协商确定给予全部或部分低息贷款照顾。对一些少数民族聚居地方生产批量小、工艺复杂、利润低的集体所有制手工业企业的贷款,按月息3‰计息。对生产民族用品的企业实行低息优惠,一定三年不变,从1981年第三季度实行。

关于边销茶作了特别规定。边销茶是西藏、新疆、内蒙古、青海、甘肃、宁夏、四川、云南等省、自治区少数民族生活必需品,党和政府历来十分重视边销茶的生产和供应工作,把"保证边销"作为国家茶叶工作的一项重要政策。由20世纪50年代的供不应求到70年代的敞开供应,保证了少数民族的需要。但到了80年代初期,原料生产收购下降,成品茶库存减少,销售量剧增,出现西藏告急,内蒙古、甘肃等省区限量供应的紧张局面。为此,1982年4月,国务院发出《关于加强边销茶生产和收购工作的通知》,《通知》指出,安排边销茶的生产,保证边销茶的供应,是关系到贯彻党的民族政策,加强民族团结,巩固边防的大事,是一项政治任务。

1982年5月,商务部、物价总局、国家民委发出了《关于提高边销茶原料收购价格的通知》。

1988年,国家民委、中国人民银行、商业部、轻工部联合发出《关于少数民族特需金银饰品生产和供应若干问题的通知》,《通知》

就少数民族特需金银饰品的生产和供应问题作了特别规定。

1997年，国家出台了新的优惠政策，设立专项贴息贷款，免除部分企业增值税，惠及全国1760多家少数民族特需商品定点生产企业。1991年，建立砖茶（边销茶）国家储备制度，保证稳定供应。2007年，国家设立用于扶持少数民族特需商品生产企业技术改造、推广、培训的"民族特需商品生产补助资金"。

（三）扶贫开发政策

民族地区是我国贫困人口集中分布地区，正如《国家八七扶贫攻坚计划（1994—2000年）》所指出的，贫困人口集中分布在中西部地区的深山区、石山区、荒漠区、高寒山区、黄土高原区、地方病高发区以及水库区，而且多为革命老区和少数民族地区，因此，扶贫工作是少数民族经济工作中一项十分紧迫的任务，扶贫开发政策也是民族经济政策的重要方面。国家在把民族地区纳入全国扶贫规划统一计划的同时，还对少数民族和民族地区实施了一些特殊的政策和措施，具体包括以下几个方面。

1. 放宽了少数民族贫困县的扶持标准。1986年，国务院确定国家重点扶持的贫困县的标准是：一般贫困地区1985年全县农民人均纯收入150元以下，但对革命老区和民族自治地方县放宽到200元（牧区300元）以下。全国通过放宽标准而列入国家重点扶持的贫困县有62个，其中，少数民族自治地方有51个，占82%。

2. 在扶贫资金、物资上向少数民族贫困县倾斜。对少数民族贫困地区的银行贷款规模和化肥、柴油、农膜等农用生产资料的安排优先给予照顾。国家新增加的农业投资、教育基金、以工代赈、温饱工程等扶贫资金和物资，少数民族贫困地区的分配比例应明显高于其他地区。据统计，1995—1997年三年间，国家对民族八省区共计安排142亿元扶贫资金，加快了民族地区的脱贫步伐。

3. 实行优惠政策。放开国家计划外农、林、牧、矿产品的销售；

允许少数民族贫困地区积极兴办适合当地资源优势的中小型企业，经审批允许根据当地的特点和优势对国家的产业政策作某些补充；继续减免贫困户的农业税，对没有偿还能力的贫困户所欠的扶贫贷款，适当延长其还款期限，停止逾期罚息，并允许停息挂帐；尽量减少贫困县购买国库券任务，对贫困户免国库券；核定贫困县上交税收基数，超收全留等。对民族贸易企业继续实行低息、低税，对民族贸易企业经营的农副产品和少数民族生产生活必需的工业品继续实行价格补贴。扶贫信贷部门对解决群众温饱确有成效的农林牧开发项目，视其生产周期，在还贷期限、自有资金比例等方面放宽贷款条件，尽量简化贷款手续，保证贷款资金随扶贫项目实施进度及时到位。

4. 国家在安排"以工代赈"资金时，将中、西部地区和少数民族贫困地区作为投放的重点。通过实物投入的方式，使少数民族贫困地区的基础条件得以改善，为脱贫致富创造良好的外部环境。据统计，从1995—1997年的三年间，国家对民族八省区共投入以工代赈资金50亿元，占全国以工代赈资金总数的41%。

5. 加强牧区的扶贫工作。我国少数民族自治地方有草原45亿亩，占我国草原总面积的90%以上，占少数民族自治地方总面积的49%，我国的六大草原基本上都在少数民族自治地方。1987年，国务院召开"全国牧区工作会议"，制定了牧区扶贫的有关政策措施，落实了每年5000万元的牧区扶贫专项贴息贷款，确定了27个重点扶持的牧区贫困县（其中26个县是少数民族自治地方），将牧区的扶贫工作纳入到全国扶贫工作的整体规划之中。同时，国家有关部门也积极扶持牧区建设，从1986年到1993年，中央和地方仅投放在内蒙古、新疆、青海三省区的"防灾基地"建设资金就达53458万元，帮助这些地区进行以水、草、料、棚、饲料加工、牧民定居为主要内容的牧区基本条件和基础设施建设。1995—1997年，国家对牧区草原建设各项补助专款共计 42680 万元，极大地促进了牧区的经济发展。

6. 设立"温饱基金"。针对国家当时重点扶持的 141 个少数民族自治地方贫困县的特殊问题和困难，为了帮助他们尽快解决温饱问题，国家从 1990 年开始设立"少数民族贫困地区温饱基金"，由国家民委会同有关部门共同按项目管理。自 1990 年至 1993 年，共安排温饱基金 21286 万元，实施扶贫开发性项目 221 个，这些项目覆盖了 141 个少数民族贫困县中的 117 个县，占 82%。这些项目的实施，使 30 万贫困群众解决了温饱，有 100 万贫困群众不同程度的增加收入，促进了民族地区的扶贫工作。1994 年，《国家八七扶贫攻坚计划》开始实施，"温饱基金"的使用范围从 141 个少数民族自治地方贫困县增加到 257 个，资金规模也相应增加，从 1990 年的 4500 万元增加到 1997 年的 1 亿元，从 1990 年至 1997 年，温饱基金共计安排 54035 万元，实施项目 563 个。"温饱基金"的设立，极大地改善了少数民族贫困地区的基础设施和基本生产条件，促进了当地支柱产业的形成和发展，有效地带动了少数民族贫困群众解决温饱问题。

7. 发动全社会力量参与民族地区的扶贫工作。中央统战部、国家民委联合各民主党派、工商联，利用自身的优势，开展智力支边活动，帮助少数民族贫困地区培训人才、制订规划、进行项目论证和咨询、提高项目管理水平等，重点联系广西的左右江地区、贵州省的黔西南州和毕节地区，帮助这些地区解决了许多扶贫工作中的实际问题和困难，提高了少数民族贫困县干部的科技素质，为促进贫困地区的脱贫致富做出了积极的贡献。

(四) 边境贸易政策

由于边境地区居住的主要是少数民族，在 135 个边境县中，有 107 个是少数民族县，主要的边贸口岸也分布在少数民族地区，因此，边境贸易是民族地区对外贸易的一种特殊形式。长期以来，边境贸易在发展民族地区经济，改善人民生活，促进民族团结，巩固边防中起着重要作用。党和国家十分重视边境贸易的发展，《民族区域自治法》第三十二条规定，民族自治地方依照国家规定，可以开展对外经济贸易活动，经国务院批准，可以开辟对外贸易口岸。与外国接壤的民族自治地方经国务院批准，开展边境贸易。民族自治地方的自治机关在对外经济贸易活动中，在外汇留成等方面享有国家的优待。

1984年，我国制定了关于边境贸易的第一个全国性的法律文件，即《边境小额贸易暂行管理办法》，该《办法》规定：

（1）本办法所称边境小额贸易，是指我国边境城镇中，经省、自治区人民政府指定的部门、企业同对方边境城镇之间的小额贸易，以及两国边民之间的互市贸易。

（2）边境小额贸易在双方商定的边境口岸和贸易点进行。

（3）边境小额贸易由有关省、自治区人民政府管理。有关口岸开放、外事、安全、边防、海关、银行、商品检验、动植物检疫、工商行政管理等方面的工作，由省、自治区人民政府商请国务院有关主管部门办理。

（4）边境城镇之间的小额贸易，按照"自找货源、自找销路、自行谈判、自行平衡、自负盈亏"的原则进行。

（5）边境城镇之间的小额贸易，应照章征收关税、产品税或增值税。

（6）边民互市贸易应当在一定的限额范围内进行。具体限额由省、自治区人民政府自行规定，送经贸部、海关总署备案。

（7）边民互市贸易的商品，在限额以内的免征关税、产品税或增值税。

（8）凡属违禁物品一律禁止进出口。

（9）凡需领取许可证的进出口商品，由经贸部授权有关省、自治区经贸厅（委、局）审批办理。具体办法由经贸部下达。

（10）边境小额贸易每年执行情况和统计数字，由省、自治区经贸厅（委、局）报经贸部备案。

（11）边境小额贸易要严格遵守国家法律和行政法规的规定，不得违反有关的规章制度。各省、自治区人民政府要结合本地区的情况，认真总结经验，制定切实可行的具体办法，以利于边境小额贸易的发展。

随着边境贸易的发展，1991年4月，国务院办公厅转发了经贸部等部门《关于积极发展边境贸易和经济合作促进边疆繁荣稳定的意见》。

（1）规定了边境贸易的形式及管理办法。其形式包括：边境小额易货贸易，由经贸部根据国发【1989】74号文件及国家有关规定审批；边民互市贸易，由各边境省、自治区人民政府根据国家有关规定，商国务院有关部门和所在大军区同意后，统一组织开办，并制定管理办法；中缅边境民间贸易，在经贸部的指导下，由云南省人民政府根据国家有关规定统一组织管理。

（2）规定了边境贸易的税收优惠政策。

第一，在1995年底以前，对由经贸部批准边贸公司通过指定口岸进口的商品，除国家限制进口的机电产品和烟、酒、化妆品外，减半征收进口关税和产品税。通过边贸代理进口商品，不得享受上述优惠政策。边贸进口货物如销往边境省、自治区外，应补交其减征的进口关税和产品税。海关、工商行政管理和税务部门要加强监管，违者严肃查处，情节严重者可由经贸部取消其边贸经营权。

第二，边民互市进口的商品，不超过人民币300元的，免征进口关税和产品税；超过人民币300元，对超过部分按国家税法规定税率征收进口关税和产品税。对烟、酒、化妆品一律照章征税。

第三，对中缅边境民间贸易进口货物的税收的优惠政策，由海关总署会同国务院有关部门另行制定，公布实施。

第四，广西、云南对越南边境的小额贸易，在中越关系正常化以前由广西壮族自治区、云南省人民政府制定税收优惠政策，报海关总署会同国务院有关部门审核批准后实施。第五，新疆对巴基斯坦和西藏对尼泊尔、印度的边境小额贸易，继续执行现行优惠政策。

(3) 规定了边境贸易的"自找货源、自营易货、自行平衡、自负盈亏"的经营原则。允许边贸公司在经贸部核准的计划、配额内，经营出口少量边境地区自产的第二类出口商品和实行许可证管理的第三类出口商品。易货进口本省、自治区自用的第一、第二类进口商品，不受进口经营分类的限制，易货进口机电产品的审批办法，仍按国家现行规定体系，审批时适当放宽。易货进口属于国家进口配额管理的商品，由各边境省、自治区经贸部门商计委向经贸部申请进口配额，经贸部在国家计委下达的全国易货进口配额内审核安排。在核准的计划、配额内，经贸部可授权委托其特派员办事处或有关省、自治区经贸主管部门代理发放进出口许可证、海关凭证放行。进口化肥、农药、农膜等属于国家专营管理的商品在国内销售，应按国家有关专营管理规定执行。

(4) 鼓励我国边境地区同毗邻国家边境地区开展经济技术合作。在国家规定允许的限额内，由边境地区实施的合作项目，报省、自治区经贸主管部门审批。通过这类合作，进口的商品，凡属对方支付我劳务人员工资，除国家限制进口的机电产品、烟、酒、化妆品等商品外免征进口关税和产品税；其余部分可视同边贸进口商品享受减半征税的优惠政策。

(5) 适当简化边境贸易和劳务人员的出国手续。凡根据国家间协议实行边境通行证管理办法的地区，出国人员可执边境通行证多次往返边境进出；未实行边境通行证管理办法的地区，出国人员可执因公普通护照实行一次审批、一年内多次有效的办法。

（6）加强对边境贸易和经济合作的统一指导和协调管理。经贸部是全国边境贸易和经济合作的业务主管部门，全国性的边境贸易和经济合作政策及管理措施，由经贸部和国务院有关部门制定。各边境省、自治区人民政府应按照国家有关规定，制定具体实施办法，切实加强对边境贸易和经济合作的领导。

（7）抓紧制定和完善边境贸易货物、人员出入境的各项管理办法，严格依法管理。

根据以上关于中缅边境民间贸易规定的原则精神，1992年1月，我国海关总署批准了《中华人民共和国海关对中缅边境民间贸易的监督和税收优惠办法》

1992年，我国实行沿边开放政策，制定了一系列开放政策和法规。规定哈尔滨、南宁、昆明、乌鲁木齐四个边境省会城市实行沿海开放城市的优惠政策。黑河、绥芬河、珲春、满洲里、凭祥、东兴、畹町、瑞丽、河口、二连浩特、伊宁、博乐、塔城等为沿边开放城市。沿边开放政策的执行，促进了我国民族地区对外开放的进步和经济发展。但是，到了90年代中期，边境贸易出现了严重滑坡。为此，国家在边境贸易的管理方面做了适当调整。1996年，国务院发布了《国务院关于边境贸易有关问题的通知》，《通知》规定：

（1）边境贸易的形式分为两种：

第一，边民互市贸易，系指边境地区边民在边境线20公里以内，经政府批准的开放点或指定的集市上，在不超过规定的金额或数量范围内进行的商品交换活动。边民互市由外经贸部、海关总署统一制定管理办法，由各边境省、自治区人民政府具体组织实施。

第二，边境小额贸易，系指沿陆地边境或经国家批准对外开放的边境县（旗）、边境城市辖区内经批准有边境小额贸易经营权的企业，通过国家指定的陆地边境口岸，与毗邻国家边境地区的企业或其他贸易机构之间进行的贸易活动。边境小额贸易的管理办法由外贸部商国务院有关部门制定。

（2）关于边境贸易进口关税和进口环节税问题。通过边民互市进口商品，每人每日价值在1000元以下的，免征进口关税和进口环节税；超过人民币1000元的，对超过部分按法定税率照章征税。边境小额贸易企业通过指定口岸进口产于毗邻国家的商品，除烟、酒、化妆品及国家规定必须照章征税的其他商品外，"九五"前3年，进口关税和进口环节税按法定税率减半征收。

（3）关于边境小额贸易企业经营权问题，由各省、自治区根据外经贸部统一规定的资格、条件以及在核定的企业总数内自行审批。未按规定批准备案的企业，一律不准经营边境小额贸易。

（4）边境小额贸易企业进出口商品的管理。凡出口实行配额、许可证管理的商品，除实行全国统一招标、统一联合经营的商品和军民通用化学品及易制毒化学品外，可免领配额、许可证，但要按外经贸部和国家计委的宏观管理。国家计委、外经贸部根据情况，每年专项给边境地区下达一定数额的边境小额贸易进口配额，在配额内，由各省、自治区经贸管理部门发放许可证。

2号文件发出后不久，海关总署颁布了《边民互市贸易管理办法》。《办法》对边民互市贸易作了较为详尽的规定。

（五）兴边富民政策

我国内陆边界线2.2万公里，分布着135个县（市），其中，107个为民族自治地方，边境民族地区长期以来地理位置偏远、自然环境恶劣，又处于国防前沿和全国交通运输网络的边缘和末梢，经济发展落后。为了促进边境民族地区经济发展，1998年，国家民委发布了"兴边富民行动"计划，旨在加强边境地区基础设施建设和人口素质的提高。

2007年，国务院办公厅印发了《兴边富民行动"十一五"规划》，该《规划》指出：

1. 加大对边境地区的资金投入。中央和省级财政逐步加大对边境县的财政转移支付力度。中央财政性建设资金、其他专项建设资金、各项财政扶贫资金适当向边境地区倾斜。积极引导、争取各类国际组织、政府机构、企业、社会团体及个人援助、捐助资金投向边境地区。中央财政继续安排边境地区专项转移支付资金，主要用于边境事务、边境地区公益事业和基础设施建设。中央和地方财政逐步增加少数民族发展资金，并向边境地区倾斜，重点用于解决经济社会发展中的一些特殊困难和问题，逐步改善边民的生产生活条件。边境省、自治区和新疆生产建设兵团相应增加对边境地区的资金投入。国家帮助边境地区拓宽融资渠道，加大对边境地区的金融扶持力度。金融机构对边境地区符合国家政策规定和信贷原则的贷款需求给予积极支持，政策性银行对边境地区开发建设给予重点倾斜。

2. 实行特殊的贫困边民扶持政策。将边境地区的贫困村全部纳入国家整村推进扶贫开发规划，并优先实施。采取政府补助和个人自筹相结合的办法，对边境一线茅草房、危旧房进行改造。中央和省级财政加大资金投入，支持加快建立边境农村最低生活保障制度。

3. 支持边境贸易发展和区域经济合作。完善和加强重点边境口岸基础设施建设。在进出口税收政策、人员出入境等方面，制订改革措施，简化管理程序，优化通关环境，进一步提高服务效率和便利化水平。加大投入，建设好互市贸易区和边境经济合作区。根据有关法规，在具备条件的边境地方，推动建设出口加工区、保税区和边境贸易区，促进边境地区积极参与区域和次区域经济合作。

4. 全面落实发展社会事业的优惠政策。中央和省级财政支持边境县全面落实农村义务教育"两免一补"政策，适当提高寄宿生生活费补助标准。建立健全边境地区农村义务教育经费保障机制，逐步提高中小学办公经费的保障水平。农村中小学寄宿制学校建设工程向边境乡镇倾斜。继续加大在边境县推行新型农村合作医疗制度的工作力度，加强城乡医疗救助，提高覆盖面和补偿水平。对民族贸易和民族特需商品生产继续在金融、税收等方面实行优惠政策，民族自治地方的边境县和兵团边境团场比照享受民族贸易县的优惠政策。

5. 加强边境地区人才队伍建设。稳定人才队伍，优先将边境县和兵团边境团场人才培养纳入有关专项规划和年度计划。采取定向培养、专项培训等措施，大力培养边境地区急需的各类人才。继续办好各种形式的边境地区干部培训班。落实好边远地区干部职工的各项待遇。制定和完善有关优惠政策，鼓励和吸引各类人才到边境地区发展创业。支持边境地区举办农民夜校、扫盲班、科普讲座、实用技术培训等符合当地实际的各类培训班，大力开展农村劳动力培训。各级财政将农村劳动力培训经费纳入预算，不断增加投入。

6. 动员社会力量支持边境地区开发建设。国家组织、支持和鼓励沿海发达地区的大中城市以及大型企业、教科文卫组织、社会团体等，采取人员培训、捐资助学、经贸合作、技术协作、援助基础设施建设等方式，对口支援边境地区加快发展。采取有力措施，鼓励和支持民间资本参与边境地区符合规划和产业政策的项目建设。发挥边防部队在边境地区基础设施建设、扶贫帮困、教育宣传等方面的优势和作用，广泛开展军警民共建活动。大力宣传推进兴边富民行动的重大意义、兴边富民行动给边境地区各族群众带来的实惠和边境地区的发展成就等，进一步营造全社会关心边境地区发展、支持兴边富民行动的良好氛围。

7. 实施一批兴边富民重点工程。主要包括：边境地区公路建设工程，边境一线茅草房、危旧房改造工程，边境农村扶贫开发和最低生活保障工程、边民互市示范点建设工程、边境农村饮水安全工程、边境地区生态建设和农村清洁能源工程、边境农村文化建设工程、边境农村寄宿制学校和国门学校建设工程、边境乡镇卫生院建设工程、边境地区人才培养和劳动力培训工程等。以上重点工程，根据加快发展的需要和实施条件的成熟程度，逐步启动实施；条件成熟的优先纳入国民经济和社会发展规划及有关专项规划。

（六）扶持人口较少民族发展政策

在55个少数民族中，有22个民族人口在10万以下，称为"人口较少民族"。具体包括毛南族、撒拉族、布朗族、塔吉克族、阿昌族、普米族、鄂温克族、怒族、京族、基诺族、德昂族、保安族、俄罗斯族、裕固族、乌孜别克族、门巴族、鄂伦春族、独龙族、塔塔尔族、赫哲族、高山族、珞巴族。根据2000年的人口统计资料，人口较少民族总人口为63万。由于人口较少民族主要聚居在西部偏远山区、边境一线，社会发育程度低，生产力水平低，经济和社会发展面临诸多困难。从2001年开始，国家实施了针对人口较少民族的扶贫开发，生产生活设施建设等措施。2005年由国家民委、国家发展改革委、财政部、中国人民银行、国务院扶贫办颁布的《扶持人口较少民族发展规划（2005—2010年）》，明确了扶持人口较少民族经济社会发展的指导思想、发展目标和主要任务。2012年，在原来22个民族的基础上，把人口少于30万的土族、仫佬族、锡伯族、柯尔克孜族、达斡尔族、景颇族、毛南族、撒拉族纳入人口较少民族扶持范围，28个民族，人口169万。

（七）西部开发政策

西部地区包括陕西、甘肃、宁夏、青海、新疆、内蒙古、云南、贵州、四川、重庆、广西、西藏12省市区。我国5个自治区全部在西部地区，30个自治州中有27个在西部地区，另外3个分别是恩施土家族苗族自治州、湘西土家族自治州和延边朝鲜族自治州，虽然不在西部地区，但可比照西部其他民族地区享受西部开发政策。120个自治县（旗）中，绝大部分在西部地区。因此，西部开发从某种意义上讲就是对民族地区的开发，西部开发政策也是民族经济政策的重要内容。

进入21世纪，党中央、国务院决定实施西部大开发战略，发布了《关于实施西部大开发若干政策措施的通知》，该《通知》制定了若干西部大开发优惠政策。

首先，在增加资金投入方面规定：

1. 加大建设资金投入力度。提高中央财政性建设资金用于西部地区的比例。国家政策性银行贷款、国际金融组织和外国政府优惠贷款，在按贷款原则投放的条件下，尽可能多安排西部地区的项目。对国家新安排的西部地区重大基础设施建设项目，其投资主要由中央财政建设性资金、其他专项建设资金、银行贷款和利用外资解决，不留资金缺口。中央将采取多种方式，筹集西部开发的专项资金。中央有关部门在制定行业发展规划和政策、安排专项资金时，要充分体现对西部地区的支持。鼓励企业资金投入西部地区重大建设项目。

2. 优先安排建设项目。水利、交通、能源等基础设施，优势资源开发与利用，有特色的高新技术及军转民技术产业化项目，优先在西部地区布局。加强西部地区建设项目法人责任制、项目资本金制、工程招投标制、工程质量监督管理制、项目环境监督管理制等制度的建设和建设项目的前期工作。

3. 加大财政转移支付力度。随着中央财力的增加，逐步加大中央对西部地区一般性转移支付的规模。在农业、社会保障、教育、科技、卫生、计划生育、文化、环保等专项补助资金的分配方面，向西部地区倾斜。中央财政扶贫资金的安排，重点用于西部贫困地区。对国家批准实施的退耕还林还草、天然林保护、防沙治沙工程所需的粮食、种苗补助资金及现金补助，主要由中央财政支付。对因实施退耕还林还草、天然林保护等工程而影响的地方财政收入，由中央财政适当给予补助。

4. 加大金融信贷支持。银行根据商业信贷的自主原则，加大对西部地区基础产业建设的信贷投入，重点支持铁路、主干线公路、电力、石油、天然气等大中型能源项目建设。加快国债配套贷款项目的评估审贷，根据建设进度保证贷款及早到位。对投资大、建设期长的基础设施项目，根据项目建设周期和还贷能力，适当延长贷款期限。国家开发银行新增贷款逐年提高用于西部地区的比重。扩大以基础设施项目收费权或收益权为质押发放贷款的范围。增加对西部地区农业、生态环境保护建设、优势产业、小城镇建设、企业技术改造、高新技术企业和中小企业发展的信贷支持。在西部地区积极发放助学贷款及学生公寓贷款。农村电网改造和优势产业贷款中金额较大的重点项目，由农业银行总行专项安排和各商业银行总行直贷解决。有步骤地引入股份制银行到西部地区设立分支机构。

其次，在改善投资环境方面规定：

1. 大力改善投资的软环境。深化西部地区国有企业改革，加快建立现代企业制度，搞好国有经济的战略性调整和国营企业的资产重组。加大对西部地区国有企业减负脱困、改组改造的支持力度。加强西部地区商品和要素市场的培育和建设。积极鼓励西部地区个体、私营等非公有制经济加快发展，依照有关法律规定，凡对外商开放的投资领域，原则上允许国内各种所有制进入。加快建立中小企业信用担保体系和中小企业服务机构。除国家重大项目和有特殊规定的项目外，凡是企业用自有资金或利用银行贷款投资于国家鼓励和允许类产业的项目，项目建议书和可行性研究报告合并一道按规定程序报批，初步设计、开工报告不再报政府审批，相应简化外商投资项目审批程序。要进一步转变政府职能，实行政企分开，减少审批事项，简化办事程序，加强服务意识，消除行政垄断、地区封锁和保护，加强依法行政，保护投资者合法权益。加强环境保护，防止盲目重复建设，依法关闭产品质量低劣、浪费资源、污染严重、不具备安全生产条件的厂矿企业。

2. 实行税收优惠政策。对设在西部地区国家鼓励类产业的内资企业和外商投资企业，在一定期限内，减按15%的税率征收企业所得税。民族自治地方的企业经省级人民政府批准，可以定期减征或免征企业所得税。对在西部地区新办交通、电力、水利、邮政、广播电视等企业，企业所得税实行两年免征，三年减半征收。对为保护生态环境，退耕还林、草产出的农业特产品收入，在10年内免征农业特产税。对西部地区公路国道、省道建设用地比照铁路、民航用地免征耕地占用税，其他公路建设用地是否免征耕地占用税，由省、自治区和直辖市人民政府决定。

3. 实行土地和矿产资源优惠政策。对西部地区荒山、荒地造林种草及坡耕地退耕还林还草，实行谁退耕、谁造林种草、谁经营、谁拥有土地使用权和林草所有权的政策。各种经济组织和个人可以依法申请使用国有荒山荒地，进行恢复林草植被等生态环境保护建设，在建设投资和绿化工作到位的条件下，可以出让方式取得国有土地使用权，减免出让金，实行土地使用权50年不变，期满后可以申请续期，可以继承和有偿转让。国家建设需要收回国有土地使用权的，依法给予补偿。对于享受国家粮食补贴的退耕地种植的生态林不能砍伐。对基本农田实行严格保护，实现耕地占补平衡。加大对西部地区矿产资源调查评价、勘探、开发、保护与合理利用的政策支持力度。制定促进探矿权、采矿权依法出让和转让的办法，培育矿产权市场。

4. 运用价格和收费机制进行调节。深化价格改革，进一步提高市场调节价格的比重。合理制定"西气东输"、"西电东送"价格，建立天然气、电力、石油、煤炭产销环节的价格形成机制。加快水价改革步伐，根据节水的要求，逐步将水价提高到合理水平，完善水资源费的征收和管理。加强流域水资源的统一管理，严格执行计划用水和水量分配制度，促进水资源的合理利用和开发。普遍实行城市污水和垃圾处理收费制度，收费专项用于污水和垃圾处理。加强江河上游和源头地区水资源的污染防治和保护工作。西部省际间及省、区内航空支线票价实行经营者自主定价。对西部地区新建铁路可实行特殊运价。加强西部地区邮政电信的普遍服务。

再次，扩大对外对内开放方面规定：

1. 进一步扩大外商投资领域。鼓励外商投资于西部地区的农业、水利、生态、交通、能源、市政、环保、矿产、旅游等基础设施建设和资源开发，建立技术研究开发中心。扩大西部地区贸易领域对外开发，将外商对银行、商业零售企业、外贸企业投资的试点扩大到直辖市、省会和自治区首府城市，允许西部地区外资银行逐步经营人民币业务，允许外商在西部地区依照有关规定投资电信、保险、旅游业，新办中外合资会计师律师事务所、工程设计公司、铁路和公路货运企业、市政公用企业和其他已承诺开放领域的企业。一些领域的对外开放允许在西部地区进行试点。

2. 进一步拓宽利用外资渠道。在西部地区进行以 BOT 方式利用外资的试点，允许外商投资项目开展包括人民币在内的项目融资。支持符合条件的西部地区外商投资企业在境内外股票市场上市。支持西部地区属于国家鼓励和允许类产业的企业通过转让经营权、出让股权、兼并重组等方式吸引外商投资。积极探索以中外合资企业基金、风险投资基金方式引入外资。鼓励在华外商合资企业到西部地区再投资项目，外资比例超过 25% 的，享受外商投资企业待遇。对外商投资西部地区基础设施和优势产业项目，适当放宽外商投资的比例限制，适当提高国内银行提供固定资产投资人民币贷款的比例。允许西部地区的某些项目适当提高总投资中国外优惠贷款的比例。对西部地区优势产业及出口创汇项目引进国外先进设备和技术，国家在国外商业贷款指标安排上给予支持。积极争取多边、双边赠款优先安排西部地区项目。

3. 大力发展对外经济贸易。进一步扩大西部地区生产企业对外贸易经营自主权，鼓励发展优势产品出口、对外工程承包和劳务合作、到境外特别是周边国家投资办厂，放宽人员出入境限制。对西部地区经济发展急需的技术设备，在进口管理上给予适当照顾。对从西部地区重要旅游城市入境的海外旅游者，根据条件实行落地签证和其他便利入境签证政策。实行更加优惠的边境贸易政策，在出口退税、进出口商品经营范围、进出口商品配额、许可证管理、人员往来等方面，放宽限制，推动我国西部地区同毗邻国家地区相互开放市场，促进周边国家区域经济技术合作健康发展。

4. 推进地区协作与对口支援。在防止重复建设和禁止转移落后技术与环境污染的前提下，在投资、财政、税收、信贷、经贸、工商、劳动、统计等方面积极采取有利措施，支持东部、中部地区企业到西部地区以投资设厂、参股入股、收购兼并、技术转让等多种方式进行合作。在中央和地方政府指导下，动员社会各方面力量加强东西对口支援，进一步加大对西部贫困地区、少数民族地区的支援力度，继续推进"兴边富民"行动。围绕西部开发的重点区域，发展多种形式的区域经济合作。

最后，吸引人才和发展科技教育方面规定：

1. 吸引和用好人才。制定有利于西部地区吸引人才、留住人才、鼓励人才创业的政策。随着工资改革，建立艰苦边远地区津贴，提高西部地区机关和事业单位人员的工资水平，逐步使其达到或高于全国平均水平。依托西部开发的重要任务、重大建设项目及重要研究课题，提供良好的工作和生活条件，吸引国内外专门人才投身于西部开发。改革户籍管理制度，允许到西部地区投资经营和参加开发的其他地区居民保留原籍户口，凡在西部地区地级以下城市（含地城市）和小城镇有合法固定住所、稳定职业和生活来源的人员，可根据本人意愿办理城镇常住户口，鼓励农业富余劳动力合理转移和跨地区人口合理流动。扩大东部和西部地区之间的干部交流。

2. 发挥科技主导作用。加大各类科技计划经费向西部地区的倾斜支持力度，逐步提高科技资金用于西部地区的数额。围绕西部开发的重点任务，加强科技能力建设，组织对关键共性技术的攻关，加快重大技术成果的推广应用和产业化步伐。支持军转民技术产业化的发展。支持西部地区科研机构、高校加强有特色的应用研究和基础研究。深化科技体制改革，加快从事应用研究的科研机构向企业转化，加强产学研的联合，推动科技与经济的密切结合。允许并提高西部地区企业在销售额中提取开发经费的比例。加大科技型中小企业创新基金对西部地区具备条件项目的支持力度。对科技人员在西部地区兴办科技型企业，简化工商登记，提高股权、期权和知识产权入股的上限。

3. 国家教育投入。继续实施贫困地区义务教育工程，加大国家对西部地区义务教育的支持力度，增加资金投入，努力加快实现九年义务教育。对西部地区高等学校建设予以支持，扩大东、中部地区高校在西部地区的招生规模。加大实施东部地区学校对口支援西部贫困地区学校工程以及西部地区大中城市学校对口支援农村贫困学校工程的力度。建设西部地区远程教育体系。加强对农村基层干部和农民的科学文化知识教育培训。

4. 加强文化卫生建设。国家安排的补助地方文化设施建设、广播电视建设投资和文物经费，向西部地区倾斜。进一步落实国家文化宣传单位经济政策，繁荣文艺创作。推进自然村"村村通"广播电视建设，进一步扩大广播电视有效覆盖面。促进边疆地区和少数民族地区文化事业发展。支持西部地区文化建设和精神文明建设。加强对西部地区卫生、计划生育建设的支持力度，重点建设健全农村初级卫生保健体系。

三、民族经济政策评价

民族经济政策作为中国民族政策的组成部分，在实践中发展和完善，形成了具有中国特色的较完善的政策体系，也取得了重大的实践效果，为各民族共同发展繁荣做出了贡献。但在制定和实施中也存在一些问题，需要改革和完善。

（一）民族经济政策的特点

中国的民族经济政策具有自身的特点，这些特点源于中国少数民族及少数民族经济发展的特点，以及中国经济发展的内外部环境。具体可以概括为以下几个方面。

长期性。制定和实施民族经济政策的目的是关照到少数民族及民族地区经济发展的特殊性，帮助他们发展经济，满足生活需要。少数民族经济及少数民族经济的特殊性表现在生产、消费等环节。只要少数民族及少数民族地区生产消费环境的特殊性以及民族地区与其他地区的差距存在，民族经济政策就会发挥作用。如民族用品生产和保障政策，是针对少数民族的特定生产生活需要而实施的，具有民族性、多样性、国际性等特征。少数民族的一些特需商品规模小、工艺特殊、用材特殊，需求又具有稳定性，涉及不同民族的衣食住行，需要专门的企业生产和供应。由于需求规模小、工艺特殊，历史形成了专门生产这些用品的企业，国家在各个方面给予这些企业政策优惠，如果完全依靠市场生产和满足这些需求，很难保证供给，直接影响其生活。只要民族间及地区间的经济发展差距和差异性存在，各民族的特殊生产和消费习惯仍然延续，少数民族经济政策必然存在并继续发挥作用，并贯穿民族发展的始终。

特殊性。民族经济政策作为中国民族政策的重要内容，服务于民族工作的大局。它在具有调整经济关系、再分配等功能之外，还具有特殊性。如边销茶，历史上就是蒙古族、藏族、维吾尔族、回族等少数民族的主要饮品，在其日常生活中是不可或缺的，有"一日无茶则滞，三日无茶则痛"、"宁可三日无粮，不可一日无茶"之说。但受到自然环境的影响，边销茶的产地集中在湖南、湖北、四川、云南、广西、贵州等地，生产地和消费地是分离的，需要长距离运输。保证边销茶的生产和供给对于边疆稳定、民族团结具有重要意义，历代中央政府都把边销茶作为重要战略物资加以管理。中华人民共和国成立后，国家制定了相应的政策保证边销茶的生产和供给，并对生产和流通环节进行补贴，建立国家储备制度，满足了各民族的消费需求。还有一些少数民族与宗教活动有关的消费，国家也制定相应的政策给予保障。民族经济政策的特殊性还表现在是针对特定群体的生产生活需要。

动态性。民族经济政策不是一成不变的，在保持连贯性的同时，要随着内外部经济环境的变化而调整，具有动态性特征。一些过去在民族地区经济发展中曾经发挥过重要作用的民族经济政策，可能会随着民族地区经济发展而失效，或需要改革。如财政金融政策，有一些一直沿续至今，有些则废除，还有一些进一步改革和完善；又如扶贫开发政策，在不同阶段针对不同的民族和地区，都具有一定差别和变化，传统的扶贫方式以生活救济为主，以后逐渐过渡到生产性和开发性扶贫，以提高贫困人口的自我发展能力为主，实现永久性脱贫。

（二）民族经济政策取得的成效

中华人民共和国成立60年来，民族经济政策走过了探索、发展和逐步完善的过程，随着少数民族和民族地区经济发展实践中新问题的出现，民族经济政策还会继续调试和完善。从中国民族经济政策实施的实际效果看，对缩小民族间、地区间发展差距，满足少数民族群众的特殊需要，实现各民族共同发展繁荣发挥了重要作用，是少数民族和民族地区经济社会快速发展的重要保障。具体成就体现在少数民族及民族地区基础设施建设、经济结构的进步、居民生活条件的改善和水平的提高，为民族团结和国家统一做出重要贡献。2008年，民族地区经济总量由1952年的57.9亿元增加到30626.2亿元，按可比价格计算，增长了92.5倍；城镇居民人均可支配收入由1978年的307元增加到13170元，增长了30多倍；农牧民人均纯收入由1978年的138元增加到3389元，增长了19倍。内蒙古经济发展速度连续7年居全国之首，新疆经济发展速度连续6年保持两位数增长。西藏生产总值达到395.91亿元，比1959年增长65倍。[①]

再以扶贫开发为例，20世纪50年代，国家对一些地区的少数民族贫困群众免费治病，发放贷款和农具，创办公费学校，进行社会救济。20世纪80年代开始，中国通过制定和实施一系列扶贫开发措施，有效解决了绝大贫困人口的温饱问题，为人类反贫困事业做出了积极贡献。受到自然环境、社会发育程度等因素的影响，少数民族及民族地区的贫困问题突出，贫困发生率高，脱贫难度大，属于区域性贫困，有些少数民族处于整体贫困。国家在把少数民族和民族地区纳入全国统一扶贫规划的同时，还制定了具有针对性地措施。如放宽扶持标准、在扶贫资金和物资上向少数民族贫困县倾斜、设立"温饱基金"、发动全社会力量参与民族地区的扶贫工作等。国家通过实施以工代赈、易地扶贫、游牧民定居、农村危房改造、农村安全饮用水工程以及城乡最低生活保障制度，不断加大对民族地区

---

① 国务院新闻办公室：《中国的民族政策与各民族共同繁荣发展》白皮书，《新华网》，2009/09/27。

的支持力度。经过不懈努力，民族地区的贫困人口已由 1985 年的 4000 多万人减少到 2008 年的 770 多万人。①

民族经济政策在缩小民族及地区间经济发展差距的同时，也极大地促进了民族地区社会发展，少数民族人口的平均预期寿命、受教育程度等的大幅度提高除了医疗卫生、教育事业的发展外，经济发展是其保障。

(三) 民族经济政策与民族经济发展相适应

少数民族和少数民族地区经济作为中国经济的重要组成部分，其发展受到国家宏观经济环境和政策的影响和指导，全国宏观经济环境的变化及政策调整和改革，必然要求民族经济政策的调整和改革。同时少数民族及少数民族地区经济也在发展和变化，要求经济政策的变革和制定适应这一过程。经济政策永远都是针对经济发展中的问题和矛盾的，民族经济政策的特殊性通过民族经济问题和矛盾的特殊性体现出来。我们在肯定民族经济政策取得的成就的同时，也发现其制定和实施过程中存在一些问题。如存在着较普遍的民族经济政策研究相对滞后，对宏观环境变化后对民族地区经济的影响估计不足，政策的改革和完善大多滞后于实践的需要，缺乏前瞻性的政策制定和研究机制。

改革开放前由于实行高度集中的计划经济体制，国内经济环境相对单一，民族经济政策由中央制定，相关部门组织实施，有效性高。但随着宏观经济环境的变化，尤其是随着市场经济体制的不断完善，原来的少数民族经济政策逐步失效，新政策的制定没有适时适应这一变化。主要表现在：一些政策比较单一，不配套。单一的政策本身就很难达到其原定的政策目标，尤其在执行时大大降低了

---

① 国务院新闻办公室：《中国的民族政策与各民族共同繁荣发展》白皮书，《新华网》，2009/09/27。

执行保障力度；经济政策层次不高，跟不上形势发展。一些经济政策仍沿用计划经济时代的作法，很少采用符合市场经济规律的信贷、利率、汇率等现代经济杠杆形式；经济政策以给钱、免税等输血式扶持为主，增长了少数民族人民的依赖心理，导致民族地区整个社会但求安稳、不思进取的倾向；一部分经济政策中央下放执行权力，允许民族自治地方政府参照、酌情运用，从而导致一些政策名存实亡。① 在20世纪90年代上述情况尤为突出。以财政政策为例，进入90年代后，随着国家进入市场经济时代以及分税制财政体制的推行实施，虽然民族地区在市场经济发展的浪潮中开始觉醒，努力探寻自强发展的崛起之路，但由于自身产业竞争能力弱、企业普遍经济效益差、农牧业生产自给水平低、资金来源十分有限，致使民族地区财政因这一新型财政制度的推行，处境更为艰难，不得不面对财政异常拮据的严酷现实。这不仅造成民族地区财政赤字积重难消，而且还造成各项建设经费落实困难，甚至部分地区陷入了连正常吃饭财政都难以保障的被动局面，更为严峻的是民族地区以往行之有效的财政优惠政策则呈现出明显弱化的趋势。近年虽有较大的改进和完善，仍需要进一步研究和完善。

同时少数民族经济政策的制定和实施在加快经济发展的同时，要与社会发展相统一。采取"以人为本、社会发展优先、优先缩小知识发展差距和人类发展差距"的新追赶战略，以优先加快社会发展，带动促进经济发展，从而才有可能切实缩小少数民族地区与全国平均水平乃至东部发达地区的经济发展差距。为此，新世纪应重新审视少数民族地区的传统追赶战略、重新界定和选择主导产业的发展方向，实行"生态建设、扶贫富民与民族文化保护"并举工程，调整和完善少数经济政策，以切实促进少数民族的自身开放、发展

---

① 红梅：中国少数民族经济政策50年，《广西民族研究》2000年第2期。

变革与繁荣进步，实现少数民族地区的全面可持续发展。①

在当前中国市场化、工业化、现代化的背景下，民族经济关系发生了很大的变化，民族经济政策需要随着这种环境的变化而调整。在市场经济条件下，强调效率优先，但少数民族和民族地区由于受到各种因素的影响，还不能有效地参与市场竞争，在竞争中处于劣势，对这些民族和地区就需要制定特殊政策，在一定时期内给予特殊的照顾，提高他们的自我发展能力和竞争力，否则由于不是处于同一起跑线上，会出现"马太效应"，使民族和地区间的发展差距进一步扩大。如在就业竞争中，一些少数民族处于明显的劣势，如果完全按市场规则让企业选择用工，就会出现新的不平等。还有如民族用品生产企业，受到产品特殊性的影响，产量小、工艺特殊，需求有限，如果完全按市场规律生产，可能会出现两种情况，或者企业不生产或者价格上升，这两种情况都会损害消费者的利益，使其特殊需要不能得到满足，对这些企业必须给予特殊的照顾和补贴。

当前中国社会处于转型期，经过改革开放30年的发展，东部地区在工业化、城镇化水平，经济体制转型等方面奠定了很好的基础，转型的阻力和困难要小于少数民族地区。大部分少数民族和少数民族地区则开始由传统社会向现代社会的转型，有些偏僻的少数民族地区还处于传统的农业社会。民族经济政策的制定要考虑到这些特殊性，而不能简单地以东部地区的经验来指导少数民族及民族地区的经济发展和政策制定。

宏观经济环境的复杂性和民族经济的特殊性，要求民族经济政策的制定要兼顾整体与局部、一般与特殊。因此，中国少数民族政策体系的构建问题，是一个非常不易解决的难题，而少数民族地区

---

① 温军：中国少数民族经济政策的演变与启示，《贵州民族研究》，2001年第2期。

面临的这一问题却又极为复杂。面对这一难点问题,应将少数民族经济发展模式、发展战略乃至少数民族经济政策问题,置于整个民族地区的经济发展系统之中,全方位、多视角、多学科地加以研究分析,才有可能构筑能够推动少数民族经济政策发展强有力的理论支撑,剖析透视引发民族问题的作用机理和内在本质,真正把握民族问题的深刻内涵。①

---

① 温军:中国少数民族经济政策的演变与启示,《贵州民族研究》,2001年第2期。

第十二章
民族文化与民族经济发展

民族经济与民族文化统一于民族发展过程之中,两者是不可分割的,民族经济是民族文化产生发展的物质基础,民族文化是民族经济发展的精神内涵和动力。中国各少数民族经济发展阶段的差距及经济文化类型的多形态,决定了民族文化的多样性和多形态,共同构成了中华民族文化。随着经济发展和社会进步,民族文化也在适应这一过程,不断传承和发展,民族文化的进步和创新推动着民族经济的发展,两者相辅相成,共同推动着民族的发展进步。没有经济基础的民族文化发展和没民族文化支撑的民族经济发展都是不可持续的。

一、民族文化及其特征

文化是居住在不同地域的人们在历史不同时期创造和发展起来的,是民族的重要特征,是民族生命力、创造力和凝聚力的重要源泉。中国各少数民族文化是中华文化的重要组成部分,是中华民族的共有精神财富。文化在具有共性特征的同时,还有地域性和民族性。同时不同时期经济基础和人类认知能力决定了文化具有阶段性和传承性。文化是动态的、发展的、连续的，因此有传统文化与现代文化之分。

（一）文化概念的内涵

关于文化的内涵，理论界有不同的看法，对其界定亦多种多样，在不同的学科领域，出于不同的目的和不同的角度，都有不同的文化定义。根据美国文化学家克罗伯在《文化：概念和定义的批评考察》一书中的统计，世界各地学者对文化的定义有160多种。

在中国，"文化"一词，古已有之，早期在汉语中的含义是：文治教化。"文"系指各色交错的纹理，有文饰、文章之义。东汉许慎的《说文解字》中的"文，错画也，象交文"即为此意，引申为包括语言文字在内的各种象征符号，以及文物典章、礼仪制度等。"化"本义为变易、生成、造化，如《易·系辞下》中的"万物化生"即为此意，引申为改造、教化、培育等。自西汉以后，"文"与"化"整合为一个词使用。西汉的刘向在《说苑·指武》中写道"凡武之兴，为不服也；文化不改，然后加诛"，晋束晢的《补亡诗·由仪》称"文化内辑，武功外悠"。古代中国的"文化"概念，基本上属于精神文明范畴，往往与"武力"、"武功"、"野蛮"相对应，它本身包含着一种正面的理想主义色彩，既有政治内容，又有伦理意义。如《说苑·指武》中："圣人之治天下也，先文德而后武力。凡武之兴，为不服也；文化不改，然后加诛。"这里"文化"的含义重在精神教育方面。

近代以来，中国学者对"文化"的概念进行了诸多讨论。譬如，梁启超在《什么是文化》一文中写道："文化者，人类心能所开释出来之有价值之共业也"；梁漱溟在《中国文化要义》中说："文化，就是吾人生活所依靠之一切，文化之本义，应在经济、政治，乃至一切无所不包。"20世纪40年代初，毛泽东在论及新民主主义文化时说：一定的文化是一定的社会的政治和经济在观念形式上的反映。中国《辞海》中将文化界定为:"从广义来说,指人类社会历史实践过程中所创造的物质财富和精神财富的总和。从狭义来说,指社会的意识形态,以及与之相适应的制度和组织机构。"

在西方,"文化"一词源于拉丁文"culture",原意为耕作、培养、教育、发展之意。英国人类学家爱德华·泰勒把文化表述为:"从广义的人种论的意义上说,文化或文明是一个复杂的整体,它包括知识、信仰、艺术、道德、法律、习惯以及作为社会成员的人所具有的其他一切能力、习性的复合整体,总称为文化。"[①] 康德在《判断力批判》中指出:"在一个理性生物中,一种对任意选项的目的的有效性的产生,就是文化。"黑格尔指出"文化是绝对精神对自我外化出的人的教化过程,也就是绝对精神自我认识的过程"。牛津大学出版的《现代高级英汉双解辞典》对"文化"的定义列举了如下几种:一是人类能力的高度发展;二是人类社会智力发展的证据;三是一个民族的智力发展状况,某一特定形式的文化;四是耕作、培养、教育、发展。《苏联大百科全书》中对"文化"的定义是"文化是社会和人在历史上一定的发展水平,它表现为人们进行生活和活动的种种类型和形式,以及人们所创造的物质和精神财富",并提出:"'文化'这个术语从较狭义的意义看,仅指人们的精神生活领域。"

从上述中外学者对"文化"的定义看,对文化的外延认识不同,有的包含的内容多,有的少,形成了"广义"和"狭义"两个文化定义。广义的文化涵盖了人类社会的一切文明成果,包括物质和精神两个层面;狭义的文化主要指精神层面的,主要包括意识形态、文学艺术、思想观念、典章制度、生活习俗等。从文化形成和发展的过程看,所谓物质文化实际是文化在物质生产及生产物中的体现。

---

① 爱德华·泰勒:《原始文化》,第1页,杭州:浙江人民出版社,1988。

物质本身不可能有文化,是有文化的人以劳动将自己的文化注入其产品中,该物质产品也就成了文化的载体。据此,刘永佶认为:"文化是对于人生和社会关系的意识,是社会经济、政治矛盾在意识中的集中反映,也是人生和社会发展的导引。文化的内容,包括价值观、思想和道德,是人本质中意识要素的集中体现,也是人文化精神素质的集合,它们是生存于经济、政治矛盾中的人对矛盾的认知和态度。也就是说,文化的主要作用,是对经济、政治关系的认知和处理,脱离经济、政治的文化是不存在的。正是在经济、政治生活中,人们不断地以其价值观、思想和道德来支配自己的行为,处理与他人的社会关系。在总体上,文化又通过政治而制约经济生活,法律、政策作为一定文化的体现,是经济生活的准则和规范。文化体现着社会总体对个体人的制约,又是个体人对总体的认知。文化构成社会制度和社会运动的理论依据,是社会变革和发展的导向。经济和政治之所以能够运行,其内在因素之一,就是文化。同样,经济、政治中的矛盾,又必然体现在文化上,并将文化作为其必要方面。经济、政治矛盾的解决,也要通过文化理念的更新,以及个体人在文化层面的斗争、沟通、协调,才能实现;经济、政治的制度及其法律、政策等,也要经人们在文化观念上的认可,才能制约人的行为。"[①] 文化是一个社会群体的价值观、思想和道德,制约着社会成员的行为和关系。文化的影响是潜移默化的,具有传承性和习得性。文化还是一个历史的动态概念,具有明显的时代痕迹,文化不是凝固的,它随着时代的发展而发展。历史是文化的凝结,同时也是文化的传承,每个民族都是在不断创造文化的同时创造着历史。

[①] 刘永佶:《劳动哲学》,(下卷)第587页,北京:中国社会科学出版社,2009。

(二) 民族文化与传统文化

民族文化是不同的民族集团在长期社会实践中创造和发展起来的具有自身形式和特点的文化。民族文化是历史积淀的结果,由于地理环境和经济发展阶段的差异,不同民族形成了与其相适应的文化,并成为民族间相互区别的主要依据。与文化的定义一样,对民族文化,也有多种不同的定义。《中国大百科全书·民族卷》中把民族文化定义为:"各民族在其历史发展过程中创造和发展起来的并具有民族特点的文化。饮食、服饰、住宅、生产工具属于物质文化的内容;语言、文字、科学、艺术、哲学、宗教、风俗、节庆和传统等属于精神文化的内容。"[1] 还有学者把民族文化"分为三个层次:物质文化——适应民族共同体生存与发展需要的物质财富,制度文化——维护少数民族共同体秩序和组织结构的规制形态,思想文化——反映民族共同体价值取向、思想观念、道德意识等民族精神的文化特质。"[2]

中华民族具有悠久的历史,承载着几千年的文明积淀,中华民族的文化和特色正是在这几千年的发展中逐渐形成的。它既散见于经典文献、制度规章等程式化的客体形式之中,又存在于中华民族的思维模式、知识结构、价值观念、伦理规范、行为方式、审美情趣、风俗习惯等主体形式之内,经过数千年的演绎与扬弃,这种文化积淀已深深地融进中华民族的思想意识和行为规范之中,渗透到社会政治、经济,特别是精神生活的各个领域,成为影响社会历史发展、支配人们思想行为和日常生活的强大力量。同时不同时期的

---

[1] 《中国大百科全书·民族》,第313页,北京:中国大百科全书出版社,1986。

[2] 龙远蔚主编:《中国少数民族聚居研究导论》,第38页,北京:民族出版社,2004。

民族集团都为中华民族文化的形成和发展作出了贡献，共同造就了博大精深的中华文化。少数民族文化作为中华文化的重要组成部分，其国内外影响力不断扩大，随着中国对外文化交流工作的不断加强，少数民族文化走出国门，活跃在国际舞台上，展示出独特的魅力，有力地促进了中华文化的传播和国家软实力的提高。积极开辟少数民族文化艺术团体对外交流渠道，丰富交流内容和形式，成为中国对外文化交流的一大亮点。

中国56个支民族在具有共同文化特质的同时，又有各自的特色。中华人民共和国成立前，由于工业化水平低且集中在有限的区域，除一些城市已经发展起来的民族工业外，中国人口的绝大部分生活在农村牧区，从事传统的农牧业生产活动，与不同的生产活动相适应，形成了各具特色的民族文化。中国少数民族大多有自己的宗教信仰，有些民族还是全民信教，宗教作为民族文化的重要组成部分，具有不同宗教信仰的民族文化也自然存在差异。世界三大宗教在少数民族中都有信仰人群，此外还有原始宗教、道教等。少数民族文化的特色表现在如绘画雕塑、建筑形式、民族工艺、集市贸易、服饰饮食、神话传说、音乐舞蹈、戏曲艺术、节日庆典、婚丧嫁娶、文娱体育、宗教信仰、待客礼仪等，无不具有浓郁的民族风格。独特的文化是一个民族区别于另一个民族的重要特征，民族传统文化资源是民族地区的优势资源，是民族经济现代化的重要力量和保证。

有观点认为传统文化构成了民族文化的主要内容，民族文化的差异主要表现在传统文化中，这有一定的道理。但传统文化不是民族文化的全部内容，民族文化随着民族的发展而发展，在包含和传承民族传统文化精髓的同时，也在不断地与时俱进、推陈出新。相对于民族文化而言，传统文化突出的是"传统"，是与"现代"相对应的概念，在时间上属于历史的范畴，是一个民族的历史遗产在现实生活中的展现。传统文化负载一个民族的价值取向,影响着一个民族的生活方式,拢聚着一个民族自我认同的凝聚力。

关于传统文化学界有不同理解,还没有一个明确的定义。一种观点认为,"传统文化"是指根植于自己民族土壤中的稳态的东西,但有动态的东西包括其中,是过去与现在交融的过程,渗入了各时代的新思想、新血液。还有一种观点认为,"传统文化"是指保持在每一个民族中的、历史上流传下来的文化,是每个民族的"固有文化"、"传承文化",譬如,日本的大和民族文化、德意志的日耳曼民族文化、中国的中华民族文化。

中国传统文化是中华民族在中国古代社会形成和发展起来的比较稳定的文化形态,是中华民族智慧的结晶,是中华民族的历史遗产在现实生活中的展现。既包括封建时代的文化,也包括近代文化、"五四"以后的新文化等。有的学者认为,中国传统文化从根源上讲不是一源分流,而是殊途同归,是各种文化的大融合,是各种思想的相互影响和渗透。① 也有观点认为中华传统文化是从秦汉到1911年之间的文化,之后的文化发展是近现代文化或新文化。既然是传统肯定是历史形成的,是与现代相区别的文化,从这个角度看,传统是相对的。传统文化包括有形的物质文化,但更多的体现在无形的制度文化和社会潜文化以及经典文化,譬如,表现在价值观念、生活方式、风俗习惯、心理特征、审美情趣等方面。其中,物质文化和制度文化比较容易变化,而后两个层次的文化往往依靠历史的惯性维持自身的稳定。

中国有55个少数民族,每个民族都有自己独特的民族传统文化,但是从中国少数民族传统文化的实际内容看,许多少数民族传统文化之间都有着千丝万缕的联系,一些民族的传统文化大同小异,

---

① 张智彦:"传统文化研究"述评,《哲学研究》1986年第6期。

一些民族传统文化的某些因素基本相似，或者传统文化之间交错吸收，显示出你中有我，我中有你。究其原因，主要是因为许多民族生存的自然生态环境基本相同，物质生产条件和生产水平相似，再加上许多民族在历史上交往频繁、关系密切，从而使中国少数民族的传统文化之间呈现出以地域、生产水平为基础的相似性。

根据中国少数民族传统的物质生产条件、生产水平、自然生态环境以及在此基础上形成的生计方式的特点，少数民族大体上可以分为3种经济文化类型（这3种类型的分法，主要借用了林耀华先生主编的《民族学通论（修订本）》关于中国少数民族经济文化类型的分类）：以居住在东北大小兴安岭的森林区及黑龙江、松花江、乌苏里江交汇处的赫哲族、鄂伦春族、鄂温克族为代表的采集渔猎经济类型；以分布在东起大兴安岭西麓，西到准噶尔盆地西缘，南到青海草原、甘南草原、藏北草原及横断山脉中段广大地区的蒙古族、藏族等为代表的畜牧经济类型；分布在塔里木盆地周围，雅鲁藏布江流域，澜沧江、怒江流域，云贵高原一带的农耕经济类型等3种经济类型。在这3种经济类型中，每一种类型特别是在农耕经济类型中，实际上又存在着许多差异不小的各种亚类型。但一般而言，都可划分在这3种经济类型之中。而每一个生活于某种经济类型中的少数民族，传统文化都有较强的相似性。以这3种经济类型为基础产生出的中国少数民族传统文化，从总体上说，就可以分为3种传统文化类型：以采集渔猎为基础的山林文化类型；以畜牧经济为基础的草原文化类型；以农耕经济为基础的定居文化类型。

处于第一种经济类型的少数民族，他们的生存环境一般都是森林茂密，河流纵横，天气严寒，冬季漫长而寒冷，夏季短促而日照充分，基本不适宜于耕种。为了适应这种环境，他们的物质文化，表现在生产方面，主要是使用各种狩猎渔捞的工具；表现在衣、食、住、行方面，主要是加工渔猎物之肉为其主要的食品，用渔猎物之皮,加工成各种衣物被褥饰品等;其屋室,主要是利用木材、动物的皮毛加工成地上和半地下的窝棚、木屋;他们以养殖的马匹、驯鹿以及爬犁等作为主要的运输工具。此外,近代以来他们还从外地购进枪支和其他高级日用品,但一般来说,这并不直接反映这些少数民族传统物质文化的水平和特点。

处于第二种经济类型的少数民族,一般生活于各种草原地带。中国的草原地带多与荒漠沙漠相间、相邻,地势高寒,干旱少雨,温差大,生态环境脆弱,灾害较多。这一经济类型的少数民族以游牧或半游牧为主,在生产方面,主要使用放牧、繁殖、宰杀牲畜以及整治草原的工具;在生活方面,食肉、饮酪、衣皮、住穹庐和毡帐、骑马、驾牛车是数百年来流传下来的传统物质生活方式。

处于第三种经济类型的少数民族,虽然都属于农耕类型,但他们之间的差异却很大。就生产方面来说,从刀耕火种到使用铁制犁具,从烧荒漫种到深耕细作,从靠天赏雨到引水灌溉,从只能种植薯黍到种植五谷棉茶,种类繁多,差距甚大。就衣、食、住、行来说,那更是因地而异、因时而异,但就总体而言,主要以农作物为食,以棉麻制品为衣,住所形制虽差异甚大,但基本是以固定居室为主,交通则用各种牲畜、肩扛背背和各种车辆。这种类型的物质文化还有一个共同的特点,那就是大都从事一定程度的渔猎和畜牧作为副业以及有一定技术的手工业。因此就其生产工具来说,也都兼有渔猎和畜牧的工具和技能,还拥有较之前两种类型进步的手工业工具和技能。特别是各种类型、各种发展程度的城镇的出现,是这类少数民族传统文化的特点。[1]

文化既然是历史的积淀和传承,它在承载人类文明成果的同时,也存在着时代的局限。同一种文化,在不同的历史阶段,对社会的

---

[1] 杨建新:少数民族传统文化的结构,《中国民族宗教网》,2006/06/02。

影响不同。随着经济发展、文明主体的进步和素质技能的提高，文化也在不断地发展和进步。有些在历史上曾经发挥积极作用的先进文化，在新的历史条件下可能成为经济社会发展的桎梏。如从人类社会发展形态的角度看，奴隶制下的文化明显优于原始社会的文化，封建社会的文化先进于奴隶制下的文化，而资本主义文化是对封建文化的批判和继承，社会主义文化在保留资本主义物质文明和进步文化成果的同时，建立以劳动者为主体的文化。文化的传承性和时代性特征使其划分为传统文化和现代文化，每一个时期的文化相对于后一个时代的文化而言就是传统文化，对前一个时期而言是现代文化，同时不同时期的文化又是叠加的，不断积累的。传统文化对现代社会的影响是多方面的，它既有积极的一面，也有消极的一面，对民族文化的合理扬弃是中华民族现代化的必然要求。

　　传统文化不仅表现在一个民族的文学艺术、生产生活，而且还体现在其思维方式、心理素质和民族精神等方面，是一个民族历史与文化的结晶。对民族传统文化，需要进行客观的分析和评价。首先，传统文化之所以能够延续和发展，说明它具有积极的、合理的方面。一个民族的传统文化，是其成员世代传承相沿的共识符号，是连接一个民族历史发展的纽带，联系着民族的过去、现在和将来。民族的现代化不能脱离传统文化，民族的发展只能建立在传统文化的基础之上，这是民族发展的内在规律和要求。同时民族传统文化是长期传承积累的结果，它有机地存在于该民族的社会中，协调并维持着社会的平衡，对社会发展有着调适、整合功能，新的社会秩序、道德伦理的构建离不开本民族的传统文化，传统文化是建设和谐稳定的现代社会的精神要素。[1] 其次，民族传统文化是在各民族长

---

[1] 索晓霞：西部大开发与民族文化传承——以贵州为例，《贵州社会科学》，2000年第5期。

期的发展过程中,在一定的历史背景下形成的,因而带有明显的历史痕迹,但随着历史条件和发展环境的变化,它们中的一部分逐渐失去了原有的价值和作用,甚至成为阻碍民族发展的消极因素。民族文化的这种双重特性,需要对其进行具体和历史的分析,做到"取其精华,去其糟粕",既要继承传统,又要有不断创新的精神,使传统文化更好地为民族现代化服务。正如党的十七大报告中所说,民族文化发展应"保持民族性,体现时代性"。把民族性和时代性结合起来,使中华文化发扬光大。

(三) 中国少数民族文化的特征

民族文化的形成和发展受到自然环境、经济发展等因素的影响,同时文化具有传承和传播的特点。在人类社会发展的初期,经济活动直接受制于自然界,并孕育出与之相适应的经济文化类型,由于不同民族经济社会发展不同步,表现在民族文化上也会不同,不同的经济发展阶段产生相应的文化,中国各民族的文化特色和差异就是这两个方面共同作用的结果。文化的传承性和传播性特点使得各民族文化在具有共性的同时,表现出各自的特色。中国少数民族的文化具有以下特点。

多样性。每个民族都生活在特定的环境中,不同的环境造就了不同的生产、生活方式,并形成了与之相适应的文化。多样性是世界各民族文化相互区分的主要标志,尊重文化差异和多元性已成为不同国家、民族间交往的共识,由于文化多元才使得世界丰富多彩。中国55个少数民族由于不同的生产生活环境、不同的历史发展进程,形成了各具特色的民族文化,其文化多样性不仅表现在语言文字、文学艺术、宗教信仰、意识形态、思想观念之中,而且还表现在衣、食、住、行等方面。以语言文字为例,55个少数民族民族中有53个少数民族使用80多种语言,其中22个民族使用28种文字,以这些语言文字为基础,由这些文字记载和传承的民族文学艺术也丰富多彩。还有民族音乐和舞蹈，各少数民族都有本民族独特的音乐和舞蹈形式，其浓郁的民族特色成为中国艺术舞台上的奇葩，并代表中国走向世界。表现在衣食住行方面的特征就更加异彩纷呈，同一个民族由于生活的地域不同或从事的生产活动不同，其生活方式也不同，进而影响到民族文化的其他方面。

传承性。民族文化的发展不同于其他事物，大部分事物的发展是简单的新旧更替，而文化的发展具有很强的传承性，通过传承，优秀的民族文化得以保留，并在新的阶段发挥作用。通过文化传承可以了解一个民族的历史，各民族为了生存繁衍，上一代总会把自己积累的生产、生活经验与技能传授给下一代，人们从前人那里不仅继承了有形的物质遗产，还承袭了传统的价值观念、思维习惯、情感模式和行为规范。经过潜移默化的内化过程，将其沉淀于显意识和潜意识底层，各民族文化由此得以保存流传下来，从而积累了深厚的民族传统文化资源。

立体性。少数民族人口主要分布在高原山区，其分布具有"大杂居、小聚居"的特点，从而使其文化随着民族分布格局的变化而变化，具有立体性的特点，这在西南地区尤其明显。如傣族、水族、布依族、黎族等分布在低海拔地带的民族，主要种植水稻，其文化具有浓厚的稻作文化的特点，饮食文化以稻米为主，农业祭祀亦围绕着水稻的种植而展开，水在这些民族的物质和精神文化中居于十分重要的地位，居住和服饰等都适应低海拔地区的特征。彝族、傈僳族、苗族、瑶族等则居住在海拔较高的山地，以山地农业为基本生计方式，种植玉米、马铃薯等，其衣食住行表现出浓厚的山地文化特征。而藏族等分布在高海拔地带的民族，主要以种植耐低温干旱的青稞为主，兼以放牧牛羊，其文化具有游牧文化特征，饮食以耐饥寒的青稞面、牛肉为主，山林、冰雪在其祭祀活动中具有重要地位，住房及服饰体现着雪域特色。①

凝聚性。民族文化对各民族的共同心理素质起着重要的凝聚作用，是维系本民族成员的纽带。譬如，中华民族共同创造和丰富了多元一体的绚丽灿烂的中华文化，中华文化成为维系全体中国人的精神纽带，起到了巨大的凝聚作用，不管身在何处，中华子孙仍保持着浓厚的民族情结。各少数民族在坚持中华民族这一共同的文化认同的同时，又有其亚文化认同，并成为凝聚这些少数民族以及区别于其他民族的标志，藏族文化具有拢聚藏民族的凝聚作用、蒙古族文化具有拢聚蒙古民族的凝聚作用等。民族文化通过本民族成员相互间的文化认同，并以这种文化认同为基础，形成一定的社会网络。

地域性。任何民族文化都具有一定的地域性。人类在与大自然作斗争中，由于特定地域条件的影响与制约，经过漫长的演化，形成了独具特色的文化内涵。居住在不同自然条件的不同民族，在闲暇、交往等生活的结构、范围和对象方面都会不同，以致形成带有强烈地域特点的文化形式。与汉文化相比，少数民族有其独特的区域性特点。少数民族多居住于荒僻偏远地区，很多地方没有公路，交通只能靠牲畜和步行，人们过着几乎与外界隔绝的生活，因此，其传统文化也具有相对稳固的传承空间。在这样一种空间里，不同的民族形成了自己独特的文化形式。即使在同一民族内部，因地域不同，其风俗习惯会出现一些差异，如同一个民族在城镇、农村、牧区的风俗习惯就有明显的差别。地域性深深地刻印在民族文化的方方面面，有形无形中影响着民族的文学艺术、生活习俗、思想观念等。如不同民族的民歌，带有浓厚的地域色彩，居住在西南山区

---

① 参阅郑杭生主编：《民族社会学概论》，第47-49页，北京：中国人民大学出版社，2005。

的少数民族和生活在西北高原的少数民族，民歌具有各自的地域特色。还有服饰、房屋、饮食以及民间传说等。

国际性。民族文化的国际性缘于跨国民族的存在和国际间的文化交流。中国有30多个民族与国外同一民族相邻而居。这些民族间文化同源，语言相通，习俗相近，关系密切。譬如，哈萨克族、俄罗斯族、乌孜别克族、柯尔克孜族、塔塔尔族、蒙古族、朝鲜族、哈尼族、京族等。国际性通过文化认同有利于双边居民的经济文化交流，促进国家间的友好关系，但也会产生一些不利的影响，双边居民的收入状况、生活水平等相互传递，影响到边境地区的稳定。

二、民族文化与民族经济的关系

民族经济与民族文化相互联系、相互作用，两者是共生互动关系，从物质和精神两个层面共同促进民族的发展繁荣。根据马克思主义原理，一切文化都是建立在一定的经济基础之上的，民族文化也不例外。如果脱离了文化所赖以产生的社会经济形态，就会导致"文化决定论"的错误。任何一个民族，在一定的时期，都处在一定的社会形态之中；每一种社会组织、政治制度、生活方式、文化现象，都是建立在一定的经济基础之上的。经济是基础，文化由经济所决定，是经济和政治的反映。在社会经济形态决定民族文化特点的同时，民族文化对社会形态的发展又具有强烈的能动作用。

民族经济是民族文化的基础，为民族文化的发展提供物质条件，民族文化又是民族经济发展的源泉，为经济发展塑造适宜的劳动力，提供适宜的社会组织制度等软环境和不断创新的源泉，民族文化是民族经济发展的不可缺少的动力来源和智力支持，民族经济与民族文化无论两者任何一方产生变动都对彼此产生很大的影响。民族文化与民族经济在具有一致性的同时，也存在着不同性和相互制约性，如民族文化的发展可能滞后于经济的发展和变革，这时在前一种经济条件下产生的文化可能成为民族经济发展的桎梏，若经济发展滞后则不利于民族文化的发展，民族文化将停滞不前。反过来，符合时代要求的先进文化将会促进民族经济的快速发展，民族经济的发展又会促进文化的繁荣和进步。

关于民族文化对民族经济发展的影响，很多研究都是从民族传统文化与民族经济的关系展开分析的。这些研究存在两种倾向：一种认为民族传统文化对民族经济的现代发展更多的是消极阻碍作用，不利于民族经济的发展，对民族传统文化持否定态度。另一种观点认为，民族传统文化中有丰富的内容，主张要改变落后局面，加快现代化进程，就必须清理、改造民族传统文化，充分挖掘、发展、弘扬中国传统文化中的优秀文化。中国少数民族的文化，与其经济和政治一样，正处在变革和发展时期。在这个过程中，各民族都要明确发展的方向，在依循人类现代文化发展大趋势的前提下，分析本民族的文化传统，根据经济、政治发展的需要进行取舍。

实际上，民族传统文化与民族经济现代化的关系，既有冲突的一面，又有协调一致的一面。这是由民族传统文化中精华与糟粕两重性决定的。任何一个民族的传统文化，既具有体现本民族传统文化精髓的精神内涵，也有不适应新时代要求的糟粕。也就是说民族传统文化中既有与现代化要求相一致的一面，也有相悖的一面。对于民族传统文化中的精华应加以保护和发扬，并使其适应民族经济现代化的需要，在实践中不断发展和完善；而对于民族传统文化中的糟粕部分应加以抛弃、改造，使其与民族经济现代化相适应。

通过中外经济发展史的研究不难发现，不同时期不同国家的经济发展都伴随着文化的复兴，而文化的复兴又加快了经济的发展。唐朝作为中国历史上的一个鼎盛时期，在生产技术、文化等方面都居于世界领先地位，经济与文化相得益彰，吸引了世界的目光。对国家经济实力和民族文化的自信使唐朝以更开放的心态开展对外经济文化交流，这一时期中国对外经济文化交流非常广泛而深入。随着经济交流的开展，中国吸收了外来的进步文化，也将自己的民族文化传播到了外国，加强了彼此间的相互了解，建立起了正常的邦交和深厚的友谊，促进了亚洲地区和全世界的进步与繁荣，对增进人类文明作出了伟大贡献。18世纪以后的欧洲和20世纪中期以后的美国，也是依靠强大的经济基础带动了文化教育科技的快速发展，文化科技的进步发展又反过来促进了经济的更快发展。

三、民族文化对少数民族经济发展的影响

经济是基础，文化为经济发展提供精神给养，是经济发展的动力之源。一个经济发达的民族，往往也是文化繁荣的民族，反过来，文化繁荣也必然伴随着经济发展。民族文化对民族经济发展的影响是多方面的，本章把这些影响从促进或阻碍经济发展的角度归结为两个方面。首先，民族文化推动民族经济发展，是其精神内涵和动力；其次，民族文化对民族经济的制约作用，当民族文化的发展滞后于经济发展时，就成为民族经济发展的阻碍。民族传统文化之所以能够传承和保留，是因为其有合理的内核，在民族经济社会发展中发挥着积极的作用。

（一）民族文化对民族经济发展的制约

民族文化对民族经济发展的制约表现为民族文化的变革落后于经济发展的要求，当经济结构发生变革时，要求与之相适应的文化环境，而文化的发展滞后于经济结构的变革。如工业化要求与之相适应的技术、观念和规则，这是以农耕经济为主的传统社会文化不能满足的，需要文化的变革和跟进。中国少数民族在现代社会的文化困惑或文化对经济的制约大多缘于民族传统文化形成于以农耕和

游牧为代表的传统社会,在此基础上形成的观念意识等不能适应现代社会发展的需要,尤其不能适应工业化的生产组织形式和制度要求。文化的发展和变革是一个渐进的过程,需要文化主体的自觉和对民族传统文化的再认识,它不像经济发展那样短期内就能实现预定的目标。文化的变革也很难像经济发展那样用数据来衡量,它是一种无形的存在,能够感知但无法触及,它是一种"场"或"域",存在于一定的群体之中。

中华民族在小农经济基础上发展起来的中国官文化,以汉民族为代表,同时对各少数民族文化都产生着不同程度的影响。在小农经济条件下,官文化有其合理性和先进性,是与小农经济的发展相适应的,这种文化已经根深蒂固于中华文化传统之中,并存在于大部分社会成员的意识之中。这种文化对现代社会的影响,更多的是消极的,不利于建立公平正义的民主社会,也不利于中华民族的现代化进程。

中国少数民族社会发展的多元性、发展阶段的差异性等使少数民族的文化具有不同社会阶段的历史痕迹,这些文化与其所处的社会发展阶段相联系、相适应。在当时的社会条件下,为维系民族社会发展发挥了积极的作用,同时有一些民族文化精华延续到现代社会,成为区别于其他民族文化的重要标志,甚至被其他民族所吸纳。随着社会经济环境的变化,尤其在市场经济条件下,传统文化中的部分内容成为阻碍经济发展的因素,经过改革开放30年的发展,民族传统文化也在调适和变迁,但仍存在一些阻碍民族经济发展的方面。少数民族传统文化对经济发展的制约表现在生产、分配、消费、交换等社会生产的诸环节中。

在生产和消费方面,一些少数民族的传统文化中存在着较严重的重消费、轻积累的现象,严重制约着家庭的积累和脱贫致富。宗教消费在少数民族中非常普遍,尤其在信仰藏传佛教和伊斯兰教的民族和地区，宗教消费在居民日常支出中占很大比重。在一些少数民族中仍存在着较严重的依赖和等、靠、要的思想，个体的创业热情还未充分激发出来，缺乏改变家庭经济状况的动力。

少数民族的很多与市场经济相悖的消费行为往往与民族文化联系在一起，有些本身就是民族文化的一部分。因此如何认识和看待少数民族的这种消费现象，不能只从单一视角去分析和认识，只从传统文化保护的视角或只从经济利益视角的分析都有偏颇之处，如果这些消费现象不利于民族的发展，就应该逐步变革和扬弃，因为民族文化本身就是动态的。如节庆消费，适度消费或以节庆消费为特色的旅游业有利于经济的发展。还有一部分消费确是民族文化的组成部分，在民族传统文化传承中发挥着重要作用，对此应给予保护，这些消费也不会影响民族经济发展，合理引导还会对民族经济发展起到积极作用。

（二）民族传统文化对经济发展的积极作用

传统文化作为一个民族的历史传承和精神内涵，随着时代的发展，有些失去了原有的作用和价值。同时，精神和习俗等文化不同于物质文化，不能简单地用实用主义的观点认识和理解它。民族文化能够传承到今天，就说明它有合理的方面。中国大部分少数民族和民族地区工业化程度低，商品市场经济不发达，民族传统文化中有许多保护环境、人与环境和谐相处的思想和观念。有些在传统工业化模式下被认为是落后的文化习俗，在新的历史条件下将会赋予其新的价值，有利于民族地区的可持续发展。这些文化习俗是经过千百年的实践，总结出来的求得生存和发展的思想和经验，这些思想和经验对于民族地区的自然生态保护是非常有利的。如青藏高原及其周边地区是中国主要的水源地，也是近十几年发现的最美的旅游地之一，环境污染程度低，人与环境和谐相处，这与藏族传统文化中保护环境的理念和意识有关。藏族通常选择村寨周围高大挺拔的山体或传说中曾有高僧游历过的山脉作为神山。神山上的一草一木、一鸟一兽都是山神的财产，伤害了它们就会触怒神灵而降下灾难；而保护好它们就会获得山神的保佑，为自己和村寨带来幸福。出于这种畏惧和崇敬心理，一旦某座山峰被封作神山，藏族就会自觉地保护神山的植被和动物，神山也因此成为一个区别于周围环境的特殊地理单元而具有丰富的生态学内涵。只要有藏族居住的地方就会有神山，各村各社的神山彼此相连，构成了一个庞大的神山体系，成为生物多样性的主要载体。神山上禁止采伐、狩猎、开荒耕种，保存了相对稳定的生存环境，为许多生物提供了栖息地和天然避难所。[1] 还有以往藏族地区寺院组织封存的原始林，现今有保护资源和生态平衡的功效，还可能因建构水源蓄养林而具有特殊的经济价值——即原来的民族宗教活动，现今可能兼具环保与市场双重意义。

从以上的例子可以发现，文化的"进步"与"落后"在特定条件下会超出习惯思维方式，对民族传统文化的评价不能用"进步"与"落后"的简单思维模式。对民族传统文化只要加以合理引导，并赋予其新的内涵，是可以在新的历史下发挥积极作用的。

四、发挥民族文化与民族经济的互动功能，促进民族经济发展

民族文化与民族经济之间的这种相互作用、相互制约和促进的关系贯穿民族发展的始终，如何发挥民族传统文化中的积极作用，并通过文化创新加快民族经济发展，进而促进民族文化繁荣，实现两者的良性互动，是本章研究的主要目的。从民族地区的实践看，

---

[1] 王金亮、古静：云南民族文化中环境与生物多样性保护意识探析，《云南师范大学学报（哲学社会科学版）》，2009年第1期。

一些地区很好地处理了民族传统文化与经济发展的关系，利用民族特色文化发展地区经济，既保护和传承民族文化，又加快了经济发展。

（一）通过民族文化促进民族经济发展

少数民族传统文化形成和发展的历史条件，以及文化变迁的特殊性，决定了民族文化对社会成员的影响是长期的，进而影响到一定族群的经济行为、财富观念等。不同文化背景下的经济发展模式是不同的，因此，民族经济发展的模式是传统文化的反映。在民族经济发展的初期，民族、地区间的经济联系有限，民族经济在封闭的环境中发展，这时民族间的文化差异十分明显。随着工业生产方式在全球的扩散和普及，民族经济的生产方式越来越接近，但在相近的生产方式中仍可以找到民族文化的痕迹，这种文化的差异决定了民族经济发展模式的差异，如同是市场经济模式的美国模式、日本模式、中国模式、拉美模式、印度模式等。中国少数民族经济发展取得的成绩和存在的问题在受到国内外经济环境以及政策影响的同时，也可以在其传统文化中找到答案。改革开放以来，中国区域经济发展速度和水平的分异和差距，首先受到梯度推进政策的影响，但与区域文化密切相关。如20世纪80年代出现的温州模式、珠三角模式等，都有深厚的文化背景。以温州模式为例，历史上温州人就有经商的传统，一旦具备了相应的制度环境和条件，他们就能把握机会，在市场中求得生存和发展，这是文化的积淀，是在长期的历史发展中形成的。而大部分少数民族和少数民族地区最初还不适应市场经济的生存发展模式，被动应对，错失了很多发展机会。这缘于大部分少数民族历史上就没有商品市场经济的发展传统和基础。

中国各少数民族传统文化中具有的与环境和谐相处、诚信、执著等优良品质在新的发展环境下将成为民族经济发展的动力。同时通过少数民族成员的文化自觉，克服传统文化中的糟粕，吸纳其他民族文化的合理成分,在传承中发展,在发展中传承,实现民族经济与民族文化的和谐互动,共同促进民族的发展进步,共享人类文明成果。民族文化的自觉除了外部的推动和影响外,更需要各民族成员的自我反省和审视,科学地看待本民族的传统文化,既不能全盘否定民族传统文化,也不能排斥民族文化的发展和扬弃。固守传统文化拒绝变革和发展,将制约民族经济发展,传统文化的保护和传承也因失去经济基础而衰落,扩大与发达民族的差距。

当今世界正逐步进入民族文化和民族经济一体化时代。民族文化与民族经济已密不可分,民族经济的民族文化化和民族文化的民族经济化已成为重要的全球趋势,民族文化对民族经济发展的推动、引导和支撑作用已越来越明显。大到区域经济发展战略和产业政策的制定,小到企业生产管理和名牌产品的创立,既是民族经济活动也是非常复杂的民族文化活动,需要民族文化的力量和智慧。甚至一个国家或地区的经济发展模式和产业结构特点,都突出相应的民族文化背景和人文因素。民族文化与民族经济的关系日趋紧密,民族文化与民族经济是人类所创造的财富中的整体与部分的关系,即民族文化是整体,是物质财富、精神财富的总和,民族经济只是其中之一。生产力越发达,民族经济与民族文化的关系就越密切。民族经济的竞争,归根结底是民族文化的竞争。如果中华民族在民族文化问题上变得自觉了,且把中华民族文化和现代化结合好,可以预见中华民族在未来的世界经济中一定拥有自己的发言权。当今世界的竞争越来越表现为国与国之间民族文化的竞争,任何国家的综合国力都离不开民族文化发展的底蕴和烘托,在当今世界多极化和经济全球化的背景下,综合国力的竞争尤其如此。

(二)通过经济发展保护和传承民族文化

不管是积极的影响还是消极的影响,传统文化都是前人留给我们的"财富",只是有些需要发扬和传承,有些需要变革和扬弃,他们是民族经济发展的土壤。人为割裂民族文化与民族经济的这种天然联系，不但不利于民族文化的传承，也会影响民族经济的发展。民族文化和民族经济的关系决定它们是难以分离的，经济的发展必然引起民族文化的发展和变迁，而这种发展和变迁是传统文化的扬弃，而不是割裂。随着经济的发展，民族文化也会发生变化，部分传统文化可能会随着环境的变化而消失，这有其历史必然性，我们不能因为保护民族传统文化而拒绝发展。有一种观点认为经济发展和对外开放度的提高，会对民族文化产生冲击，不利于民族文化的保护，因此，民族经济发展应让位于文化保护，或者说应把文化保护放在首位。经济发展与民族文化发展本来是一致的，或者是相互促进的关系。但在多元文化条件下，随着经济发展和民族交往的加强，居于主流地位的文化，或"普同文化"会对少数民族传统文化产生冲击和影响，这是事实。但不能就此否定民族经济的发展，或人为阻碍对外开放。

在中华民族多元一体文化背景下，要正确处理中华文化与少数民族文化之间的关系，而在开放条件下还要处理好中华文化、少数民族文化与外来文化的关系。少数民族文化作为中华民族多元文化的重要组成部分，在具有某些共同特征的同时，又有鲜明的本民族特性。少数民族文化特性的形成与其所处的自然环境、经济文化类型、发展历史等有密切的关系，是民族区分的重要依据。少数民族文化在保留自身传统的同时，受到其他文化的影响，在开放的条件下，不断受到汉文化和外来文化的冲击，甚至造成少数民族文化的流失。尤其是一些人口较少的民族，其文化传承受到不同程度的冲击和影响，对这些民族的传统文化需采取有效的措施抢救和保护。但对待民族传统文化不能用凝固的静止的思维，文化是发展的、动态的，文化停滞是民族发展停滞的表现，一个文化停滞的民族是没有生命力的民族。文化随着社会经济发展而发展，文化又是社会经济发展的精神支撑,没有文化特色和文化支撑的经济发展是难以持续的;同时经济发展是文化发展和社会进步的基础和保障。

随着信息技术的进步和市场经济的发展,少数民族及少数民族地区与外界的空间距离日益缩小,打破了原有的封闭状态,造成本民族与其他民族之间、内外文化的交流互动,使当地本土文化在外来文化的影响与冲击下发生各种变化和变迁。这些变迁为少数民族和少数民族地区的生活生产秩序注入了无穷动力,随着交通、通信等基础条件的改善,尤其是广播、电视和网络的发展,国内外不同的文化展现在少数民族面前。随着民族地区与外界的接触与联系越来越多,民族传统文化与丰富多变的现代城市文明之间可能产生强烈的碰撞。譬如,电视、网络等现代传媒使少数民族受众的视觉神经受到强烈的刺激,并使其中的一些人对这些外来的新鲜、时髦的文化产生浓厚的兴趣,导致本民族文化在与外来文化的竞争中丧失大量原有的受众群,这种情况极不利于民族传统文化的传承和发扬。此外,经济发展必然导致生活水平的提高和生活方式的改变,当地人的生活方式逐步与城市趋同,而原来传统的生产生活习俗会发生质的蜕变。

一些少数民族及少数民族地区在较低的生产力水平下,社会经济发展处于封闭状态,依靠传统文化和宗族关系维系着社会的运转,人际关系和谐,没有大的社会冲突和矛盾,但我们不能据此认为这是理想中的和谐社会。和谐是一种状态,是各种力量处于均衡、各利益主体的利益得到保障,矛盾和冲突日趋减弱,经济发展,社会进步,发展贯穿和谐社会建设的始终。社会结构和利益关系越简单,社会调节机制越主要表现为约定俗成的习惯法,和谐的目标也越容易实现。随着社会进步,社会分层越来越复杂,主体的利益需求多元化,需要有系统的制度和法规调整和规范利益关系。在民族地区建设社会主义和谐社会,应坚持辩证的、历史的、发展的观点,不能静止地认识和理解和谐社会。历史上各少数民族在较低的社会发育阶段和经济发展条件下，曾有过原始的和谐，人类抵御自然和外界侵害的危险越大，人类越容易协调一致，实现内部的和谐和统一，但这种和谐不是人类社会追求的目标。我们不能因为发展中出现了问题，就否定发展，回归到历史中去，应该在发展中解决问题和矛盾。

经济发展和对外交流中出现的外来文化对少数民族传统文化的冲击和影响，引发对民族文化发展和传承的忧虑，并积极寻求保护的途径和对策，是民族工作的重要内容。但应采取积极的态度，顺应人类经济社会发展的基本趋势，不能因为保护而拒绝发展。农耕和游牧经济基础上形成的民族传统文化，很难适应工业化和现代化的发展要求，变革是必然的。"每个民族对本族的传统文化、语言宗教、历史及英雄人物都怀有深厚的眷恋之情，并引以为傲，这种感情是非常自然和需要尊重的。但是必须指出，许多古老文明只能作为历史的记忆和以考古文物的形式保存下来，古老文化传统中的优秀成分将会在新的时代以新的形式和新的内容延续和发展。在工业化和后工业化的世界发展进程中，这些古老文明是不可能也不需要去复制和继续再生产的。时代变了，社会变了，我们必须向前看。"①

（三）打造民族文化品牌，发展特色经济

在经济快速发展的今天，民族文化不仅是民族经济发展的精神动力，通过民族文化的创新推动民族经济发展，而且通过民族文化的品牌效应，形成特定的地区或民族文化标示，发展特色经济已经取得了积极的成效。中国少数民族传统文化的鲜明特色使其具有独特的品牌效应，在旅游业、民族医药、食品等方面的优势日益凸现，

---

① 马戎：实事求是、与时俱进，推动西藏社会发展研究，《西北民族研究》2009年第3期。

近年来民族地区出现了集民族文化与地理标示为一体的商品品牌。如内蒙古的羊绒制品和乳制品、新疆的瓜果、青海和西藏的藏医药、宁夏的清真食品，以及集自然风光与民族文化于一体的旅游业。这些特色经济通过无可替代的文化优势成为当地新的经济增长点。

旅游业作为朝阳产业，具有巨大的发展潜力和空间，同时也符合可持续发展的理念。少数民族和民族地区具有丰富的自然和人文旅游资源，很多资源具有天然垄断优势，只要加以全面规划和宣传，就能成为具有活力的产业，实现民族经济的跨越式发展。经过改革开放30年的发展，尤其是西部大开发战略的实施，加快了少数民族地区旅游业的发展，旅游业已经成为一些少数民族地区的支柱产业，在带动地区经济增长、增加居民收入等方面发挥不可替代的作用。自进入21世纪以来，文化市场上的民族品牌越来越多，《云南印象》、《刘三姐》、《吉祥三宝》就是其中杰出代表。借助这些民族文化品牌，民族地区独特的旅游资源得到世人的瞩目，成为中国新的旅游目的地，民族文化在带动旅游业发展中效应越来越明显。如以藏传佛教文化为主的藏文化、纳西族的东巴象形文化、蒙古族的草原游牧文化、鄂伦春族的狩猎文化等，都是被世人所熟知的民族文化品牌。

（四）避免民族文化的过度开发利用

随着经济发展方式的转变，文化的经济价值越来越引起人们的关注，尤其是民族特色文化，成为带动区域经济发展的重要引擎。在大部分少数民族地区民族文化作为重要的旅游资源，以其独特性成为旅游业发展的重要内容，加快了民族地区旅游业的快速发展。同时在其他行业也越来越多地认识到民族文化的经济价值，民族文化已成为重要的地理标志，与其所在的自然环境统一成为特定的商标和名片，商业价值凸现。

挖掘民族传统文化的经济价值，服务于民族经济发展，是加快民族地区发展的积极探索，也取得了一定的成效。但在一些地区存在着民族文化的过度开发现象，一些旅游项目为了招揽游客，歪曲民族文化的真正内涵，使之庸俗化。这种情况在其他地区的文化产业以及以文化为招牌的发展中也普遍存在，综观国内一些区域的文化创新实践，其动因往往缘起于区域经济发展或区域形象美化的需要。处于社会系统结构中的文化，具有影响区域经济发展和区域形象的功能，但如果仅仅止于此来定位区域文化创新的价值，则难免产生文化创新实践中的短期行为，甚至会导致区域文化沦为畸形经济的帮凶或粉饰形象的花瓶；如果仅仅止于此来评价区域文化创新实践的得失成败，则难免浅化甚至取消文化的深层价值。

基于经济目的对民族文化的过度开发和利用在民族地区的旅游业中较普遍，如云南纳西族支系摩梭人男不娶、女不嫁的走婚习俗被"妖魔化"、"异化"的现象需要引起各界的高度重视。民族文化的过度商业开发也会导致其变异和丧失。民族文化开发上不能正确处理好有效保护与有序开发的关系，存在重开发、过度开发、盲目开发、非理性开发以及轻保护、保护滞后及"伪民俗"现象等。近年来，许多原藏于深山和民间的民族原生态歌舞、音乐，逐渐撩开神秘面纱走近大众，然而，在赢得越来越多人认知和支持的同时，这些传统文化却在过度的商业开发中逐渐扭曲、变形。

在民族文化资源的开发中，应把开发和保护有机结合起来，制定相关的政策和法规，规范民族文化资源的合理有序开发。

（五）提高文化主体——各民族劳动者的素质技能

民族文化和民族经济发展进步的主体是各民族的劳动者，他们既是发展的推动者，也是发展的受益者。没有各民族劳动者素质技能的全面提高，就没有民族文化的复兴和民族经济的发展。很多民族文化是一种无形存在，它们存在于民族成员的观念意识、价值取向、日常行为之中，文化的变迁实质上是人们观念意识的变迁。忽视文化主体的核心地位,人为改变地区文化的外在形式和内容,无法实现主体内外的统一,形成和谐的文化环境。对民族文化的曲解和误读,以及民族文化的失真变形都缘于文化主体的缺位,或者其主体性被忽视。如一些地区为了吸引旅游者而发展的具有民族特色的旅游项目,模仿一些民族文化的形式,缺少民族文化的灵魂,旅游项目失去了其真正意义,久而久之也就名存实亡。

更重要的是,在经济和政治发展中,形成并完善民族的现代文化离不开本民族劳动者。中国少数民族文化的主体是其劳动者,劳动者根据经济发展和自身素质技能提高的需要,来认知和解决文化矛盾,以发展的现代文化来保持或改革风俗习惯,从而形成对经济发展的正确导引。中国少数民族文化作为其经济发展的内在因素,是少数民族经济矛盾特殊性的原因与体现。少数民族经济的发展,必须以先进的文化为导引,为此,分析少数民族经济矛盾中的文化因素,根据社会主义原则,进行文化变革,抑制和消除旧的不适应现代经济发展的文化传统,同时发现和继承健康的、可以融入现代文明、有助于经济发展的文化传统,是中国少数民族经济发展的必要环节。[1]

劳动者素质的提高尤其是科学文化素质的提高离不开教育的发展,教育不仅为新兴产业的发展培养合格劳动者,而且有助于民族传统文化的扬弃和发展。具有较高科学文化素质的劳动者能够科学地审视本民族的传统文化,并善于接受优秀的外来文化为我所用。

---

[1] 刘永佶:《中国少数民族经济发展研究》,第57-58页,北京:中央民族大学出版社,2006。

第十三章
少数民族经济发展中的
人口、资源与环境

中国少数民族地区既是中国最重要的生态屏障和水源保护地带，位居长江、黄河和珠江等主要江河的发源地；又是中国经济发展相对滞后的地区，有着强烈的发展要求。因此，经济社会发展与生态保护间的矛盾是少数民族经济社会发展中的重要矛盾，而树立以人为本的科学发展观，以人力资源开发逐步取代自然资源开发，提高少数民族人口素质、切实转变少数民族地区经济发展方式，坚定不移地走可持续发展之路则是解决这一矛盾的关键所在。

一、中国少数民族地区人口、资源与环境概况

中国有55个少数民族，155个民族自治地方的面积达611.96万平方公里，占全国总面积的63.75%。2010年第六次全国人口普查少数民族总人口11379万人，占全国总人口的8.49%。少数民族地区不仅地大，而且物博，资源丰富，但是生态环境非常脆弱，承载能力低。因此，我们在发展民族地区经济的时候，必须趋利避害，正确处理好人口、资源与环境之间的关系，促进其良性循环。

（一）中国少数民族地区人口特点及发展状况

根据 1953—2000 年人口普查数据的比较，可以看出：解放前少数民族人口与全国一样，都属于高出生率、高死亡率、低增长率的传统人口再生产类型，只是少数民族的程度更甚。解放后，尤其是在 20 世纪 60 年代以后，少数民族人口增长迅速，其增长速度远远高于全国平均水平。进入 20 世纪 80 年代，达到最高峰，而到 20 世纪 90 年代，人口增长速度慢慢放缓，人口增长类型由传统人口再生产类型向现代类型转变。

根据 2010 年第六次全国人口普查数据，全国 31 个省、自治区、直辖市和现役军人（未包括中国香港，中国澳门和中国台湾省）的总人口为 1339724852 人，与 2000 年第五次全国人口普查相比，10 年增加 7390 万人，增长 5.84%，年平均增长 0.57%，比 1990 年到 2000 年的年平均增长率 1.07%下降 0.5 个百分点。其中，少数民族人口为 113792211 人，占 8.49%。同 2000 年第五次全国人口普查相比，汉族人口增加 66537177 人，增长 5.74%；各少数民族人口增加 7362627 人，增长 6.92%。少数民族中人口最多的民族是壮族，达壮族 1617.88 万人；人口最少的是珞巴族，总人口只有 0.29 万人。其中，总人口超过百万的少数民族有 18 个，如表 13-1 所示。

表 13-1　1990—2000 年中国百万人口以上的少数民族　　单位：万人

民族	1990	2000	2010	民族	1990	2000	2010
蒙古族	480	593	581	满族	985	1075	1068
回族	861	978	982	侗族	251	285	296
藏族	459	500	542	瑶族	214	258	264
维吾尔族	721	876	840	白族	160	180	186
苗族	738	851	894	土家族	573	771	803

续表

民族	1990	2000	2010	民族	1990	2000	2010
彝族	658	771	776	哈尼族	125	143	144
壮族	1556	1575	1618	哈萨克族	111	129	125
布依族	255	292	297	傣族	103	116	116
朝鲜族	192	173	192	黎族	111	119	125

资料来源：《2000年人口普查中国民族人口资料》，民族出版社，2003；第六次人口普查习惯资料。

在人口分布方面，中国少数民族人口分布总体上呈现出"大杂居、小聚居"的局面。不少民族分布范围很广，如回族有2/3以上人口以散居形式遍布全国；蒙古、满、苗等民族分布的省区也很广泛。1949年以后，民族人口的迁移增加，使各地区的民族成份更趋多样化，如北京、湖南等地区有56个民族成份，其他各省区中绝大部分都有30个以上的民族成份。同时，许多民族在长期的发展、迁移中，也逐渐形成了固定的聚居地，人口分布相对集中。如分布于内蒙古的蒙古族人口就占其总人口的73%；藏族人口居住于西藏、四川的占了70%左右；维吾尔族99%以上聚居于新疆；壮族人口92%居住于广西；其他如布依、白、傣、哈萨克等民族在某一省区的集中程度也达到了96%以上，显示了明显的聚居分布的特点。

在受教育结构方面，总的来说，少数民族人口文化素质较以往有了很大的提高，但同汉族相比，在受教育水平上仍然存在较大的差距。具体表现为少数民族小学和小学以下文化程度的人口比例较高，而初中和初中以上文化程度的人口比例较低。此外，少数民族人口分性别的文化构成差异也较明显，许多少数民族不同文化程度的男性人口比率大大高于女性，虽然男性人口文化构成比例随文化程度提高而下降，但女性的下降幅度更快，比例更低。从表13-2

中还可以看出，在普及九年义务制教育的过程中，消除歧视女性人口受教育的现象，在低层次（尤其在小学程度）文化人口中初见成效，而在层次较高的文化人口中，女性受教育人口的比例仍明显低于男性。

表13-2 2000年汉族与少数民族受教育程度结构对比（%）

文化程度	汉族		少数民族	
	男	女	男	女
未上过学	5.21	14.31	10.35	22.33
小学	36.15	39.18	44.95	44.19
初中	40.37	32.71	31.25	23.61
高中	10.00	7.04	6.57	4.54
中专	3.41	3.56	3.40	3.07
大学专科	3.08	2.23	2.32	1.49
大学本科	1.69	0.91	1.11	0.72
研究生	0.11	0.05	0.05	0.03

资料来源：成艾华：《少数民族人口增长与可持续发展研究》，《中南民族大学学报》，2005（11）。

（二）少数民族地区自然资源概况

中国少数民族地区幅员辽阔、地大物博，蕴藏着丰富的物产资源。其地下是个"聚宝盆"，蕴藏着丰富的矿产资源；纵横交错的江河和星罗棋布的湖泊，蕴藏着大量的水利资源；复杂多样的气候类型，形成了一些自然旅游胜地，旅游资源得天独厚。这些资源为少数民族地区的经济发展提供了重要的物质保障。

少数民族地区土地资源非常丰富，同时，少数民族聚居地区人口密度较低,其平均人口密度是 27.43 人/平方公里,远远低于全国的平均水平(136 人/平方公里)。其中,人口密度最低的是西藏,为 2.02 人/平方公里。少数民族地区土地面积最大的是新疆,总面积 165 万平方公里,占全国国土总面积的 17%。其中,少数民族地区耕地面积 2033.13 万公顷,占全国耕地总面积的 38.00%。人均占有耕地 0.15 公顷,高于全国平均数 34%,并且内蒙古、宁夏、甘肃和新疆,人均占有耕地分别为 0.32、0.35、0.30 和 0.34 公顷;天然草地面积 30027 万公顷,占全国天然草地总面积的 75%,人工种草保留面积 491 万公顷,占全国的 81%。

中国森林很大一部分集中在少数民族地区,共约 5648 万公顷,占全国森林总面积的 21.81%;木材蓄积量 52.49 亿立方米,大约占全国蓄积量的 46.57%,并且人均占有林地 0.34 公顷,牧草地 0.73 公顷,分别是全国平均水平的 1.91 和 3.57 倍;有 2.26 亿公顷未利用土地,占全国的 87%;有适宜开发为农用地的未利用地 3933 万公顷,占全国的 54%,虽然有较多的宜农荒地、宜牧草地、宜林荒山等土地后备资源,但由于资金匮乏,很难对这些后备资源进行有效的开发利用,这样就形成了现有耕地存量不足和后备资源大量闲置并存的局面。

表 13-3　　　　　　　民族自治地方土地资源情况

项目	2007 年	占全国(%)
总面积(万平方公里)	613.33	63.89
耕地面积(万公顷)	2033.13	38.00
森林面积(万公顷)	5,648	21.81
森林蓄积量(亿立方米)	52.49	46.57
草原面积(万公顷)	30,027	75.07

续表

项目	2007年	占全国（%）
可利用草原面积（万公顷）	21,700	69.26
草山草坡面积（万公顷）	3,560	32.50

资料来源：国家民族事务委员会经济发展司、国家统计局国民经济综合司编：《中国民族统计年鉴2007》，民族出版社，2008。

在水力资源方面，著名的江河如长江、黄河、黑龙江、塔里木河、澜沧江等都发源或流经少数民族地区。据统计，中国少数民族地区水力资源蕴藏总量为44567.60万千瓦，占全国总量的65.9%（1999年），其中可开发利用量为18229.93万千瓦时，占全国可开发量的58.3%。

以西部地区的12个省（市、自治区）为例，该地区的水资源总量为15919.90亿立方米，占全国水资源总量的56.5%。但受地形、气候、自然和地质条件的影响，水资源的区域分布极不平衡，南北相差悬殊。西南地区的水资源总量占西部地区总量的82.4%，人均水资源5545立方米，为全国人均水平的2.47倍，面积密度46.9万立方米/平方千米，为全国平均水平的1.59倍；西北地区水资源拥有量仅占全国的7.9%和西部地区的17.6%，人均水资源2510立方米，为全国的1.12倍，面积密度7.3万立方米/平方千米，只有全国平均的24.8%，西南地区的15.6%。

中国少数民族聚集的西部地区矿产资源丰富，品种齐全，矿产资源潜在价值大。目前已发现的168种矿产在西部地区均有发现。据统计，中国西部地区的45种矿产资源潜在价值达438666亿元，在全国份额中占50.3%，人均潜在价值15.7万元，分别是东部地区和中部地区的9.6倍和1.9倍。16种主要矿产的保有储量在中国东、中、西部地区所占比例详见表13-7。这个比例在一定程度上可能还要大，因为西部地区矿产勘查投资力度远远低于东部地区，仅是东部地区的 1/6，一旦矿业权市场和矿业资本市场发育相对成熟，则在西部地区可能会有更多、更大的发现。

表 13-4　中国 16 种主要矿产保有储量在东、中、西部地区所占比例（%）

矿产名称	东部地区	中部地区	西部地区	矿产名称	东部地区	中部地区	西部地区
煤	5.60	56.60	38.50	铝土矿	19.50	58.90	21.70
石油	30.00	46.80	23.20	镍矿	1.30	9.70	89.00
天然气	25.40	4.50	70.10	金矿	26.40	46.10	27.60
烙铁矿	0	0	100.00	铂金属	3.40	3.90	92.70
铁矿	59.90	16.80	23.30	硫铁矿	23.00	39.40	37.60
铜矿	8.80	48.60	42.60	磷矿	5.60	32.80	61.60
铅矿	37.20	21.30	41.50	钾盐	0.10	0	99.90
锌矿	26.90	29.90	43.20	钠盐	2.60	8.00	89.50

资料来源：王文长等：《西部资源开发与可持续发展研究》，中央民族大学出版社，2006。

同时，中国少数民族地区主要能源矿产、优势矿产和化工矿产分布也相对集中。少数民族地区能源矿产蕴藏量丰富，全国 38.5% 的煤矿、23.2% 的石油和 70.1% 的天然气储量都集中在该区。且煤 25.5% 的保有储量相对集中在陕西和新疆两省区；21.1% 的石油储量集中在鄂尔多斯、准噶尔、吐哈、塔里木和柴达木五大盆地；近 60% 的天然气储量集中在鄂尔多斯盆地、四川盆地和塔里木盆地内。有色金属和贵金属是西部民族地区的优势矿产资源。西部地区各种矿产可用储量占全国的比例如下：铜储量占 42.6%，铅储量占

41.5%，锌储量占 43.2%，铝土矿占 21.7%，镍储量占 89.0%，铂族金属储量占 92.7%，仅甘肃的金川就集中了全国 57.0% 的铂族金属储量，其次是云南，占 25.5%。西部地区的金矿占 27.6%，银矿占 26.4%。

西部少数民族地区还是化工原料矿产的重要产地，全国几乎 100.0% 的钾盐、37.6% 的硫铁矿、61.6% 的磷矿、89.5% 的钠盐均分布在西部少数民族地区。

少数民族地区旅游资源极其丰富，内容多样。地貌资源主要有高山地貌、山岳冰川地貌、风沙地貌、黄土地貌、岩溶地貌，形成了峡谷、岩溶、火山等旅游资源。少数民族地区丰富多彩的气候旅游资源形成了许多旅游胜地，比如，海南岛和广西北海是全国最理想的避寒胜地；新疆、青海、内蒙古是暑夏旅游的好地方；昆明四季如春，是全国有名的春城，是人们四季都可旅游的胜地；东北长白山和兴安岭地区，高山、密林、冰河、积雪相互配合，形成的银装素裹的林海雪原，不仅具有诗情画意，而且可以开展多种冰雪活动。

同时，少数民族地区也是植物和动物王国，各种古老而珍稀的植物、名贵观赏花卉比比皆是；四川阿坝自治州境内的大熊猫和金丝猴、青海湖的鸟岛和大理的"蝴蝶泉"、新疆喀纳斯湖中的大红鱼等资源也是全国有名。

另外，少数民族地区的人文资源也极其丰富。有古人类遗址、伟大的古代工程、历史文化名城、古建筑、古陵墓、遗址、宗教和民俗、民风等。如云南"元谋人"、湖北"长阳人"等古人类遗址；万里长城（内蒙古、宁夏等段）、湘桂运河、宁夏的秦汉古渠等伟大工程；广西桂林、贵州遵义、镇远、云南昆明、大理、丽江、西藏拉萨、日喀则、新疆喀什，以及银川、呼和浩特等历史文化名城。

(三) 少数民族地区生态环境状况

当前,少数民族地区一个突出的问题就是生态环境恶化不断加剧。生态环境恶化不仅影响到少数民族地区自身的发展,而且也影响到全国的发展。2005 年,国家把西部地区的生态环境概括为:局部改善,整体恶化的趋势未能得到根本遏制,但生态环境恶化的相对速度呈下降趋势。

从水土流失状况来看,当前少数民族地区水土流失依然严重,但黄土高原水土流失显露遏制端倪。

中国是世界上水土流失最严重的国家之一,每年流失土壤 50 多亿吨,占世界总流失量 (600 亿吨) 的 1/12,每年的入海泥沙量约 20 亿吨,占世界陆地入海泥沙量 (240 亿吨) 的 1/12。黄河和长江的年输沙量分别占世界九大河流的第一和第四位。全国土壤侵蚀面积为 492 万平方公里,占全国国土面积的 51.6%,其中有 410 万平方公里在西部少数民族地区,占全国土壤侵蚀面积总量的 83.3%。全国水力侵蚀面积超过 10 万平方公里的省区有七个,而西部少数民族地区占了六个 (四川、内蒙古、云南、陕西、新疆、甘肃)。水土流失在西部少数民族地区主要表现为:西北地区的风蚀、西南地区的水力侵蚀、青藏高原的冻融侵蚀。水力侵蚀以黄土高原和长江中上游地区最为严重。黄土高原在 64 万平方公里的总面积中水土流失面积 45 万平方公里,约占总面积的 70%,是世界上水土流失最严重的地区,也是黄河泥沙的主要来源地。长江中上游水土流失面积为 55 万平方公里,占总面积的 35%。

当前,少数民族地区大部分草原"不堪重负",退化速度呈加剧趋势。中国现有草地 3.9 亿公顷,居世界第二位,但是草地退化严重,90% 的草地已经或正在退化。退化草原以每年 200 万公顷的速度递增。首次全国草原全面监测结果显示:中国大部分草原超载过牧问题突出,内蒙古、新疆、甘肃和四川等省区天然草原家畜超载

40%以上。草原保护建设工程区植被呈良性恢复势头,但草原生态"局部改善、总体恶化"的趋势仍未得到根本好转。监测显示,草原灾害仍较严重。2005年1—10月份发生草原火灾501起,比2004年同期增加59起;受害面积4.94万公顷,处于历史低水平。鼠害危害面积达到3817万公顷;虫害发生面积较上年减少52%,为1867万公顷。从总体上看,草原退化、沙化、盐渍化、石漠化仍然严重。开垦草原、乱征滥占草原、乱采滥挖草原野生植物等破坏草原生态的现象仍时有发生。①

少数民族地区荒漠化面积扩大,但沙化实现历史性逆转。土地荒漠化是指干旱、半干旱和亚湿润干旱地区的土地退化现象。作为土地荒漠化的重灾区,中国少数民族地区存在着大量荒漠化的土地。中国是世界上荒漠化分布最多的国家,从国家林业局《第二次全国荒漠化监测》报告中得知,1999年中国荒漠化土地面积达到267.4万平方千米,占全国土地面积的27.9%。其中风蚀荒漠化面积187.3万平方千米,占荒漠化土地面积的70%;水蚀荒漠化面积26.5万平方千米,占9.9%;土壤盐渍化面积36.3万平方千米,占13.6%。西北少数民族地区土地荒漠化主要表现为农田和草场的沙化。其中,有几处面积较大的沙漠,这些沙漠分布于东经75°至东经122°,北纬47°的高原、盆地和平原之间,总面积达70多万平方千米。除沙漠之外,少数民族地区还有近60万平方千米的戈壁。如此广袤的沙漠、戈壁是中国少数民族地区独特的自然景观,也是少数民族地区土地荒漠化的重要表现。内蒙古沙漠化土地最多,达80560平方千米;陕北地区沙化21686平方千米;甘肃沙化面积10736平方千米;宁夏沙化面积10215平方千米;青海沙化面积亦达4400多

---

① 首次全国草原监测结果显示大部分草原不堪重负,《人民日报》,2005/12/20。

平方千米。在上述沙化土地中，正在沙漠化的土地约 67000 平方千米，强烈沙漠化的土地约 60000 平方千米，严重沙漠化的土地约 35000 平方千米。陕北地区和内蒙古鄂尔多斯地区，内蒙古科尔沁、西拉木伦河上游、锡林郭勒及察哈尔草原，宁夏中东部地区、贺兰山西麓山前平原，甘肃弱水流域、阿拉善中部及河西走廊绿洲边缘地带，沙漠不断向外扩展。

西北少数民族地区干旱少雨，水资源短缺问题有进一步加剧之势。中国少数民族地区水资源总体上非常丰富，但是分布很不均匀，西南地区雨量充沛，而西北民族地区干旱少雨，当地年降雨量大都在 400 毫米以下，有的仅为 100 毫米，而年平均蒸发量高达 1200 毫米以上。西北地区 90% 以上的面积处于干旱地区，降水稀少，蒸发量很大，并且水资源分布不平衡。对地下水的过量抽取，使地下水位从 20 世纪 50、60 年代以来下降了几十米，低于维持绿洲生态的临界水位，造成绿洲植被枯死、生态功能降低、土地退化。一般来说，一个地区水资源开发利用率国际标准为 40%，而全国平均水资源开发利用率是 20%，西北民族地区是 53.3%，甘肃河西走廊为 92%。河西走廊地区干旱少雨，年平均降水量一般不超过 200 毫米，属于典型的干旱地区。从短时间来看，对于降水量远远小于蒸发量的西北民族地区来说，解决水资源短缺的唯一希望寄托在南水北调工程上，即从外界大量补给水资源。南水北调工程的东线和中线已于 2002 年动工，将分别于 2030 年和 2050 年完工，而主要担负给西北少数民族地区调水的长江上游西线，计划于 2011 年开工，2050 年完工，目前尚处在论证和准备阶段。所以，在没有外来水源补充的情况下，西部少数民族地区严重缺水的局面无法改变。

二、人口、资源、环境与少数民族经济发展的关系

人口、资源与环境同社会经济发展之间是一个相互联系、相互影响的有机统一体,是一个具有内在联系的系统工程。因此,少数民族经济的发展必须与该地区的人口、资源、环境结合起来全盘考虑,统筹安排,并且要充分认识到,人口是少数民族经济发展的主体,自然资源是少数民族经济发展的基础,生态环境是少数民族经济发展的保障。正确处理好经济发展与人口、资源、环境相协调的关系,坚持走可持续发展的道路,在发展少数民族经济的过程中,不仅要安排好当前的发展,还要为子孙后代着想,为未来的发展创造更好的条件,决不能走浪费资源和先污染、后治理的路子,更不能吃祖宗饭、断子孙路。

(一)人口与经济——人是少数民族经济发展的主体

中国在社会经济发展中强调以人为本,认为经济发展的动力来自于人,目的也是为了人,人的全面发展才是经济发展的终极目标。虽然少数民族经济发展具有先天的资源禀赋优势,但是我们也应该认识到在物质资料生产的诸要素中,劳动力是第一位起决定作用的要素,而人口的发展为经济的发展提供了劳动力来源,没有人类自身的生产就没有劳动力的再生产,也就没有物质资料的再生产,我们的资源就不可能自动转化为物质产品,从而民族经济也不可能有所发展。因此,人是社会经济发展的主体,对社会经济的发展起着关键性的作用。少数民族的劳动者是少数民族经济发展的主体,其作用主要体现在如下两个方面:

第一,适当的人口数量能为少数民族经济发展提供充足的劳动力来源,刺激社会需求的增加。适量的人口规模的作用主要体现在两个方面:其一,一定数量的人口是社会经济发展的前提。人是社

会的动物，只有在一定的群体中，才能从事经济活动，孤立的个人无法生活，更无法生产。因此，一定数量的人口是社会经济得以发展的前提，正如斯大林所指出的"人是社会物质生活条件的必要因素，没有一定最低限度的人口，就不能有任何社会物质生活。"① 其二，适量的人口规模，激活生产的活力，刺激社会需求的增长。人口增长速度对不同国家、地区的经济发展的影响是不一样的，在一个人口增长速度缓慢，从而劳动力资源严重匮乏，但自然资源丰富的地区，人口增长会对经济发展产生有利的作用。但是，在一个自然资源匮乏而人口过剩的地区，人口的增长则会制约经济发展。所以，各个国家或地区都会根据自己的资源条件来确定一个合理的人口增长速度，从而保证适度的人口数量，为经济的发展提供充足的劳动力资源。

第二，高素质的人力资源为少数民族经济发展提供智力支持。所谓人口素质或者说人口质量，是指在一定的历史条件下人口的结构和组合状态所展现的各种社会功能和影响力。人口素质包括身体素质、科学文化素质和思想道德素质三个方面。身体素质是人口质量的自然条件和基础，科学文化素质和思想道德素质是人口质量的中心。较高的人口素质，一般总是具有较为合理的结构和组合，同时也会产生较强的社会功能和积极的影响力。人口素质与经济发展，特别是经济的可持续发展具有密切的关系。许多学者都深刻地意识到，在可持续发展的理论框架中，必须高度重视"人口素质"在社会发展中的地位和作用。

提高人口素质与控制人口增长同等重要。高素质的人口不仅能顺应先进社会生产力的发展要求，而且能促使人口数量上的控制，

---

① 斯大林：《斯大林的人口理论》，《斯大林选集》下卷，第569页，北京：人民出版社，1979。

从而减轻人口对经济的压力，有利于经济的增长。在中国的基本国策中，控制人口数量毕竟是手段，进而提高人口素质，最终实现人的全面发展才是目的所在。随着科技的发展，尤其是在21世纪科技、信息时代，人对经济发展的推动作用更主要地表现为质量即素质的提升，没有智慧的劳动力已不适应社会发展的需要。

（二）资源与经济——少数民族地区的资源优势并不等于其经济优势

在对少数民族地区进行开发时，应该认识到资源优势并不等于经济优势。自然资源要给少数民族地区带来经济收益，首先要使少数民族地区的自然资源成为现实的生产要素，转化为市场所需的产品。而今资源节约型的经济发展模式，使自然资源型的经济发展日趋困难，少数民族地区自然资源型经济若不及时调整发展方向，将会与其他类型经济的差距越拉越大。

其一，自然资源是人们从事物质生产活动时不可缺少的生产要素，但其只有被开发并进入实际的生产、经济活动过程之中，才能成为现实的生产要素，也才能为人类的财富增长、生活水平的提高发挥作用，这样的自然资源才可称之为现实的资源，否则，尽管具备创造财富的可能，也只能看作潜在的资源。

少数民族地区的自然资源是否进入实际生产过程，由多种因素决定。首先决定于所生产的产品和技术需要什么样的资源、技术，能利用什么样的资源，这样的自然资源才可成为生产要素。其次决定于替代资源。替代资源的品质和相对价格常常促使人们选择这样或那样的资源作为实际使用的生产要素。而技术发展到今天，生产产品时所用的物质要素在大多数情况下具有很强的互换性和替代性，造成特定的自然资源会有很多竞争者，比如钢铁、木材、塑料、人造纤维等性能虽有差别，却有极好的互换性，由此而使特定的自然资源虽然可能却并不必然成为特定生产过程中的现实生产要素。因此，判断某种自然资源能否成为现实的资源——生产要素，不能仅从其本身着眼，而应了解该资源所能生产的产品和相关的生产技术及与之竞争的资源的情况，才有可能对资源的市场前景做出较准确的估计，从而促进少数民族地区资源优势转化为经济优势。

其二，当今社会我们利用自然资源，不仅是直接利用原始形态的自然资源本身，而是利用它们转化成其他能为人们直接使用的产品，即对自然资源的需求是经济学上说的"引致需求"——由于对最终产品的需求而引起的对自然资源的需求。这是一种间接需求，没有对最终产品的需求就不会有对制造最终产品的资源的需求，比如，因为需要铁器才导致人们需要铁矿石。因此，某种自然资源即使有良好的市场前景，也不一定意味着就能为该资源的拥有地带来很好的商机。

少数民族地区自然资源要转化为最终产品，一般需要经过诸多中间环节，比如开采、储存、运输、加工、最终经过营销渠道进入市场，到达消费者手中；还要有许多其他资源与之配套组成合理的资源结构。在转化过程中，任一环节出错或缺少任何一种配套资源，转化就得中断。就是说，转化中不能有明显拖后腿的"瓶颈"存在，否则将无法进行转化，或者使转化的效率降低。正因如此，人们在使用特定自然资源生产某种产品时，经常并非仅考虑资源本身的状况，而是要综合考虑，全面衡量各方面的条件，在市场经济中，尤其着眼于经济效益，力求使总成本最低。而中国的少数民族地区主要分布在"老、少、边、穷、苦"等地区，不仅存在着严重的交通瓶颈，而且还面临着市场瓶颈、资金瓶颈，技术瓶颈等，这成为自然资源转化为最终产品的最大障碍。可见，少数民族地区自然资源即便很丰富，可替代性很小，垄断程度较高，也不一定能为该地区带来可观的收益，因为自然资源本身固然是重要的生产要素，却不是唯一的生产要素，最终产品的生产是多种生产要素综合作用的产物，只有自然资源这一种生产要素是生产不出有用产品的。

其三，少数民族地区缺乏深加工能力。少数民族地区仅仅拥有丰富的自然资源却不具备对之深加工能力的地区，往往经济状况比不了虽无自然资源优势却有其他方面诸多优势，尤其是知识、技术优势的地区。更由于自然资源的有限性，使得仅靠资源发展的经济的可持续性远低于靠技术、知识发展的经济，并使前一种经济沦为后一种经济的附庸，资源拥有地亦不过是单纯的原料供应地。

因此，如果少数民族地区仅凭资源禀赋优势，通过开发、销售自然资源来发展经济，则与对资源进行深加工的地区相比，其经济的相对增长速度只会越来越慢，差距也会越拉越大，势必使其更加落后。我们可用三组方程对此做一简洁表述。

$A: Wr = Wro (1+ir) t$

$Wm = Wmo (1+im) t$

$B: Pr = Pro (1+kr) t$

$Pm = Pmo (1+km) t$

$C: Vr = PrWr = ProWro (1+kr) t (1+ir) t$

$Vm = PmWm = PmoWmo (1+km) t (1+im) t$

其中：r 表示资源，m 表示对资源进行深加工生产的产品；W 表示生产量，P 表示单价，V 表示产值；i 表示产量增长率，k 表示价格增长率；O 表示基年，t 表示基年以后的年份。A 组方程表示资源与深加工产品 t 年的生产量，B 组方程表示 t 年两者的单价；C 组方程则表示 t 年两者的产值。

由 C 组方程可见：即使 $Pro \geqslant Pmo$，$Wro \geqslant Wmo$，即自然资源供应地与深加工产品生产地相比，前者的起点不低于后者，但由于资源节约型经济一定有 $ir < im$，且一般也有初级产品价格增长慢于制成品价格增长，即一般有 $kr < km$，则经过 t 年的发展，一定有 $Vr(t) \leqslant Vm(t)$，即后者一定会赶上并超过前者。更勿论前者的起点

比后者低的情形了。①

(三) 环境与经济——生态环境质量是少数民族经济发展的衡量指标

多年以来，由于简单地把发展等同于 GDP 增长，甚至以 GDP 增长率作为干部政绩的主要考核标准，"一俊遮百丑"，导致一些地方为追求一时的经济增长速度，不惜违背经济规律和自然规律，导致经济增长的数字上去了，但生态环境却遭到严重破坏，可持续发展受到损害。以过度消耗能源和资源、损害生态环境为代价的粗放型增长方式，留下了长远的隐患和危害。

中国少数民族聚集的西部地区，既是生态脆弱地区、生态敏感地区、自然灾害的频繁发生区，也是经济发展水平落后的贫困地区。所以在少数民族地区经济发展中，我们不能再走东部地区"先破坏，后治理"的道路。而应该走经济发展与民族地区的人口、资源、环境相协调的可持续发展道路，把生态环境质量作为少数民族经济发展的衡量指标，推行"绿色 GDP"。

用 GDP 来衡量少数民族经济发展成果存在诸多弊端。一是 GDP 没有真实地反映少数民族地区全面建设小康社会的起点。多年来实行的资源开发导向型发展战略，森林等不可再生自然资源严重透支。如果扣除森林等不可再生资源的自然折旧以后，少数民族地区与全国平均水平的实际差距还要大得多。少数民族地区的全面建设小康社会起点更低，任务更加艰巨。二是 GDP 扭曲地反映少数民族地区的经济发展状况。在现有的经济核算体系引导下，自然资源的毁损和环境破坏、生物多样性的下降，人类有效生存空间的减少，这些本来是经济价值的巨大"亏空"或"损失"，却以经济增长形式体

---

① 张燕：长江流域自然资源与环境，《自然资源与区域经济发展》2009年第 3 期。

现在 GDP 之中，歪曲了经济发展的本来面貌。三是 GDP 的经济核算体系没有反映少数民族地区在维护国家生态安全、可持续发展战略中的重要地位和作用，无法体现少数民族地区在全国建设包括生态文明目标在内的全面小康社会中的贡献。例如，地处长江上游的四川省甘孜藏族自治州，境内的雅砻江、金沙江、大渡河是长江水源补给系统的重要部分；同时也是长江中泥沙的主要来源，每年甘孜州进入长江的泥沙高达 2 亿吨，占全长江中泥沙的三分之一。如果甘孜州的生态环境得到改善，不仅能防止长江变成第二条黄河、抑制长江水患，还可以局部改善青藏高原生态环境，起到生态上的"安康稳藏"作用。

而"绿色 GDP"是对国民经济核算的概念与体系的重新调整，对国民经济既要进行投入——产出的核算，又要进行环境——资源的核算，把对社会生产力的核算和对自然生产力的核算有机地结合起来，将生态环境的价值计入到经济价值之内，以追求经济与环境系统效益最大化而区别于现有 GDP 单纯追求经济效益最大化。用"绿色 GDP"更能准确反映少数民族经济发展的状况和要求。

一是"绿色 GDP"为少数民族地区全面建设小康社会获得的财政支持正名和建立稳定的渠道。财政转移支付是少数民族地区获得资金的主要渠道，过去如此，在全面建设小康社会的过程中，这一格局仍然不可能改变。西部大开发战略实施以来，国家财政政策对少数民族地区给予了很大的倾斜，为全面建设小康社会奠定了一个良好的开局。在原有 GDP 概念体系下，财政转移支付主要是体现公平，体现国家、发达地区对少数民族地区的支持。而"绿色 GDP"概念和核算体系的建立健全，明晰了财政转移支付的构成，除体现公平外，还体现出对生态环境效益的经济补偿，是少数民族地区创造的生态效益价值的实现。绿色 GDP 既为少数民族地区获得财政转移支付正了名，同时也为其获得稳定的财政资金支持找到了出路和依据。

二是"绿色 GDP"有利于少数民族地区走出一条新型工业化道路。工业化是现代化的必由之路,一方面工业化是少数民族地区走向现代化的一个不可逾越的阶段和必须完成的历史任务。另一方面,少数民族地区应当摒弃传统的工业化道路,走出一条符合地区实际,效益好、资源浪费少、环境保护好的新型工业化道路。少数民族地区在走新型工业化道路中必须解决好两大问题:经济建设对资源和生态环境产生的压力与破坏以及资源与生态环境保护对经济建设的支撑。经济建设和环境保护这两大问题的最终解决要依靠转变发展模式,在开发中保护,在保护中开发,把开发与保护统一到可持续发展上来。"绿色 GDP"引导少数民族地区实现区域经济模式由粗放式的资源开发型向保护资源、保护环境、提供环境效益产品的生态型经济转变。克服将保护生态环境与促进经济增长对立起来、为追求"政绩"和部门利益而对资源进行掠夺式开发的短期行为。

三是"绿色 GDP"为少数民族地区找到了经济开发与环境保护的结合点。一方面,少数民族地区是生态脆弱地区和环境敏感地区,需要采取更为严格的保护措施。另一方面民族地区又是中国经济落后的地区,发展的要求非常迫切。经济大开发与环境大保护的矛盾尤其突出。探索新的思路、寻找西部经济大开发与环境大保护之间的结合点,变"两难"为"双赢"是少数民族地区全面建设小康社会的正确选择。"绿色 GDP"的推行有利于克服"搞环保只有投入,没有近期效益"的片面认识,既充分考虑保护生态的合理性,做到不为发展经济而破坏生态环境,也不为保护生态环境而放弃发展经济,坚持经济社会发展与自然生态环境保护相统一,开发与治理相结合,努力把生态优势转化为经济优势,使所采取的每一项发展经济的措施都有利于促进生态环境的保护和建设,实现经济增长与生态环境建设的"双赢"。

四是"绿色 GDP"有利于少数民族地区解决富民强区、协调发展的矛盾。通过建设一些大的项目，能够实现少数民族地区 GDP 总量和相应的人均 GDP 水平翻两番的目标，但是要让各族人民，尤其是广大农牧民的生产生活也提高到小康水平则困难得多。这两者之间不能划等号，也不能用前者来代替后者。少数民族地区如果能抓住国家实施天然林保护、退耕还林、退牧还草等生态建设工程的机遇，调整经济结构，发展生态型经济下新的替代产业，如生态旅游、绿色食品、特色药业等对广大农牧民带动性强的产业，可以收到富民强区一石二鸟的成效。例如，四川省甘孜藏族自治州泸定县退耕还林与还药结合，由太极药业集团担任龙头，实施"公司+农户"农业产业化经营，种植红豆沙，为生产紫砂醇治癌药物提供原料。已建立起了一万多亩的原料基地，使红豆沙由野生变成人工种植；利用成份也由过去只是树皮，变成了包括树枝、树干、树叶整个植株的利用。这样既保护了资源、环境，又增加了税收、并促进了当地农民增收。

当前，我们应该转变思想，用"绿色 GDP"引领少数民族地区经济发展。

其一，国家可率先在少数民族地区开展"绿色 GDP"试点。用"绿色 GDP"监控、评估、引导少数民族地区现代化建设，然后再总结经验，把好的经验向其他地区推广。

其二，分步实施、逐步推进少数民族地区"绿色 GDP"的部署和进程。一是用"绿色 GDP"的理念教育广大干部群众，牢固树立可持续发展的观念。二是把"绿色 GDP"纳入统计体系和干部考核体系，改变过去重经济指标，忽视环境效益的评价方法。三是借鉴国内外"绿色 GDP"的核算方法，将少数民族地区自然资源进行核算，建立自然资源的实物和价值账户、核算各类自然资源的增减情况。以卫星账户形式反映到地区经济发展报告中去；四是将少数民族地区承担的生态保护功能量化,为建立健全生态环境补偿机制提供依据和手段;五是在对西部少数民族地区自然资源进行核算的基础上,逐步进行资源、环境与经济一体化的核算。

其三,争取联合国和其他国际机构的支持,开展非市场的自然资源核算方法以及数据标准化的交流与合作;获得资源环境与经济的国民经济核算体系的各种方法和技术,建立健全少数民族地区乃至全国的"绿色 GDP"制度。

三、少数民族经济发展中人口、资源与环境的协调统一

在少数民族经济发展中,人口同资源环境是一个矛盾的对立统一体,其统一性表现在:两种都是同一的,即都是大自然的组成部分;其对立性表现在:两者又是互斥的,因为人对资源环境的开发,必然导致资源的减少,环境的破坏。同时,资源环境的破坏又反过来报复人类,影响人类正常的生产、生活。所以,在少数民族经济发展中,一定要处理好人口、资源与环境的关系,使其矛盾冲突最小化,利益最大化。

(一)协调人口、资源与环境的关系的理论基础

人口、资源、环境是一个紧密联系的大系统,由于各子系统之间的矛盾运动,导致系统不同程度地呈现出无序状态,要使这个大系统由无序向有序演化、由低级向高级有序演化,其基本条件是各子系统之间要协调发展。可持续发展战略是协调这个大系统中各子系统发展的战略,因为这一战略从人类生产活动和消费活动的全过程中全面、系统、综合地考虑了人口、资源、环境和经济发展之间的辩证关系,实现这一战略,可以使人口、资源、环境、经济四者协调发展,获得最佳的生态效益、社会效益、经济效益。

1962 年,美国生物学家雷切尔·卡逊在其著作《寂静的春天》

中呼吁人类关注环境。随后，随着环境问题的加剧和能源危机的出现，人们逐渐认识到把经济、社会和环境割裂开来谋求发展，只能给人类社会带来毁灭性的灾难。"可持续发展"一词在国际文件中最早出现于1980年由国际自然保护同盟制定的《世界自然保护大纲》，其概念最初源于生态学，指的是对于资源的一种管理战略。其后，这一概念在经济学等学科中增加了新的内涵。直到1987年，以布伦特兰夫人为首的世界环境与发展委员会（WECD）的成员们，经过4年的研究后，在向联合国提交的报告——《我们共同的未来》中正式提出了可持续发展的概念，并将其定义为"社会发展既满足当代人的需求又不危害后代人满足其需求的发展"，是一个涉及经济、社会、文化、技术和自然环境的综合的动态概念。该概念从理论上明确了发展经济与保护资源环境相互关联、互为因果的观点。此后，WECD又对这一定义做了补充："一部分人的发展不应损害另一部分人发展的权利"，强调代际平等与代内平等。"可持续发展战略旨在促进人类之间以及人类与自然之间的和谐"。后来，人们对可持续发展这一概念的内涵进行了深入挖掘和扩展，从不同角度加以阐述。综合起来，可持续发展的内涵可以这样来把握：通过妥善处理人与人、人与自然之间的关系，在确保生态长久的平衡、良性循环和不超过资源环境长久承载能力的根本前提下，实现人、经济、社会全面、平等、协调、持久的发展。

要实现可持续发展，我们必须做到：第一，注重代内和代际发展权利和机会上的平等，不能损人利己，不能将一个区域的发展建立在损害其他区域利益的基础上，不能"吃祖宗饭，断后人粮"；第二，要改变人与自然之间征服与被征服的关系，强调二者是和谐共存的关系。自然生态环境是人类社会生存和发展的物质条件和基础。第三，随着人类日益作用于自然和自然对等地反作用于人类，人类生活质量的高低和幸福的程度，在很大程度上取决于生态环境的好坏。因此，要始终建设和保护好生态自然环境，不能以牺牲它们为代价，片面追求经济增长，满足人类无止境的物质欲望。这就要求我们必须对已经破坏的生态及时"亡羊补牢"，使之达到良好的状态，对脆弱的生态区域还要有前瞻性地预防建设。同时，要防治环境污染，抛弃传统的"高消耗、高排放、低产出"的生产方式和"生产要素数量扩张型"的经济增长模式，代之以清洁生产、循环生产的生产方式和科技型、劳动者素质型的集约化经济增长模式。同时，还必须根本改变铺张浪费的不良消费方式和习惯，建设节约型社会。第四，要促进人的全面发展、经济发展和社会发展的统一和协调，不可偏废，这是可持续发展的落脚点。这就要求我们既要发展经济，又要重视人全面素质的提高，控制人口增长，大力发展教育、科技、文化、卫生和社会保障等社会事业。

可持续发展这一概念和战略的提出，对人类社会发展的影响是巨大而深刻的。有学者甚至指出，继原始文明、被称为"黄色文明"的农业文明和被称为"黑色文明"的工业文明后，人类将进入"绿色文明"的可持续发展文明时期。面对经济市场化的浪潮和知识经济的曙光，少数民族地区应该坚定不移地走人口、资源与环境相协调的可持续发展道路。

（二）建立少数民族地区生态补偿机制

少数民族地区是重要的水源涵养地、中下游地区的生态屏障，是国家生态建设的重点，少数民族地区的生态环境建设需要巨大的资金支持。从国外的经验看，建立一个稳定持续的生态效益补偿机制，不仅可以在某种程度上缓解资金紧缺的问题，而且可以降低社会运行的环境成本。

生态经济学、环境经济学与资源经济学理论，特别是生态环境价值论、外部性理论和公共产品理论等为生态补偿机制的研究提供了理论基础。

长期以来，资源无限、环境无价的观念根深蒂固地存在于人们的思维中，也渗透到社会和经济活动的体制和政策中。随着生态环境破坏的加剧和生态系统服务功能的研究，使人们更为深入地认识到生态环境的价值，并成为反映生态系统市场价值、建立生态补偿机制的重要基础。Costanza 等人和联合国千年生态系统评估（MA）的研究在这方面起到了划时代的作用。生态系统服务功能是指人类从生态系统获得的效益，生态系统除了为人类提供直接的产品以外，所提供的其他各种效益，包括供给功能、调节功能、文化功能以及支持功能等可能更为巨大。因此，人类在进行与生态系统管理有关的决策时，既要考虑人类福祉，同时也要考虑生态系统的内在价值。生态补偿是促进生态环境保护的一种经济手段，而对于生态环境特征与价值的科学界定，则是实施生态补偿的理论依据。

外部性（Externality）理论是生态经济学和环境经济学的基础理论之一，也是生态环境经济政策的重要理论依据。环境资源的生产和消费过程中产生的外部性主要反映在两个方面，一是资源开发造成生态环境破坏所形成的外部成本，二是生态环境保护所产生的外部效益。由于这些成本或效益没有在生产或经营活动中得到很好的体现，从而导致了破坏生态环境没有得到应有的惩罚，保护生态环境产生的生态效益被他人无偿享用，使得生态环境保护领域难以达到帕累托最优。庇古认为，当社会边际成本收益与私人边际成本收益相背离时，不能靠在合约中规定补偿的办法予以解决。这时市场机制无法发挥作用，即出现市场失灵，必须依靠外部力量，即政府干预加以解决。当它们不相等时，政府可以通过税收与补贴等经济干预手段使边际税率（边际补贴）等于外部边际成本（边际外部收益），使外部性"内部化"。构建这种外部性内部化的制度，就是生态补偿政策制定的核心目标。

人们普遍认为，自然生态系统及其所提供的生态服务具有公共产品属性。纯粹的公共产品具有非排他性（Non - excludability）与非竞争性（Non - rivalrousness）两个特征。这两个特性意味着公共产品如果由市场提供，每个消费者都不会自愿掏钱购买，而是等着他人购买而自己顺便享用它所带来的利益，这就是"搭便车"问题。如果所有社会成员都意图免费搭车，那么最终结果是没人能够享受到公共物品，因为"搭便车"问题会导致公共物品的供给不足。生态环境由于其整体性、区域性和外部性等特征，很难改变其公共产品的基本属性，需要从公共服务的角度，进行有效的管理，重要的是强调主体责任、公平的管理原则和公共支出的支持。

生态补偿机制（Eco - compensation）是以保护和可持续利用生态系统服务为目的，以经济手段为主调节相关者利益关系的制度安排。更详细地说，生态补偿机制是以保护生态环境、促进人与自然和谐发展为目的，根据生态系统服务价值、生态保护成本、发展机会成本，运用政府和市场手段，调节生态保护利益相关者之间利益关系的公共制度。对生态补偿的理解有广义和狭义之分：广义的生态补偿既包括对生态系统和自然资源保护所获得效益的奖励或破坏生态系统和自然资源所造成损失的赔偿，也包括对造成环境污染者的收费；狭义的生态补偿则主要是指前者。

在少数民族地区的开发过程中，应该建立生态补偿机制，其基本框架为：

建立生态补偿机制的目的：第一，刺激企业加强对生态环境和资源的保护，特别是对那些直接从事矿产资源开发、森林采伐、能源开发等对生态环境有直接影响的作业，通过这一机制，促进环境资源的合理利用与持续发展，达到保护生态环境的目的。其次，通过建立生态利益补偿，为综合治理和恢复生态环境积累资金。再次，生态补偿机制可以通过价格杠杆来限制某些生态环境资源的使用和开发，控制生态环境的退化。

生态补偿主体：生态补偿的主体是参与生态活动的各利益相关者（自然人和法人），它包括两类：公共主体和市场主体。生态补偿的公共主体就是政府及各类相应的机构和组织。政府之所以能成为生态补偿机制的主体还在于其特殊的经济职能和地位，即它处于信息优势地位，特别是具有政策信息的绝对垄断地位（垄断了政策的解释权、控制权和目标制定规划与引导权），还具有较强的协调能力，以及超强的监督与奖惩力。市场主体是生态补偿的微观实施主体，主要是指直接与生态资源发生关系的各关系人。从与生态资源的关系角度看，可以分为生态环境的破坏者、培植者和维护者三类，不同的主体应该支付或享受的补偿金额、渠道和方式都应该是不同的。从生态补偿的利益关系角度看，可以分为生态受益者（补偿费用的支付者）、受损者（补偿费用的获得者）及公共主体的利益分享者。

生态补偿原则：在建立与完善少数民族地区生态补偿体系时应该遵从"谁污染、谁治理，谁破坏、谁恢复，谁受益、谁补偿"的基本原则；实施政府主导、市场推进的组织原则；从点到面、先易后难的操作原则；广泛参与、因地制宜的实施原则等。

生态补偿类型：对少数民族地区的生态补偿有两个方面，一方面是这些地区的生态环境及其改善提供的生态服务功能价值；另一方面是少数民族地区的经济主体进行环境建设的机会成本。由此，生态补偿的类型也有两种：其一，补偿经济主体的环境经济行为产生的生态环境效益；其二，补偿经济主体环境经济行为的机会成本。

实施生态补偿需要数额巨大的资金投入，而资金的有效筹措是少数民族地区生态补偿机制实现的关键。如果少数民族地区的生态补偿资金完全由中央财政支付，势必存在较大的困难。因此，构建少数民族地区多元化的生态补偿融资渠道尤为重要，其内容主要有：

培育和发展资本市场。一是利用股票市场支持少数民族地区具有比较优势和竞争优势的生态环保项目进行股份制改造,国家应给予优惠政策,鼓励和支持生态环保企业上市发行股票,通过社会融资实现企业资本的筹集和扩张,增强企业的环保投资能力。二是利用债券市场大量发行生态环保债券、"绿色国债",主要用于防风治沙、植树种草、退耕还林等生态工程。

建立生态补偿保证金制度。所谓的生态补偿保证金制度是指规定企业按照其可能造成的污染程度在年初或某项目建设之前缴纳一定的对环境污染的保证金,如果到年末或项目运行过程中造成的环境危害超过了一定标准,那么这笔保证金就自动地充公并入少数民族地区生态保护与污染治理的专项基金中去;反之则可收回。

开征生态补偿税。开征生态补偿税有利于扩大收入范围,更容易规范管理。生态补偿税的征收又可以根据应税方法不同,选择开征生态补偿税或生态补偿附加税。生态补偿税按照相关性原则,即根据产品或服务消费项目与森林资源关系的远近确定征税对象,对那些依赖森林资源的产品征收所得税或消费税;也可以采取环境损益法确定征税对象,将那些对森林生态环境影响较大的行业或产品征收生态补偿税,如开矿、采油、采煤、大型基础工程。中国的山西、辽宁、湖北以及新疆等省(自治区)已经实行了类似的政策。生态附加税类似于教育附加税的征收模式,在国家所有的应税所得税产品或服务贸易中附加征收一定的税收,体现了生态效益的社会共享共担原则。这样可以克服生态税征收中的困难,减少许多模糊因素的影响。

发行生态建设彩票。彩票是政府的一条重要筹融资渠道(西方发达国家称其为"第二财政"),具有强大的社会集资功能。目前,彩票业已发展成为世界第六大产业。因此,少数民族地区应积极争取国家支持发展彩票业并使之成为西部融资的重要渠道之一。西部生态环境建设可以借鉴东部开发时的一些融资方式,通过发行"西部生态建设彩票"的方式融资,这样将可以强有力地支持西部生态建设。当前,可以考虑在全国范围内发行生态环境建设彩票,除发行成本以外,西部各省区市筹集的资金应全部用于本地区生态环境建设,东部和中部地区筹集的资金60%上缴中央,专项用于西部生态环境建设,其余40%用于本地生态建设。

其五,BOT 融资方式(Build Operate Transfer)。在典型的 BOT 融资方式中,政府部门就某个基础设施项目与私人公司或项目公司签订特许协议,授权承担该项目的投资、融资、建设、经营、维护,并在一定期限内移交,在特许期内,项目的业主向项目的使用者收取适当的费用,特许期满后项目业主须将该项目无偿移交给政府部门。BOT 方式为基础设施建设开辟了财政预算外的资金来源渠道,能加速基础设施建设,将 BOT 融资方式应用于民族地区的生态补偿制度,可以加速资金筹措,尽快改善生态效益的维护。

(三)促进人口资源环境相协调,实现少数民族经济可持续发展

可持续发展的实质是实现人口、资源和环境的协调发展,可持续发展的核心是发展,要求在资源可持续利用和环境保护的前提下,实现经济社会的又好又快发展。然而,少数民族地区地貌类型和气候复杂,生态环境脆弱、多变,资源承载能力较低,人口增长过快等特殊性,要求我们在开发中坚持生态建设,保护环境,节约资源,趋利避害,推进城市化,依靠科技创新,以最小的资源环境代价发展经济,实现人口、资源、环境与少数民族地区经济社会发展的良性循环。

近年来,随着少数民族地区对可持续发展战略的研究和贯彻执行,逐步加大计划生育、耕地保护和环境建设工作力度,少数民族地区人口、资源和环境状况有所好转。尽管少数民族地区人口资源环境与经济社会协调发展已呈现良好态势,但由于人口增加、资源消耗、环境容量有限,少数民族地区人口、资源和环境与可持续发

展还存在如下矛盾。

人口与可持续发展的矛盾。虽然近年来民族地区的人口增速相对减缓，但总数还是很大，其增长率高于全国平均水平，同时少数民族人口总体文化素质仍然偏低。

资源与可持续发展的矛盾。在少数民族地区，存在草原退化惊人、土地荒漠化仍然严重、森林面积减少、生态功能弱化等必须高度重视的问题。中国草地主要分布在少数民族地区，天然草场面积约为 2.87 亿 hm^2，占全国草地总面积的 81.3%。由于过度放牧和盲目开荒，使草原地区多次出现"黑色风暴"，造成"农田吃草原，风沙吃农田"的恶性循环。天然草场退化十分严重，退化面积达 11 万 hm^2，占该地区草场面积的 70.7%。全国退化草原的面积正以每年 200 万 hm^2 的速度扩张，天然草原面积每年减少 65 万~70 万公顷。同时，土地荒漠化现象也十分突出，中国已经有 1/4 以上的国土出现荒漠化，其中，95% 以上的荒漠化土地集中在西部的 7 省区，西北及内蒙古 6 省区是中国荒漠化最严重地区，荒漠化总面积达 188 万平方公里，占全国荒漠化面积的 71.7%。新疆、宁夏、内蒙古、甘肃的荒漠化率分别达到 86.07%、75.98%、59.27% 和 50.62%。在西南少数民族地区，享有"动物王国"和"植物王国"之称的西双版纳森林面积急剧减少，原始森林生态系统在长期的毁林开荒中遭到严重的破坏，生态功能系统难以恢复。新疆塔里木盆地分布着世界最大的胡杨原始森林。由于中上游过度引水用水，如今塔里木河下游来水比 20 世纪 50 年代锐减了近 50%，两岸胡杨林全部死亡。西藏大部分地区人为采伐导致植被剧减，加速了生态退化，西藏高原西北地区植被覆盖率不到 1%。长江上游主要源头的 13 个县的森林覆盖率不足 1%。由于森林过度破坏、植被减少，裸露土地增加，裸露率由过去的不到 10% 增加到现在的 30%。

环境与可持续发展的矛盾。在少数民族地区，水土流失状况依然严峻、生态安全脆弱、生态环境恶化、自然灾害频繁等问题也严重地困扰着少数民族经济社会和国民经济全局。目前少数民族地区水土流失面积为104.7万hm^2，占全国水土流失总面积的80%以上，水土流失率达15.15%。从表上看，在西部11个省区中水土流失最为严重的有：宁夏水土流失率高达69.96%；陕西水土流失率高达66.87%，水土流失面积占全省国土面积的2/3；在贵州省喀斯特地区，20世纪70年代末水土流失面积占全省总面积的43.55%，而目前已经接近50%；四川省水土流失面积由20世纪50年代的9.4万hm^2发展到现在的38.3万hm^2，水土流失率高达43.65%，每年流失土壤1.47亿吨，相当于每年减薄土层6.3毫米，耕地退化面积逐年增加；青海省水土流失面积占国土面积的46%。

进入21世纪后，少数民族地区自然灾害有加剧的趋势。2000—2004年5年间民族地区受灾面积达到4865.94万公顷，成灾面积占受灾面积平均达到57.65%。其中，水灾面积平均占28.23%，2004年达到了52.04%；旱灾面积平均占53.69%，2000年所占比例最高，达到77.92%。2000年全国因旱灾有1560万人、1310万头大牲畜发生饮水困难，其中60%~70%发生在西部少数民族地区。

对于经济欠发达，可持续发展能力还不强的少数民族地区来说，走可持续发展道路，促进人口、资源、环境协调发展，必须以人为本，提高全民综合素质，合理利用各类资源，积极保护生态环境。

树立科学的人口发展观，为可持续发展营造良好的人口环境。少数民族地区的人口工作关键要搞好三个方面。一方面是继续控制人口增长。在合理规划人口发展阶段性目标，加强动态监测的基础上，把人口控制在适度范围内。积极探索人口控制机制的转变。少数民族地区控制人口增长主要依靠计划生育基本国策的贯彻和落实，但要依据变化情况不断改进，加强综合治理、分类指导和提高计划生育服务水平。另一方面是全面提升人口素质。一是要保证少数民族地区教育经费投入不断增加。发达国家经验证明，教育投资的增长率要高于同期国民经济增长率，才能实现经济可持续发展良性循环。二是继续巩固九年义务教育，逐步提高普及高中、高职教育层次，全面提升人口受教育水平。三是进一步完善多层次社会办学体系，大力发展高等教育，扩大本专科教育规模。四是强化继续教育，加强对新增劳动力的职业教育和职业培训，提高文化和技能素质。第三方面是努力提高就业水平。大力发展服务业，多形式、多途径扩大少数民族地区城镇就业渠道。对下岗、失业者加强职业技能培训，提高其再就业能力，避免出现结构性失业的问题。积极组织和引导少数民族地区农村剩余劳动力转移，加快小城镇建设和城市化进程。

合理开发利用资源，为可持续发展创造有利条件。首先是着力提高资源利用率。针对少数民族地区资源的状况，在资源的开发利用上，依靠科技进步，进一步优化资源利用方式，提高资源利用效率和加工水平。围绕充足的农产品资源，做精做深农产品加工业，延伸产业链，提高农产品附加值，确保农产品加工转化率达到70%以上。并且要依托少数民族地区丰富的太阳能、风能资源，加快新能源、清洁能源开发，促进资源利用的可持续发展。其次是加大资源整合力度。少数民族地区的企业小而分散，规模经济优势不突出。因此，要优化资源配置，进一步做好资源整合工作，把优势资源向优势地区和优势企业集中，做大做强经济发展"龙头"。同时，通过政策扶持，资产重组，低成本扩张，把产业趋同，环境相仿的小企业，打破条块分割，通过区域间横向联合，组建企业集团，联合生产，形成集群优势，发挥规模效应，推动少数民族地区经济又好又快发展。第三是确保耕地资源的永续利用。耕地资源是重要的战略资源，制约着少数民族地区农业和农村经济的健康发展，因此必须确保耕地资源的永续利用。要严格控制耕地占用总量，今后非农建设用地要从外延增量发展为主转向内涵存量发展为主,充分挖掘存量建设用地潜力。同时抓好工矿废弃地以及江河滩涂的开发利用,合理建设林地、草地,提高绿色植物覆盖率和森林覆盖率。

　　加快生态环境建设,为可持续发展奠定坚实的基础。首先要大力发展循环经济。循环经济是一种与环境和谐的经济发展模式,是实现污染防治、改善生态环境的有效途径,也是实现经济社会可持续发展的必然选择。因此,一要加大少数民族地区科技投入,积极研究、开发和推广新能源、新材料,广泛采用符合少数民族地区特点的污染治理技术和生态恢复技术,全力推行清洁生产。二要加快少数民族地区工业企业技术改造,淘汰落后生产工艺和设备,全面降低工业能耗,减少污染排放,直至达到"无污染,零排放"。三要充分利用环保、资源回收再利用领域的高科技手段,改造提升传统产业,加速产业升级,通过科技进步和经济增长方式转变减轻污染对环境的破坏,以缓解制约经济社会可持续发展的资源和环境矛盾。其次要加大环境治理投入。政府要从可持续发展战略高度增加少数民族地区环境治理的投入,一方面努力加大对环境保护的投资,另一方面积极争取国家政策和国债资金支持,加大环境污染防治力度,解决少数民族地区突出的环境问题,有计划地逐步改善环境质量,使城乡特别是城市、县城所在地的社会环境质量得到明显好转。最后,要依法保护和治理生态环境,加强环保监测体系建设,提高环境治理水平。

第十四章
中国少数民族经济现代化

　　现代化是传统社会向现代社会转型过程中,经济、政治、文化各个领域经历深刻变革的历史过程。其中,经济现代化是基础,它以人的现代化为核心,与政治和文化的转型相统一。少数民族经济现代化包括少数民族人口的经济现代化和少数民族地区经济的现代化两个方面,少数民族人口经济现代化是少数民族经济现代化的主要内容,而民族地区经济现代化则是少数民族经济现代化的主要途径。少数民族经济因为其经济发展阶段、制度背景、文化传承、地缘特征、区位条件及资源禀赋等特点,决定了其经济现代化进程的复杂性和高难度性,也决定了其现代化内涵和路径的特殊性。纵观发达国家和先进民族的现代化过程,不难发现,每一个民族、每一个国家的现代化在其制度体系、经济结构和经济运行机制以及社会人文转型过程中都表现出普遍的共性,但在现代化的具体实现途径上却千差万别,体现出强烈的民族个体性和国别差异性。因此,少数民族经济现代化既不能脱离于现代化的一般,也不能置历史传承性和民族特殊性于不顾。

一、经济现代化与少数民族经济现代化的特殊性

(一) 经济现代化及其主要内容

经济现代化以生产方式的革命性变革为内核,以工业化和城市化的实现为基本特征和主要标志。其中,生产方式的变革体现在现代科技渗透于经济领域的各个环节,经济组织内部分工与社会分工水平达到相当高度,商品化、专业化、集约化的生产取代自给自足的家庭作坊式生产,而工业化和城市化则是这种变革的成果。

人们对工业化内涵的理解不尽相同,存在着狭义和广义两种观点。在《新帕尔格雷夫经济学大辞典》中,"工业化"辞条的撰写者巴格奇认为:工业化是一种过程。其基本特征是,首先,一般说来,国民收入(或地区收入)中制造业活动和第二产业所占比例提高了。其次,在制造业和第二产业就业的劳动人口的比例一般也有增加的趋势。在这两种比例增加的同时,除了暂时的中断以外,整个人口的人均收入增加。这是对工业化内涵的狭义理解,此时工业化被认为是在国民收入及就业人口中二次产业所占比重不断上升的过程,而实现工业化便意味着工业创造的国民收入占据了国民收入的绝大部分。广义的工业化定义则是指一系列基要的生产要素组合方式连续发生变化的过程,中国学者张培刚认为,工业化是一个动态的和发展的过程,它以技术变革为基础和前提,首先表现为"一系列基要的生产函数"不再处于停止状态,而是发生着连续的变化,并进而导致生产过程、经济组织、社会结构,乃至人们的生活方式、消费方式、行为方式和思维方式,都发生一系列相应的变化。本书更倾向于对工业化的广义理解,从工业化进程来看,工业的产值比重和就业比重的提高仅仅是工业化过程中一个令人瞩目的侧面,在这个过程中更深刻的变化是生产方式(生产关系和生产力的结合方

式）的革命性变革，这种革命性变革引发的不仅仅是产业结构的演进，而是社会经济生活方方面面的深刻变革。因此，在普遍意义上，经济欠发达地区从传统农业经济向现代工业经济的结构转型的过程（即工业化过程），是这些地区区域经济发展最关键的环节。从分工理论来理解工业化过程，工业化的实质是技术进步和市场扩大推动分工的不断细化和发展，导致机器生产逐步代替手工生产；整个社会生产从原料投入到最终产品的产出过程中，生产环节不断增多、生产工序不断细化，专业化程度不断提高，迂回生产链条不断延长；工业规模不断增大，资本品生产的比重逐渐提高；同时交易的规模和范围不断扩大，城镇作为方便分工和市场交易的组织形式，迅速形成和发展。这个过程极大地增进了最终产品的生产率，实现了生产力质的飞跃。因此，讨论工业化并不是只讨论工业本身的发展问题，对于少数民族经济和民族地区工业化问题的讨论更是如此。

城市化是社会发展的历史过程，是工业革命的伴生现象。学术界对城市化（也称作城镇化或都市化）的定义尽管有所不同，但内涵基本一致。美国的《世界城市》一书中认为都市化是一个过程，包括两个方面的变化：一是人口从乡村向城市运动，并在都市中从事非农工作；二是乡村生活方式向城市生活方式的转变，包括价值观、态度和行为等方面。中国编写的《中华人民共和国国家标准城市规划术语》中认为城市化是"人类生产与生活方式由农村型向城市型转化的历史过程，主要表现为农村人口转化为城市人口及城市不断发展完善的过程。"因此，城市化既是一个国家或地区实现人口集聚、财富集聚、技术集聚和服务集聚的过程，同时也是一个生活方式转变、生产方式转变、组织方式转变的过程。在现代生产和生活中，城市是人们经济、政治和社会生活的中心。因而，城市化水平是衡量一个国家和地区经济、社会、文化、科技水平的重要标志，也是衡量国家和地区社会组织程度和管理水平的重要标志。

(二) 经济现代化的实现机制

对经济现代化实现机制的理解，离不开对经济领域的考察，但也不能局限于经济领域。一个完整的现代化过程涉及社会经济各个层次、各个方面和各个环节，经济现代化固然是其核心内容和主要任务，但政治和思想文化领域的现代化却是经济现代化的必然要求和重要前提。两者的互动发展是生产力和生产关系、经济基础和上层建筑之间矛盾运动的结果。如果我们用二分法把世界分成精神世界和物质世界，那么经济现代化动力源来自两个方面，即精神动力系统和物质动力系统。

构成精神动力系统的因素主要是那些影响和制约个人经济行为的精神因素、心理因素和制度因素。在这个精神动力系统中，作为正式制度安排的政治制度、法律法规、政策措施或契约合同以及作为非正式制度安排的价值观、伦理道德观、意识形态、宗教或风俗习惯对社会群体中的个人行为产生着最为基础、最为深刻的影响，这些影响最终成为主导社会经济运行结果的非物质因素。毫无疑问，没有政治、思想和文化领域的革命性变革，经济现代化就无从谈起。西方世界的经济现代化初始动力并不在经济领域本身，而是宗教改革、文艺复兴和启蒙运动等思想文化领域的巨变以及资产阶级政治革命，这些变革为经济现代化提供了源源不断的精神动力和适宜的政治构架，成为经济现代化的必要条件。

构成经济现代化物质动力系统的因素来自经济领域本身。从经济层面解释经济现代化的各种理论中，分工理论是目前为止相对成熟、且有较强解释力的理论体系。[1]

分工理论是斯密经济理论极其重要的组成部分，在《国富论》

---

[1] 参见李皓著：《转型与跨越—民族地区经济结构研究》，第26-31页，北京：民族出版社，2006。

中明确指出分工和专业化是国民财富增长的源泉,阐释了组织内部分工对效率增进的诸方面的影响,提出了分工与市场关系的"斯密定理",探讨了分工发展对经济组织从手工作坊向资本主义工场手工业发展变迁的决定性作用,揭示了技术变迁对经济演进过程的影响。[1] 马克思发展了斯密的分工思想,他把资本主义的发展看作是一个动态的不均衡过程,以分工概念为基础深入分析了资本主义经济结构变迁的一般规律和最终结果。另外,马克思关于经济组织内部分工和社会分工的区分,为我们理解经济现代化过程提供了非常重要的分析范式,马克思认为垂直或企业内分工取决于规模报酬递增的技术,而社会分工或水平分工最基本的问题是最小经济规模问题,这两者之间交互作用、互为因果,导致社会经济结构的自发演进。同时,马克思也强调了分工过程的技术性质,指出技术进步是工场手工业向资本主义生产转变的基础。最后,马克思特别强调经济发展对其制度结构变革所产生的压力,深入分析了经济发展与制度结构间紧密的互联互动关系和相互作用的机制,指出制度结构的变迁既是经济发展的结果,又是经济发展的原因。杨格则在其经典论文《报酬递增与经济进步》中借用了迂回生产这个概念,把分工理论向前推进了一步,杨格认为分工取决于市场规模,而市场规模又取决于分工,经济的动态演进(自然也包含经济结构的变迁)就蕴含在分工与市场规模相互作用的过程之中,从而用分工自我繁殖的累积性变化过程使斯密定理真正动态化了,论证了市场规模与迂回生产、产业间分工相互作用、自我演进的机制。[2] 分工理论的最新发展成果

---

[1] 亚当·斯密:《国民财富的性质及其原因的研究》,第1页,北京:商务印书馆,1997。

[2] 阿林·杨格:报酬递增与经济进步,《经济社会体制比较》1996年第2期。

主要反映在杨小凯等人的新兴古典经济学文献中，杨小凯等人提出了一个以分工的内生演进为内核的新兴古典增长理论，这个理论深化了斯密、马克思、杨格等人关于分工的认识，并对分工理论进行了模型化处理。杨小凯等人认为，经济发展是分工内生演进导致报酬递增产生的结果，经济发展的各个侧面，如经济发展的工业化、城市化过程等都是分工内生演进的必然结果。

工业化是分工演进在时间维度上的展开。工业化过程表现为机器生产代替手工生产，新的技术和新的机器不断涌现，整个社会生产从原料投入到最终产品的产出过程中，生产环节不断增多、生产工序不断细化，迂回生产链条不断延长，工业规模不断增大，资本品生产的比重逐渐提高，同时交易的规模和范围也随之扩大。这个过程极大地增进了最终产品的生产率，实现了生产力质的飞跃。上述过程实质就是一个分工演进过程，中间产品种类的增加、生产环节的增多、生产工序的细化，必须以经济组织内部分工和经济组织间的社会分工水平的不断提高为条件；而分工的最终实现需要由交换来完成，如果交换的效率低下，成本高昂，抵消了分工带来的效率增进，那么上述工业化过程就不会出现。由于交易效率的增进是分工和专业化水平提高的必要条件（非充分条件），交易费用（这里我们把为完成交易过程而产生的各种成本统称为交易费用）的高低就成为制约工业化进程的极其重要的因素。

城市化是分工演进在空间维度上的展开。经济发展过程中区域空间结构的变化也与分工的演进紧密相关，经济活动空间演进的最核心特征是集聚。在原来处于低水平均衡状态的均质空间中出现增长极点，增长极点将发挥其强大的吸纳能力和辐射功能，由此形成城市和集镇。这个过程同样也是以分工的演进为条件和前提的。杨小凯和赖斯建立了一个交易效率、交易的集中程度以及分工水平三者交互影响，在市场竞争中同时确定的一般均衡模型，模型指出：

如果每个人的居住地点固定不变,当分工水平提高而要求交易的网络扩大时,如果所有人都将交易集中到一个中心地点,则会大大缩减总的交易旅行距离,从而极大地降低交易费用。在市场竞争中,人们都会尽量减少交易费用,这类集中所有交易的集市贸易就会自发形成。同时,分工的发展会使集中贸易地(城市)个数减少,每个城市的规模扩大,而多个城市会形成分层结构,少数大城市在上层,众多中城市在中层,更多的小城镇在下层。因此,"城市是把扩大的分工网络压缩到某一个较小区域而产生的。"①

(三) 少数民族经济现代化的特殊性

少数民族经济因为其经济发展阶段、制度背景、社会人文因素、地缘特征、区位条件及资源禀赋等特点,决定了其经济现代化的特殊性。

第一,中国少数民族经济现代化是少数民族人的经济现代化和民族地区经济现代化的统一。中国少数民族经济现代化从其空间载体来说是民族地区的现代化,而就其目标和主要内容而言,则是少数民族人的经济现代化。民族地区经济并不是单一的少数民族人的经济,也包含着汉族经济,因此,民族地区经济现代化的实现并不意味着少数民族经济实现了现代化。事实上,在民族地区,经济的发展是不平衡的,历史上长期存在着民族地区汉族经济相对发达而少数民族经济相对落后的状况,并一直延续至今天。以四川省凉山彝族自治州为例,长期以来,汉族经济主要沿着"西夷道"延伸,该道路始建于汉武帝时期,从成都出发,其北段沿越西河谷,逾小相岭至冕山入孙水河谷,到泸沽进入安宁河谷,经西昌、米易、会理、德昌等地,向西南进入川滇交界地。历史上这条道路一直就是

---

① 安虎森:《区域经济学通论》,第154页,北京:经济科学出版社,2004。

四川彝区社会、经济、政治发展的主要轴线，到现在仍然是该州经济发展水平最高的区域；该州彝族聚集区域（主要指凉山腹心区域，如美姑、昭觉、布拖、金阳等县），到现在仍然相当落后，在广大农村，劳动分工的发展还处于农耕社会较早期阶段，耕作方式简单、生产工具落后的传统农业仍然是凉山彝族最重要的收入来源和全民性的职业。毫无疑问，少数民族经济现代化是以民族地区的开发与发展为途径，以少数民族人的经济现代化为归宿的现代化。离开民族地区经济现代化，少数民族人的经济现代化就无从实现；而脱离少数民族人的经济的现代化，民族地区现代化则失去了目标指向。

第二，中国少数民族经济现代化必须把少数民族人的现代化放到更加最突出的位置。人是现代化的主体，更是现代化的目标。在当代中国，少数民族群众是贫困多发人群。少数民族人口的贫困是多方面的，其中，收入上的贫困显而易见，但能力的欠缺和观念的落后却是更本质的贫困，是少数民族经济现代化最重要的阻滞因素。如何不断提高少数民族人口的身体素质、健康水平、农技知识和转岗就业能力？如何丰富他们的物质和文化生活？怎样培养他们的现代市场经济意识和观念？这些问题是少数民族经济现代化中亟待解决的重大问题。因此，在推进少数民族经济现代化的进程中，人的现代化无疑是其中最基础、最根本的环节。

第三，中国少数民族经济现代化必须充分重视少数民族经济的民族性和历史传承性。少数民族经济现代化不是在一张白纸上，按照空想理论家们的构想去随意设计。纵观世界经济史，各民族的现代化之路虽然都必须经历政治变革、市场机制的确立、市场体系的完善、思想文化领域的转型以及工业化和城市化的过程，但就每一个具体的民族而言，其道路却千差万别。比如，英美的自下而上的自由资本主义道路和德国自上而下的普鲁士道路就完全不一样。德国历史学派并不承认有什么普适的现代化道路，而是特别强调经济发展的民族性特征，从而主张德国应该有一条不同于英美的现代化道路。刘永佶指出："民族作为人类经济活动的社会形式，在长期的对人们经济活动的制约中，逐渐地演变为经济的一种属性，是经济发展的内在因素。""民族对人们经济活动的制约是内在和全面的，不论个体还是总体，都体现着这种制约。久而久之，民族就作为一种属性，内生于每个个体人的价值观、行为方式、生活方式，集合于社会总体的思想、道德、宗教、法律、政策、风俗习惯。每个人的吃穿住行，乃至社会的生产、交换、分配，都内含着民族性。"[1]无疑，民族性是经济研究中不能回避的视角，只有透过它，我们才能更加深入地认识经济发展中普遍存在的差异性和特殊性，也才能更加深刻地认识少数民族经济运行的本质和内在矛盾。中国55个少数民族，都有本民族的价值观、行为方式和生活方式，在其思想、道德、宗教、风俗习惯都体现着它独特的"民族性格"，这些东西作为非正式制度安排，构成了经济现代化精神动力系统的有机组成部分，深刻地影响着少数民族的经济行为和经济运行结果。同时，少数民族经济又是历史累积形成的，从路径依赖理论的观点看，历史往往影响着人们对未来的选择，也影响着未来发展的方向。因此，少数民族经济的现代化必须充分考虑历史累积性因素，也需要从民族性中去寻找答案。

第四，少数民族经济的现代化还必须充分考虑其经济发展所处的阶段及这一阶段的主要任务。当前中国总体上正处于工业化中期阶段，个别发达区域则已经进入成熟工业化时期。从人均收入水平和产业结构特征来看，民族地区经济和少数民族经济则还处于工业化初期。发展阶段的特殊性决定了少数民族经济现代化不能照搬内地的现成模式，因为它所面临的发展任务和发展要求不同于其他地

---

[1] 刘永佶：《民族经济学》，第47页，北京：中国经济出版社，2007。

区或汉族经济。在总体任务上,这一阶段是为经济起飞准备各种基础性条件的阶段;在产业结构调整上,则要更多重视消费品工业的发展;在空间结构调整上,则要重视区域性经济中心(增长极)的形成和培育。

第五,少数民族经济现代化应充分利用其分布地区的资源优势。少数民族经济作为中国经济重要组成部分,还缘于其相对丰裕的资源优势。中国少数民族地区地大物博、资源丰富,草原、森林、水利等资源优势十分突出,在全国占有绝对优势;煤、石油、天然气等储藏量也非常丰富。这不但是加快少数民族经济发展的重要物质基础,也是促进少数民族经济现代化的重要条件。少数民族地区经济现代化,必须坚持从民族地区实际出发,充分利用与发挥本地区的资源优势。少数民族地区的资源优势,是发展的潜力和希望所在。因此,要合理开发利用资源,加快资源优势向经济优势转化,依托本地资源优势,发展具有地方特色的优势产业,逐步形成带动地方经济发展的支柱产业。在此基础上,积极调整三次产业结构,努力实现少数民族地区经济现代化。

第六,少数民族经济现代化还必须注意保护其脆弱的生态环境。少数民族地区经济是中国典型的欠发达经济,加快少数民族地区经济发展,推进少数民族地区经济转型,实现少数民族经济现代化,依然是当前中国的一项基本方针。改革开放以来,少数民族地区经济实现了有史以来的最快增长,然而,这是建立在低起点、小规模基础上的低效益、粗放式增长。这种增长方式使得少数民族地区强烈的发展要求大大地增强了其对自然资源的依赖,也加深了人与自然的紧张关系,表现在森林过渡砍伐、草原过渡放牧等诸多方面。而少数民族地区大多地处高寒多风干旱、物质迁移迅速、外力侵蚀强烈等生态脆弱区,自身环境承载能力极其有限,生态环境脆弱。因此,在少数民族地区经济现代化进程中,必须处理好经济发展与生态保护这对主要矛盾。在产业发展上,要求少数民族地区尽可能选择生态环保型、循环经济型等产业门类,从而走上一条经济发展与生态良好的现代化发展道路。

二、少数民族经济现代化的困境、成因及其超越

(一)少数民族经济的低水平均衡困境

在漫长的历史长河中,尽管随着历史的推进,少数民族经济在生产技术、社会生产的组织方式上,都有较大的变化,在经济形态上也经历了一些重大的变革,但其总的发展趋势呈现出一种低度发育的自然经济状态。清末以来,民族地区与内地一样,也被打上了半殖民、半封建的烙印,在外国殖民势力和本国、本民族统治阶级的多重压迫之下,少数民族经济形态仍以自然经济为主,落后的生产方式仍普遍存在。到中华人民共和国成立时,"在中国少数民族中,大约有近3000万人口的地区还保持封建地主土地占用制度,大约有400多万人口还保持着封建农奴制度,大约有100万人口地区还保持着奴隶制度,还有约60万人口的地区保持着浓厚的原始公社制度的残余。"[1] 可以说,中国少数民族地区的近代史是各种生产方式和经济形态同时并存的一座活的人类社会发展史的博物馆。新中国成立后,少数民族经济社会发展取得了巨大的成就,但这种成就主要体现在量的扩张而不是质的提高上。少数民族经济的现代化由于受到科技落后、高素质人力资源匮乏、正式和非正式制度不完善、社会发育程度低等诸多的瓶颈制约,经济现代化进程落后于东部地区。同时,由于少数民族经济发展的动力基本上是外力推动,发展

---

[1] 施正一:《民族经济学教程》,第187页,北京:中央民族大学出版社,2001。

的自主性和自演化的能力和条件还非常欠缺。总体而言，少数民族经济并没有摆脱自然经济的烙印，这非常直观地体现在微观层次的经济组织和市场的发育程度上，也体现在工业化和城市化与内地的差距上。可以认为，少数民族经济尚未实现全面突破，从而达到更高层次经济社会发展水平，我们可以把少数民族经济这种在经济结构上长期所处的低层次特征称之为"低水平均衡。"

对于少数民族经济而言，低水平均衡困境就像地球引力场，物体没有积累到足够的动能就无法摆脱它的引力而进入到高层空间中去。少数民族经济社会发展也是这样，它必须累积到一定程度才能实现这种突破。而到目前为止，民族地区自身的这种累积能力还是极其有限的，它缺乏一个能够完成这种累积过程所需要的内在动力机制，而这个动力机制就是一个依靠内在力量，实现分工内生演进，并由此推动市场的发育和专业化生产水平的提高，从而实现经济结构向更高层次变迁、并自发完成工业化和城市化的机制。

（二）少数民族经济低水平均衡困境的成因分析

经济现代化是分工演进的结果，从分工来解释少数民族经济的低水平均衡就是一条可行的路径。一般而言，分工演进需要三个基础条件：其一是分工的技术前提。从技术层面讲，技术的发展为生产环节科学合理的细化及中间产品的不断衍生提供了技术上的可能性，技术发展的这种作用是分工持续发展的必要条件。人类社会每一次社会分工的大发展都是以技术上的革命性变革为其技术前提。不论社会分工还是经济组织内部的分工都必须建立在一定技术条件为基础之上。其二是分工发展的市场条件。分工与市场是一个事物的两面，二者相互影响，相互决定。由于分工的发展而带来的产出水平的不断提高需要一个不断扩张的市场来容纳，所以市场的不断发展是分工不断深化的另一个重要条件。其三是分工发展的人力资源条件。分工不管其形式如何，总表现为劳动的分工，并由此形成专门化的技能和专业化的生产,因此,分工的发展要求劳动者具有专业化生产和经营的专门知识和技能。

从分工演进的三个基础条件来分析少数民族经济的现代化,可以发现,到目前为止,少数民族经济这三个方面的条件还很不成熟。

其一,高昂的交易成本、低度的市场发育严重制约着少数民族经济的分工发展。制约少数民族经济分工发展的首要因素是市场发育水平低,而造成市场发育水平低的基础原因则是交易成本的高昂。同时,由于少数民族聚居区域的地理、地貌特点和农林牧渔资源的零星分布特点,造成了民族地区人口的散居状态。人口的低密度和离散分布使得民族地区的交易活动成本极高,限制了民族地区人群的交往能力,降低了人群交往频率。另外,边缘化的经济区位特征产生的高额空间位移成本,对少数民族经济的分工发展也产生了非常明显的负面影响。民族地区主要分布于中国边疆区域或内地省份的边缘,与经济中心的联系主要是通过漫长的陆上交通线和长距离的海上运输来连接,形成了极大的空间位移成本,限制了民族地区与内地的市场交易规模。交通、通讯等基础条件的薄弱也制约着少数民族经济的分工发展。新中国成立后,民族地区的交通、通讯条件由于"三线"建设、西部大开发等推动,有了较大的发展。但与内地比较,民族地区的交通通达性还比较差、通讯业的发展也很落后。低密度、离散化的人口分布,边缘化的区位条件,恶劣的自然地理环境、落后的交通和信息条件使得这个地区的交易成本高,以分工为特征的市场交换由于高昂的成本而无从开展,在这样的条件下,不仅区域内部的分工不能深入,区际间的分工和贸易也难以实现。

其二,落后的科技水平对少数民族经济的分工发展的影响亦不可小视。从技术创新能力看,少数民族聚居区域远远落后于全国。科技人才少、科技成果少、科技力量薄弱、科技成果引进吸收能力欠缺、科技普及率低等方面都反映出民族地区科技发展远远落后于全国的现实。科技水平的落后使得民族地区的分工发展缺乏必要的技术支持。由于这种低水平科技现状，生产环节不能得到科学分解，从投入到产出的生产链条非常短，产品的差异化生产能力极其有限，从而造成了民族地区产业部门少、规模小、产业化程度低及产品初级、单一的产业和产品结构，这种产业产品结构又限制了民族地区市场的发育，造成市场规模的狭小和市场体系的不健全；同时，由于科技水平较低，民族地区经济组织间的分工也不能有效展开，经济组织内部的分工和协作也受到极大限制，形成了经济组织结构单一、原始，经济组织间经济联系少，产业关联度低等情况，以技术为条件，以分工协作为特点的企业集聚现象在民族地区难以形成。

其三，人力资源匮乏构成了少数民族经济分工发展缓慢的另一重要因素。从少数民族聚居区域人力资源的基本情况来看，少数民族聚居省区从业人员平均受教育年限比全国平均水平低了近一年，文盲率远高出全国平均水平，而高学历、高层次人口比重低。另外，从民族地区人力资源的形成能力来看，教育是人力资源形成的基础环节，而民族地区的基础教育和职业教育都严重落后于全国其他地区。在职业教育方面，人力资源的教育开发与经济开发之间存在着明显的脱节，民族教育与民族经济结合度低，尤其是职业技术教育在许多民族地区尚未受到足够重视，职业技术教育的投入产出机制不合理，不能与市场对接，与生产实践相结合。教育是人力资源开发最主要手段，而基础教育又是教育事业的重中之重，民族地区教育的严重落后，对分工和专业化生产的发展形成了极大的制约。[①] 人作为生产力发展最能动的因素，其行为方式和行为能力决定着少数

[①] 参见李皓著：《转型与跨越——民族地区经济结构研究》，第 70 - 78 页，北京：民族出版社，2006。

民族经济的未来，在这里，我们再一次感受到在少数民族经济中，人的现代化是关键。

少数民族经济现代化进程中核心的问题是分工的低水平发展。而分工低水平发展又根源于市场条件、人力资源条件和科学技术条件的欠缺。因此，少数民族经济现代化必须以市场的繁荣为主线，依赖经济组织内部分工（企业内分工）和经济组织间分工（社会分工）的发展，尽快形成少数民族经济现代化的自主性和内生能力。

从发达国家和发达民族崛起的历史来看，经济的现代化也必须以思想文化领域和政治领域的现代转型为前提和基础。正如前文的分析，西方世界的兴起首先不是发生在经济领域，而是在思想文化领域并延伸到政治领域，通过文艺复兴、宗教改革、启蒙运动和资产阶级革命，西方世界的经济现代化才成为可能。马克斯·韦伯在其名著《新教伦理与资本主义精神》中提出，宗教的影响是造成东西方经济社会和文化发展差距的主要原因，而新教伦理是资本主义兴起的精神动力。事实上，当我们把宗教作为划分文化影响区的标志时，可以清晰地看到，率先实现现代化的是经过宗教改革洗礼的基督教文化影响区，其次是融入了资本主义伦理精神的儒家文化影响区，而伊斯兰文化影响区及印度教文化影响区的现代化还未完成。宗教因素也是中国少数民族经济现代化中不能忽略的重要思想文化因素，宗教在少数民族经济社会中不仅仅是一种意识形态、一种文化现象，它更是民族地区重要的制度安排，是指导信教群众处理人与自然、人与人之间各种关系的行为规范，或者说它是信教群众在处理各种关系的一种"惯例"，"惯例"是经济演化理论的核心概念之一，它类似于生物进化中的基因。演化理论认为，人类社会的演化是根据日常惯例进行选择的，而日常惯例是由一般的行为经验、习惯构成的，它们形成人类行为选择的价值体系。是民族区域制度结构中居于深层次环节、对民族地区社会与经济发展影响深远的非正式制度安排。实现思想文化领域的现代转型，用先进的思想文化和社会主义市场经济伦理精神武装少数民族群众，成为少数民族经济现代化的必然要求。

政治转型也是中国少数民族经济现代化的必然要求。少数民族地区的政治转型，不是要脱离中国的国情和现有的政治构架，而是要充分重视民族地区的特殊性，在宪法允许的框架内，发挥民族区域自治制度赋予的自主权，建立符合各民族地区实际的，有利于生产力发展的民主政治模式。

（三）少数民族经济低水平困境的超越

从上面的分析可以看出，少数民族经济现代化的首要任务就是要建立一套经济自我演进的机制，摆脱低水平均衡困境，从而为现代化铺平道路。

首先，构建经济现代化精神动力系统。为此，社会人文发展应该放在优先的位置上，在促进少数民族人口卫生条件和身体素质提高的基础上，大力发展教育事业，推动教育科学普及，培育市场经济观念和伦理精神，逐步完成少数民族宗教的现代性调适。另外，在政治领域中，积极探索并构建有民族地区特色的民主政治模式。

其次，在经济领域，以下三个方面是少数民族经济现代化进程中必须着力解决的。一是交易条件的改善。发展分工经济就要求提高民族地区商品交换的规模和频率，而节约交易成本，提高交易效率是繁荣市场交易的基本前提。就民族地区现实而言，首先必须为交易活动提供技术条件和硬件设施，诸如改变交通落后，信息闭塞的现状等；其次要改变民族地区人口的空间分布状况，合理地引导人口由离散型的分布向集聚型的分布转变。如把人口从不宜人居、生存条件恶劣的地方集中迁往条件较好的地方，扩大城市就业水平，容纳更多的人口进入等等，市场活动是以人为主体的活动，人口集中对于提高交易效率极其重要；第三是要构建适合于民族地区商品交易活动发展的制度平台。市场交易需要一整套的制度体系为其支撑，包括完善有效的市场制度，也包括对民族地区非正式制度的调适，如社会主义市场经济的伦理道德观的逐渐养成和市场观念的逐步培育等。二是人力资源的积累和储备。人力资源是少数民族经济现代化的支撑点。分工经济的发展对人的素质提出了更高的要求，民族地区由于物质生活条件差、财力弱，普遍存在着人口素质较低，人才结构不合理（特别是经营人才和专业技术人才匮乏），人才流失严重等问题，这非常不利于民族地区分工经济的发展。因此，大力发展民族地区的教育事业，建立与民族地区区域经济发展相适应的教育体系，为分工和专业化生产提供适宜的劳动力构成。每一个民族地区都要从自己的实际出发，以分工的需要为导向，在强化基础教育的同时，着力发展与本地区分工和专业化生产密切联系的专门化职业培训和教育。三是技术进步。技术进步是少数民族经济现代化的动力保证。少数民族经济的技术创新能力十分有限，但完全可以利用技术上的后发优势，通过消化吸收使技术融入经济发展中。以民族地区传统农牧业改造为例，产业化、集约化生产技术的引进，必将导致经济组织的专业化生产，经济组织间的分工会更加明确和细化；同时，专业化生产也会促使经济组织的结构调整，深化经济组织内部的分工。

三、工业化与少数民族经济

（一）民族地区工业化道路的理论与实践

民族地区工业化进程起始于 20 世纪 50 年代，这也是民族地区从传统社会向现代社会转型的起点。民族地区的工业化由于国家的区域产业发展战略考虑和国防安全考虑，一开始就表现出与其他地区迥异的特征，其市场化改革经历了一个曲折的发展过程。

工业化是经济发展不可逾越的阶段，但针对不同区域，工业化的内涵会有所不同，而工业化道路的选择也就必然表现出差异性。少数民族经济在其工业化过程中，出于资源禀赋条件和国家战略考虑，因循着一条传统资源型重工业化的道路，这一道路为少数民族经济构建了一个相对完整的工业化体系，但其弊端在市场经济条件下显得越来越明显。

首先，这一道路造成了工业体系游离于区域经济体系之外的畸形产业结构。从民族地区资源型重工业和国防工业来看，民族地区工业的发展与地方经济关联度低。比如，一个现代化的大型水利工程，在施工建设时期，主要运用现代化的施工设备，这些设备不可能由当地供给。同时，在现代化施工方式下，施工企业对人员技能有一定要求，对当地民工的需求量并不大，这对区域就业状况改善的影响有限。在施工完成后，这些水利工程所需职工很少，对当地的农副产品市场和服务业的影响极其有限，而其电力产品也主要输往外地，对民族地区的贡献主要是财政方面，对区域的分工发展和市场繁荣作用有限。

其次，这一道路严重忽略了农业和消费品工业在民族地区的重要性。按照工业化发展的一般过程，在工业化的初期阶段，消费品工业是最先起步并快速发展的工业部门，经济增长得益于消费品工业的迅速成长。而消费品工业的发展是以第一产业的产品剩余为条件的，消费品工业不过是第一产业产业链的自然延伸，它以第一产业的资源和产品为基本生产原料，没有第一产业的剩余产品，消费品工业就会成为无源之水，无本之木。因此，没有第一产业的发展，消费品工业就无从谈起，而消费品工业的发展将直接影响到区域内居民生活消费资料的拥有量和物质生活的丰裕程度。霍夫曼总结的关于工业内部结构变动一般规律的认识，对于民族地区的经济实践有一定的指导意义，对于刚迈入工业化初期阶段的民族地区而言，第一产业的比重尽管在逐年降低,但其比重值仍然远远高于全国平均水平,不仅如此,从增量结构看,第一产业的增量贡献也远远大于国内其他地区。

民族地区第一产业的特殊重要性不仅仅在于它在民族地区产业构成中的比重和其对地区国内生产总值的增量贡献,还在于它在民族地区工业化中的特殊重要性,张培刚教授指出:"在世界范围内,超过农业劳动者个人消费的农业劳动生产率,是民办经济发展的基础和前提,没有农业劳动力的这种增长,经济的非农化是不可能产生和发展的","从一国范围看,一国的工业化必须使工业发展与国内或国外农业取得一种动态的平衡。就封闭经济而论,工业发展必须依赖于国内农业的粮食、原料、劳动力、市场和资本等贡献"。①因此通过第一产业的发展为消费品工业提供基础原料,是工业化初期的一个重要特点。

重工业与民族地区其他产业的产业关联小,既不能有效地融入民族地区区域经济体系中,也不能对当地农牧民的物质生活水平带来实质性的改变(当然这里并不是否定民族地区资源型工业的发展,本章中还会进一步讨论这个问题)。消费品工业的充分发展,有利于充分利用民族地区第一产业资源和产品,强化第一产业和第二产业间的互动,实现工业和农业的共同协调发展。事实上,消费品工业的快速发展是民族地区摆脱贫困,走向全面小康的基本物质保障。

最后,它缺乏对自然的关照,不利于生态环境建设和资源的永续利用。从可持续发展的角度看,民族地区资源型重工业化道路还受到生态环境的约束,目前大量水电工程的上马,矿产资源的大肆开采和冶炼已经对生态环境造成了很大的负面影响。形成了一方面

---

① 张培刚:《农业与工业化》,第169-170页,武汉:华中科技大学出版社,2002。

强调生态环境保护,而另一方面又对环境进行破坏的尴尬局面。

胡鞍钢、温军等人对少数民族经济传统的资源密集型产业发展政策提出了尖锐的批评,他们指出:"少数民族聚居地区产业结构和产品结构的调整,应由重点开发能源、矿产资源、森林资源转向对农牧业资源的开发和利用;由以采掘、原材料为主的重工业化模式转向特色化、民族化、本土化为主的轻工业模式……;主导产业选择的基本原则应当是优先发展劳动密集型产业,积极发展知识密集型产业,有选择地发展资本密集型产业,谨慎发展资源密集型产业"。[①] 在《西藏现代化发展道路的选择问题》一文中他们认为,传统的现代化发展模式,通常被认为是工业化,工业化发展又被简单地理解为资源开发导向型的工业化。但资源开发导向型工业化的传统现代化道路在民族地区面临诸多挑战。西藏所选择的资源开发导向型传统工业化发展道路,不仅未能承担起推动区域经济发展的重任,相反却更加剧了其经济发展对中央财政补贴的依赖程度。新世纪西藏现代化发展的基本宗旨应以"富民为本、投资于人民",应将以广大农牧民优先受益的高原特色农牧业及其相关的特色产业、劳动密集型产业发展,作为未来现代化发展的道路选择,民族地区的经济发展必须围绕清洁无污染的生态环境资源、农畜土特产品资源、高原特色动植物资源及传统民族文化资源,充分发挥其传统文化技术优势、民族特色产品优势,重点发展具有高原特色的农牧业及其相关的无污染特色农畜产品加工工业、传统民族手工业、民族医药加工业、民族文化产业、民族旅游业以及商贸、通讯、信息、金融、

[①] 温军:《民族与发展—新的现代化追赶战略》,第189页,北京:清华大学出版社,2004。

证券等劳动密集型产业。①

另外，随着新型工业化道路的提出，相关的论述也更加丰富和全面。其中，张海翔在《新型工业化研究的生态视角与民族文化视角——以云南省曲靖市为例》一文中，针对长期以来传统工业化的弊端和目前人们对新型工业化的种种认识误区，以曲靖市为例，明确提出要从生态视角和民族文化视角来审视传统工业化。认为推进民族地区新型工业化首先要树立新型工业化的生态环境观和民族文化观，遵循可持续发展、保护生物多样性和尊重文化多样性的理念，充分利用高科技、信息化、经济增长来保持和重建生态系统，并改变传统工业化导致的二元经济结构和日益扩大的城乡差距，以通过工业化实现各民族的共同繁荣。② 另外，顾华详在《民族地区以信息化带动工业化发展的对策研究》一文中从信息化角度探讨了民族地区的工业化问题，论文指出只有加速推进信息化带动工业化的进程，西部民族地区才能发挥"后发"优势，实现跨越式发展。为此，西部民族地区需加快和优先发展信息产业、积极推进信息技术在传统工业领域的广泛应用。坚持走以市场为主导的道路、加大对信息产业的投入、制定相应的人才政策，并注重培育和优化与信息化推进和信息化产业发展相关的外部环境。③

上述论述反映了人们对民族地区工业化问题越来越深刻的认识。比如，胡鞍钢、温军的结论有相当的合理性，它强调了民族地区消费品工业的重要性和发展的必要性；而张海翔和顾华详则从更加广

---

① 胡鞍钢：西藏现代化发展道路的选择问题（下），《中国藏学》，2001（2）。

② 张海翔：新型工业化研究的生态视角与民族文化视角，《民族研究》，2005（3）。

③ 顾华详：民族地区以信息化带动工业化发展的对策研究，《中央民族大学学报》，2002（1）。

阔的视角对民族地区新型工业化问题进行了探讨。笔者认为，胡鞍钢、温军等人认识到了消费品工业的重要性但对资源密集型产业的否定却脱离了民族地区的现实。尽管资源密集型重工业存在着上述种种缺陷，但它不仅是民族地区最成熟的经济部门，也是民族地区生产经营方式相对先进、技术含量较高的工业部门，还是民族地区产业体系的重要特色。在资源稀缺性加剧、资源价格不断攀升的全球背景下，在中国经济重工业化趋势日益明显和资源需求快速增长的国内环境下，资源开发的经济价值和社会价值不是降低了而是提高了，因此，资源密集型工业的发展仍然应该是民族地区产业发展的重要内容。在民族地区的工业化道路选择上，产业选择固然重要，但更重要的是要转变经济增长方式，切实提高产业发展的质量。

(二) 科学发展观视野下民族地区的新型工业化

由于民族地区的经济社会发展阶段才刚刚进入工业化初期，这一时期的主要任务是为区域经济的起飞提供准备条件，为工业化的深入创造各种基础条件；在这一时期，工业和农业的关系、城镇与农村的关系、"富民"与"强区"的关系都是民族地区要着力解决的问题；同时，民族地区还是中国的生态屏障，人与自然关系的处理在民族地区显得尤其重要。基于这样的认识，少数民族地区新型工业化至少包括以下要求。

其一，少数民族经济的新型工业化必须以科学发展观作为统领全局的指南。"发展观是关于发展的本质、目的、内涵和要求的总体看法和根本观点。有什么样的发展观，就会有什么样的发展道路、发展模式和发展战略，就会对发展的实践产生根本性、全局性的重大影响。"[①] 科学发展观既是中国社会主义实践历史经验的总结，也是时代的要求。因此，坚持以人为本，树立全面、协调、可持续的

---

① 温家宝：牢固树立和认真落实科学发展观，《人民日报》，2004/02/21。

科学发展观是民族地区经济社会发展的根本要求,它规定着少数民族经济工业化道路的根本目标、基本方向和战略重点。

其二,少数民族经济的新型工业化道路必须充分考虑所处的经济社会发展阶段,以创造传统经济向现代经济转型的各种基础条件为当前主要任务,特别是要为工业化的深入准备好市场条件、人力资源条件和技术条件。

其三,少数民族经济的新型工业化道路要充分考虑环境的承载能力,强调资源的集约高效开发。众所周知,少数民族聚居区是中国最主要的生态涵养区,生态环境保护的极端重要性不言而喻。经济发展、生活富足、生态良好三者的协调统一是少数民族区域经济社会发展面临的最核心问题。因此,民族地区的工业化道路首先要充分考虑工业化进程中的生态约束问题,保证经济发展不以牺牲生态环境为代价。那么,在民族地区的资源开发上,就一定要遵循集约高效的原则,走一条资源集约利用、环境污染小、经济效益好的工业化道路。

其四,少数民族经济的新型工业化道路是以经济发展方式的根本变革为目标的工业化道路。就民族地区经济发展方式的基本特征而言,其总需求为以国有经济投资需求为主,其要素投入以自然物质资源和低成本劳动投入为主,其产业结构以低端初级工业特别是资源型工业为主,其空间结构以低层次集聚为主,经济发展方式的上述特征决定了民族地区经济发展存在缺乏可持续性、经济质量和效益偏低、结构不合理、环境压力大、对社会和个人福利水平的提升助力有限等问题。因此,民族地区经济实现从主要依赖国有经济投资拉动向依赖消费、投资和区外协调拉动的转变,实现主要依赖物质资源和低素质劳动力投入向主要依靠科技进步、劳动者素质提高、管理创新转变,实现主要依靠第二产业带动向依靠第一、第二、第三产业协同带动的转变,具有极其重大的现实意义。

其五，少数民族经济的新型工业化道路是以深化三次产业和各行业部门的经济联系，实现产业间有机互动、良性发展的工业化道路。少数民族经济的工业化道路不是工业部门（特别是资源型重工业业部门）的单兵突进，不是资本有机构成的简单提高，而是以充分利用自身的资源条件和动态比较优势，在区际间合理分工的基础上建立区域特色经济体系，把农牧业的现代化改造、轻工业和重工业的协调发展、第三产业的不断进步融为一体，实现产业结构的合理化和高度化。

综上所述，少数民族经济的新型工业化道路必须在科学发展观统领下，以准备和创造工业化的基础条件为起点，以信息化和技术进步为先导，充分重视人与自然、工业与农业、城镇与农村、"富民"与"强区"关系的处理，通过发展分工经济和专业化生产，建立起产业结构优化升级、资源永续利用、生态良性循环的自我发展的内在动力机制。

民族地区农牧业的现代化改造、工业结构的调整、旅游业的跨越式发展、高科技产业的兴起，是当前民族地区新型工业化道路的主要着力点。

在强化民族地区第一产业基础地位的基础上，通过农牧业的现代化改造，提高第一产业的发展质量，延伸其产业链条，为民族地区消费品工业的发展提供前提和条件，促进具有民族特色的消费品工业的发展。民族地区传统农牧业在区域内有一定的比较优势，且具有相当的基础和极重要的地位，而丰裕的农业资源也为其农牧业的发展提供了优越的条件，但要确立农牧业的竞争优势，就必须不断地深化农牧业的专业化生产，走一条以技术进步为先导，以经营组织方式的变革为动力，以市场化、产业化、集约化生产为目标的道路，实现传统农牧业向现代农牧业的转变。

消费品工业和资源型重工业是推动民族地区工业化发展的两个

车轮。消费品工业发展的严重滞后是民族地区工业发展中的主要问题，应本着"富民为本、投资于人民"的宗旨，以广大农牧民优先受益的特色农牧业及其相关的特色产业、劳动密集型产业发展，围绕清洁无污染的生态环境资源、农畜土特产品资源、特色动植物资源及传统民族文化资源，充分发挥其传统文化技术优势、民族特色产品优势，大力发展具有高原特色的农牧业及其相关的无污染特色农畜产品加工工业、传统民族手工业、民族医药加工业，通过农牧业产业链条的延伸，接通农牧业和加工工业的天然联系，达成工农业的有机互动。同时，民族地区资源型工业已初具规模，且技术相对成熟，也受到中央和地方的高度重视，有选择性地发展地方资源型工业也是民族地区工业发展的一个重要内容。在资源型工业的发展中，特别要重视民族地区的环境承载力，重视"富民"与"强区"关系，使民族地区群众能切实从资源型工业的发展中受益。

民族地区有着发展旅游业和民族文化产业的得天独厚的条件。旅游业本身有着广阔的发展前景和极高的产业关联度，因此，充分利用这些条件，实现旅游业的跨越式发展是民族地区产业结构调整和工业化的应有之义。而民族文化产业是少数民族经济中极富特色的组成部分，民族地区大量的民族歌舞、民族音乐、民族文学、民族绘画等都是难得一见的艺术瑰宝，如何深入挖掘民族文化艺术资源，大力推动民族文化产业的大发展对于民族地区经济发展和工业化的实现有着重要作用。

民族地区要按照区际合理分工的原则，建立与自身资源条件和分工角色相适应的特色产业体系。民族地区要避免与内地形成低水平重复竞争的不利格局，要特别重视发展能充分利用自身丰裕资源、具有静态、动态比较优势潜力，大力发展对区域经济有重大影响的产业部门，并准确把握自身与其他区域在分工协作中的地位，形成有自我特色的产业体系。

高科技产业尽管是民族地区产业结构中的弱势产业,但民族地区完全可以利用技术上的后发优势,大力发展那些与本地产业部门和资源条件有紧密联系,能切实带动区域现有产业质量提高和竞争力提升的高科技产业,以信息化和高科技推动区域经济产业结构的高度化。

四、少数民族地区的城市化

(一)区域空间开发的阶段与民族地区空间开发重点

空间开发阶段主要可以分为三个阶段,在不同的空间开发阶段,城市化的内容也必然相异,因此需要根据空间开发任务来确定城市化发展的模式。根据区域空间结构相关理论和区域经济实践,区域空间开发主要可以分为三个不同的阶段和开发模式。[①]

极核式开发阶段。这是区域空间开发初始阶段,在这一阶段,一些在空间分布上有集聚要求的产业部门或组织会选择区位条件相对优越的地点作为发展场所,从而形成经济活动集聚的"点",区域中这些经济活动集聚点又因各种不同的原因和发展条件呈现出快慢不一的增长态势,其中个别的点会率先步入经济增长的"快车道",在经济规模、人口规模和产业结构高度化过程中都处于先行地位,从而成为区域经济的增长极,并通过其强大的吸引和辐射功能,对区域内其他地方的经济和社会发展发挥主导作用。此时,区域空间开发的重点是区域增长极的培育,而这些区域增长极的培育只能集中于极少数具备一定的人口规模和产业承载能力且区位条件相对优越的城市(镇)。

[①] 杜肯堂、戴士根:《区域经济管理学》,第93-95页,北京:高等教育出版社,2004。

点轴式开发阶段。增长极形成以后，区域内的增长极与周围其他的经济活动集聚点，借助于交通、通信、能源供给等线路连接起来，区域的资源和要素在继续向增长极及其周围点集聚的同时，也由此开始向沿线地带集中，逐步形成区域经济发展所依托的经济轴线。此时，区域空间开发的重点是增强点轴的聚辐能力，为区域的广大经济腹地的开发提供先期准备。此时，城镇的发展不再局限于个别的点上，一些由经济轴线串联起来的城（镇）由于与增长极的联系逐渐加强而开始发展起来。

网络式开发阶段。这一阶段是区域空间开发的高级阶段，可以认为它是区域空间结构现代化的过程。它的形成是在点轴式空间系统发展比较完善的基础之上，在点与轴的辐射范围（经济腹地或称"域面"）内形成"产品与劳务贸易网、资金、技术、信息、劳动力等生产要素的流动网及交通与通讯等基础设施网"等组成综合网络。[①] 逐步实现区域空间的一体化。此时，区域空间开发的重点"应放在点轴与其腹地之间的综合网建设上，以促进区域经济一体化，特别是城乡一体化。"同上。此时，区域经济腹地的大量城（镇）开始产生并壮大起来，形成城（镇）与城（镇）、城镇与农村间紧密联系的网络。

民族地区空间结构所处的阶段决定了民族地区空间开发战略的重点是区域性经济中心（增长极）的培育，核心内容是以非均衡发展的思路，按照极核式开发模式，通过区域经济增长极的培育，突破区域空间结构低水平均衡陷阱，为区域空间的更高水平均衡创造条件。在一般情况下，区域增长极的形成有偶然的因素（比如交通条件变化、河流改道或个别高成长性企业突然兴起等），但更多的是

[①] 陈秀山、张可云：《区域经济理论》，第 378 页，北京：商务印书馆，2005。

由于市场的作用，经长期的历史累积造成的。按照佩鲁的观点，经济增长总是最先发生在那些区位条件相对优越因而投资回报率较高的地方。在市场规律的作用下，资金、技术和人才会大量向这些地区涌入，形成一些具有规模效益的主导产业和一些具有创新能力的行业、企业。这些主导产业、行业、企业又通过其广泛的前向和后向联系使其周围聚集着越来越多的其他相关部门和各种服务性企业，从而形成经济的"增长极"。由于增长极的形成具有历史累积性，所以，一般而言只有那些已经积累了相当的集聚条件，且已经具备一定发展规模的地区才可能成为区域性的经济中心。因此，这个区域性经济中心（增长极、极化区）一般是人口规模较大，主导产业优势突出且前向和后向联系强的城、镇。这些区域就应该成为区域增长极培育的重点。

当然，民族地区区域增长极的培育不能以牺牲广大经济腹地的经济社会发展速度来取得，必须以城镇与农村的统筹协调发展，以城镇化促进农村农业发展为前提和条件。

（二）少数民族地区城市化的模式选择、实现途径和政策措施

城市化是经济活动空间集中的结果，空间集中化战略是推动城市化发展主要思路。就少数民族经济而言，其城市化的核心任务是在合理划分功能区基础上，实现经济活动在适宜空间上有效集聚，并通过集聚把分散的环境治理转变为有效的集中治理。达成生态保护、经济发展间的和谐统一。

中国的专家学者曾先后提出了7种不同的城镇化模式：发展小城镇模式、发展中等城市模式、发展大城市模式、大中小城市并举模式、重点发展大城市和小城镇的模式、大城市郊区城市化模式、市场模式。归纳起来，中国城市化道路的选择主要存在两种截然相反的观点："一是主张继续坚持控制大城市，积极推动中小城市和小城镇发展的模式，另一种是主张走以大城市带动建立合理的城市结

构体系的发展模式。"① 多数学者认为，中国的城市化道路既要考虑国情的特殊性又要注意借鉴国外发达国家城市化的模式。

在对世界发达国家城市化道路经验总结的基础上，有学者对大城市发展战略的优越性给予了充分肯定，并且指出小城镇不足以承担城市化和消除城乡差别，控制大城市、依靠中小城市与小城镇发展来带动城市化的发展模式，限制了农业剩余人口向城市的流动，必然导致以城市居民为主体需求的缓慢增长，这会进一步拉大城乡收入的差别。大城市模式论者认为："大城市所以成为一个地区经济、政治、文化和创新中心，是因为它具有强大的集聚效应、扩散效应和辐射效应；一些城市所以发展为大城市乃至超大城市，是因为这些城市因其地理位置等使其发展本身具有规模经济性质。从中国情况看，目前GDP的75%以上、国家税收的80%、第三产业增加值的85%、高等教育和科研力量的90%以上集中在城市，事实也表明小城镇不足以承担城市化和消除城乡差别的任务。从一国的资源利用效率来看，大城市和城市还可以更节约土地资源，据有人测算，中国20万人口以下的小城市人均占地是200万人口以上大城市的2倍，建制镇人均占地则是后者的3倍。不仅如此，随着收入水平的提高，人们对医疗卫生、文化教育、娱乐休闲以及公共物品的需求具有加速增长的趋势，只有城市和大城市才能提供这些优质服务，并发挥出公共物品的规模经济效益来。城市化水平表明了一个社会的物质文明和精神文明程度。城市化体现了人们追求生活质量的需求，有需求就必然创造供给，这是一个不可抗拒的客观发展规律。"② 另外，主张市场模式的学者有几个观点也值得我们充分重

---

① 王树春等：中国城市化模式的选择问题研究，《学习与探索》，2003（1）。
② 王树春等：中国城市化模式的选择问题研究，《学习与探索》，2003（1）。

视：其一，应摆脱城市该大该小的争论，让市场效益机制来调节城市规模和布局；其二，由于不可避免的信息局限，不可能事先设计出一个所谓最优城市规模，而事后的统计分析结论即使正确，也不足以指导进一步的实践；其三，有效率的城市规模结构只能是通过长期市场经济规律的作用自发演化的结果。因此，人为优先发展某一规模的城市可能会阻碍城市化的正常演进。其四，城市的规模之争是政府干预经济的一种表现，而加快城市化恰恰是需要找到一条脱离行政建制束缚的道路。"建制型城市化"在客观上有锁定城市规模的作用。缺乏经济实力的城市要维持行政级别架子，而有能力扩张的城市则越不出级别，必然造成多方制约。①

综合上述分析，总体来说，城市发展模式应该遵循市场化取向，市场是城市发展、演变的基础力量，而行政干预应该而且只能是城市发展的辅助性手段。我们虽然不能设计出一个城市的所谓最优规模，但历史经验和对城市发展的规律性认识对于我们的城市化实践绝对有指导作用。因此，对待城市化模式研究的正确态度应该是充分尊重市场选择，积极发挥人的能动作用。

根据上面城市化发展模式的讨论和少数民族经济的现实，少数民族地区的城市化主要还是要以推动县城及县级以上市的发展为侧重点，培育区域性的经济增长极，在充分尊重市场选择的前提下，通过人口的集中，产业的发展推动小城市向中等城市靠拢、中等城市向大中型城市迈进，不失时机地推动一批有发展潜力的小城镇崛起。其中，小城镇的发展一定要有选择性，选择那些区位条件好、有一定产业发展基础、产业竞争力相对较强、人口规模和市场规模相对较大的小城镇作为重点扶持。

---

① 王树春等：中国城市化模式的选择问题研究，《学习与探索》，2003(1)。

根据少数民族经济空间结构特征和所处的演进阶段，其城市化必然以区域性经济中心（增长极）的培育为重点，空间集中化战略应该是少数民族经济空间结构调整的指导性战略。当然，基于少数民族经济内部的差异性，不可能用整齐划一的城市化途径去完成少数民族经济的城市化。下面，仅就少数民族经济城市化进程中一些具有共性的东西对其实现途径作一个尝试性的讨论。

作为中国的生态脆弱区和灾害发生率较高的地区，民族地区的城市化可以和生态移民和扶贫开发移民结合起来。通过这些移民方式把处于生态保护区域和不适人居区域中的人口逐步转移，使他们在适宜的空间上实现相对集中，从而为城镇的发展提供各种支持。例如，人口集中可以降低交易成本，从而提高产业集聚的效益，带动产业集中发展。同时，人口聚集也为经济组织的生产提供了共同的要素市场，包括劳动市场、资本市场、信息市场和技术市场等等；还有，人口的集聚也使得管理经验、知识和技术等的外溢效应得到充分的发挥，众多的企业能够分享这些管理经验、知识和技术所带来的效率增进。最后，生态移民和扶贫开发移民还可以通过对移民者生存状况改善（包括教育、收入等）为城镇发展提供人力资源和市场购买力。毫无疑问，生态移民和扶贫开发移民不仅仅是人类活动有意识地从生态脆弱区域或不宜居住区退出，从而保证自然界的再生产获得良好的条件，并通过自然界自身的代谢能力实现脆弱生态的重新修复。生态移民和扶贫开发移民更是经济移民，具有重要的经济意义，是实现民族地区的集中化发展战略，推动少数民族经济城市化的重要途径。

生态移民和扶贫开发移民应该紧紧围绕着空间集中化发展这个战略，把移民的生态效益和经济效益有机地结合起来，可以实现生态和经济的双赢。为了实现生态保护、扶贫开发和城市化互动发展，有必要采取一些相关的政策措施。其一，以人口集中的原则指导生态移民和扶贫开发移民实践，引导移民人口向靠近市场、靠近城镇的地区聚集。生态移民和扶贫开发移民不仅仅是要引导移民人口向生存条件较好的地区集中，考虑到城镇对经济发展的辐射带动作用和对劳动力的吸纳能力，在移民过程中还应该着重考虑移民人口向城镇周边生存条件较好的地区集中，这样才有利于民族地区经济的产业化、商品化生产，才有利于市场的繁荣和城镇的发展。其二，以移民为契机实现产业的空间聚集发展，推动民族地区产业调整和升级。生态移民和扶贫开发移民不是简单的人的迁移，更是民族地区经济资源的重新配置，是产业的重新优化组合。民族地区移民人口多从事自给型的农牧业生产，自身温饱尚不能解决，农牧业的进一步发展是解决这些人口吃饭问题的必然选择。由于移民使得农牧业生产更加集中，也更加接近于市场，这为农牧业的商品化生产提供便利条件，会引起农牧业生产链条的自然延伸，从而有利于接通和扩大农牧业与消费品工业的天然联系。而农牧民的集中又会促进市场的扩大，使得民族地区消费品工业所面临市场环境改善。为此，要鼓励和引进一些有竞争力的消费品加工企业的发展，并将农牧民与加工企业结合起来，形成农牧业与工业的双赢局面。

民族地区还应充分利用生态移民带来的产业调整契机，以旅游业等特色产业为龙头，引导移民及相关资源向旅游产业、旅游城镇流动。据此看来，民族地区经济发展，应该通过旅游业发展并带动城镇经济发展来实现。然而，鉴于民族地区自然生态环境的特殊性，发展城镇经济不能像过去那样以牺牲环境为代价换来城镇发展，也不能单纯地模仿汉族地区城镇化发展模式。通过生态移民方式将环境脆弱地区高度分散的人口集中起来，是城镇经济发展的必然选择。与此同时，既要充分考虑移民在新的居住环境中能够实现"安居乐业"，又要保护民族文化不因旅游业的发展而被现代文明所吞噬。因此，发展旅游业及其带动下的第三产业就成为民族地区经济发展的战略选择。①

当然，中国民族地区的资源条件不尽相同，各地区须因地制宜，根据自身的资源禀赋条件和动态比较优势发展其特色产业，并通过特色产业的发展及其专业化生产水平的不断提升，带动相关产业的聚集发展，为移民提供产业保障。

其三，生态移民、扶贫移民和城镇发展的互动，还要求民族地区城镇不仅仅作为一个行政中心而存在，它还必须承担作为经济增长极的职能，为人口就业、产业发展、城乡沟通、市场培育提供支撑。为此，民族地区城镇在产业功能上要着力培育劳动密集型产业和商贸流通旅游产业；在沟通城乡的功能上要充分发挥其在沟通城乡间要素联系、产业联系、市场联系中的作用。同时，还要培育其在对移民人口的教育培训服务、市场信息服务、技术服务、资金支持等方面的重要功能，为移民人口提供更好的生存和发展条件。

最后，作为本章的结语。政府的推动和良性区际联系的构建在中国少数民族经济现代化的作用必须被强调。由于缺乏政治、思想和文化转型的支撑，也由于自身演进能力的欠缺，少数民族经济的现代化离不开政府的支持，也离不开一个良好的区域外部环境。在成熟的市场经济中，市场失灵和市场缺陷是政府存在的客观依据，政府的任务就是校正市场失灵，弥补市场缺陷。但对于民族地区而言，政府的上述角色和任务还远远满足不了少数民族经济对政府的实际需要。事实上，民族地区经济社会还印着自然经济的深深烙印，市场发育程度不高，将成熟市场经济的政府行为生搬硬套地复制到民族地区，无疑是不可取的。因此，至少到目前为止，政府扶持仍然是少数民族经济现代化进程中不可或缺的推动力量。当然这种政

---

① 马江：四川省民族地区旅游业与城镇化的互动发展，《经济研究参考》，2006 年第 67 期。

府扶持推动的现代化不能再沿袭传统的扶持路线和方法，而必须以增强少数民族经济自身发展能力为目标。正如同哺育孩子一样，它的核心任务不仅仅是给孩子吃饱穿暖（这当然必要，但这只是日常的一般性任务），更要培养他的各种各样的能力，并通过能力的不断积累和增长使少数民族经济社会成为能够自我发展、自我壮大的经济社会系统。另外，区际间（包括与相邻国家间）商品服务贸易、要素流动等经济交往活动以及社会交往活动，也会深刻地影响少数民族经济现代化的进程，民族地区与其他区域和相邻国家的联系比较薄弱，与内地其他地区的经济交往也处于不利地位，人力资源和民间资本等生产要素处于净流出状态，商品交易除资源类商品外，也是本地对外地的购买超过外地对本地的购买，这些情况如得不到校正，少数民族经济现代化将更加困难。因此有必要从区域统筹的角度重新构建互利双赢的区际关系，健全民族地区与其他地区域联系的市场机制，完善区域合作机制和对口支援机制。还有，就是要大力促进民族地区与相邻国家的经济和社会交往。民族地区是中国通向外部世界的陆上桥梁，是中国对外贸易的重要枢纽。但是西部民族地区对外贸易在规模水平、质量效益、贸易层次以及贸易增速等方面均不够理想。因此，民族地区充分利用自身的贸易区位优势，通过对外贸易政策调整创新，提升地方政府的行政服务能力，大力改善交通通讯等硬件环境，努力提高贸易产品的科技含量和附加值，在民族地区构建中国对外贸易产品的制造和中转基地以及物流中心。从而在根本上改变西部民族地区贸易现状，实现历史跨越。这不仅对于西部民族地区对外贸易的发展有着极其重要的意义，对于这些地区加快经济发展、实现经济发展方式的转变和现代化的最终实现亦有非常深远的影响。

后　记

本书是中国少数民族经济学科基础理论著作，也是本学科的研究生教材。本书写作集聚了全国大部分民族院校中国少数民族经济研究领域的专家学者，历时一年多完成。刘永佶（中央民族大学）任主编，拟定提纲并统稿；黄健英（中央民族大学）、乌日陶克套胡（内蒙古师范大学）、刘晓鹰（西南民族大学）、刘建利（河南财经学院）任副主编，分别对初稿进行了修改和校对。编写分工如下：刘永佶导论、第一章，刘晓鹰第二、第十二章，黄建英第三章，王德强、廖乐焕（云南民族大学）第四章，王玉玲（中央民族大学）第五章，郭华、盛国滨、杨有柏（青海民族学院）、王玉玲、吕志燕（中央民族大学）第六章，刘建利第七章，乌日陶克套胡、图门其其格（内蒙古大学）第八章，沈道权（中南民族大学）第九章，朱玉福（西藏民族学院）第十章，张新平（湖北民族学院）第十一章。张兴无、吕志燕、杨维强、张明艳、孙晓飞等参加了本书的校对工作。

再版后记

本书在 2008 年版的基础上，根据进一步的研究，参照各方面反馈的意见，进行了全面系统的修订。修订工作由刘永佶主持，参加修订的有黄健英、乌日陶克套胡、刘晓鹰、刘建利。除对原有章节的修改和补充外，本次修订增加了第二章，并把原来的第九章分成两章，即现在的第十、十一章。

修订本的写作分工如下：

导论、第一章、第二章：刘永佶（中央民族大学）；

第三章：刘晓鹰、李皓（西南民族大学）；

第四章：黄健英（中央民族大学）；

第五章：王德强、廖乐焕（云南民族大学）；

第六章：王玉玲（中央民族大学）；

第七章：郭华、盛国滨、杨有柏（青海民族学院）、王玉玲、吕志燕（中央民族大学）；

第八章：刘建利（河南财经学院）；

第九章：乌日陶克套胡（内蒙古师范大学）、图门其其格（内蒙古大学）；

第十章：沈道权（中南民族大学）、乌日陶克套胡（内蒙古师

范大学);

第十一章:沈道权(中南民族大学)、黄健英(中央民族大学);

第十二章:朱玉福(西藏民族学院)、黄健英(中央民族大学);

第十三章:张新平(湖北民族学院)、刘晓鹰、郑州(西南民族大学);

第十四章:刘晓鹰、郑州(西南民族大学)。

作为第一部中国少数民族经济学系统专著,本书被全国各相关院校用作研究生教材,并受到理论研究和实际工作者的普遍关注。对此致以衷心感谢,望读者朋友对修订本继续提出批评,以助进一步改进、完善。

二〇一〇年六月十二日

第三次修订版说明

《中国少数民族经济学》2008年出版后，根据各方面的反馈意见，于2010年进行了全面系统的修订出版，内容较第一版更加完善。这次在第二版的基础上，对部分内容进行了缩减，使结构更加紧凑，突出作为教材的准确性和规范性。

这次修订工作由刘永佶教授主持，并对导论、第一、二章进行修改；马淮负责第三至八章的修改；黄健英负责第九至十四章的修改。希望本次修订能更好地适应研究生教学的需要，也诚请阅读和使用本教材的广大读者提出批评意见。

编　者

二〇一三年一月